少女たちがみつめた長崎

Ko Watanabe 渡辺考

書肆侃侃房

少女たちがみつめた長崎

目次

装画　松尾たいこ

プロローグ

同じこころざし

原爆を見つめ続ける高校生たち

「アイウエオ・イウエオア・ウエオアイ・エオアイウ・オアイウエ」
「ダ・ゾ・ザ・ド、ド・ザ・ゾ・ダ」
「アダイヂウヅエデオ……」

ちょっと不思議な呪文のようですが、放課後の視聴覚教室に若やいだ活気ある声が響いています。

わたしが初めて長崎県立長崎西高等学校放送部を取材のために訪れたのは２０１９年5月23日の午後。ちょうど、22人の部員たちがアナウンスや朗読、そして番組制作に取り組んでいました。階段状になった視聴覚教室では、数人の女子高生があちらこちらに散らばり、まもなく本番をむかえる高校放送コンテスト朗読部門の発声練習に夢中になっていました。

扉を挟んですぐ隣が部室です。マイクやスピーカーが並んでいる部屋には、パソコンがいくつかあり、映像の編集作業ができるようになっていました。ビデオカメラや録音機材も何台か置いてあります。部員たちは、ここを拠点に放送局さながらに、ラジオとテレビの両方でドキュメンタリーやドラマの制作にあたっているのです。

若いだけに、ドラマにお笑いの要素を取り入れ、設定をラブストーリーにしたりしています。作品を見せてもらったのですが、疾走感あふれる映像には瑞々《みずみず》しいエネルギーが漲《みなぎ》っていました。

部室の壁に貼り出された表彰状の多さに目を奪われました。金色に輝くトロフィーがいくつも並べられています。放送部では作品を作ると、放送コンテストに応募するのですが、毎年のように上位の賞に選ばれるなど、好成績をおさめてきました。

とりわけ受賞が目立つのは、ドキュメンタリーです。最近数年だけでも、原爆で黒焦げになった少年の写真を手がかりに、彼の遺族にスポットをあてた『やっと会えた』、長崎西高放送部OGの日常と活動を追った『私からあなたへ～被爆を語り継ぐ～』、被爆体験の朗読を続けている団体に寄り添った『永遠の光』などが高く評価されました。いずれも原爆をテーマにしています。

長崎は、74年前に原子爆弾が落とされ、多くの命が奪われた場所です。長崎西高は、原爆が投下された爆心地からわずか1キロあまり。前身の旧制瓊浦《けいほ》中学校では、被爆により多くの在校生たちが犠牲になっています。そんなこともあり、放送部のドキュメンタリーのテーマは原爆が中心になってきました。どの作品も意欲作で、とにかく精力的に被爆者の方々を訪ね歩き、徹底的に話を掘り下げて聞いていく姿勢にわたしは心を動かされました。

編集作業中の放送部員たち

部長の山口晴さん

年の差はあるけれど

部長として放送部員たちを牽引するのが、3年生の山口晴《せい》さんです。作品作りではドラマ、ドキュメンタリーの双方の制作に携《たずさ》わり、得意とする朗読では、全国大会に参加し入賞するなど活躍をしています。小さい頃から抱いてきた夢は、放送局のアナウンサーになることです。

「高校に入り、本格的に放送活動を始めて、言葉や情報の持つ力の大きさを実感し、アナウンサーとは言葉に責任を持つ仕事なのだと思いました。何が正しいのかわからない情報社会の中で、『この人の語る言葉なら信頼できる』と思って貰《もら》えるような、言葉に芯のあるアナウンサーを目指しています」

だからこそ、やるべきことは自分が育った長崎の最大の問題を見つめることだと山口さんは思っています。

「自分たちは原爆をしっかりと継承したいのです。だからドキュメンタリーを作り、原爆をテーマにした小説を朗読しています」

この日、山口さんが夏のコンクールに向けて熱心に朗読練習していたのも、長崎で被爆した芥川賞作家・林京子さんの「空罐」という作品でした。しかし、山口さんは自身が原爆をテーマにしていることに躊躇《ちゅうちょ》をおぼえることもある、と悩みを打ち明けてくれました。

「被爆した方々の本当の気持ちってわかることはできません。それをどう伝えたらいいのか、わかっていない自分たちは、これからも悩み続けていくことになるのかなと思います」

はっとさせられました。わたしも被爆体験があるわけではないし、そもそも戦争そのものを知らない。年の差はあるけれど、わたしと、山口さんをはじめ16歳から18歳の22名の部員の皆さんは同じだな、と強く感じました。

戦争と少女

わたしは、これまで戦争に関するドキュメンタリー番組をおもに制作してきました。原爆に取り組むようになったのは、２０１６年に長崎に転勤になったのが大きなきっかけです。

わたしは原爆で大きな被害を受けた地域に暮らしながら、原爆を考え続け、テレビ番組の企画に結びつけようとしました。とはいうものの、これまで多くの人が手がけていて、なかなかわたしなりの切り口が見つからなかったのも事実でした。もはや原爆はやりつくされ、新たな番組を作ることなどできないのではないかとまで思ったこともありました。

それでもわたしはなるべく多くの被爆者に会い、数々の声に耳を傾けてきました。すると、目の前の景色は少しずつ変わっていきました。戦後70年以上が経っているにもかかわらず、いまだに原爆の傷を生々しく身体のみならず脳裏に深く背負った人々があまりにも多くいることを思い知らされ、スポットがあてられていない事実の重さを突きつけられたのです。風化させてはいけない歴史が長崎にはドッカリと横たわっていました。そうして被爆二世を主人公にした『あんとき、』（２０１７年５月放送）というドラマと、原爆投下の中心地である浦上の苦難と戦後の差別を描いた『原爆と沈黙～長崎浦上の受難～』（ＥＴＶ特集２０１７年８月放送）というドキュメンタリーを作りました。特に「赤い背中の少年」として知られる被爆者谷口稜曄《すみてる》さんと出会い、多くの話を聞くことができたのは、大切な財産となりました。その谷口さんも２０１７年８月終わりにこの世を去りました。

２０１８年、長崎の女学生が原爆投下前に学徒動員で兵器工場で働かされていたという事実に直面し、「原爆と少女たち」というテーマに取り組み始めました。そのことについて詳しくは次章に書きますが、今思い返すと、わたしは当時の「少女たち」に個人的な思いも重ね合わせていました。

この頃わたしは、老齢化のため衰弱した母親を見舞いに通っていました。会うたびに口数が少なくなり、目の力が刻々と弱っていく母を見ていくうちに、母の戦争体験をもっときちんと聞いておくべきだった、という後悔の念ばかりが募っていました。

学徒動員で女学校時代に軍需工場で働いていた母は、どんな思いで戦争と向き合っていたのだろうか。この時、おぼろながら、わたしの中に母と同じ立場だった人々の葛藤《かっとう》を追究したいという思いが芽生え始めていたのだと思います。長崎の兵器工場で被爆した少女たちは、母とまったく同じ世代でした。

こうして被爆した長崎の少女をめぐる物語は動き始めたのです。

現代の少女とのコラボ

わたしは現代を生きる若者たちが、被爆した少女たちの体験をどのように受け止めていくのか、その内面化のプロセスも番組でドキュメントしたいと願っていました。そのような中で、長崎西高放送部顧問の稲尾一彦先生と知り合い、学校を訪ねたのです。この場所に原爆のことを自分の問題意識を持って取り組んでいる高校生はいないだろうかという期待を抱きながら。

偶然にしてはあまりにも奇遇な事実にわたしは遭遇することになります。すでに、放送部のみんなは、わたしと同じ目標に向かって歩んでいたのです。

わたしが訪ねた時、テレビドキュメンタリー班の部員たちはパソコン画面を前に侃々諤々《かんかんがくがく》、意見を交わしていました。

「え、ちょっと待って。この映像を先に使った方がいいんじゃない？」

「そうかな。そうすると、彼女のいいたいことがなかなか伝わらないかもしれないよ」

みんなはコンクールに出すための番組の制作を始めたタイミングでした。

画面には、年老いた女性が写っています。テーマを聞いてびっくりさせられました。「女性と原爆」。タイトルどおり、部員たちは原爆で傷ついた女性たちのドキュメンタリーを作ろうとしていたのです。

まだ撮影の半ばで、さらにインタビュー取材を進めていくという生徒たちが着目していたのが、ある女学校でした。

長崎県立長崎高等女学校、通称・県立高女。県立高女は、日本が戦争に敗れてしばらくしたタイミングで県立の男子校瓊浦中学などと合併し廃校になりました。その後身としてできたのが長崎西高です。放送部員たちは夏に向けて、「先輩たち」の原爆体験の取材を進めていきたいといいます。

長崎西高放送部では、これまでも継続的に県立高女のことを追っていたことも知りました。壁に掲げられていた賞状のひとつに『私のつとめ～少女たちが見た原爆投下』という作品があるのですが、県立高女の3年生の頃、被爆した柳川（旧姓・石田）雅子さんを追ったテレビドキュメンタリーでした。また、県立高女出身の芥川賞作家・林京子さんが亡くなった際は、長男・知世さんのインタビューをベースに、林さんがなぜ原爆をテーマに書き続けたのかを探るラジオドキュメンタリー『林京子～遺された言葉～』を作りました。また、部長の山口さんが、夏のアナウンスコンクールに向かって自ら選んだテーマも林さんの作品であることは前に書いたとおりです。

実はわたしがこの時すでに取材を始めていたのが、県立高女の元女学生たちの原爆体験でした。同じテーマを歳の離れた高校生たちも追究していることを知り、あまりの奇遇に心が震えました。

そんな心の内など部員たちは知るわけもなく、熱心に取材方針を議論しています。気づくとわたしは、彼女たちの輝くまなざしと情熱に深く打たれていました。部員たちの活動を通して、大きなものが見えてくる、そんな確信をしていました。

よし、わたしも負けてはいられない。30以上の年齢差はありますが、わたしは長崎西高放送部のみんなとともに原爆の番組作りに取り組むことを決意していました。放送部顧問の稲尾先生、そして部員たちに、わたしは緊張混じりに語りかけました。

「一緒に県立高女の被爆体験を見つめさせてください」

3冊の日記

放送部のみんなと取材を進めて行く中で大きな発見がありました。県立高女の少女たちが書いた日記が出てきたのです。

見つかった日記は3冊。

一番古い日記は、太平洋戦争末期のものでした。この頃、県立高女は、戦況の悪化により休校になり、女学生たちは軍需工場で働かされていました。日記には少女なりの「お国への忠義」そして「勇ましさ」が全面的に綴られていました。それは当時の日本のありようが反映された鏡のような日記でした。こんな文章が目に飛び込んできます。

> 今が真の決戦だ。国民は女子といへども総武装して、この国難にあたらなければならない。

> 戦局重大の今日　私達も進級の喜びと共に兵器の生産食糧増産に邁進《まいしん》しなければいけない。
>
> 撃ちてし止まん、だ。

別の場所で、原爆投下当日の様子を克明に綴った日記も新たに見つかりました。

> ああ　本当に夢の様だ！
>
> 一瞬パッと光ったと思ふともうこんなにひどいけがをしてゐるなんて……夢であってくれ　夢であってくれ。此の悪夢からさめたならばどんなにかうれしい事だらう。
>
> しかし此の悲惨な出来事は夢ではなかった。

また、戦後、家族や仲間を亡くして受けた心の傷を綴った日記もありました。彼女は自分自身の死を意識した文章を連ねていました。

> もうこれ以上生きるのは苦痛を待つばっかり。私は自分の力で立ち上がることので

きない哀れな人間なのよ。我儘《わがまま》に死の道を私は選んでいる。死の場面が浮び上る！
悲しい淋しい幸福。

わたしは、長崎西高の放送部員たちとこれらの日記を見つめ、さらに生き延びた元「少女」たちのもとを訪ね、彼女たちの証言に耳を傾けました。

本書はわたしなりに少しでも原爆のリアルに近づこうとした葛藤を記したものです。そして、県立高女の卒業生と今を生きる高校生たちの数カ月にわたる交流の記録であり、時空を超えて少女たちが見つめた長崎の物語です。

第1章

原爆を見つめ続ける

大学が兵器工場？

すべての始まりは、長崎西高放送部員たちに出会う1年前にさかのぼります。

２０１８年春。わたしは一人の研究者とある場所を一緒に歩いていたのですが、彼は驚くようなことを呟くようにいいました。

「ここが兵器工場だったんですよ」

兵器？　工場？　いったい、どういうことですか？

不意をつかれたわたしは、横を歩く研究者に思わず聞きかえしていました。

「だから、ここが兵器工場だったんです」

さっきと同じことを彼は繰り返すだけ。

わたしの目の前に広がっているのは、若者たちが行きかう活気のあるキャンパス。教育学部や水産学部などおよそ5千人の大学生や研究者が通う長崎大学です。

学者という言葉がぴったりくる白衣を着たまじめそうな人、難しそうな横文字の本を持った人がいる一方で、部活動なのでしょうか、トランペットの音が聞こえてきます。新入生歓迎の時期だけあって、若者を勧誘するテニスサークルの人たちがいます。あちこちで勧誘のビラがくばられ、昼下がりの大学は華やいでいました。

ここが兵器工場だった、などといわれても、にわかに信じることなどできません。戸惑いの表情を浮かべるわたしを見かねたように、研究者が連れて行ってくれたのは、大学の正門でした。脇の壁に貼られていたのは、１枚の銀色のプレートです。大きな文字で、こう書かれていました。

三菱長崎兵器製作所大橋工場。

研究者の言葉は真実でした。この場所に、かつて兵器工場があったのです。すぐにわたしの目は、プレートの中央の白黒写真に吸い寄せられました。そこには歪曲した大きな鉄骨の残骸が写っていました。その下にはこう書かれています。

「１９４５年（昭和20年）８月９日、午前11時２分、原子爆弾の炸裂によって、爆心地から北約１３００ｍに位置した20棟余の大橋工場は、一瞬にして、空洞化したコンクリートの巨塊と飴のように折れ曲がった鉄

長崎大学正門に掲げられたプレート

骨の残骸に姿をかえた」

写真は原爆投下直後にアメリカ軍が撮影したこの場所の様子でした。兵器工場には1万人以上の工員が働いていたこともわかりました。

ここでどんな兵器が作られていたのだろう。どんな人たちが働いていたんだろう。そして原爆が投下され、彼らはどうなってしまったのだろう。いろんな疑問がわたしの頭の中に浮かびあがっていました。

原子爆弾と長崎

今から70年以上前に、アメリカをはじめ大国が競って研究していた兵器が原子爆弾、原爆です。ドイツと並んで日本も開発に取り組んでいました。ウランやプルトニウムという原子に中性子を衝突させると、原子核が核分裂します。その時に放出される膨大なエネルギーを利用したもので、1発で何十万人もの殺傷能力がありました。爆発すると火の玉ができて、熱線と放射線が出て、熱であたためられた空気はもの凄い勢いで膨らみ、激しい爆風が起こります。爆心地付近の地表面の温度は3千～4千度に達したと推定されており、あまりの高熱のため、付近の人々は体が一瞬のうちに炭化したといいます。たとえ爆心地から離れたところにいても、強い放射線を浴びると、ガンなどの病気にかかるリスクが高いとされています。

ピカっとひかってドンと落ちたので原爆のことを「ピカドン」と呼ぶ人もいました。この爆弾が人類の上に落とされたのは、世界中で２カ所だけです。広島、そして長崎。

１９４５年、太平洋戦争は、開戦から３年以上も続いていました。アメリカ軍は日本中の都市を爆撃機で攻撃し、ついには沖縄に上陸したのですが、日本は降伏しませんでした。

この年の7月、アメリカは、ニューメキシコ州の砂漠で原爆の爆発実験を世界に先駆けて成功させました。その頃、アメリカを含む連合国軍は、日本に無条件降伏を求めポツダム宣言を突きつけていましたが、日本側はそれをすぐには受け入れませんでした。アメリカ軍は日本の都市部で、原爆を実際に使うことを決断します。

8月6日、Ｂ29爆撃機が、日本列島から2千キロ以上もはなれた、北太平洋のテニアン島から飛来し、最初の原爆「リトルボーイ」を落としたのが広島でした。50万人以上の人が被爆して、その年のうちに少なくとも8万9千人が亡くなりました。

その３日後に、アメリカ軍は2発目の原爆「ファットマン」を落とすことにしました。当初、目的地は福岡県小倉市（現在の北九州市）だったのですが、そこに到達した時には眼下は工場の煙やスモッグにおおわれ、視界が悪かったといいます。原爆は落下地点を確認して落とさないといけなかったため、アメリカ軍は小倉を断念し、標的を同じ九州にある長崎に変更します。

この日長崎も曇天で、爆撃機は当初の目標地点・長崎市街地に狙いを定めることができず、爆弾を抱えたまま、上空旋回を続けました。すると一瞬、雲の切れ間ができました。そこが兵器工場のある長崎市北部の浦上地区だったのです。出島などがある長崎中心部から3キロほど離れていました。長崎大学のプレートに書いてあったように、11時2分、プルトニウム型の原子爆弾「ファットマン」は炸裂しました。

爆心地より1キロ以内では、一般の家屋は原形をとどめないまでに破壊されました。そこで被爆した人々は、丈夫な建物の陰にでもいない限り、生存は困難でした。爆風は約10秒後には爆心地から約3・7キロメートル、30秒後には約11キロに達します。12キロ離れた伊王島でも力は衰えず窓ガラスが割れました。火災は広がり、爆心地から南に3・5キロにもおよび、爆心地からおよそ4キロメートル離れたところでも、屋外にいた人は熱傷を負うほどでした。およそ7平方キロの市街地が焦土となり、この年だけで7万4千の人々が亡くなりました。

兵器工場は、爆心地から１・３キロしか離れていませんでした。原爆による工場労働者の死亡者は全体で２２７７３人、負傷者は５６７７９人にのぼったといいます。

「工場日記」との遭遇

偶然は重なるものです。しばらくしてから、長崎原爆資料館を訪ねた折のことです。わたしは館長の中村明俊さんと面会していたのですが、所用が終わると、中村館長は「見せたいものがあるんです」といって紙製の箱を別室から持ってきました。

「このようなものが、最近になって資料館に寄贈されたのです」

箱から出され、目の前に並べられたのは、3冊の大学ノートです。それらのうち2冊の表紙には万年筆で「工場日記」と書かれていました。ページを開くと達筆な文字がぎっしりと書き連ねられています。

「兵器工場で働いていた工員たちの様子を綴ったものです」

ふたたび出てきた兵器工場という言葉にわたしはドキリとしました。

さらに驚かされたのは、中村さんがこういったからです。

「県立長崎高等女学校の生徒たちの記録です。女学校の先生が書きました」

なんで女学校の先生が兵器工場のことを記録したのか？　いよいよ謎が深まります。中村さんはこう教えてくれました。

「戦争末期、泥沼化する戦況の中、戦力になる男性は次々と戦場に駆り出されていきます。工場でも工員が不足するわけですが、それを補うために目をつけられたのは、『女子力』だったのです。長崎の三菱兵器製作所のいろんな工場を全部あわせると実に動員学徒はおよそ4千人。三菱兵器大橋工場だけでも複数の学校からたくさんの女子生徒が学徒動員されたのです」

さらに館長はこう続けます。

「みんな14、15歳で、16歳の人もいたようです。いまでいうと中学3年生から高校1年生の少女たちでした」

女子生徒の中で中核をなしていたのが、県立長崎高等女学校（通称・県立高女）の3年生でした。年端のいかぬ少女たち320名あまりが集められ、工場労働に従事させられていたのです。

運搬中の長崎原爆ファットマン。B-29への搭載前。長崎へ投下されたものはその形から「ファットマン（ふとっちょ）」と呼ばれ、爆弾には乗務員らが記念の自筆サインをした（長崎原爆資料館所蔵）

軍需工場の日々

「工場日記」は引率していた裁縫教員の角田京子《つのだきょうこ》先生が生徒の日々の労働を記録したものでした。欠勤者の名前、工場での出来事も書かれています。内面の描写などはない淡々とした記録ですが、こんな記述が目に飛び込んできます。

> 缺勤《けっきん》者次第に増加
> 工場の空気にまだなれず疲れを覚えるものと思ふ

少女たちが慣れぬ工場での作業に疲労を蓄積していった様子が窺われます。ちょっとぎょっとさせられるような記述もありました。

工場日記

この言葉のとおり、兵器工場で作られていたのは、魚雷でした。水中で使う兵器で、目標に向かってスクリューで進み、敵の艦船などに衝突すると爆発する仕組みです。小さなものでも１メートルほどで、それほどの大きさの重い金属の物体が背中に倒れてきてしまったら、危険極まりありません。工場では魚雷を大量に生産するため、たとえ少女とはいえ、いやおうなしに大人並みの作業に巻きこまれていました。中村さんはこう語ります。

「工場日記を読むと、勤務の内容が非常に過酷です。一人ひとりが非常につらい状況で、十代半ばの少女たちがその状況に耐えきれないというのが当時の実態だった。細かく毎日の状況、天候も含めて記してあり、戦時下の動員学徒の生活が非常によくわかります。戦争の影に怯えながら働いていた状況だったと思いますね」

わたしは少女たちの姿を思い浮かべました。成長期の過程で、体も完全にできあがっていない中、学業を奪われ、重い労働に勤しみ、そして爆心地からわずか１３００メートルのところで被爆した。傷ついた人々の男女差を論じるのは適切ではないかもしれませんが、外見に消えない傷を負った少女も多数いたはずです。多感な時期です。体だけでなく精神も大きなダメージを受けたに違いありません。

わたしは机の上に置かれた、表紙に何も記されていない3冊目のノートも開けてみました。そこには、もはや日記的な記述はなく、名簿のようなものが書かれていました。「第一機械」などとまずは職場の名前が書かれ、人の名前、病院名か地名、さらには「負傷」「健在」「死亡」などとあります。中村館長はこう教えてくれました。

「これは、角田先生が原爆投下後に生徒たちの安否を探って、その消息を書いたものです」

次々と出てくる「負傷」「死亡」という文字。多くの少女たちが原爆に傷つき、命を落としたのです。県立高女の生徒だけで50人以上が原爆でその年のうちに亡くなったことを知りました。

戦争に巻き込まれて運命を翻弄された少女たちの心の中を知りたい。わたしは、三菱兵器大橋工場の実態、さらに県立高女の女学生たちの被爆体験、その戦後に迫ろうと、取材を始めました。

三菱の城下町

長崎の街を歩くと菱形が3つ寄せられた「三菱」のマークをあちこちで見かけます。江戸時代に出島を中心に海外との貿易で発展した長崎ですが、幕末に、長崎の港にあった造船所を、三菱の創設者・岩崎弥太郎が幕府から譲り受けます。以来、長崎はこの三菱長崎造船所を中心に「三菱の城下町」として発展しました。そして、日清と日露戦争の頃から、軍需都市の役割を果たすようになります。ちなみに、あの戦艦武蔵も太平洋戦争中に三菱長崎造船所で造られたものです。

三菱兵器大橋工場は、長崎大学文教キャンパスがすっぽり入る大きさで、軍需産業が発展していた長崎でも最大の工場です。どうして、そのような大きな工場が誕生したのでしょうか。わたしは、図書館で兵器工場についての資料を探し出しました。

海軍と三菱が協議して魚雷を作る計画を立てたのは、第一次世界大戦が終わった頃のことです。工場用地は、三菱が広大な土地を所有していた長崎市の北部に位置する茂里町《もりまち》と決まります。こうして、１９１７（大正６）年に、現在複合商業施設ココウォークがある場所に日本で唯一の民間の魚雷の研究・生産拠点として、長崎兵器工場が誕生しました。時同じくして日本は戦争に傾斜していきます。日中戦争前夜あたりから、海軍の生産依頼は増え、兵器工場はフル稼働するようになりました。

太平洋戦争開戦の直前に、これまでの茂里町の工場だけでは手狭になったため、三菱は浦上地区大橋町一帯の水田・宅地を買収しました。そうして突貫工事で作られたのが大橋工場でした。

原爆で焼きつくされてしまったため、ありし日の大橋工場の全体像が撮影された写真は存在しません。辛うじて残っているのは、三菱重工の社史の中にあるイラストスケッチの全体像一枚だけです。敷地いっぱいに建造物が密集し、甲乙に分かれたふたつの機械工場、鋳造《ちゅうぞう》、鍛造《たんぞう》、組立などの各工場、実験場、そして食堂などの福利厚生施設20棟あまりが所狭しと並んでいます。

太平洋戦争開戦時の真珠湾攻撃に使われた魚雷もここで作られたそうです。工場の規模は日本最大級ともいわれ、最盛期には1万2千人ほどが働きました。魚雷の生産は伸び、戦争末期には月間の生産数は２１０本を数えました。この生産ラインを担っていた労働力の一部が県立高女の生徒たちだったのです。

長崎西高との出会い

そんなことを調べていたわたしに、一通のメールが届きました。差出人は長崎県立長崎西高校の放送部顧問の稲尾先生でした。わたしの作った番組『原爆と沈黙～長崎浦上の受難～』に関しての問い合わせでした。

そのことを、定年になり原爆資料館を辞めたばかりの中村前館長に話したところ、ちょっと驚いた顔になり、こういいました。

「長崎西高校はぼくの母校ですが、県立長崎高女の後身ですよ」

つまり、そこに通う生徒たちは、被爆した県立高女の生徒たちの直接の後輩にあたるのです。

中村さんはわたしの背中を押してくれました。

「長崎西高は原爆に関しての取り組みを熱心にしています。わたしも放送部のインタビューを受けたことがありますね。番組の協力も得られるのではないでしょうか」

わたしは、稲尾先生と連絡をとり、さっそく長崎西高に向かいました。

そのあとのことはプロローグで書いたとおりです。

「一緒に県立高女の被爆体験を見つめさせてください」という提案に、稲尾先生は放送部の生徒たちの顔を確認しながら、こういってくれました。

「生徒たちは、みんな長崎の子どもたちです。みんなにとっても原爆は大きいし、事実をつないでいくべきですね。一緒にできることがあるなら協力しましょう」

こうしてわたしは長崎西高の放送部員とつながったのです。

真摯な思い

部員たち22人のうち、7人が自分たちの祖父母世代が被爆した被爆三世でした。その一人が次期部長になる2年生の冨永《とみなが》優希《ゆうき》さんです。祖母と曾祖父母が被爆者でした。

「祖母は被爆した時、まだ幼く、祖母の母、つまりひいお婆ちゃんと一緒に逃げたということは聞いたことがあります。でもその祖母も、もう話ができない状況です。祖母に話が聞けなかった分、より多くの被爆者の方にお話を聞いていきたいです」

名前そのものが強く訴えてくる1年生の平《たい》和未《らなごみ》さんは祖父が被爆をしていました。

「西校の前身、瓊浦中学校に在籍していた祖父は、たまたま掃除の時間を抜け出して、家に帰っていました。だから長崎市内の自宅で被爆したそうです。外傷は耳の裏の火傷だけでした」

平さんは自分自身が生きていることを時々深く考えるといいます。

「祖父が学校をサボっていなかったら、おそらく助からなかったと思います。ということは、わたしの今はなかった。いくつもの偶然が重なって自分がいるのだなと思いました」

和未という名前は、祖父がつけてくれたものでした。名字との組み合わせを考えたようです。

「祖父は10年前に亡くなりました。その祖父とは数回しか会ったことがなく記憶もほとんどありませんが、わたしの名前は祖父が託した願いだと思うので、それを大事に生きていきたいと思います」

　1年生の草野みずきさんも母方の祖父と祖母が被爆している被爆三世でした。

「祖母は思い出したくない、思い出すだけでもつらいといっていました。中学2年生の平和学習で祖母から初めて8月9日に自身が経験したことを聞きました。もう絶対に、二度とあんなことは起こってほしくない、と話してくれました。その日を境に継承という言葉を強く身近に感じるようになりました。8月9日のことは、今でもフラッシュバックするため、話したくないそうです。結局、一度だけしか聞けていません」

　1年生の安部澪《れい》さんはこう語ります。

「祖母に原爆手帳を見せてもらったことはありますが、具体的な話は聞いたことがありません。祖母は姉を原爆で亡くしているので、話をしたくなかったんだと思います。わたしたちのような被爆三世は、実際には、痛みを感じたことも、被爆者として扱われたこともなく、自覚もないので現実感があまりありません。でも自分が祖母の立場だったらどうだったろうと考えることはあります」

　一方で、部員には、原爆とはまったく無縁だった他の地域から転校してきた人もいました。1

年生の久保今日子さんは、神奈川県横浜市で生まれ育ちました。

「小学3年生までいたので東日本大震災も経験しています。だから長崎にいると、周囲と防災意識のギャップを感じることがあります。あの時の恐怖を知らないんだなって。逆にわたしは原爆への意識はみんなより薄いのかな。だからこそ、県内外の認識のギャップを埋めること。まずはここからかなと思います。いまだ苦しみながら闘っている被爆者の人たちと同じようにはいかないけれど、原爆に対する無知・無関心と闘っていかなければならないと考えています」

長崎という土地の高校生ならではの、みんなの真摯な思いがひしひしと伝わってきました。

作戦会議

ドキュメンタリー番組制作の中心は、テレビドキュメンタリー班のメンバーたちです。3年生の岩本ひなたさんが、なぜ「女性と原爆」をテーマに選んだのかを教えてくれました。

「今までの原爆のドキュメントでは、被爆者の方の話を聞くといっても男性ばかりでした。だからこそ、女性をテーマにしたかった。原爆が投下されて何年経っても、どれだけ平和を願っていても心の傷は消えないことを伝えたかったし、それでも強く、時には家族と楽しく過ごす女性の姿を知ってほしいと思いました」

　放送部の部室にテレビドキュメンタリー班の４人のメンバーが集まっていました。岩本さん、岩室《いわむろ》玲香《れいか》さん、松坂和哉《かずや》さん、そして志摩《しま》邑那《ゆうな》さんです。県立高女の被爆者の一人に取材をすることになり、取材方針をまとめようとしていたのです。岩本さんがこう切り出します。

「女性だからこその苦労や悲しみを聞き出せるようなインタビューにしたい」

　同じく3年生の岩室さんが頷きながら、言葉を加えます。

「でも、最初からなんでも話してくれるわけじゃないから、その人の被爆体験の話をゆっくり聞きながらそれに沿った質問ができたらいいな」

　４人しかいない男子部員の一人、２年生の松坂さんがこう反応します。

「戦時中の話から膨らませて、戦後の生活というような流れがいいってことですよね」

　まだ入学して日も浅い1年生の志摩さんが遠慮がちに意見を述べました。

「戦後の日常生活とか、結婚の話とか、どこまでつらい体験だったかはわからないですけど、かなりデリケートな話ですね」

　ミーティングの最後を岩本さんはこう締めくくりました。

「心の内に入りこむ繊細な取材になるよね。だからこそゆっくり話を進めて、気になったところで掘り下げていこうよ。町が燃えて人が灰になった瞬間の非日常的な悲劇だけでなく、その後の日常の中にある苦しみも見つめられればいいんじゃないかな」

県立高女の卒業生を筆頭《ひっとう》に、原爆に苦しめられた少女たちの声をまとめ、完成した作品を夏の放送コンテストのテレビドキュメンタリー部門に出品することになりました。

ドキュメンタリー班の会議のあと、放送部の全体ミーティングが開かれました。稲尾先生がこう提案します。

「せっかくの先輩たちを見つめるチャンスだと思う。ふだんだったらテレビドキュメンタリー班だけでやる作業だけど、今回は、みんなで取材に取りかかったらいいと思うけど」

みんなは真剣な顔で頷いています。

こうして長崎西高放送部22人は一丸となり、県立高女の被爆体験の取材に向かっていくことになりました。

わたしは、長崎西高放送部と連携を取りながら、取材と撮影を進めることにしました。8月の放送を目指した番組のテーマの大半は、長崎西高生たちの狙いと重なり合っていました。

県立高女の少女たちが学徒動員でどのような工場労働をさせられたのか。身をもって体験した被爆はどのようなものだったのか。そして戦後のことも重要な要素です。番組には「少女たちがみつめた原爆」というタイトルを考えていました。

同時にわたしはひとつのことを心中に抱いていました。原爆資料館にあった「工場日記」のような日記を新たに探し出せないだろうか——。少女たちは、当時の自分たちの心情を書き残していたのではないか、という思いが浮かび、大きくなっていたのです。そこには、証言だけでは得られない何かが秘められているという予感がしていました。

戦争そして原爆が、当時の県立高女の少女たちの内面に何をもたらしたのかを念頭に、長崎西高の生徒たちの様子もしっかりと描き、次世代への継承についても考えていくことにしました。

第2章

原爆前夜の少女たち

最初の撮影

「長崎西高から来ました。よろしくお願いします」

長崎西高放送部員たちがいよいよ県立高女の人たちの取材に取りかかりました。まず最初に訪ねたのは、長崎市内の高齢者向け住宅でした。ここに暮らす安日涼子《やすひりょうこ》さんにインタビューをするのです。

初めて出会う、およそ70歳ちがいの先輩と後輩。ショートカットがよく似合う上品な物腰のおしゃれな安日さんを前にして、後輩たちは、緊張しているのか、みな表情が硬めです。

岩本ひなたさんが挨拶をします。

「今作っている番組で、原爆と女性という点に焦点を当てています。戦時中の女学校時代のこと、被爆した時のこと、あとは被爆後の生活の大変さを教えていただければなと思っています。今日は第1回なので、まず、長崎県立高女に入学した頃のことを聞きたいと思って来ました。よろしくお願いします」

安日さんは微笑を浮かべながら、「西高だったらね、お身内と一緒でございます。わたしの子どもが通っていました」と返答し、ゆったりと話し始めました。

「３００人ちょっと同級生がいたんですけれど、50人以上がね、犠牲になりましてね。つらい思いをした、可哀想なお友だちがたくさんいましたのでね。そのお話をね、皆さんが心に留めていただければと思ってお受けしました」

松坂和哉さんがメインのカメラをセットし、志摩邑那さんがサブのカメラを操作しながら音声マイクを安日さんに向かって伸ばします。

神妙な顔で岩室玲香さんがこんな質問をします。

「部活はテニス部だったんですよね。楽しかったですか」

「２歳年上の近所のお姉ちゃんが、テニス部だったんですよ。だからテニスに憧れてね、1年生の時に入部したの」

お嬢様学校だけあって、テニス部は人気だったようでした。しかし、2年生になると、部活にも戦争の影が投げかけられます。

「テニスコートは壊されてしまったわね」

食糧増産が深刻な時期のこと。スポーツの場は実用的な用途に変身したのです。「畑にして耕して、お芋を植えましたね」と安日さんは小さくため息をつきました。

それに呼応するように、部員たちからも小さくうめくような声が聞こえてきました。

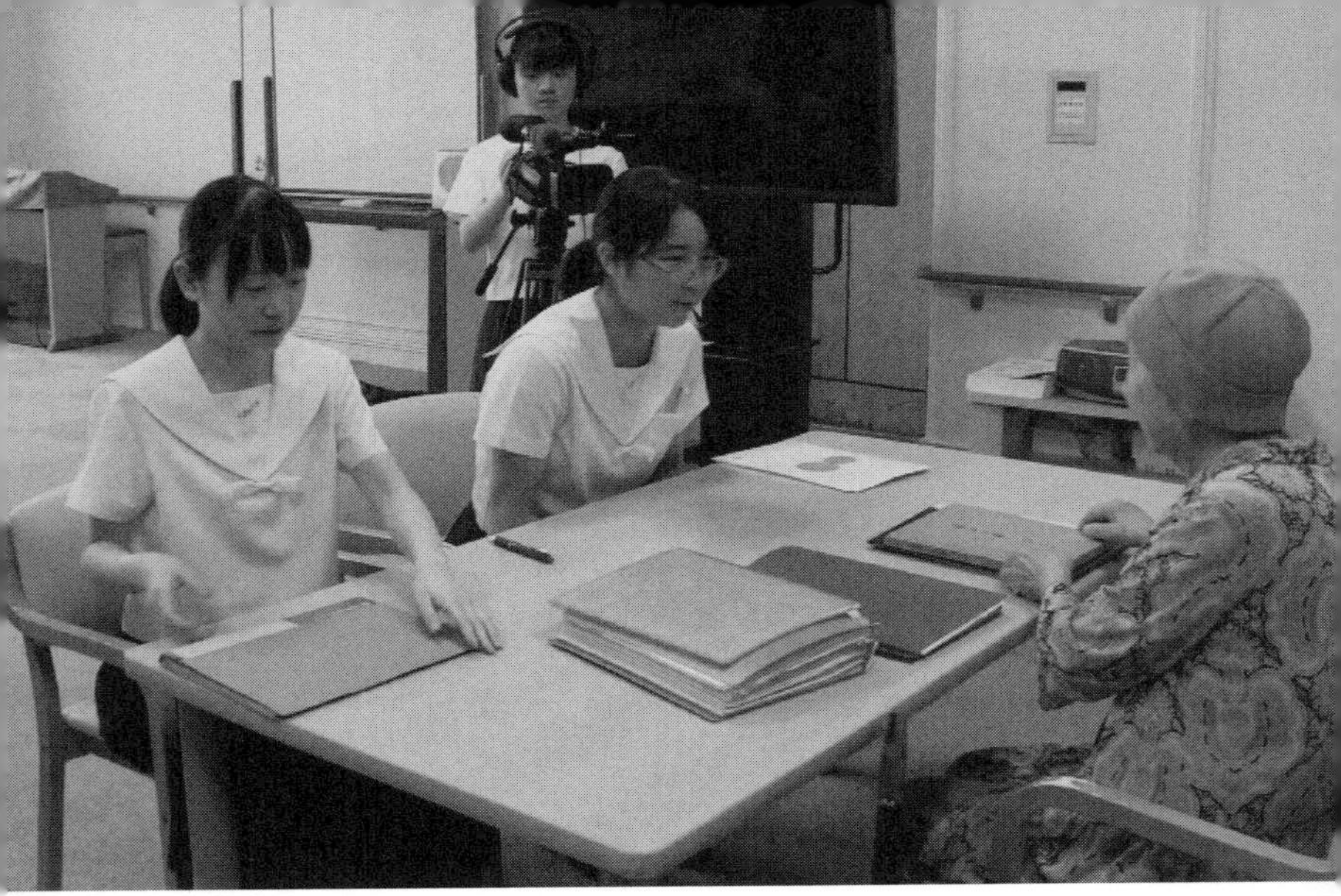

安日さんを取材するテレビドキュメンタリー班

「ああー」

「1年生のあいだは球拾いをして、その後はね、農作業。テニスなんかこれっぽっちもできなかった」

　岩本さんがこう質問します。

「安日さんにとっての女学校時代ってどんなものだったんですか」

「入学したての頃は、勉強も一生懸命しました。でもね、物資が不足していて、制服や革靴はありませんでした。だからね、知り合いの先輩から譲り受けました」

　県立高女の歴史を綴った『たちばなの歩み100年』によると、安日さんの学年から修学旅行は中止になり、運動会も1年生で中止になっています。「戦時衣生活簡素化実施要綱」という物々しい決まりが閣議決定し、「国民衣生活」、つまりみんなが着る服の「簡素化」が「徹底」されることになりました。自分たちの服にまで国家が干渉してきたのです。女子学生の制服にも規制が加えられ、制服の装飾的部分を取り払わなくてはいけなくなりました。つまり、おしゃれができなくなったのです。

　誰でも気になる異性とのつきあいに話がおよび、岩本さんがこう質問しました。

「近所の男の子とかは仲よくしたんですか」

「あのね、男の子と口をきいたらいけなかったんです」

「女学校の決まりですか」

「はい。わたしが入学する前、商業学校の学生さんと高女の先輩とのあいだで心中事件があったんです。それで、学校では男の子と一切喋ったらいけないって決まりができたのです。そしてね、男の子と会話したら不良だといわれましたね。小学校の時の同級生がいてもね、会っても知らん顔してたの」

「悲しかったですか」

「いいえ、それが当たり前でしたから。そういうふうな教育だったんですね、男の子と物をいうなっていう教育だったんですね」

学校のカリキュラムに話題がおよびました。安日さんが楽しみにしていた英語の授業は、1年の時から「敵国語」とされ、選択科目になっていました。思いがけない新たな科目も登場します。1年生の冬には、手旗・モールス信号などの通信訓練が体育の科目になり、その他にも電気工事、そろばんなどの学習が始まりました。

「リュックサックにノコギリの柄をいれて電車通学したのですが、柄は長くて他のみんなの邪魔になり嫌われました」

男性は次々と召集されていったため、県立高女から男性教諭が激減していました。1年生の終わりには、スカートが禁止になり、ズボンは膝と足首部分を紐でしめなくてはいけなくなりました。いわゆるモンペが義務化されたのです。

「2年生からだんだん戦争が激しくなりましたでしょ、空襲などで勉強なんてね、ゆっくりすることなどできなくなりました。そしてね、2年からは英語が廃止になったんです。あとはみんな被服科とか家政科の授業ばかりになったんですよ」

こうして女学生たちは完全に戦争の一部に組み込まれていったのです。この日の取材はここで区切りとなりました。安日さんに話を聞き終えた志摩さんは、自身の心中を率直に教えてくれました。

「安日さんは、苦しいことと同時に、楽しかったことも語っていました。初期の学校生活は戦時中とはいえ、今と変わらない女学生の生活があったことを知りました。わたしは、この現状が急に原爆で失われてしまったらと思い、原爆を非現実と感じてきた自分の甘さと、かつて現実だった事実の重さを痛感しました」

安日さんの取材を終え、テレビドキュメンタリーのメンバーは部室に戻ります。さっそく志摩さんは、インタビューの文字起こしにかかり、松坂さんは機材の整理をします。岩本さんと岩室さんは、原爆関連の書籍を読み込み、資料作りに取り組んでいます。

それぞれの作業が終わると、岩室さんがみんなに向けてこういいます。

「実際に被爆した女性の方に話を聞くことができてよかった」

岩本さんが反応します。

「今回は、安日さんの女学校時代のことをたくさん話してもらったね。でも女性ならではの被爆の苦労を聞いたりするのは何回か取材の必要がありそう」

岩室さんはこういいます。

「確かにいきなりいろいろと話してもらうのは無理だよね」

「それぐらい、重いことなんだなってあらためて思います」

下級生たちは熱心な目で先輩の顔を見つめています。

みんなは、下校時間ギリギリまで部室で今後の方針について熱心に話しあっていました。

セピア色の少女たち

セピアに変色した写真には、12歳から13歳の少女が集団で写っています。中央には校長先生なんでしょうか、しかつめらしい顔をした男性がいます。おかっぱあたまの少女たちは、みんなあどけない表情を浮かべています。いまから70年以上前に、県立高女の入学式で撮影されたものでした。少女たちは、この2年後には、兵器工場で恐ろしい運命にさらされるのですが、つぶらな瞳にはそんな未来像など微塵も映されていません。

次にわたしが安日さんのところに向かったのは、長崎西高生が最初のインタビュー取材を終えてから1週間後のことでした。安日さんが、「同級生二人と久しぶりに会うのです。彼女たちもいろいろとおぼえていると思います」と連絡をくれたのです。授業時間に重なってしまったため、

入学式の少女たち

長崎西高放送部員たちはこの日の取材には不参加でした。

こころなしか、安日さんは前回の面会時より元気がなさそうな印象を受けました。被爆した人たちに残されている時間は有限なのだと実感し、彼女たちと触れることができる一刻一刻が貴重なのだと痛感しました。

あたりさわりのない世間話をしているうちに、玄関のドアをノックする音が聞こえました。

「安日さん、来たよ」

「あら、久しぶりね」

部屋にやってきたのは、立川《たちかわ》裕子《ゆうこ》さんと市丸《いちまる》睦子《むつこ》さんです。二人は安日さんの県立高女在学時からの親友でした。立川さんは柔和

アルバムを開く安日さん

な笑みを浮かべた優しそうな人で、洗練された服を纏《まと》った市丸さんはおしとやかなお嬢さんという印象です。二人が椅子に座るのを確認して安日さんは、棚から何かを出してきました。

「昔の女学生の時の写真を見せようと思ってね」

安日さんは女学生時代の写真を整理したアルバムを大切に保管していました。冒頭の集合写真もそこに貼りつけてあったものです。それを広げるとみんなの目が吸い寄せられていきます。

「あらー、本当ね。ずいぶん古いわね。色もずいぶんと変わっている」

一気に時間がタイムスリップし、三人の顔が輝きます。

「え、女学校だね。これ、わたしよ」

「うわー、見せて見せて」

安日さんがいいます。

「1年生の頃のやつよ」

みんなが乗り出すと、安日さんは気をつかいます。

「うわー、懐かしい」

「ちょっと待ってて、虫眼鏡を持ってくるわ」

こんどはみんなで虫眼鏡を使って熱心に写真を見つめ始めました。

「あれ、立花先生だ。すごい美人の先生だったわよね」

「あ、これは角田先生よね」

「蒲地《かまち》先生っていたわね」

「モリエツコさんだわ、この人」

「これ、わたしよ」

「あ、わたしはこれだ」

「え、ちょっと見せて見せて」

「なんだか、恥ずかしいわね」


びっくりしました。今の女子高生たちの会話とたいして変わらないようなはしゃぎぶりだったのですから。久しぶりの再会とあって話はつきません。女子談義は30分ほど続きました。

あたりに明るい声が響き、屈託のない笑顔を浮かべた牧歌的な少女たちの群像が、わたしの中に映像として湧きあがっていました。

人生いちばん幸せな時

「久しぶりに行ってみる？」

「そうね、お天気もいいことだし、行ってみようか」

盛りあがった三人は、そのままのノリで、ある場所に行くことになりました。タクシーで向かったのは、長崎市東部の諏訪神社近くの小高い丘陵地でした。20分ほどでたどりついたのですが、そこにあったのはフェンスに囲まれた何の変哲もない雑草の生い茂った小さな公園です。安日さんがそこに立っている銅板を読みあげます。

「長崎県立高等女学校跡」

彼女たちの母校の跡地でした。校舎そのものはすでに取り壊されてありませんが、敷地の一部が公園になっていたのです。

立川さんが大きな声をあげます。

「あー、これ、ほら、門だ。これはそのままね」

そこには、女学校の門がまだ残っていました。立川さんはちょっとまぶしそうな表情を浮かべ、こういいます。

「みんながちょっと憧れて入ったような学校でしたよね」

立川さんがいうとおり、県立高女は長崎県下でも名前を知られた名門校でした。小学校で学業を断念する女子が多い中、比較的裕福な家庭の学業に秀でた子女たちが多かったそうです。

3人が県立高女の門をくぐったのは、日本が連合国軍と開戦して1年4カ月が経った１９４３年4月。この年のはじめには、一般にはまだ知らされていなかったものの、激戦地ガダルカナル島からの撤退、アッツ島での玉砕などがあり、日本の敗色が濃くなっていました。彼女たちが入学した頃には、国民的英雄だった連合艦隊司令長官の山本五十六《いそろく》が日本から遠く離れたソロモン諸島で戦死しています。それでも太平洋戦争の波は長崎に完全には押し寄せてきておらず、初期の女学生時代は平穏だったといいます。市丸さんが入学当時を振り返りました。

「入った時は本当に楽しかったですよね。何の心配もせずに学校生活を楽しんでいましたよね。だから、女学校に入って2年生になるまでが、生涯で一番幸せな時期だったんじゃないかな」

それに、と言葉を続けました。

「先生はみんな優しかったですね。怒る先生などいませんでした」

年頃の少女たちですが、前述したように、ボーイフレンドとめぐりあうチャンスはなかったようです。安日さんはこういいます。

「高等商業学校（現在の長崎大学経済学部）がすぐ隣で、4階の窓からちょうどそこに通う男の子たちを見おろす形だったわよね。でも先生が見てはいけません、っていって」

立川さんが相槌を打ちます。

「それでも下から手を振られたりしましたね」

安日さんは続けます。

「だから窓際1メートルには近づいてはいけない」

市丸さんも首を縦に振りながら相槌を打ちます。

「そうそうそう」

立川さんは少し恨めしげにいいます。

「絶対にお話ししちゃいけないっていわれていた。ねえ、誰とも話せなかったわよね」

安日さんが長崎西高生に語ったとおり、異性との交流は制限されていたのです。市丸さんもいいます。

「ぜんぜんお色気なかったですから。だから男の子と会うと、ポッと横向いて通るくらいでね」

立川さんが、笑い声でいいます。

「もう、親戚の男性に会った時でも横を向いてましたね。厳しかったわね」

市丸さんがこういいます。

「でも、とっても楽しかったわね」

若やいだ三人の声が、公園に響いていました。

黒く塗られた校舎

しかし、楽しい時間は永くは続きませんでした。

「何か変だなと感じたのは……」といって市丸さんはこう続けました。

「あれは２年生の終わりのことです。校舎が黒く半分、ちぐはぐに塗られてしまってね」

立川さんが言葉をすぐに復唱します。

「塗られましたね、ペンキでね。敵に見つからないようにって」

市丸さんは頷きながら、こういいました。

「色が変わった校舎は変な形に見えました。悲しかったですよね」

校舎が写された３枚の写真が、安日さんの女学生時代のアルバムに貼られていたことを、わたしは思い出しました。そのうちの１枚は俯瞰《ふかん》の全体像ですが、残りの２枚はほとんど同じアング

塗られた県立高女の校舎

ルから写されています。1枚は立派な白塗りの校舎です。威風堂々としていて、これはみんなの自慢だっただろうなと思わせるものでした。もう1枚は校舎全体が黒く塗られていて、何か怖いものが出てきそうな雰囲気のもの。ため息がでるほどのギャップでした。

市丸さんは語ります。

「プールでも泳いではいけないっていわれました。当時、空襲が始まっていたので、機銃掃射を受けるからね」

こうして女学生たちは学業から引き離されていきます。手旗やモールス信号などの訓練、そして電気工事が科目になったことは前に触れたとおりです。市丸さんが呟きます。

「ちょっと想像ができなかったですね」

立川さんが続けます。

「まさかね、こういうことになるって」

さきほどの華やぎからは一転、みんなの声がちょっと低くなっていました。

兵器工場に学徒動員

教育の現場が一気に戦時体制に組み込まれたのは、１９４５年3月でした。「決戦教育措置要綱」が閣議で決まり、1年間、授業が停止されることになり、中等学校以上の生徒や学生が、軍需産業や食糧生産に総動員されることになったのです。女子も例外ではなく、各地で年端のいかぬ女学生たちが次々と工場に動員されていきました。

軍需工場が集中していた長崎では、とりわけ労働力不足は深刻でした。5月半ば、ついに県立高女の3年生も時代の渦に飲み込まれていきます。学校は完全に休校になり、兵器工場で大人たちに交じり魚雷作りをすることになったのです。

それでも事態を軽く考えていた女学生はいたと市丸さんはいいます。

「最初はね、勉強しなくていいからと喜んでた人が多かったんですよ。わー！といってね」

安日さんは頷きながらこういいました。

「その頃はみなさんね、上級生もどんどん学徒動員されていましたし、それはもう、当然だと思っておりましたのでね」

しかし、県立高女の教師は、事態を深刻にとらえていました。立川さんは、動員直前に校長が生徒に向かって語りかけた言葉を覚えています。

「校長先生は、『きっと現場に行くと爆撃されて亡くなる人もたくさん出るだろう』とすごく嘆かれていましたね」

引率教員は独身者だけが選ばれました。

「工場につくことになった３人の先生も独身で、子どもがいない人たちばかり。だからわたしたちもやっぱり誰かしら亡くなることもあるのかなという覚悟は持っていましたけどね」

突如、打ち切られた学生生活。そしていつ襲いかかってくるかわからない敵の攻撃。やったことのない肉体労働。どんな内心を抱えながら、少女たちは働いたのでしょうか。そして、兵器工場の実態はどのようなものだったのでしょう。県立高女の３年生が綴った日記が赤裸々にそのことを語っていました。

「妙子」と日記

ここで、すこしだけ時計の針を巻き戻します。県立高女の生存者を探す際、長崎原爆資料館の学芸員弦本《つるもと》美菜子さんの協力でＹさんという元県立高女生を紹介してもらったのですが、Ｙさんはこんなことを教えてくれました。

「福岡の早良区に、兵器工場で働いている時に日記をつけていた人がいます。その日記は、小説『やすらかに今はねむり給え』にも使われています。もっとも最近連絡をまったく取っていないからどうされているかはわからないけどね」

『やすらかに今はねむり給え』は、原爆投下に至るまでの、兵器工場での2カ月にわたる県立高女生の日々を克明に描いた小説です。作者の芥川賞作家・林京子さんは県立高女出身で、安日さんや立川さん、市丸さんたちの同級生でした。

この作品に重要な役割を果たしているのが「妙子」です。「広い額と、よく動く黒い目と、利発さをもった少女」妙子は、学徒動員の日々を、「紙面がざらざらした粗末な手帖」に綴っていたと描写されています。「妙子はそのころ、ほとんど毎日、日記をつけている。妙子も私のように下宿生活を送っていたから、日記が話し相手だったのだろう」。

林さんは、その日記を「工場日記」とともに作品に引用していました。例えばこんな具合にです。「妙子は八月一日の大規模な空爆に『敵撃滅の念深まる。撃ちてし止まんだ。帰つてから夕食行水。歩いて帰つたので、とても疲れた。夜は防空壕で寝るつもりである。』と日記につけている」。作家の林さんにとっても、生の心の声が記された日記は、原爆小説創作の上で貴重なものだったのです。

「妙子」は実在の元県立高女生の少女がモデルになっていて、本名は吉永正子さんだとわかりました。

しかし教わった番号に何度電話しても応答がありません。しばらくは連絡を続けましたが、諦めかけた折に、突如、電話がつながりました。

千載一遇のチャンスを逃すわけにはいきません。

「今からお目にかかれませんか?」

すると吉永さんは、こう返答しました。

「別にかまいませんよ」

こうしてわたしは、兵器工場での日々を知るのに欠かせないもう一人の元県立高女生に会えることになったのです。

兵器工場の日々

吉永さんが暮らしていたのは、福岡市中心部の喧騒から離れた住宅街の一画でした。88歳の元

県立高女入学時の吉永さん

県立高女生は、柔和な笑みを浮かべながら、見ず知らずの闖入者《ちんにゅうしゃ》を受け入れてくれました。物腰はやわらかいですが、芯のあるしっかりとした女性だという印象を受けました。

県立高女について調べていることをあらためて伝えると、「もう色々忘れてしまって、5分前のことも忘れとる。でも何かお役に立てるならお話ししましょう」と上品な博多弁で笑いながらいいました。

さっそく当時の写真の有無を聞いたところ、吉永さんは1枚の写真をリビングの棚から持ってきてくれました。制服姿の凛とした少女が写っていました。

「これが県立長崎高女時代のものですよね。入学した時に写したから制服のセーラー服を着ているんです」

県立高女に通うことは吉永さんにとって誇りだったといいます。

「長崎の中では一番といわれていましたね。勉強のできるものが集まる女学校だからって、それがプライドでしたね」

部屋の中は、綺麗に整理整頓されていて、几帳面さが滲《にじ》み出ています。

70数年前の日記をめくる吉永さん

この様子だと日記を今でも保管しているかもしれないという期待が膨らみます。林京子さんが吉永さんの日記を利用しながら小説『やすらかに今はねむり給え』を発表したのは、30年前のこと。つまり吉永さんの日記は、その頃まではあったのは間違いありません。わたしはちょっとドキドキしながら、聞きました。

「女学校時代の日記を今でもお持ちですか」

わたしはさらに言葉を重ねます。

「林京子さんにお貸ししましたよね」

「確かに貸しましたね。彼女とは仲がよかったからね」

よく見渡すと、リビングの書棚には、林京子さんの小説が数冊並んでいて、その中には『やすらかに今はねむり給え』も含まれていました。

「その日記を見せていただきたいのです」

すると吉永さんは、さらりとこういいました。

「日記ですねえ。あるかもしれません。捨てたことないからね」

わたしは瞬時に尋ねていました。

「どこですか」

「あるとしたら、そこの下です」

そういって、吉永さんは仏壇の前で腰をかがめ、下にある棚にしまわれたプラスティックの箱を半分引き出しました。力がいるようでそれ以上出せないでいましたが、大量の古びたノートが入っているのが見えました。

「ひとつ取ってみていいですか」

そういってプラスティックの箱を引き出しました。たまたま一番上にあったノートの表紙には「昭和24年」と書かれています。それを見ながら吉永さんは「わたしはずっと日記書いていたからね」と呟きました。

70年前の日記があるということは、その４年前の日記があってもおかしくありません。吉永さんをうながし、箱に折り重なったノートを上の方から一つひとつ手に取ってもらいました。いくつかノートの表紙をチェックしていた吉永さんが、声をあげました。

「あ、昭和20年5月、って書いてありますね」

あった！　まさに高女の3年生が兵器工場で働き始めたのがその月のことです。

茶に変色したＡ４サイズのノート。

こうして74年前の兵器工場の日記に、ようやく出会うことができたのです。

「戦争の仲間」

太平洋戦時中の日記はすべて残されていて、兵器工場で働く前のものもありました。わたしは手はじめに、アメリカ軍が沖縄上陸を開始して1週間のタイミングの、１９４５年4月8日に記入が始まった日記を読ませてもらいました。

> 本土上陸を焦って、沖縄周辺にひた押しに押して来る奴らが頼みとする物量でそう限りなくどんどんあるものではない。今が真の決戦だ。国民は女子といへども総武装して、この国難にあたらなければならない。非戦闘員の婦女子までが、斬込み隊に加

わっておられるようだ。私たちもこの沖縄の人たちに負けない気持ちで頑張らなければならない。

迫力におされ、圧倒されたわたしは、思わず「勇ましいですね」と呟くと、吉永さんはこう語ります。

「こういう気持ちで毎日過ごさないかんわけです。戦時中ですからね」

日記は1日も欠かすことなく、14歳とは思えないほどの達筆で綴られています。吉永さんは、まじめな少女だったようで、情報収集にも余念がありませんでした。

四月十三日

アメリカの大統領ルーヅヴェルトが死んださうだ。私は嬉しくてたまらない。あまりのさばるから丁度よい、と思った。

四月十五日

今日新聞をみてびっくりした。何と又、醜敵《しゅうてき》米英はおそれ多くも明治神宮を焼失し、宮城をも空爆した。何といふおそれ多いことであらう。私は必ずこの仇はうつぞと神かけて誓った。醜敵を亡すまではどんなにしてでも生き永らへてこの仇をうたねばならない。

「『宮城をも空爆した。何というおそれ多いことであろう』やら書いとおです。わたしたちにとって天皇陛下というたらね、神様のような存在でしたからね。やっぱり戦時中だからこういうこと書いとおですね。『私は大東亜戦争の必勝を祈った』とも書いてるんですね」

皇国少女だったんですね、と問うと、

「またそれじゃないと生きていかれんですね。戦争は嫌いとかいいよることはできんかった。自分も戦争の仲間だっていうかな」

「戦争の仲間」。それが軍事教育を叩き込まれた少女たちの偽らざる心情だったのかもしれません。

魚雷にヤスリ

日記をめくっていくと、いよいよ工場動員の日付が近づいてきました。吉永さんは工場勤務直前の5月22日の日記を読んでくれました。

「『私たちが待ちに待った動員令が来た』――待ちに待っとったんでしょうね、動員されるの」

吉永さんは続く文面も声に出して読んでくれました。

「『いよいよ私たちも国家の直接お役に立つことができる。二十五日から出勤とおっしゃった。私のような愚か者でもお国のお役に立つのかと思うと、本当に嬉しい。どんな誘惑にもどんな苦難にも負けずにしっかり増産の道へ励もう』――勇ましいことが書いてありますね」

わたしは、吉永さんの同級生でもある安日さん、立川さん、市丸さんのことを思い出しました。確かに立川さんは、吉永さんのように「お国のために」という意識が強かったと振り返りましたが、市丸さんはそんな気持ちはまったくなかったといい、安日さんは惰性で工場労働していたと語っています。少女たちによって時局の受けとめ方は様々で、その心中は十人十色だったことがわかります。

5月25日、吉永さんは新しい日記に切り替えています。この日はまさに兵器工場勤務の初日でした。

> 今日からいよいよ、私達が三年になってから待ち詫びてゐた工場生活が始まるのである。朝食をしてゐると大林さんが呼びに来られたので急いですまして蛍茶屋に行った。大橋行きの電車はとても並んでいる。明日からは早く来よう。大橋の工場は遠かった。明日から約十ヶ月間この工場に通ふと思ふと、なほ更　敵撃滅の念が高まった。

工場に入り、上司からかけられたのは、こ

吉永さんの日記

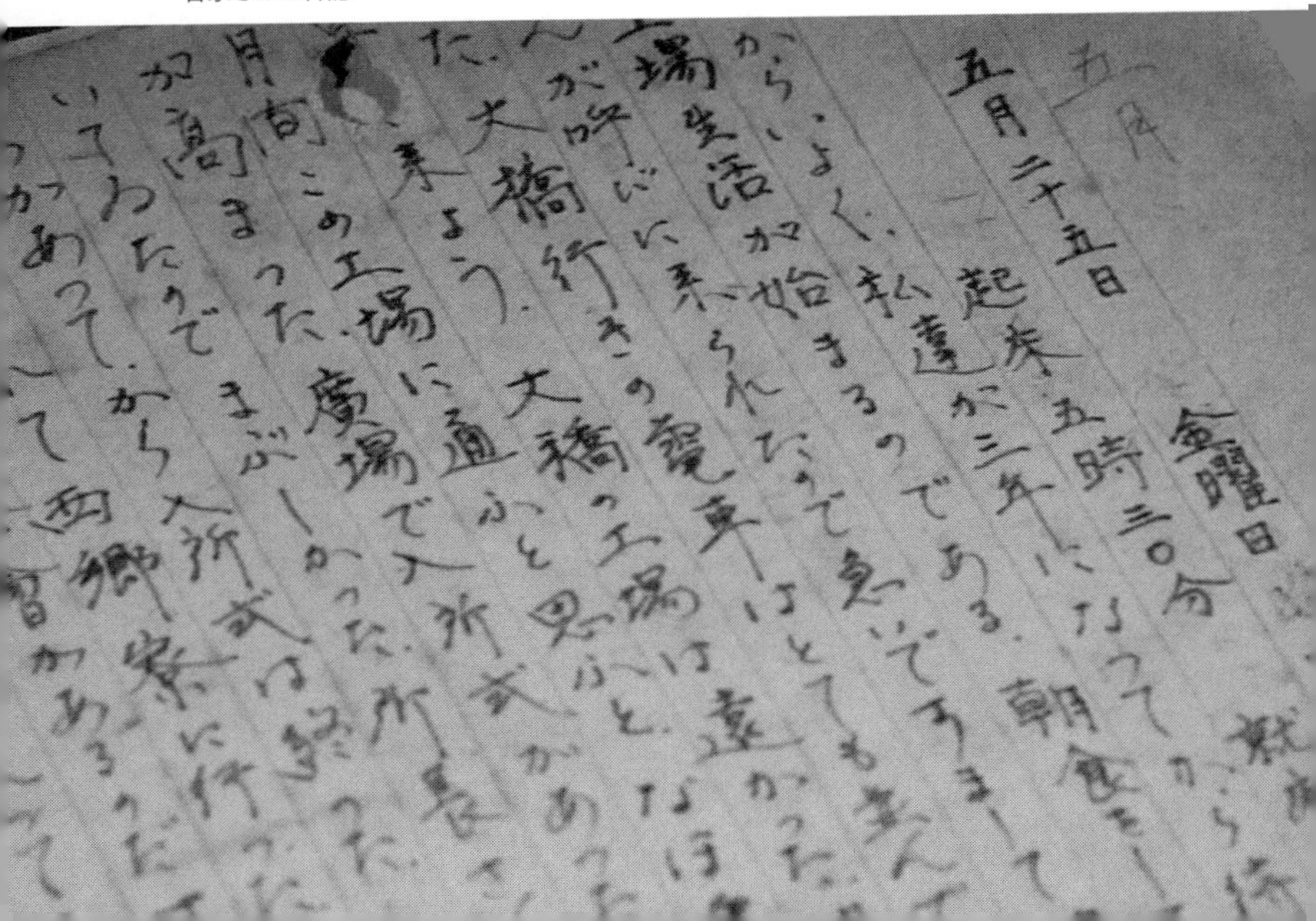

んな勇ましい言葉でした。

「『戦争にとにかく勝つんだ』といわれました」

工場にも戦争が持ち込まれ、労働者は立派な戦士とみなされていたのです。当初、吉永さんが受け持ったのは、単純な肉体労働でした。

「わたしは工場で魚雷にやすりをかける仕事をしていました」

6月4日の日記に具体的な仕事の内容についての記述がありました。

今日はいろんな仕事をした。「スリ合せ」と言う仕事を昼間でした。スリ合せは割合にやさしい。仕事をするときは時間の経つのは早いような気がするが仕事がなくて遊んでいるときはとても時間の経つのが遅い。昼から「メッキ」をした。鉄をもらってきて、それをペーパーでこすって表面をなだらかにしてまず硝塩酸の中につけてそれから塩酸につけ、それをハンダにつける。そうしてまた塩酸に着けソーダ湯で洗うのである。塩酸からソーダにつける場合はパッとはんだが散るので徐々にしないと危険である。それは早く済んだ。何も仕事がないのが一番辛いと先生はおっしゃったが本当に辛い。

吉永さんは親元を離れて長崎市内の東のはずれの蛍茶屋で、祖母と二人暮らしをしながら、路面電車で1時間ほどかけて工場に通っていました。休暇は2週間に1回だけ。吉永さんは魚雷研磨のあいまに、土木作業も手伝ったといいます。この頃の体重はわずか「34キロ」。華奢な少女にとって重労働が続きます。6月5日にはこう書いています。

昼からも土運びをした。今日はとてもきつかった。むつかしい仕事を進んでするのがご奉公だ。しっかりしなければいけない。

吉永さんにどんな気持ちで働いていたのかを聞くと、こう答えました。

「みんなと一緒ですよ。わたしは民主主義ですとか、別の意見を持っている人がおったりしたらね、考え方の選択肢が広がるけれども、みんなお国のためにということで一色でした。戦争だからもう仕方がなかったんです。滅私奉公せんと生きていけんかったんです。だから疑問はなかったですね。もう勉強ほったらかしで、魚雷にヤスリをかけよりました」

労働意欲を自ら鼓舞していた吉永さんでしたが、現実は刻々と厳しさを増していきます。2カ月ほど経つと、日記には疲労の色が滲《にじ》み始めます。

「きつくてたまらない」

> 七月二五日
> 今日はちっとも馬力が出ない。体がだるくて仕方ない。

8月になると吉永さんの日記には連日のように「きつくてたまらない」と書かれるようになります。

ちなみに引率の教員角田先生が綴っていた「工場日記」の記述も、1カ月を過ぎる頃から、事故が目立つようになり、高温や騒音などに耐えられず欠勤者が増加していたことが書かれています。7月8日、角田先生は「司令者は無責任なる事甚し」と当局への怒りを隠しません。8月になると連日の空襲が綴られますが、記入漏れも目立ち、先生の疲労が滲んでいます。

当初は工場労働に前のめりだった吉永さんも、だんだんと気持ちが変わっていったといいます。

吉永さんは、当時の心境をこう語ります。

「魚雷にやすりをかけるなんて、とにかく女性のする仕事じゃないですから。もうそれにくたびれて。やっぱりね、女学生ですから、勉強をしたかったですね」

よくこの大変な状況で日記を書けましたね、というと、

「字を書く機会はこれだけだし、勉強というのはこれを書くぐらいですよ。あとはもう、朝起きて工場に行って働くだけです。でも自分だけだったらだけども、みんながそういう状態で、男の子なんかはみんな同じ14、15歳でも兵隊さんに取られてたんですから」

日記は、戦時下の少女の気持ちを落ち着かせるためになくてはならないものだったといいます。

「日記は習慣でしょうね。毎日書いてますもんね。書くとね、いくらか吐き出せるっていうか」

取材が終わり別れ際に、吉永さんは、ポツリと呟きました。

「あの頃のことは忘れませんね。とにかく、戦争中はもう厳しいもんですよ。楽しいことは何にもないしね」

圧倒的な権力の暴走に対して抗うことなどできない一人の少女は、勇ましく振る舞うことで自己を保ったのです。わたしは、その心中の葛藤と時代の色が濃く刻まれた吉永さんの日記を、ぜひ長崎西高放送部員たちに読んでもらいたいと強く感じていました。

女子高生と「吉永日記」

わたしは、吉永さんに許しを得て、日記のコピーを放送部員に渡しました。原爆の問題に取り組む部員たちは、戦時下の少女の言葉をどのように受け取めるのでしょうか。２０１９年6月半ば、日記を読み込んだ12人の女子高生たちは、感想を話しあっていました。まず口を開いたのは、部長の山口晴さんです。

「今まで、本当はみんな戦争をしたくないのかなって思っていました。国の雰囲気、空気というか、命令とかがあるから、学徒動員も嫌々やっていたのかなってずっと思っていた。でも、日記という自分の本心を綴るものに、こういうことを書いているというのがまず衝撃でした。あ、本当に国のために尽くすとか、奉公とか、そういう気持ちを持っている人もいたんだと思って。しかも、それが自分と同じ世代の女の子の気持ちだという事実に、まず大きなショックを受けたかな」

そういうと山口さんはみんなに問いかけました。

「青春が全部戦争になるってどう思う？　いわゆる青春時代っていわれる中に自分たちはいるけど、その記憶が戦争一色になることについてどう思いますか」

2年生の松原愛海《まなみ》さんが反応します。

「わたしたちだったら、楽しく笑いあったとかを思い出せるけど、被爆した方々は、やっぱり戦争だから銃撃の音とかが自分の青春となる。すごく大事な時間が嫌な思い出したくない一番人生のつらい時になるのではと思いました」

1年生の久保今日子さんが口を開きました。

「日記を読んで、灰色のイメージが頭に思い浮かびました。でもその時を生きていた吉永さんにとっては灰色じゃなくて、戦争自体がちゃんと色があったんですよね」

この発言をきっかけに、実際に日記を読み込んでどのようなことが気になったかに話がおよんでいきました。

「体重が34キロって書いてあってびっくりした。軽すぎない？」

「身長は何センチだったんだろう。小柄だったんだろうけどそれでも多分軽いよね。この状態で鍛えて太ることができるのかなって思いました」

次々と発言を重ねたのは当時の吉永さんにもっとも年齢が近い1年生たちです。祖母が被爆者の安部澪《れい》さんはこう発言します。

「工場で働くことに対して待ちわびていたっていう表現があって、わたしとほとんど同じ14歳でもう働き始めていたと聞いて、今のわたしたちなんか自分一人では何もできない、何から何まですべて誰かに支えてもらっている状況で、自分が国を支えようなどとは意識していないから、わたしたちからしたら、とんでもないことのような気がするけど、この時代にはそれしか選択肢がないというか」

久保さんが反応します。

「この時期になると、自分の生活を守るのは自分しかないわけじゃん、そうなるとさ、そこには生き抜く強さが必要になっていったんだと思う」

本川《もとかわ》奈旺《なお》さんはこういいます。

「吉永さんの日記は『頑張らないといけない』という言葉が印象的で、自分を奮い立たせ鼓舞しているイメージですよね。『立派にならなきゃいけない』とか『しっかりしなきゃいけない』とか、そういう考えがわたしにはできないなって思った」

発言は続きます。久保さんが、「日記って本音を書くじゃないですか。だから弱音とか書いてあるのかなと最初は思ったけど、日記の捉え方から違う」と語ると、誰かが「そうだよね、自分を励ますような日記だよね。今のわたしたちの日記って、励ますより自分を慰めるに近い」と相《あい》槌《づち》を打ちます。

久保さんは、吉永さんの日記のこんな部分に着目していました。

仕事は別に疲れないが電車で疲れてしまう。近頃はすぐなんでもおかしくなる。どうしてだろうか。ちょっと何かあるとおかしくなる。これは心のどこかにゆるみがあるからであろう。もっと緊張してしっかりしておかう。

「疲労に悩んでいる描写があったけれど、それでも、心のどこかにゆるみがあるから、緊張してしっかりしなくちゃみたいなことが書かれている。自分の心に原因を持ってきているけど、ゆるんでないじゃん。この年頃の女の子が持っている柔らかい感性みたいなものがひとつもなくて、言葉がすごく自由じゃないというか。感性が時代に左右されている感じがしました」

こんな記述にも関心が寄せられました。

七月は七月の決心がちっとも守れなかった。深く深く後悔する。八月は特攻精神を持ってぶつかっていこう。

八月　青い海は我らを待つ。今月も頑張りヤンキーに喰ひつくのだ
八月は必ずどんなことがあっても日記をつけます。今月もしっかり増産に励みます。
今月は絶対に欠勤しないつもりです。

「『七月の決心がちっとも守れなかった』、『八月は特攻精神を持ってぶつかっていこう』。その後に書かれている『青い海は我らを待つ』ってどういう意味なんだろう」

「相手の国、海まで我らのものにしてやるから待ってろよみたいなことかな？　この広い海も日本の領海だみたいな、そういう意思じゃない？　わかんないけど」

同じ世代の少女が書いたものだけに、みんなの話はどんどんと熱気を帯びていきました。

同調圧力？

そこまで語ったみんなですが、山口さんが「当時の時代状況もあわせて考えるといいんじゃないかなあ」とひとこと発すると、一同は静まりかえり、とまどったような顔つきになりました。

本川さんが口を開きました。

「新聞はずっと『どこどこの島を取りました』、『何艦も空母を沈めました』と報道するけど、だんだん一般の人たちも『本当だろうか』と薄々気づいたというのはあったらしい。でもそういうのはいってはいけない。思ってはいけない。閉じ込める。『お国のために』とか『醜敵《しゅうてき》アメリカ』とか言葉で自分を騙してく。周りからも騙される。自分も自分を騙していく」

松原さんはふたたび口を開きました。

「日記を読んでいったら、戦うことに対してわりと前向きになってて、そういうのってやっぱり、時代の雰囲気というか、そういう、同調圧力っていったら言葉は悪いけど」

山口さんが頷きながら、こういいます。

「自分一人じゃ反戦はできないってことだよね」

時代の隔たりを痛感した部員たち。自分たちが放送部員として、そんな原爆体験をどう人々に伝えていくべきか。平和末《たいらなごみ》さんがこう語ります。

「こういう経験とか事実を、後世に伝えるべき時に、どれくらい気持ちを込めて伝えられるんだろうと想像すると、難しいんじゃないかなと思ってしまって、かなり悩んでいます」

山口さんが頷きながら、こう語りました。

「ほんとうに共感できる部分がひとつもない中で、それをどうやって伝えていけばいいのか。知ろうとする努力とか、それはできるけど、それでもどうしてもつかめないものがある気がします。わかろうとすることはいくらでもできるけど、ほんとうにわかることは絶対にできない」

それでも、といって山口さんは続けました。

「多分それをつかめないままでいると、もう1回こういうことが起きるのかなあと不安です」

生徒たちの顔がいっせいに神妙なものになっていました。

「あまりにも違いすぎて、完全に理解することはできないかもしれないけど、でもわかろうとする努力をやめちゃったらそこでもう終わっちゃうから、自分たちができる限りわかろうという努力を続けることだよね」

平時に戦争の時代の心理に近づこうとする難しさと、反対にそれを見なかったことにする無責任さ。吉永さんの日記から引き出された長崎西高放送部のみんなの逡巡《しゅんじゅん》と悩みは、やはり平時しか知らないわたしにも深く突き刺さっていました。

『やすらかに――』にこめた思い

わたしは長崎西高放送部に、あるお願いを持ちかけていました。番組の中で、県立高女にかかわる文章の朗読をしてもらおうと考えたのです。

撮影の現場に選んだのは、長崎港の近くにある古い造船場でした。魚雷を作っていた兵器工場とはもちろん違っているはずですが、クレーンなどの大型の重機が並べられた重々しさと古めかしさが背景にふさわしいと考えたのです。そこで山口さんと冨永さんの二人に読んでもらったのは、1冊の小説です。

兵器工場のことを記述した作家・林京子さんの小説『やすらかに今はねむり給え』。県立高女の学徒動員の実態を多角的に見つめ、大きな力に翻弄される少女の戸惑いを描いた作品です。

林さん自身、学徒動員された兵器工場で廃紙のリサイクル処理作業をしていました。自身の目を通しての工場の体験と仲間の様子も丹念に拾っています。もっとも過酷な職場のひとつ、鍛造工場での労働の描写を、山口さんに読んでもらいました。

> 金属を熱して叩く、騒音と熱気と、これこそ屈強な肉体をもつ、男の大人の職場である。天井には、大型クレーンが走っていた。クレーンは下から紐で引いて、女学生たちが操作していた。鍛造に配置された生徒たちは、頭痛と吐気を訴えるようになった。工場から家に戻って、家の周りが静かになると、耳鳴りがはじまる。こめかみの

> 辺りから騒音が湧き上がって、眠れぬ夜が続く。欠勤者が増えていった。

現場によっては、かなりの重労働だったことがわかります。長崎原爆資料館に保存されている「工場日記」を引用した描写には、少女たちの肉体と精神の苦痛が綴られています。

> 工場日記の事故欄に、腹痛と頭痛が圧倒的に増えている。頭痛の原因は騒音、高温、目鼻にしみる薬品の刺激、鉄粉が目と肌を刺す痛み、精神の苦痛が複合している。(中略)原子爆弾が投下される八月九日までの二ヵ月間が、私には、気力と体力の限界だった。これ以上動員生活が続いていたら、精神錯乱に陥ちるか、どんな過酷な命令にも従える、無気力な人間になっていただろう。(中略)腹痛が多いのは、生徒たちが肉体の変調期にあったためである。工場で初潮を迎えた少女たちが、幾人かいた。

山口さんは、読み終えて、心中をこう語ってくれました。

「戦争が続き、国民が疲弊していった様子がダイレクトに伝わってきました。少女たちは思春期に入ったばかりくらい。わたしも自分の経験からも、その時期は、気分の浮き沈みがあったり、

工場で朗読する冨永さん

体の調子がなかなか整わなかったりしたことを知っているので、当時の少女たちの状況をなおさらつらく思いました。朗読は造船所でのロケでした。時代も状況も違うけれど、工場というものの様子を肌で感じて、自分の感じたままを声に乗せようと思いました」

冨永さんが読んでくれた記述には、抵抗できない大きな渦に飲み込まれていく中で、少女たちが抱いた無力感が散見されます。

兵器の資材不足は、私たち女学生にも判った。仕事のない動員学徒が増えて、機械の陰に集まって雑談をする。(中略)教科書をもっていって、勉強しようと思う知識欲もなく、読書する気

> 力もない。いたずらに疲れていくばかりである。ただ無気力に日を送り、いつか誰かが終わらせてくれる戦争を、私は、当てもなく待っていた。どんな形で、どんな終わり方をするのか、それは考えなかった。

冨永さんは、こう語ります。

「わたしたちと同じ年頃の少女が、兵器工場で働いていたということが想像できません。また、本来ならば、学生は勉強するはずなのに、勉強する気も起きなかった、という部分が印象に残っています。わたしは今、将来やりたいことをするために、大学受験に向けて勉強に励んでいますが、当時の少女たちは、戦争がいつ終わるかわからない中、自分の将来に希望を持てなかったのではないかと思います。何のためにやっているのかもわからない戦争のために、毎日汗をかいて働き、いつどうなってしまうかもわからない自分の人生について考える気力もなかったのか、ただ、今を生きていくために働くことで精一杯だったのか。わたしにはわかりませんが、目的もなく毎日過ごすことのつらさや虚しさがこの文章から感じられました」

長崎原爆資料館前館長の中村さんは『やすらかに今はねむり給え』についてこう教えてくれました。

「書くにあたって林さんはやはり事実を大事にしよう、こだわろうと現実にある資料をきちっとあたりました。だから吉永さんの日記や『工場日記』を引用し、自分が勝手にその事実を歪めてはいけないという気持ちも大きかったと思います。林京子さんという一人の作家の誠実さというのがすごくわかりますね」

淡々とした筆致で林さんは、吉永さんの日記や「工場日記」を引用し、兵器工場の日々を綴っていますが、戦争に対しての自身のスタンスについて、こんな表現をしていました。

「精神主義で骨の髄まで鍛えられた私たちは、竹槍で戦う本土決戦を覚悟していた」

「『神国日本』の勝利は、既成の事実として語られていたから、覚悟も、いい加減なものだった」

ここから見えてくるのは、林さんも吉永さんと同様、皇国少女で、軍国少女であったということです。同時に林さんは自分を「洗脳されていた」とも書いています。つまり、戦争の時期、林さんは、権力に頭の中も支配されていたというのです。

『やすらかに今はねむり給え』を何度か読み返し、兵器工場という異常体験をした女学生が、心の中まで変えられてしまったその不条理を、しっかりと記録として残したいという林さんの執念を感じました。この小説が書かれたのは戦後40年を過ぎた時のこと。戦争と原爆の実態を次の世代にどうにかして伝えようという橋渡しの役を、林さんが自覚しながら担おうとしていた気がしてなりません。

職場跡地を訪ねて

２０１９年6月の終わりに、安日さん、立川さん、市丸さんの3人と待ち合わせたのは、大学のキャンパスでした。彼女たちは興味深そうに周囲を見渡し、「すっかり変わってしまったわね」といいながら、そのまなざしは、遠くを見るようで虚《うつ》ろにも思えました。長崎大学文教キャンパス。かつて自分たちが働いていた場所を、久しぶりに訪ねてもらったのです。

安日さんは、敷地の中央部周辺で立ち止まり、感慨深げにこういいます。

「ここの教育学部のところがわたしたちの職場でした。敷地全体に建物がずらっと並んでいましたね。わたしは倉庫課の文具庫係に配属されたんですよ。各部署の人が鉛筆、消しゴム、いろんなインクなど、事務関係の文具を取りにみえるんですよ。鉛筆だ、ノートだっていわれると、それを相手に渡すだけで他にはたいしたことは何もしていませんね」

立川さんも頷きながら語ります。

「わたしも単純な事務で全然重労働じゃなかったんですよ。ずっと何かを書記するばかりで、あんまりいろんな思い出はなく、単調な生活でしたね。ただ職場はガラス張りで明るくてきれいなお部屋で、みなさんが見物に来てましたね。みなさんからうらやましがられてたの。だからきっといいお部屋にいたから、わたしはバチが当たって」

　部屋がガラス張りだったことで立川さんは大怪我をするのですが、そのことは後述します。

　安日さんと立川さんは事務系の仕事でしたが、市丸さんは、吉永さんと同様に魚雷の部品作りの肉体労働に従事しました。

「第一に、周りが男の人たちばかりだったので、怖かったです。毎日やすりをするんですよ。『これが魚雷作りで一番大事なところですよ』って説明を受けました。魚雷の平衡を取る機械を使うのですが、ゆっくりやればきれいになるんでしょうけど、わたしは力がないから、精一杯体重をかけてやるので、高さがぜんぜん違うものになる。上司のところにできあがったものを持っていくと全然合格しないんですよ。これだめ、これはだめ、片っ端から山積みにされるんですよね。そんな調子でした」

　市丸さんの当初の予想はまったくはずれてしまいました。

「最初はね、『ああ、勉強せんでいいから良かった良かった』って軽いノリで行ったんですけど、もう期待はずれでした。もう全然学校と雰囲気が違いましたね」

「何が何なのか全然わけわからないなりにやるのですが、当然うまくいかない。『こうしなさい』『あーしなさい』と命令された。でね、もう力がないから、壁に寄りかかって作業をする。すると、『まっすぐしてしなさい！』って怒られました。体重が30キロそこそこでしたから、とてもものになるはずないですよね。身長も小さかったから」

「あれを続けていたら身体を壊して倒れていましたね。大体作業台も機械も男性用なので高さが全然、女学生向きではない。きつかったことは忘れられません。風通しも悪いし環境は悪かった」

安日さんが自らを振り返ります。

「もう本当、役に立つような労働力にはならなかったですね」

二人の話を聞いていた立川さんは、ちょっと意外そうな表情になり、かぶりを振りました。

「そうだったの？　わたしはちょっと違ったわ。気持ちだけはね、お国のために頑張ろうと思いましたよ。やっぱりね、憎い敵を倒すために、単なる事務作業だったけど、自分たちは頑張るんだって気持ちでしたね。その時は疑問とか、そんなことを考える状態じゃないですよね。そういう教育を受けてますからね」

「え、そう？　わたしは違ったわ」

立川さんの話に、市丸さんは驚いたような声をあげました。

「頑張ろうって気あった？　わたしはね、きつすぎて、休みたくてたまらなかった」

当初、登校がなくなることを喜んでいた雰囲気はなくなりました。市丸さんは、誰かに訴えかけるようにこういいました。

「楽しいことなんか何もなかったわよね。動員生活が続いているうちに、みんな学校に帰りたい帰りたいっていい出してましたね。兵器工場は無駄な時間だったと思います。戦争がなければ、やらなくていい仕事でしたね。思い出したくない消したい体験ですよね。やっぱり学校がよかったです」

わたしたちの周囲を、笑みをたたえた大学生たちが行きかっています。それは県立長崎高女の少女だった三人には望んでも持てなかった他愛ない日常の光景でした。

第3章

「あのとき」の記憶と記録

きのこ雲（長崎原爆資料館所蔵）

原爆投下当日の日記

「お見せしたいものがあります」

元県立高女の立川裕子さんから興奮気味な口ぶりで電話がかかってきたのは、２０１９年７月のはじめのことでした。それ以上のことは電話で問わずに、さっそく長崎市内の喫茶店で落ち合うと、立川さんはこう切り出しました。

「日記が出てきたんですよ。３日前に」

どんな日記か問うと、立川さんはドキッとすることを口にしました。

「８月９日のです」

まさか、と思いました。わたしはちょっと混乱しながら問い返します。

「それって、１９４５年ってことはないですよね」

「いえ、１９４５年の８月９日です」

兵器工場の労働の実態に関しては、吉永さんの日記と「工場日記」、そして実際に働いていた県立高女の人たちの証言が揃いました。作家・林京子さんの小説『やすらかに今はねむり給え』も重要な資料です。次に番組を構成する上で大事なのは、１９４５年８月９日の原爆投下当日の詳細でした。証言はもちろんのこと、当時の心情が綴られたものがあればいいとわたしは強く願っていました。しかし、長崎では原爆について投下直後に記されたものはほとんどないといわれていたので、当日の日記など簡単には見つからないだろうと思っていたのも事実です。

大発見に興奮したわたしは飲みかけのコーヒーをそのままにして、自宅にお邪魔することにしました。

立川さんの家は、長崎湾や市街地が眼下に一望できる小高い山の中腹にありました。いかにも坂の街・長崎らしい立地です。

日記はもとの位置に戻してあるといいます。

「ここから出てきたんです」

そういって指差したのは、何の変哲《へんてつ》もない段ボール箱でした。立川さんは日記を見つけた経緯《いきさつ》を教えてくれました。

「この箱の中に何か入っていないかと前から思っていました。でも一番下にあったので、いろんなものが積み重ねてあって、重くて動かせなかったんです。3日前に息子が来たので開けてもらったところ、入っていたんです」

そういいながら箱を開けた立川さんは、1冊の小ぶりなノートを取りあげました。

「これです。古いでしょう。作りも昔のノートです」

可愛らしいイラストが表紙につけられています。

「大好きなジュンイチの絵をわたしはなんにでも貼り付けていました」

ジュンイチとは当時、少女たちに人気だった画家中原淳一のことです。目が大きく西洋風な中原特有の少女のイラストは過酷な時代の記録に不思議な温かみを与えていました。

「豆粒みたいなちっちゃな字で書いてある。読みにくいでしょうね？」

そういいながら、立川さんはノートを開けて、わたしのほうに差し向けました。ちょっと酸っぱい匂いがしました。茶に変色したノートには、立川さんの言葉どおり細かい字がぎっしりと並んでいました。

「原爆の状況をずっと書いてます。原爆投下の直後に書いたものがよく残っていたと思います。こんなものがあるとは考えてもいなかったですね。だから今となっては誰に会ったとか、どういう行動したのかなど、忘れていた細やかなことがいっぱい記録されていますね」

たとえばですね、といって、立川さんは、日記の一部を読んでくれました。

「『私は血まみれの顔をさわってみると、ぬるぬるとした血の中にたくさんの傷口があいている。私はもう目の前が真っ黒になってしまった。こんなに傷をうけて、人前にも出られないと思うと、急に悲しくなって、涙がポロポロと流れた』と書いています」

立川さんは微笑を浮かべながら語るのですが、その穏やかな表情と日記の強烈な内容の落差にわたしは胸苦しさを感じていました。そしてあらためて立川さんが背負っている修羅《しゅら》を重く感じました。

「お読みください」といって立川さんはわたしに日記を渡してくれました。緊張しながら恐る恐るページをめくり、わたしの目は文字を追っていきました。書き出しはこんな文章です。

> 「日本良い国　神の国　八月八日は灰の国」とか「八月九日は長崎は灰にしてしまふ」とかいふアメリカの宣伝ビラが落ちたそうだ（中略）私は元気に満員電車にぶらさがって必勝を信じつつ工場へと通った。

冒頭から立川さんが綴っていたのは運命の日の描写でした。この頃、アメリカ軍が長崎に伝単というビラを戦闘機から撒《ま》いて原爆の警告をしていたことがわかります。この記述からすると、原爆投下が前日の8日の可能性もあったようです。わたしは長崎の被爆者の多くの人たちからこの伝単のことを聞いていたのですが、破壊を予告したセンセーショナルな内容は一少女の心にも

立川さんの日記

インパクトを与えていたのです。「必勝を信じ」というあたりに当時「皇国少女」だったという立川さんの意気込みが感じられます。日記はこう続きます。

昭和二十年八月九日!! 思ひ出しても恐しいあの日!! でもその日はせんでんビラの事もすっかり忘れ幾刻か後には恐しい運命にさらされる身ともしらず何時もの様にうす暗い中に家を出た。工場へ行くと何時もの如く空襲警報発令である。ひなんしたが、その時先生や多くの友とそれが最後の別れとならうとは神ならぬ身の私はしるよしもなかった。そしてそれから一時間の後あの恐しい恐しい原子爆弾が私達の頭上におちようとは誰が想像する事ができたであらうか。

吉永さんの日記もそうでしたが、「神ならぬ身」など14歳とは思えない大人びた文面に驚かされました。これだけまとまった文章はどのように記されたのでしょうか。

「わたしもはっきりと覚えていませんが、怪我と原爆症で寝込んだ時期に、寝転びながら書いたのだと思います」

内容の重さに圧倒されながら、わたしはさらに日記を読み進めていきました。

一瞬の閃光

立川さんは、原爆が投下されたその瞬間も細かく描写していました。

（略）ひまだったので昨日の日記をつけようと思ひペンをにぎった時 急にパッと強い光があたりにみなぎって目の前が真黄色になった。私はその瞬間「事務室の電気がこしょうしたのかしら」と思った。しかし顔を押さへてうつぶした後はもう何事も分らなくなってしまった。何かバラバラと上から落ちて来て頭をガーンと打たれた様な気が何度かした。

強烈な光。そして激しい熱風。華奢な少女たちにはひとたまりもなかったに違いありません。

立川さんはこう語ります。

「その瞬間は、パッというような光を浴びたことは覚えています。でも、すぐに工場の建物が崩れてきて下敷きになって気を失ってしまいましたね」

立川さんの旧姓は「南里《なんり》」さんです。彼女は、冷静に自身の内面も記録していました。

> そして「私はもう死んでしまふのだらう」といふ考へがちらっと私の脳裡をかすめた。「南里さん南里さん」といふ呼び声がかすかに聞こえた様な気がしてハッと気がついて目をあけてみると、ああ何たるみじめさ！　一瞬にして天井も壁もなくコンクリートの壁までもう何もかも倒れがらがらになったいろいろなものの下に私は倒れてゐた。

「一緒にいたT子に名前を呼ばれ、意識が回復したんです。そのあと、無我夢中で彼女と手を取り合って一緒に逃げた。日中なのに外は真っ暗でね」

その時の様子を立川さんはこう綴っています。

> 外に出ると天も地も真黒だ。工場は皆ガチャガチャにつぶれて黒い煙の様なものがあたりにただよって少し先しか見えない。どちらに逃げて良いのかとうろたえていたが、血をダラダラ流しながら逃げておられる男の人たちの行かれる方に二人で逃げた。（中略）二人とも血まみれだ。（中略）川の向ふの畠はあの青い野菜も火の海と化して

ゐる。それらの間を縫って田の中
を走った。

「太陽が白く浮かんで見えました。焼けた瓦礫やガラス片を踏みながら、人が行く方にわたしたちも逃げました。火傷をして狂ったように駆けていく馬を避けました。もうそのくらいのことしか憶えてないですね。本当に怖かったですね」

立川さんが最初に読んでくれた怪我を負った描写を読むと、その時の情景が目の前に迫ってくるようでした。

顔中血がダラダラ流れて左の眼
は見えない。（中略）私は血まみれ

立川さんの日記

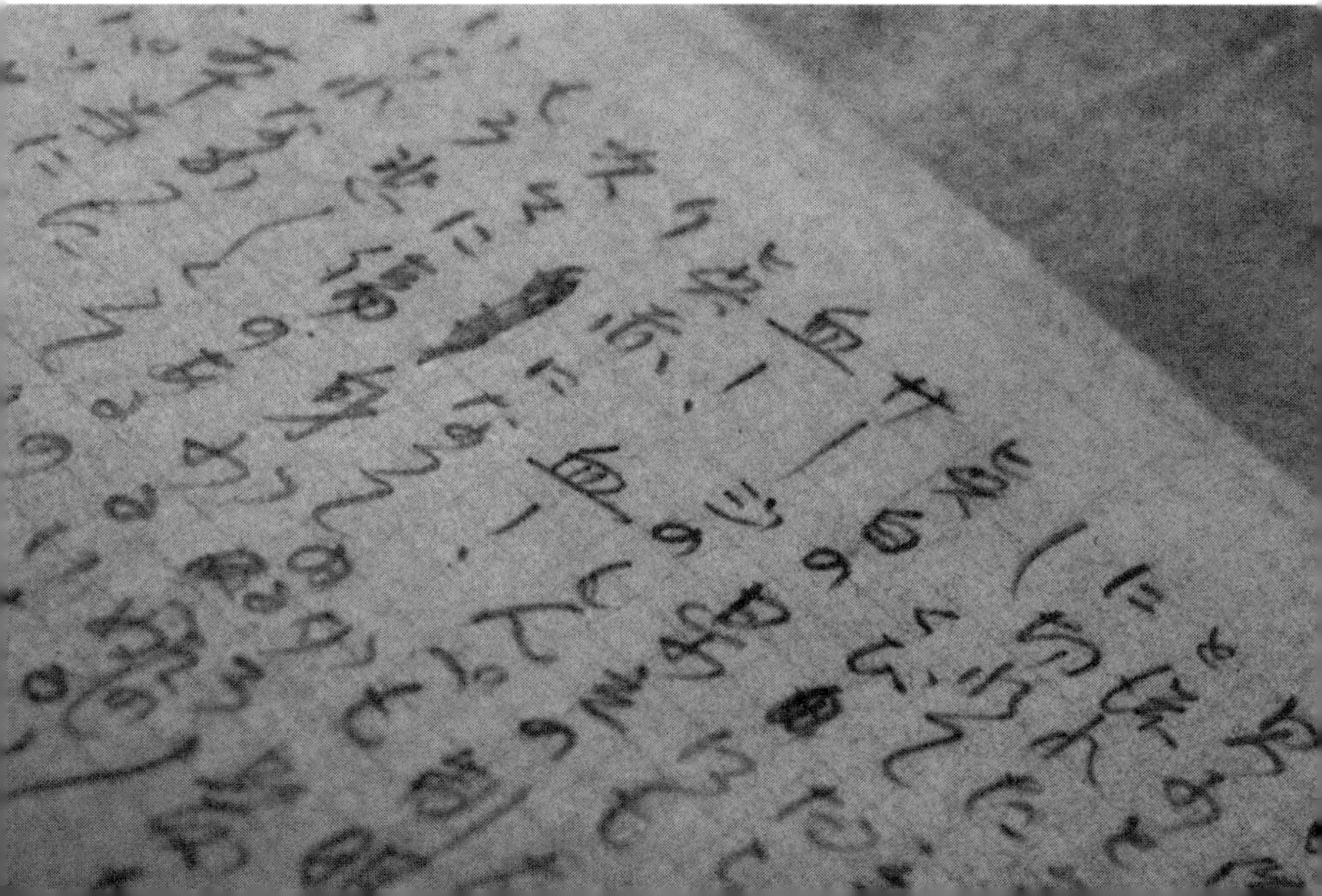

の顔をさはつてみるとぬるぬるとした血の中にたくさんの傷口があいている。私はもう目の前が真っ暗になってしまった。こんなに傷をうけて人前にも出られないと思ふと急に悲しくなって涙がポロポロと流れた。手を見ると肉がカギ型に切れてだらつと下つてゐる所もあるしくびにも大きく切れてゐるし、真白の県立の制服も新しいサージのもんぺも髪も顔も手も血！血！ダラダラと流れて真赤になつてゐる。そのぬるぬるとした手ざはり。身ぶるいする様なこの姿。次々に傷のあるのを発見するたびに私はもう悲しくて悲しくて涙を流さずにはいられなかった。ああ　本当に夢の様だ！一瞬パッと光ったと思ふともうこんなにひどいけがをしてゐるなんて……夢であつてくれ　夢であつてくれ。此の悪夢からさめたならば、どんなにかうれしい事だらう。しかし此の悲惨な出来事は夢ではなかつた。

立川さんは、自身が受けた満身の傷をこう語ります。

「頭とか、首とか、顔とか、肩とか、腰とか。そして両方の腕。すごい傷でしたね。兵器工場のわたしの職場は四方がガラス張りの部屋だったから、主にガラスで切った傷でしたね」

立川さんの姿を近くで目撃していた友人は、のちにこう語ったといいます。

「首の傷口からかなり血が流れているのを見て、よっぽど印象が強かったみたいで、『絶対にこの人は死ぬって思った』と、『血が流れるじゃなくてほとばしり出ていた』などといわれました」

友人からそう告白されたのは、実に50年以上も経ったあとだといいます。それだけ傷ついた立川さんの姿は忘れられない強烈な印象を与えたのでしょう。立川さんは別の友人たちからも絶望的な目線を向けられていました。

「『絶対に助からないと思ってた』って皆さんがそうおっしゃるんですよ。『あなたがこんなに長生きするなんて思わなかった』って。だからかなり酷かったんでしょうね」

立川さんの鼻筋には今も深い傷跡がくっきりと残っています。首筋にも大きなケロイドが一筋ながく伸びています。

「左から熱線を受けましたから顔の左半分を怪我し、大変でした。だから鼻にはまだちょっと残ってるんです。頭にも色々と刺さってしまって、すごい傷があって、今も陥没して引っ込んでいるんですけど」

そういいながら立川さんは、自分の頭を右手で触りました。そこを見せてもらうと、頭頂近くに１センチ四方のくぼみがありました。

そのような傷を負いながら、立川さんは、何を思い日記をつけていたのでしょうか。

「原爆の状況を細やかに書き残したい。誰に見せるわけではないけれど、この体験を忘れてはいけない、どうにか記録して文章に残さなければいけない、という気持ちだったに違いありません」

体験を風化させまいという意思が、貴重な記録を今日に伝えることになったのです。

それぞれのその瞬間

県立高女の少女たちは、原爆投下のその時、どうしていたのか。あらためて安日さんと市丸さんにも話を聞きたいと思い、ふたたび集まってもらいました。

8月9日、安日さんは職場に行くと、いつもと違う雰囲気を感じていました。

「ふだんわたしの向かい側の席の先輩は病気で休んでいたから、空いていたんです。わたしはその席が気に入っていて、いつも座っていました」

しかし、欠勤が多い先輩は出勤しており、安日さんは自席で作業をしていました。そして11時2分を迎えました。

「いきなり、雷が自分に落ちたみたいに、ばーんと衝撃がきたんです」

安日さんは、気を失いました。

「明るく輝く黄金の光に包まれ、小鳥は歌い、花は咲いている。わたしは裸足で川をね、一人でずっと歩いていました。人が亡くなる時は光の中に包まれるっていうけれど、なんて気持ちがいいんだろうと感じていました」

立川さんが口を挿《はさ》みます。

「きれいだったのね」

「すごくいい香りでね、わたしはそこをずっと歩いていたの。あの世に渡りかけていた時、ああこのままでは死ねないって、急に苦しくなって意識が戻ったんですね」

職場を見渡すと、ふだん安日さんが座っていた向かいの先輩の席はまともに原爆の熱線にさらされていたといいます。その先輩は10日後に亡くなり、安日さんは、いまも彼女が自分の代わりに死んだ気がしてならないと悩み続けているといいます。

市丸さんは運命の瞬間をこう語りました。

「割れたガラス片を頭から全身にかぶりました。怪我もしましたね。今もね、橈骨《とうこつ》神経麻痺でね、手が十分に動かないんですよ」

市丸さんは、その場で伸ばしていた右手を肩に向けてまげようとしましたが、確かに左手よりも半分程度しかまがりません。

「傷を見せましょうか」

市丸さんは両方の袖をまくると、縦に10センチほどのケロイド状の傷跡が数カ所ありました。

「なんべんも整形した跡です」

時間が消し去らない原爆の痕跡は、生々しいものでした。

学校に戻ったが

原爆に傷ついた県立高女の3年生の生徒たちがふたたび学校に戻ることができたのは、その年の10月の半ばになってからでした。立川さんはこう振り返ります。

「わたしに関しては半年、学校に行ってなかったですね」

市丸さんが頷きます。

「わたしも行かなかった。というより行きたくなかったのね、体がきつかったからね」

安日さんは疎開先での療養生活が長引いていました。

「わたしは諫早にいたけど、なんか学校が始まっているらしいという風の便りを聞いて11月頃に学校に行ったの」

三人は、安日さんの高女時代のアルバムを開き、入学当時の写真に目を落としました。

「50名以上原爆で亡くなったもんね」

「あと疎開したり、避難して他の地域に行かれ、随分減りましたね。でも今度は引揚の人たちがいっぱい入ってきたでしょう。それでひとクラス減の５クラスになった」

セピア色に変色した少女たちを指さしながら話は続きます。

「この方は原爆の時に亡くなってしまったわね」

「この方も亡くなったでしょう。エザキさん」

しばらくの間、亡くなった友人の話が続きました。それだけの数の友人が犠牲になっていたことに、あらためて驚かされました。命を落とした少女たちのあどけない顔を目の当たりにして、わたしは、突如として命が断たれた一人ひとりの無念を思い浮かべ、胸が重くなりました。

ねえ、なんでわたし死ななくてはならなかったの。何のため、誰のために死んだの。そんな少女たちの嘆きが聞こえてくるようでした。

安否確認ノートになった工場日記

三人の注意が、アルバムの中の目鼻立ちが整った若い女性の写真にそそがれました。

「今のそれを見せて、もういっぺん」

「立花先生」

「本当にきれいな人ね」

「ちょっと外国人の血が混じっていらしたから」

「なにしろね、眼がブルーで鼻がすごく高かった」

「きれいだった。背は高いしね」

生徒たちを兵器工場に引率していた先生たちは、三者三様に悲しい運命をたどりました。三人が口を揃《そろ》えて「きれいだった」といい切るほどの美貌《びぼう》をほこり、少女たちの憧れの的だった立花《たちばな》玉枝《たまえ》先生は、原爆が襲いかかった時、工場の大きな柱が倒壊し頭部を直撃、即死でした。蒲地《かまち》悦子《えつこ》先生は被爆して数日後に亡くなりました。

残された一人が第1章でも触れた「工場日記」を綴っていた角田先生です。「工場日記」は原爆投下前日の8月8日で終わっています。そこにはいつもと同じように、欠席した生徒の名前や工場で起きた出来事が簡潔に記されていました。原爆投下の日のページは真っ白です。めくっていくと、しばらく同様に白紙が続いたあとに、ノートの後半部分に記述がありました。

そこには鉛筆で人名がずらっと殴り書きされています。県立高女3年生の名前、その下には地名が記されたり、「死」、と書かれていたりします。角田先生は被爆した生徒の消息を訪ね歩き、それをメモしていたのです。

角田先生は8月9日、外で公務があったため工場には出勤せず、長崎中心部で被爆しました。しかしその場所は爆心地から離れていたため被害は少なく、角田先生はけがをしませんでした。燃え盛る火の海の中、先生がすぐさま目指したのは兵器工場でした。やっとのことで工場に到着すると、夜通しで負傷した生徒たちの看病にあたったといいます。その後、角田先生は9日間にわたって、爆心地付近と生徒が避難した場所を訪ね歩き、捜索を続けました。時には工場の瓦礫の中で寝起きしながら、生徒の遺体収容や、安否確認に駆けまわります。その時に、鉛筆でメモを取ったのが、前述した日記の後半部です。そして、角田先生は、メモした生徒たちの安否情報を別のノートにきれいに転記して、３２１人の「健在」「負傷」「死亡」の状態、居場所などをまとめました。

被爆直後は無事だった角田先生ですが、生徒たちの消息確認の最中《さなか》に床につきました。残留放射能が高い地域を歩きまわったため、原爆症になったのです。

　角田先生は病床で友達にあてて手紙を書いています。

「毎日のように四十度の熱に苦しめられて、本当にあの時私もそのまま職場で殉職《じゅんしょく》していた方がどんなによかったかしらと、殉職された立花先生、蒲地先生の事がむしろ羨ましく思われました」

　自身が生徒たちの捜索に力を尽くした理由も綴られています。

「また一方、監督三人の中二人までも失って取残された私に最後のはたすべき勤めがのこされている様な気がいたし、その夜から三年生三百二十一名、生存、負傷等の調査にあたりました」

　手紙にはこの後、彼女がどのように生徒たちを看病し、安否確認を進めたかが詳しく記述されています。

　9月7日、まだ31歳の角田先生は快復することなく、原爆症で帰らぬ人となりました。

　こうして兵器工場で県立高女の生徒たちを引率していた三人の教員は、全員亡くなったのです。立川さんが、兵器工場に入る前に、校長が独身で子どものいない先生ばかりを監督に選び、「きっと現場に行くと爆撃されて亡くなる人が出る」と嘆いたと記憶していましたが、その言葉のとおりになってしまいました。

「一番さん――」

三人は熱心にアルバムに見入っていましたが、市丸さんが不意に顔をあげ、わたしに向かってこういいました。

「学校が始まり登校したらね、ちょうどあなたぐらいの髪の長さの人がいっぱいいました」

わたしの髪型は全体を短く刈った、いわゆる「スポーツ刈り」でした。市丸さんはこう続けます。

「みんな、被爆してすぐに原爆症が出ましたもんね。嘔吐とか、発熱とか下痢などに襲われて、それで多くの人たちの髪の毛が、抜けてしまいました。みんなが学校に集まった時、同級生たちの頭に生えてきた髪がようやっとそのくらいの長さになっていたのよね」

外見が気になる年頃です。おしゃれをしたり髪型を気にしたりする以前に、髪の毛そのものが奪われたことは年頃の少女たちにとってショックだったに違いありません。

立川さんが頷きながら、こう反応します。

「わたしの場合、頭にたくさん傷があったから、髪を伸ばせず短かった。ザクザクに切れてすごい傷だったので、母が鏡を絶対見たらだめといったので半年くらい見なかったですよ」

安日さんが、立川さんを見ながらこういいます。

「あなたはひどかったもんね。それに加えて、あなたずっと頭巾被っていたわね。だから立川さん、とても目立ってたもん」

市丸さんも声を揃えます。

「立川さんひどいなと思ってた。わたしはもう立川さんお気の毒でたまらなかった」

「あなたよく生きていたねって、絶対死ぬと思ってたって、生きているのが不思議って今もみんなからいわれる。みんなから『一番さん』っていわれていた、わたしが一番酷かったって」

「あなたが一番で、次がカイさんだったのよ」

三人の話は切れ目なく続きました。日が暮れて、そろそろお開きにしようというタイミングに立川さんは呟くようにいいました。

「でも、なんやかんやいいながらも、生きながらえてきましたね」

市丸さんは、こう続けました。

「いや、みんなよくここまで生きてきたと思います」

立川さん、安日さんは、大きく頷きました。

わたしは、立川さんの日記が見つかったこと、そして、立川さんと安日さん、そして市丸さんたちの会話の内容を長崎西高放送部の部員たちに話しました。みんなの表情から、強い興味を抱いていることが伝わってきました。

立川さんの許可も得て、日記の写しを部員たちに渡しました。とくに山口晴さんには、立川さんの日記の一部を朗読してもらうため、長崎県川棚町にある三菱の魚雷実験所の跡地に同行してもらいました。その日、長崎は大雨でしたが、原爆の言葉と対峙した山口さんの表情は真剣そのものでした。

朗読を終えた山口さんは、立川さんの日記から受けた印象をこう語りました。

「被爆体験は、本当は思い出したくないようなことのはずだけど、とにかく忘れないようにと思って、必死に詳細をずっと書いていた。だから言葉にも力があるし、リアルだし、だけど自分で想像できないところもあって、だからそれを必死に掴《つか》もうとしながら読んでいったのかな」

８月９日の体験を直に聞くために、みんなで立川さんに会いにいったらどうだろう。部員たちの間で、立川さんに被爆体験を聞きたいという希望が高まっていました。部員たちは立川さんに連絡し、インタビューの約束を取りつけました。こうして部員たちは、新たに立川さんにも取材をすることになったのです。

post card

恐れ入りますが、
切手をお貼り
ください

810-0041

福岡市中央区大名2-8-18
天神パークビル501

書肆侃侃房 行

□ご意見・ご感想などございましたらお願いします。

※書肆侃侃房のホームページやチラシ、帯などでご紹介させていただくことがあります。
不可の場合は、こちらにチェックをお願いします。→□　※実名は使用しません。

書肆侃侃房　http://www.kankanbou.com　info@kankanbou.com

■愛読者カード

このはがきを当社への通信あるいは当社発刊本のご注文にご利用ください。

□ご購入いただいた本のタイトルは？

□お買い上げ書店またはネット書店

□本書をどこでお知りになりましたか？

01書店で見て　02ネット書店で見て　03書肆侃侃房のホームページで

04著者のすすめ　05知人のすすめ　06新聞を見て（　　　新聞）

07テレビを見て（　　　）　08ラジオを聞いて（　　　）

09雑誌を見て（　　　）　10その他（　　　）

フリガナ

お名前　　　　男・女

ご住所　〒

TEL（　　）　　FAX（　　）

ご職業　　　　年齢　　　歳

□注文申込書

このはがきでご注文いただいた方は、**送料をサービス**させていただきます。

※本の代金のお支払いは、郵便振替用紙を同封しますので、本の到着後1週間以内にお振込みください。
銀行振込みも可能です。

本のタイトル	冊
本のタイトル	冊
本のタイトル	冊

合計冊数　　冊

ありがとうございました。ご記入いただいた情報は、ご注文本の発送に限り利用させていただきます。

第4章

高校生、11時2分と向きあう

タイムスリップ

長崎原爆資料館は、原爆投下の爆心地から３００メートルほどの高台にあります。ガラス張りの現代的な建物の中には１９４５年当時の記憶が詰まっています。原爆で破壊された被爆遺構を筆頭に多数の資料が展示され、被爆の惨状、原爆投下に至った経緯、そして列強による核兵器開発の歴史が学べる仕組みになっています。

この場所で、立川裕子さんと長崎西高放送部員たちは待ち合わせをしていました。立川さんが資料館に寄贈しているものを部員たちと一緒に見ることになったのです。

「ちょっと緊張しますね」

立川さんと放送部員たち

ふだんは明るい立川さんですが、表情は少し強張っているようにも見えました。それでも長崎西高放送部の面々と対面し、明るく「本日はよろしくお願いします」と声をかけられると、ほっとしたのか笑みを浮かべました。

70以上年齢の離れた「先輩」「後輩」は、階下につながる螺旋状のスロープをたどって展示室に向かいました。足が悪い立川さんが転ばないように、山口晴さんと松原愛海さんが両側から手をとり支えています。この日のカメラマン、2年生の岩永史乃《ふみの》さんが、前に回り込んでレンズを立川さんに向けています。照れ屋の立川さんは、言い訳のように、「わたしでみなさんのお役に立てることなどあるのかしら」「うまくお話はできない気がしますよ」と謙遜《けんそん》した言葉を繰り返していました。一度解けた緊張の糸はカメラを向けられているうちにふたたび結ばれてしまったようです。山口さんが、「ほんとうにお話が聞けてありがたいです」と笑みを投げかけますが、それ以上の会話は弾まず、あたりを沈黙が支配していました。

閉館間際の展示室に人影はなく、原爆がもたらした被害の実相を伝える館内アナウンスだけが響いていました。入り口近くの浦上天主堂の遺構や爆心地で見つかった原爆遺物などを見ながら、みんなは2番目の展示エリアに到達しました。そこには、大きく引き伸ばされた被爆者たちの全身の姿や被爆した長崎各地のスチール写真が展示されていました。今までは気づかなかったのですが、わたしは1枚の写真にハッとさせられました。そこにはひしゃげた鉄骨だけの酷い建物がモノクロームで写されていました。三菱兵器大橋工場の被爆直後の写真でした。

立川さんもその写真に気づき、感嘆の声をあげました。

「わー、ここだ。ここでわたしは働いていたのです。たくさんの人たちが亡くなって、思い出すのもつらいですけどね」

部員たちはひしゃげた建物の写真を見ながら感想を口にします。

「ここに機械とかが並んでいて、そこで皆さんが働いていたんですね」

立川さんは写真を見て、緊張から解放されたようで、興奮した口調で答えました。

「学徒動員で、この中で、まだ14歳なのに働いていたのね。本当はお役に立つような年じゃないのにね」

部員たちから率直な意見も飛び出します。

「よくこの中にいて助かりましたね」

「周囲四方がガラス張りの部屋で事務作業をしていたの。原爆投下の瞬間にわたしは建物の下敷きになって、ちょっと気を失って、それから逃げたんですけどね。ガラスの破片が全身に突き刺さったんです。火傷はちょっとだけで、ほとんどガラス傷。百カ所もの傷があったんですよ。顔と肩とかからすごくたくさん入ってましたね」

「百カ所も」

「はー」

「うわー」

部員たちのため息にも悲鳴にも似た声が聞こえてきました。

「実はね」、と立川さんはこう続けました。

「今も体にはガラスは残ったままなんです」

「今も……」

絶句した部員たちが顔を見合わせています。

「骨と骨の間に刺さっているんです。4個あります。肩のガラスに関しては、先生から『もう取れない』っていわれて、そのままです。もう肉が巻いてしまっているから、普段は気づきませんけど、触るとコロコロとしたような感じはします。あとはどっかに入ってい

三菱長崎兵器製作所大橋工場技術部から見た工場全景（2枚つなぎ写真中左から1枚目）－北側－（長崎原爆資料館所蔵）

てもちっちゃいので、どんなふうになっているのか、もうわかりません」

部員たちの顔つきが、部室にいる時と随分と変わっていることに気づかされました。だんだんと、現代の少女たちは、70数年の時空間をタイムスリップし始めていたのだと思います。

そのタイミングで長崎原爆資料館の学芸員・弦本《つるもと》美菜子さんが、大きなトレイを立川さんと部員たちの所に持って来てくれました。

ガラスとコンクリブロック

トレイの上には小さな木箱が載っていました。立川さんが長崎原爆資料館に寄贈したものを特別に出してもらったのです。弦本さんから箱を受け取ると、立川さんはみんなの顔をちょっと見たあと、開けました。

「これがコンクリート片で、こちらがガラス片」

「ガラス片」

「コンクリート！」

部員たちの驚いた声が響きます。木箱の中には小さなガラスと茶色い固形物がありました。固形物は灰色になった大豆のようです。それぞれ7、８ミリほどの大きさです。二つとも、立川さんの体内に入っていたものでした。

立川さんがガラスのかけらを左手に載せました。

「大きいんですね」

「事務机の上に敷いていた厚いガラスです」

立川さんは、自分の瞼を右手で触りながらいいました。

「戦争中は、目を押さえて耳を押さえろと習っていたから、その瞬間にそのようにしたからね、だから飛んできたガラスは瞼より少し上に突き刺さって入ったのです。もし押さえてなかったら目に刺さって失明したっていわれました」

ガラス片は戦後数年経って目に手術で摘出されたものでした。部員たちはかわるがわる手に取り、声にならない声をもらしています。

次に立川さんは、ガラスの横に置かれた灰色の大豆のようなものを手にしました。

「このコンクリート片が50年間、体に入っていたの」

コンクリートブロックの破片は、被爆してから半世紀後に摘出されたものでした。

「どこら辺に入っていたのですか」

「腰に」

「腰？」

「だから50年間、一度も仰向《あおむ》けで寝ることができなかった。いつも横を向いて寝ていたんです」

「やっぱりわかるんですか」

「ゴロゴロして、骨に当たって痛かった。でも神経の近くだったから、先生から『手術をすると神経をやられて歩けなくなる可能性があるから取らない方がいい』といわれて、ずっと我慢していたんです。でも寝返りも打てない状態だったので、主人の言葉に従い、思い切って摘出しました。わたしはずっとガラスだと信じこんでいて、まさかコンクリートブロックとは思いもしませんでした。工場の壁が壊れて、それが飛んできて体に入ったんでしょうね」

原爆の実態を如実に語るふたつの破片を前に、高校生たちの目が大きく見開かれているのがはっきりとわかりました。

本川奈旺《なお》さんがその場で感想を語ってくれました。

「体内にあんなにも大きなかたまりが、何十年も入っていたことを、恐ろしく感じました。生活に支障をきたすこともたくさんあったという話を聞いて、原子爆弾の恐怖、理解したくても理解できない傷の重さを感じました」

黒い頭巾の少女

立川さんは、「長崎の被爆者はみんな同じような苦しみを受けたと思います」といい、あらためて被爆後の数日間について語り始めました。

「わたしは全身に大怪我を負ったまま手当を受けることもなく、血を流しながら兵器工場から1キロほど離れた住吉トンネル工場に逃げ込みました。その時のことをわたしは日記にこう綴っています」

多くの人々が汽車をまつてトンネル工場の前にゐたが、血でまつくろになつた人、やけどでまるですすでもぬつたやうにくろい人、又、やけどで真白にはれ上つた人、油でもかぶつたやうになつたやけどの人、黒いつぶつぶが沢山あるやけどの人や人の顔が分からないやうになつてかみはふり乱しころころところがつてあたりにはうんうんうなる声、泣き声、水水とさけぶ声、苦しい苦しいと呼ぶ声にみちてまるで生地獄のやうだ。そしてその人々の中には苦しみながら息をひきとる人もあり、その人をとりまいて泣きさけぶ人。この多くの人達がつい何時間前までは、それぞれの職場で必

> 勝を念じつつハンマーをにぎり、またはペンをにぎつてゐた人なのであらうか。町の方を見れば、空は真赤にやけて激しくもえてゐる。あちこちの木立の間にも火がちらちら見える。日は次第におちて、あたりは夕もやに包まれて、人の顔もはつきり見えぬやうになり、遂にあたりは黒でぬりつぶされたやうに暗くなつてしまつた。町の灯が反射して人の顔が少し白い。

「携帯電話なんてない時代のことです。このあと、わたしは救援列車に運ばれ、しばらくの間、家に帰ることはできませんでした。母と再会できたのは1週間後の敗戦の日でした。母は、わたしが死んでしまったものと思っていたそうです。

行方不明になっていた時、わたしが手や足の1本くらいなくなっても助かってほしいと母は思っていたらしいです。実際にわたしが帰ってきて、全身、そして顔を怪我をしていたから、『女の子なのに』といってすごく嘆いていました。母は、懸命にわたしの顔が回復するように介抱してくれました。濡らした布で肌をずっと拭いてくれたんですけど、血がこびりついていて、取るのに1カ月かかりましたね」

「全身の傷が治るのにはどれくらいかかったのですか」

「長かったですよ。学校は半年ぐらい休みました。それでも傷が残ってしまったから、登校する時はね、黒い頭巾を被って学校に行くの」

部員たちが呟くようにいいます。

「隠す」

「隠した」

立川さんが呼応するように返事しました。

「なるべく隠して行ってましたね。みんなに顔を見られないようにうつむいて横をいつも見てましたものね。だから隣の席の友人も、わたしにどう話しかけていいのかわからなかった、ってあとで教えてくれましたね」

しかし、外見の怪我だけではないのが原爆の怖さだと立川さんはいいます。

「同じクラスには親友がいたんですけども、その方は全然怪我をしていませんでした。わたしは彼女のことを『うらやましいな』って思っていました。でもしばらくしたら、彼女は具合が悪くなって、結局原爆症で亡くなってしまいました。わたしはすごい重傷だったけど、生き残ることができた。やっぱりこんなのも運命でしょうね」

たんたんと語る立川さんを前に、部員たちは神妙な面持ちになっていました。心と体に深い傷を受けただけでなく、いつ死が襲いかかってきても不思議ではない状況。運命に身を任せるしかない苦境に、わずか14歳の少女がさらされたのです。

被爆を隠す

松原さんが、こんな質問を投げかけました。

「原子爆弾の被害に遭ったあと、生活していく中で、ガラス片とか以外に他の人からの、原爆を受けてない人からの目線みたいな感じで大変だったことってありますか」

松原さんの質問に対して、立川さんが引き合いに出したのは一人の友人です。同じ職場で被爆して一緒に逃げた人で、立川さんの日記にも頻繁《ひんぱん》にその名前が記述されていますが、立川さんは、彼女の名を伏せてほしいといいます。

「彼女は今になっても自分のことを隠しています。だから、彼女の本名を出すわけにいかないのです」

生徒が素朴に質問しました。

「何を隠してるんですか」

「原爆に遭ったことを、です。被爆したことを隠しているんです」

「今でもですか？」

「今でも。でもちょっと不思議ですよね。長崎にいて、この歳ならば普通だと被爆しただろうって周りも思うんです。でも、その人は結婚してからずっと東京に暮らしているから、ご主人にだけはいって、子どもには隠しているっておっしゃっていました」

「それはやっぱり差別を恐れてですか？」

「そうだと思うんです。自分だけでなく、子どもが差別されるのも恐れたのではないでしょうか。特に東京辺りでは隠している方が多いような気がしますね」

　立川さんは、被爆者にまつわるこんなエピソードをみんなに明かしました。

「長崎県内ではなかったけど、違う場所ではわたしたち長崎の被爆者が人に近づくと『感染《うつ》るから近づくな』と病人みたいに扱われたこともあるようです」

　わたしは、東日本大震災の時に起きた原発事故で被曝した福島の人たちを思いました。故郷を追われた人々が、避難した先で差別を受けたことは大きく報じられましたが、同じようなことが長崎の原爆のあともあったのです。

　立川さんはこう続けました。

「ここに原爆が落ちなかったらみんなの運命も変わってますよね。忘れられないのは、友人たちのことです。やっぱり親友を亡くしたのがすごく悲しいですね。今でもパッと目の前に顔が浮かびます。わたしたちは、ずっとそれを背負っていかなくちゃいけんのですね」

最後に立川さんは呟くようにいいました。

「わたしたちがいなくなったら、原爆をお話しする方もいなくなる。もうあと何年後のことでしょうからね」

立川さんと別れた後、久保今日子さんはこういいました。

「原爆投下後の工場の写真を見ながら、立川さんが職場の事務机の素材まで覚えていらっしゃるのに驚きました。これだけ記憶があるというのは、原爆は過去ではないのだと強く思いました」

そして久保さんは仲間に向かってこう語りました。

「あと、差別の話が気になったなあ。今でも、東京の友達が子どもにも秘密にしている、その友達から絶対にいわないでってお願いされているとおっしゃっていて考えさせられたなあ」

横浜で育って長崎に引っ越してきた久保さん。長崎でみんなが当たり前に感じていることが世間の常識ではないことも再認識したと語ります。

「8月9日に登校するとか、そういうことは他県の高校生たちには絶対ないし、知らないし、何月何日何時何分だかはいえない。あまりにも原爆のことを知らな過ぎるから、原爆に対しての差別が東京とか他の場所ではやっぱりあるんだって、納得してしまった」

でも、といって彼女はこう続けました。

「やっぱり差別ってあっちゃいけないと思うんだよね。だって原爆を受けた人が悪かったとかそういうことじゃないし、何も悪くないじゃん」

別の部員はこう言葉を継ぎます。

「原爆に対する理解が足りないから差別が起きる。人間は自分の理解がおよばないものを恐れて避ける傾向があるから、だからやっぱり知ったり届けるための活動が必要なんだなって思いました」

みんなは、先輩との交流を通して自分たちの活動が重要な役割を担っていることを実感していたのです。

安日さんの日記

テレビドキュメンタリー班員たちは、ふたたび安日涼子さんのもとを訪ねました。彼女の被爆体験を聞くためでした。

安日さんと向きあったインタビュアーの岩本ひなたさんと岩室玲香さんの顔は真剣そのものです。カメラをまわす松坂和哉さんは、ファインダーを一心に覗き込んでいます。音声マイクを伸ばしている志摩邑那さんは緊張した面持ちです。

安日さんは、遠くを見るような目でその日の出来事を語り始めました。

「いきなりね、ピカーっと雷が鳴ったみたいで、ドーンと吹き飛ばされました。気がついたら、暗闇の中で、瓦礫の中に埋まっていたんです」

１９４５年8月9日午前11時2分、兵器工場の自席にいた安日さんが、爆風に吹き飛ばされて気を失い、「臨死体験」をしたのは前章で書いたとおりです。気絶からさめた時、すでに原爆が落ちてから4、5時間は経っていたといいます。動かすことができたのは右手だけでした。

「手探りしたらちょっと空間があったので、ちょうど這い出ることができてね」

安日さんは自分の右の腕を触りました。長袖のシャツをめくるとそこには傷跡がうっすらと残っていました。

「わたしはここにガラスが刺さってたのよね。そしたらね、あと5ミリもないところに大きな血管があったのよ。だから、そこにガラスが刺さっていれば出血死したわけよね」

火傷とガラス片が突き刺さった傷で、安日さんは、今も体の至るところが痛むといいます。

「それでも、わたしは命を取り留めました」

でもね、と安日さんは、声をつまらせながら囁くようにこう続けました。

「わたしのまわりでは多くの大事な人たちが亡くなってしまった。両親を失って自殺した友達もいます」

悲しそうな目で語る安日さんですが、原爆で亡くなったのは、友人だけではありませんでした。記憶をたどるように、弱々しい声で語り始めたのは家族のことでした。

「実家は浦上の浜口町にある印刷工場で、家族は６人でした。長崎では大きな会社で従業員も10人ほど働いていました。戦況が悪化していき、母は生まれたばかりの妹をつれて、疎開をしていました。しかし、工場とわたしたち家族のことが気になったのでしょう、８月８日に母が赤ん坊を背負って爆心地に近い家に戻って来てしまったのです」

自宅と印刷工場があった浜口町は、爆心地からわずか数百メートルしか離れていませんでした。

「母、そして幼い妹を含めて姉妹３人、そして印刷所の工員たちあわせて13人も亡くなりました」

そういったところで、安日さんの声は途切れました。

部員たちは、安日さんに礼を述べ、機材を撤収して帰ろうとした時、安日さんは、手に持っていたファイルから1冊の大学ノートを取り出しました。

「ここに当時のことが書いてあるので、参考にしてください」

それは、安日さんが戦後になって綴った日記でした。放送部の部室に戻り、4人は機材を片づけ、いつものようにミーティングを開いていました。その傍らでわたしは安日さんの日記を開くと、そこには驚くようなことが書かれていました。

「死によってその罪を贖《あがな》うつもり」「死の場面が浮び上る！　悲しい淋しい幸福」

安日さんは、死への願望を日記の至るところに綴っていたのです。

なぜ安日さんは、それほどまでに追い込まれてしまったのか。そして他の県立高女の出身者も、生き残ったものの、悩みがあったのではないか。その後、安日さんの日記を読んだ長崎西高放送部員たちは、そんな疑問を新たに抱いていました。みんなは、県立高女の少女たちが戦後たどった道のりをさらに探っていくことになりました。

第5章

戦後 それぞれの苦難

敗戦と少女

長崎から福岡に向かう高速バスに一人の高校生が乗車していました。私服姿の山口晴さんです。彼女は県立高女の少女たちの戦後の歩みを問い直そうとしていました。

「原爆はどんな傷跡を県立高女の生徒たちに残したのか。そして、自分の青春を全部捧げてしまえるほど、『お国』は大切だったのか？　戦争が終わり、みんなは国をどう捉えるようになったのか……それをしっかり受け止めたいな、と思っています」

この日、山口さんが、面会の約束を取ったのが、兵器工場で働きながら几帳面に日記を綴っていた吉永正子さんでした。

「よろしくお願いします」

「ようこそいらっしゃいました」

福岡市早良区の自宅で吉永さんは、満面の笑みを浮かべ、山口さんを迎え入れました。

「今日は、原爆を受けられた吉永さんが、どんな戦後の苦労をされたのか、教えていただけたらと思い、お話を聞きに参りました」

やはり気になっていたのは、吉永さんの日記でした。

　これまで、写ししか読んでいなかった山口さんは、70数年前に実際に書かれた文字を目にしたいと考えていたのです。

「よかったら、兵器工場で働いていた時に吉永さんが綴っていた日記を読ませていただけませんか」

「どうぞ、どうぞ」

　吉永さんは、当時の日記を仏壇の下から取り出しました。

「ありがとうございます」

　山口さんは、慎重な手付きで日記を受け取り、丁寧にページをめくり黙ったまま読み込んでいきました。

吉永さんの8月9日

　吉永さんは、１９４５年８月９日についてこんなふうに日記に綴っていました。

八月九日

忘れられない今日。ピカリと光った閃光と一しょに、
私は我を忘れてひたはしりに走った。

「光ったんですね」

「ピカッと光った瞬間に吹き飛ばされました」

吉永さんはそういうと、あらためてその日のことを回顧しました。

「運としかいいようがありません。わたしはね、同級生と二人並んで一緒にやすりがけをしよりましたが、なんか、暑くて暑くて汗が流れて止まらなかったんですね。わたしは部品がなくなったので、防空壕に取りに出ようと思って外に一歩出た瞬間、ピカッと光りました。音はあまり感じませんでした。戸口付近にたまたま遮へい物があったから助かりました。強い風が吹いてきて、メッキに使う塩酸、希塩酸が置いてある甕《かめ》のところに吹き飛ばされたとです。甕に叩きつけられて気絶した。だけど、中にいたらダメだったでしょうね。とにかくもう、工場はびっしゃりとつぶれたもんね」

同じ職場の工員たちは全員亡くなったといいます。

「いつも一緒に働いていた高女の同級生も命を落としました。どのくらい時間が経ったかはわか

らない。希塩酸のビンから液体がわたしに流れかかっていたとです。気がつくと工場は燃えていました。走って逃げていく人の姿が見えたので、とにかくそのあとについてね、山の方に逃げました」

吉永さんは、逃避行の最中の光景も記憶していました。

「生死不明の人たちが横たわっていましたが、気にとめる余裕はなかった。履くものなどなく、裸足でした。畑に野菜が転がっていて、走りにくかった。農耕馬が真っ黒焦げになって立ったまま死んでいた。線路の枕木は燃えていて、鉄の部分が真っ赤になっていました。現実ではなく、悪夢を見ていると思ったとですね」

吉永さんの話は、さっき起きたことを語るように鮮明でした。

「やっぱり嬉しかった」

山口さんが吉永さんの日記で特に注目していたのが、敗戦の日の記述でした。

十五日　大林さんが訪ねに来られた。昼重要放送があり、夕方それはデマだと言は

吉永さんと語りあう山口さん

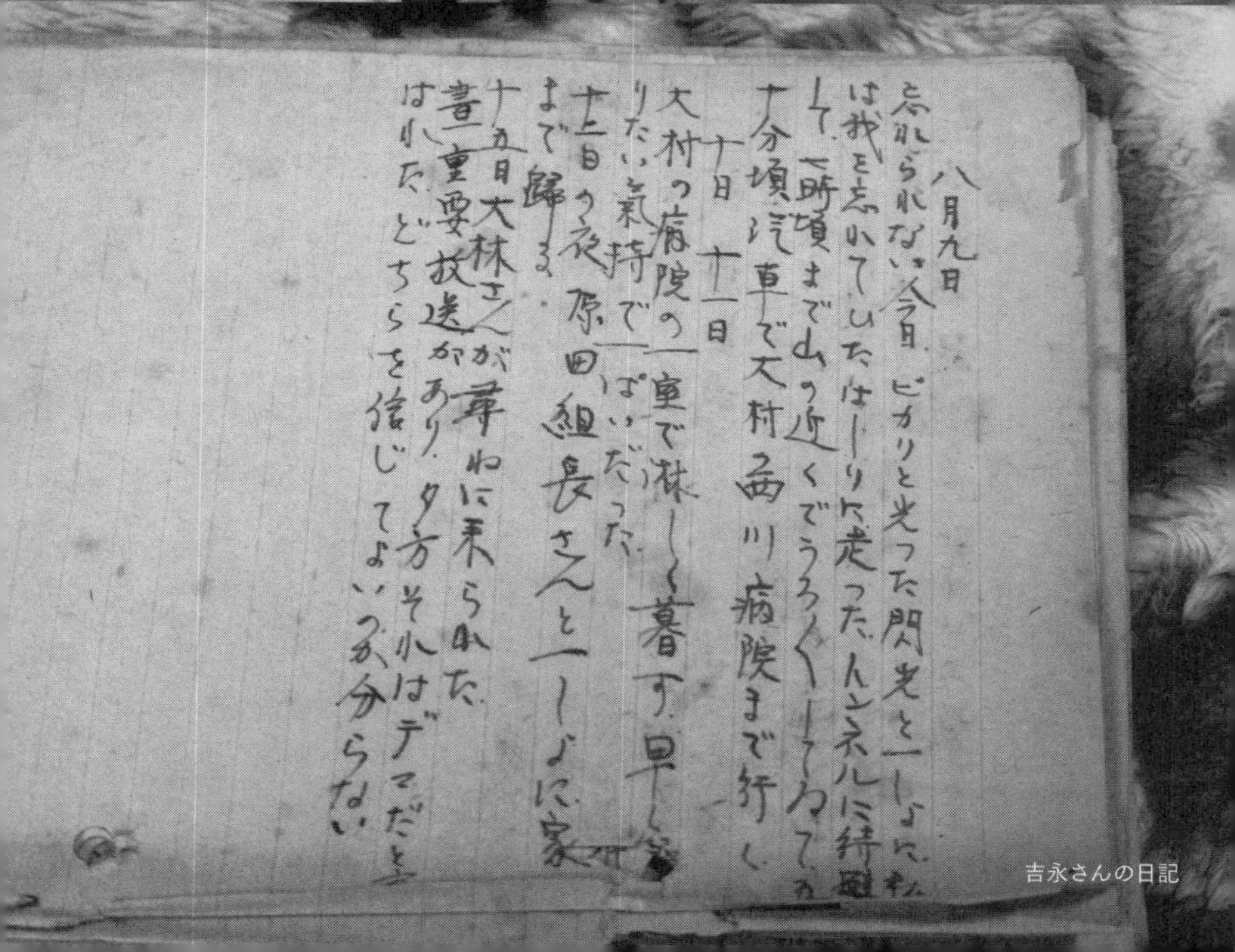
八月九日
忘れられない今日 ピカリと光った閃光と一しょに私
は我を忘れていたはしりに走ったんトンネルに待避
して 七時頃まで山の近くでうろくしうろして九
十分頃汽車で大村海軍病院まで行く
十日 十一日
大村の病院の一室で淋しく暮す早く
りたい気持で一ぱいだった
十二日の夜 原田組長さんと一しょに家
まで帰る
十五日大林さんが尋ねに来られた
晝重要放送があり、夕方それはデマだと言
はれたどちらを信じてよいのか分らない

吉永さんの日記

れた。どちらを信じてよいのか分からない。

敗戦の混乱の中、今でいうフェイクニュースが吉永さんの周囲で飛び交っていたことがわかります。山口さんは、問いかけました。

「日記の最後が15日。重要放送とは玉音放送ですね。それを聞いた周囲の人たちが、戦争に負けたなんて嘘かもしれないといったのですね」

「そうだったか、もう忘れましたね」

このあと、日記は最後の頁まで真っ白で、何も書かれていません。吉永さんは、8月15日の敗戦で記述をやめていたのです。皇国少女といっても過言ではないほど「お国」のために働いていた吉永さんの中で、何かがプッツリと切れてしまい、もはや日記を書く気力がなくなってしまったのかもしれないとわたしは感じていました。しかし、吉永さんは、わたしの想像と異なる言葉を発しました。

「やっぱり嬉しかったですよ。戦争が終わったら」

山口さんは神妙な表情を浮かべています。吉永さんの心理を単純化していたわたしは、自分が恥ずかしくなりました。

14歳の少女に降りかかっていた異常な時間は終わりました。

しかし、原爆は吉永さんの全身に深い傷跡を残しました。ガラス片を浴び、希塩酸の液も降りかかった吉永さんは満身創《まんしんそう》痍《い》でした。

「今でも傷はひどいですよ」

「この傷が一番ひどい」といいながら、吉永さんは、まず右足のズボンを上にまくりました。10センチほどの傷が今も生々しく、白い一条の線として残っていました。右手のシャツをまくるとそこにも10センチほどの傷跡がありました。

「あーっ」

山口さんは、ため息にも似た声をあげると、あとは黙ったままじっと傷跡を見つめています。

「原爆のあとは、みんなこんなになるとです」

「全身血だらけになったんですか?」

「なりました。顔もやられましたけど、顔には残りませんで

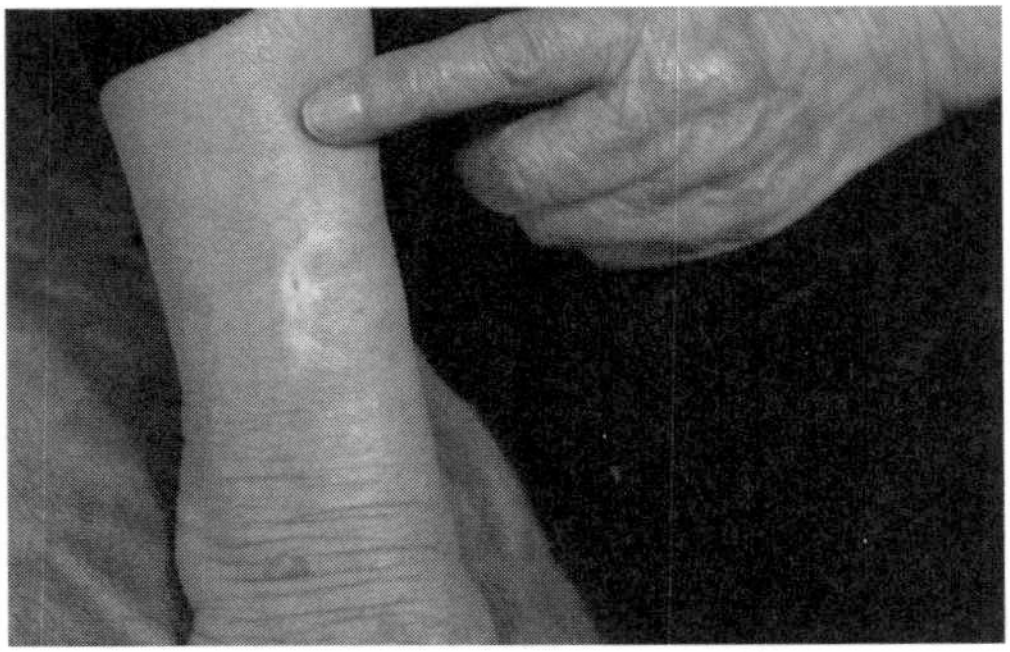

吉永さんの右腕の傷跡

した」

全身傷だらけになり、大火傷を負った上に原爆症にかかってしまった吉永さんは、福岡の親戚を頼り九州大学病院に入院、半年におよぶ療養を強いられました。

吉永さんの全身には、いまも13カ所のケロイドが残されています。

１８０度の転換

敗戦後の日本にやって来たのは、アメリカ軍を中心とした連合国軍総司令部（ＧＨＱ）です。ＧＨＱは、戦前の軍国主義を一掃し、民主主義を根づかせようとしていました。様々な意識改革の中で、大きな焦点となったのが教育の立て直しです。今まで使っていた教科書は、ＧＨＱが不適格だと判断した箇所に墨を塗って読めないようにした「墨塗り教科書」として使われました。県立高女出身の作家・林京子さんは、敗戦直後の社会の大変化について皮肉交じりにこう綴っています。

いわゆるマッカーサー司令部の通達で、偉い人の観念は改められて、私たち生徒は使用している国定教科書の人物像を、墨で削除させられた。愉快なのは、既に習ってしまった頁にまで、墨を塗らされたことである。「覚えちゃいましたあ」わざと東京弁を真似して、私たちは墨を塗りながら皮肉を言った。印刷された文字の上に墨を塗ると、活字の脂が墨を弾いて、鉛色をした文字がはっきりと浮いて出る。浮き出した墨の下の文字を拾い読みし、一方で私たちは、百八十度転換した戦後の新教育も受けた。

（「道」）

大転換していった社会に、県立高女の少女たちはどう向き合ったのか。山口さんは、戦後の心情について吉永さんに質問をぶつけました。

「日記を見せていただくと、戦争を頑張ろうみたいな感じが強いのが伝わって、それなのに終戦の後、どういう気持ちになったのかなというのが気になりました。軍国主義から民主主義となって、疑問はありませんでしたか？」

「疑問はなかったですね。だって戦争に負けたんだから」

「慣れるのはたいへんではありませんでしたか？」

「もう周囲に流されるというのかな、人の後ろについて行くだけでしたからね」

「そんなにたいへんとも思わなかったですか？」

「思わなかったですね」

山口さんは、墨塗り教科書についても聞いてみましたが、「そういう古い話は覚えていないですね」というひとことが得られただけでした。

民主主義とは何か

長崎に戻った山口さんが、次に訪ねたのは立川裕子さんと市丸睦子さんの二人でした。吉永さんと同様に、敗戦後の転換期の心情を聞くことにしたのです。山口さんはさっそく質問を投げかけました。

「日本の敗戦をどう受け止めましたか？」

立川さんが口を開きました。

「最初は、気が抜けたような感じでしたよね」

「やっぱり敗戦のショックみたいな感じですか？」

「ショックでしたよね。気落ちしました」

市丸さんは、立川さんとまったく異なる思いを抱いていました。

「わたしはね、お国のためにということはあまり考えてなかったので、戦争中のことがばかばかしいと思うようになっていましたね」

山口さんは軽く首を縦にふりながら、

「では戦争が終わってホッとしたんですね」

しかし、市丸さんの答えはそんなに単純ではありませんでした。

「ホッとはしませんでした。やはり悔しかったですね」

戦争の時代を生きることとはこういうことなのか。わたしは戦争と敗戦が人の心理にもたらしたものの複雑さを深く感じていました。

山口さんはさらに問いを続けます。

「まったく180度、違うことをいわれたと思うんですけど、大きく変わった時代の変化をどういうふうに感じていらっしゃいましたか?」

市丸さんがこういいます。

「たったこの前まで新聞などでは戦争を書きたてていたのに、ガラリと変わって校長先生や自分の親も大人たちはみんな『民主主義、民主主義』というでしょ。最初は変だなと思いましたね」

「葛藤というか、慣れるというか、時代にあわせて生きていくのにはご苦労がありましたか？」

市丸さんはこう答えました。

「案外、そこは柔軟でした。最初は、『昔の考えはみんなダメだ』っていい出したからね、おかしいと思ったのですが、だんだんと『民主主義というのはこういうものなのか』と感じるようになり、それを勉強するのに一生懸命でね、ああ、そうだったんだと納得するようになりました」

「逆の価値観をいってくる大人への反抗心はありませんでしたか？」

「いえ、素直に自然に順応しましたね」

立川さんも口を揃えます。

「ゴロッと変わったけど、先生のいうとおりという感じでした」

二人は教科書の墨塗りにもあまりたいした疑問は抱かずに、教師のいわれるとおりにしたといいます。

日本社会の急激な変化。しかし、彼女たちを待ち構えていたのは、環境の変容ぶりだけではありませんでした。放射線にさらされた身体への消えぬ不安。命を落とした仲間や家族への思い。そして周囲の目。自分自身と向き合わなくてはならなかったのです。

右上）左から山口さん、市丸さん、立川さん
右下）立川さんの日記を読む山口さん
左上）市丸睦子さん

県立高女の少女たちはどのような戦後を歩んだのでしょうか。大きなヒントとなるのは、作家林京子さんが自身の心境を反映させた文章の数々、そして彼女の歩んだ道のりでした。

19年間　綴れなかった

朗読のテーマを林京子作品にするなど、林さんの小説を読み込んできた山口さんは、林さんの文章の印象をこう語ります。

「林さんは、原爆投下の瞬間の苦しみも綴っていますが、むしろ戦後、消えることのない苦しみについてどうしても描きたかったんだと感じています。彼女は被爆者であると同時に女性特有の悩みを代表して発言しているようにも思えます」

林さんのこんな文章に「消えることのない苦しみ」が象徴的に表現されています。

> 昭和二十年八月九日に被爆して以来、私も心身の安らぎと、平穏を探してきた。あるときは母に求め、夫に求め、我が子の澄んだ瞳に安息を求めた。しかしどれも刹那で、八月九日に向き合って生きるより、身の置き場はなかった。

（『長い時間をかけた人間の経験』）

ただ、林さんは敗戦の後、すぐに原爆をテーマにした作品を書いたわけではありませんでした。綴り始めるまでには、19年もの歳月が必要でした。

なぜ8月9日について長い間、胸に秘めていたのか。林さんが背負っていたのは、他の被爆した女学生たちと同じ重荷でした。

林さんは、長崎高女を卒業した後、長崎医科大学附属厚生女学部専科に進学しますが中退し、大阪の経済雑誌社で働くようになります。朝日新聞の元記者と結婚したのは被爆から数年後のことです。東京に居を移し、2年後に長男が誕生します。その後、湘南の海が広がる神奈川県逗子市に引っ越しました。

彼女の戦後を探るため、わたしは逗子に向かいました。ＪＲの駅からバスで10分ほどの鬱蒼とした木々に囲まれた閑静な小高い住宅地の中に林さんの自宅はありました。優しい目が印象的な長男・林知世《ともよ》さんは、穏やかな物腰で迎えいれてくれました。

さっそく通されたのが、林さんが執筆の拠点にした和室です。書棚には彼女が大事にしていた

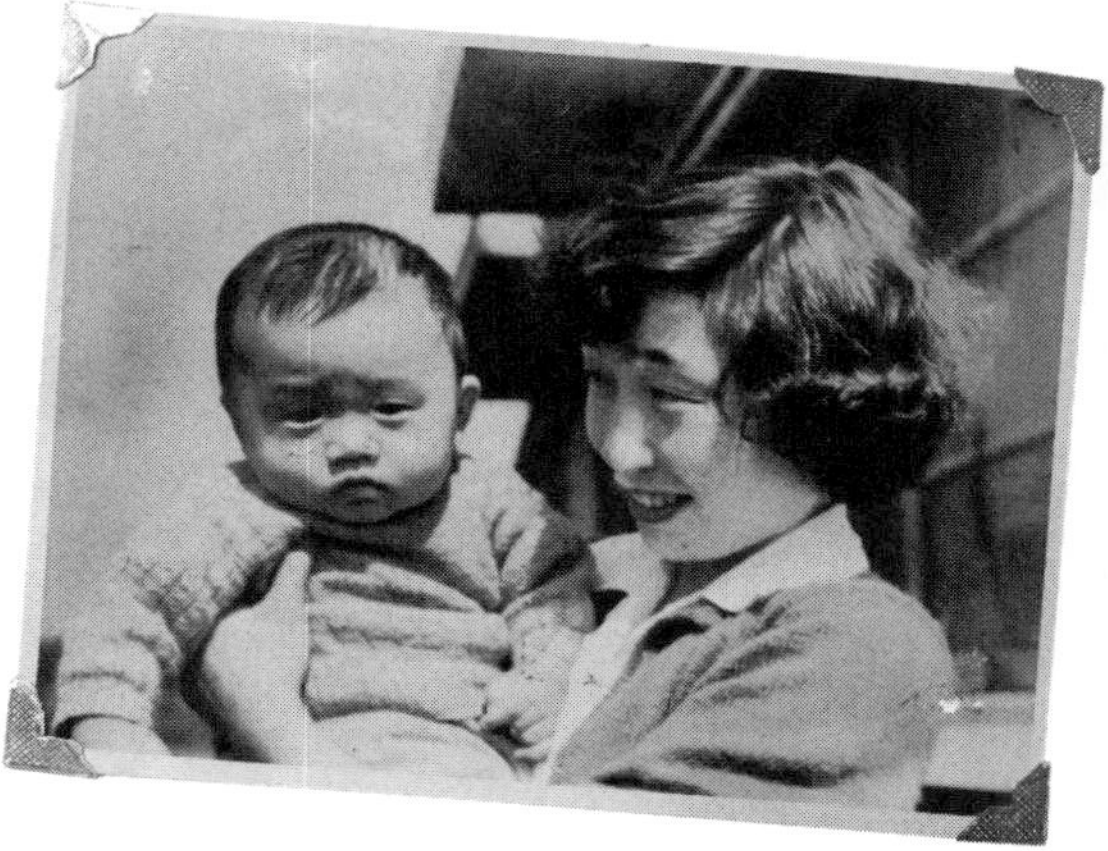

知世さんと林京子さん

書籍が生前と同じように並べられていました。作家ですから古今東西の書物がありますが、やはり原爆や核に関するものが多いように思えました。書棚の一画には品の良さそうな髪に軽いウェーブのかかったおしゃれな洋装の女性の写真が額に入れてありました。２０１７年にこの世を去った林さんの遺影でした。知世さんは、あたりを見回しながらこう語ります。

「ここにコタツがあって、母はそこに座るのが好きで、いつもそこで仕事していました」

今にも林さんがどこからか現れてきそうな錯覚にわたしは陥りました。

「お母さんと一緒に写っている写真はありますか」

と知世さんに聞くと

「母は、写真に撮られるのが極端に嫌いでした。だからほとんどないんですよね」

そういいながら、別室に行って1冊のアルバムを取ってきました。

「この中には1枚くらいあったかな」

知世さんが頁をめくると、赤ん坊を抱いた若い女性の白黒写真が出てきました。彼女は赤ん坊の方を向いて微かな笑みを浮かべ目を細めています。

「この写真は、ぼくが生まれてすぐのものです。昭和28年とか、その頃ですよね。母は23とか24歳で、まだ全然ものなんて書いていない」

喜びがあふれる写真からは想像が難しいのですが、知世さんは当時母が抱えていた苦悩を語り始めました。

作家・林京子の重荷

「奇形を恐れてぼくを産むかどうかで悩んだといっていました。それと産後には、ぼくに何か病気を背負わしてしまったらという、罪の意識みたいなものもあったようです。ただ、ぼくが不安に陥ってしまうことを危惧して、そういう話はしませんでしたね。というか、母もこの問題を恐れていて、逃げていたのだと思います。母が被爆者だということと、被爆二世の原爆症の可能性をぼくに説明しなくてはならないというのも彼女にとって重荷だったのでしょう」

林さんはこう書いています。

> 私は、今日までの毎日は何だったろう、と考えてみる。家事や育児に追われながら、私のうちに一貫してあった思い、願いは、生きていたい、願望だったように思う。それにも増した願いが、子どもの健康である。私は、自身が被爆者だという不幸は我慢する。しかし、その時にい合わせなかった新しい生命にまで、仮に、私と同じ生命の汚点がつくのならば、何としても我慢がならない。生まれでる生命は、無垢であるべきものなのだ。（中略）
>
> 友人たちで、原爆症を怖れて子どもを産まなかった者は多い。核の不安は、自分一代でたくさんだ、と言う。そして、その自分一代でたくさんだという生命の根源をおびやかす諸条件は、核時代の現代にこそある。
>
> （「すべての人がひとしく」「科学と思想」１９７７年10月号）

林さんは、つねに放射線による健康の不安におびえ、知世さんへの影響も気にしていました。

「子どもって、成長期にみんな鼻血を出しますよね。そうすると母は異常なまでに『止まったか』と気にして聞いてくる。なんでこんなに心配するのだろうと訝《いぶか》しく思っていました」

　林さんは、後になって、このことを小説『曇り日の行進』に記すことになります。知世さんは子ども心にも母の怯《おび》えを敏感に察知していました。

「検診の結果を恐れて、母はずっと定期検診を受けられなかった。被爆手帳を受けることも含めて、被爆者であることを受け入れられなかったのだと思います」

　知世さんが小学校に通うようになり、林さんはようやく定期検診を受けるようになるのですが、知世さんはその前後の様子を記憶しています。

「検査前は感情が波立ってイライラして、終わると安心して、帰りにはご馳走してくれる。その時はもう機嫌が良くなっている」

「1年刻みで、『また今年も大丈夫だった』という勘定で、母は命を数えていた。ぼくが小さい時だと生きてなきゃいけないって思いも強かったでしょう。子どもにはそんなことはわからないので、いつも何を心配しているんだろう、という気持ちでした」

　知世さんが母の真意を理解するのは、母が作家デビューしてからのことになります。

「書いたものをあとで読むと、1年ごとに命を貰っていると綴っていますが、そんな思いだったんでしょうね」

知世さんは、ため息を交じえながらそう語りました。

「青春はなかった」

林さんは、自身を含めた県立高女の同級生たちの「女性としての悩み」についてこう綴っています。

> 年頃になった同級生たちは、それぞれに春を迎えて、恋の噂があちこちで立った。ケロイドの跡が顔や胸にあっても、恋の季節はやってくる。結婚する者、破局に終わる者、さまざまである。男の親たちから結婚を反対されるのが、破局の原因になっていた。男女とも被爆者の場合でも、男の親たちは健康な娘を希む。並みの常識をもつ人間なら、わざわざ不安な道を選んだりはしないのである。
>
> （『長い時間をかけた人間の経験』）

林さんが記していた苦しみはどのようなものだったのか。長崎県立西高の山口さんは、福岡の吉永さんに戦後の労苦についても深く聞き取りをしていました。

吉永さんは治療を続けるため、長崎県立長崎高女を退学し福岡の高等女学校に転校、そのまま長崎に戻りませんでした。女学校時代は、流行していた結核を患い、入退院を繰り返したといいます。

「病気で苦労されたのですね？」

山口さんの問いかけに吉永さんはこう応えました。

「福岡高女も満足に行かんで卒業しましたね。青春はなかったです。やっぱり若い時には、とにかく体が弱いから病院と仲良しで、もう、恋愛なんかは考えなかったとですよ。だからわたしは若い青春というのがね、うらやましい」

誰もが当たり前のように謳歌《おうか》する青春。宝石のような時代です。それが「なかった」という言葉にわたしは打ちのめされました。吉永さんはさらにこういいました。

「結婚も自分は考えていなかったですね」

山口さんが問い返します。

「それは原爆の放射線の影響があるからですか？」

吉永さん

「ずっと入院して具合も悪かったし、やっぱり自分の傷のことを思ったらね、恥ずかしい方が先に立つ。今はこうやって人に傷を見せるのはどうでもないけど、若い時はやっぱり嫌でしたね」

「だから結婚とか恋愛とかにも前向きになれなかったんでしょうか？」

ちょっと沈黙があったあと、吉永さんは口を開きました。

「はい、そうですね」

吉永さんは20代の終りに恋愛をしました。親戚の経営する製材所で働いていた男性と知り合ったのです。

被爆体験のない鹿児島県出身。夫・豊さんは9年前に他界しましたが、豊さんの思いを吉永さんはこう推測しました。

「彼はわたしが被爆していたことを気にはしたでしょうね。貧乏くじを引いとうとですよ、わたしのような弱い人と一緒になってね。でも彼からは差別のようなものを受けたことはなかったとですね」

つきあうことに対して、相手の実家から強い反対を受けたといいます。

「鹿児島は封建的なところですからね、だから喜んではなかったし、反対されました」

それでも二人は意志をつらぬき結婚しますが、次に周囲から反対を受けたのは出産でした。

作家の林さんは、被爆した高女の同級生たちの女性ならではの願望と不安について、こう綴っています。

> 私たちは八月九日という共通の根をもって、生きてきている。その根から多感な少女期を生きて、娘になり妻になり、母になった。女として脱皮していくたびに、そこには新しい恐怖が待っていた。（中略）
>
> 疲れ易い私たちが結婚したとしても、夫やその家族に添って、生きていけるだろうか。万が一みごもっても、そう。万一みごもる恐さ。また、命を産み出したい願望。健康な子供が産めるだろうか、という不安。
>
> （『長い時間をかけた人間の経験』）

なんという複雑なジレンマなのでしょう。子どもを産みたいけれども、妊娠することすら怖い。つねに不安が追いかけてくる。林さんの描写は県立高女生たちに共通した悩みだったに違いありません。

吉永さんは、夫の親族の反対を押し切って妊娠、そして出産します。山口さんが率直な問いかけをしました。

「出産の時は、放射線の影響が怖かったですか?」

「やっぱりそうでしたね。でも考えたらキリがないからね」

同席していた長女のゆかりさんがこう教えてくれました。

「母が兄を産んだ後、すぐ結核が再発して1年間入院しました。ですので、鹿児島の祖母からもう出産は絶対にダメだといわれていたけれど、それでもわたしを産みました。その後、もう産んだらダメだといわれているのに、すぐ下に3人目となる弟ができたんです」

吉永さんは、笑いながら語ります。

「子どもにね、どうかこうかあるんじゃなかろうかと思うことはあったとですよ。被爆者はね、みんな子どもを産む時は心配なんよ。でもおかげさまで幸い子どもたち三人ともね、大きな病気もしたことがないし、健康に育ってくれましたね」

しかし、吉永さんの危惧は自身の出産で終わったわけではありませんでした。ゆかりさんがこんなエピソードを教えてくれました。

「一番最初にわたしが娘、つまり母からすると初孫を産んだのですけど、わたしたちきょうだいには何もなかったけど、隔世遺伝でね、孫には何かが出るんじゃなかろうかって、母は1人目の時はものすごく心配していました。血液型を聞いたり、血液検査があるたびに見たりしていましたね」

孫が産まれても、心配事が絶えることはなく、続く悩みの深さ。わたしは原爆が植え付けた傷があまりにも長い期間、その人の心を支配することに愕然とさせられました。

今が「青春」

ちょうどこの日は、吉永さんが健康を心配した初孫のえりかさんとその息子、つまりひ孫にあたる金太郎君が遊びに来ていました。山口さんが吉永さんに話を聞いている間も、まだよちよち歩きのあどけない金太郎君は部屋を出たり入ったりしています。インタビューの合間に曽祖母に近づいて来ました。

「キンちゃん、何を持って来たと？　おばあちゃんにちょうだい」

金太郎君は嬉しそうにすっかり目を細めている吉永さんに何かを渡します。こちらに向きなおった吉永さんは、安堵の表情を浮かべ、こういいました。

「今が青春なんですよ。子どもたちも大きくなりましたしね。孫もたくさんおります。その上、ひ孫までできてね。やっぱり、こうして命があるとはありがたいことやなと思いますね。原爆で死んだ人も多いですし、当時のことは忘れられないですね。だけどもう仕様がない。思い出したからって、どうちゅうこともないし。今が幸せですからね」

吉永さん、娘・ゆかりさん、孫・えりかさん、そしてひ孫の金太郎君。笑顔があふれるリビングに流れる空気にわたしが感じていたのは小さな「平和」でした。このありふれたような安寧《あんねい》こそが大事なんだな、とほっこりとした気持ちになりました。

帰り際に吉永さんは、山口さんにこう語りかけました。

「よう生きているなあって思いますね。20歳まで生きられればいいと思いよったからね」

山口さんは、軽く目を瞑《つむ》り、頷いていました。

吉永さんの戦後を知った山口さんは、日記を読んだ時抱いていた思いが少し変わったといいます。

「吉永さんのことを全然わからないんじゃないかと不安だったんだけど、でもそんなことはないのかな。『戦争が終わって嬉しかった』というひとことに、わたしたちと変わらない年代の気持ちを感じました。やっぱり、吉永さんをはじめ、当時の人たちの、とにかく戦争を二度としないでほしいという思いがやっぱり一番大事だろうと感じたので、これから先、過去のことを伝えるだけじゃなくて、自分たちが未来に向かって何ができるのかを考えることも大事なのかなと思いました」

山口さんと長崎西高放送部のみんなは、その後も県立高女の人々が歩んだ戦後の道のりをたどっていきます。

第6章

自責の念と罪の意識

「死にたい」と綴られた日記

「わたしは今までの人生の中で、これほどまでに苦痛に満ちた文章に出会ったことはありません。生きていることを申し訳なく感じたり、生きている自分を責めたり。複雑な心境を理解するのは難しいと思いました」

そう語ったのは、冨永優希さんです。草野みずきさんは、自分の考えをこう語ります。

「『生きていることが嬉しい』と日々思うわたしたちと、『生きていることが苦しい』と思っておられた安日さん。あまりにもわたしたちとは対極の考えをもっていて、戦争がいかにかけがえのない『平和』を奪ったかが、文面からじわじわと迫ってくるようでした」

視聴覚教室に集合した長崎西高放送部員の前にあったのは1冊の日記でした。安日涼子さんが貸してくれたものです。表紙には「活水専科三年毎熊《まいくま》涼子」と安日さんの旧姓が書かれています。被爆した女性たちは、戦後、どのような内面を抱えていたのか。その手がかりとして、部員たちは安日さんの日記を読み込むことにしたのでした。

被爆から5年経った１９５０年、安日涼子さんが長崎市内にあるミッション系の学校に通っていた時のものです。50ページにわたってびっしりと細かい字で綴られた大学ノートには、ハッとさせられるような記述がありました。

> もうこれ以上生きるのは苦痛を待つばかり。（中略）母様！涼子は一人！いつまで生きて行かねばならないのでせう。慰しの糧も持たない涼子にまだ生きる事を強いなさるの。母様　涼子をすくってください。母様　涼子を御もとに行かせて下さい。いつまで孤独にたえる事が出来るのでせう。（中略）まだ生きねばならないのでせうか。あゝ何のために！

死を意識した文章、引きちぎられるような内面の苦しみの描写が日記全体に散りばめられていました。本川奈旺さんは、日記の印象をこう語ります。

「いつまで生きて行かなくてはならないのだろう、と考えたことがある人は少ないと思います。この日記からは、『無理に生かされている』という印象を受けました。安日さんは、戦後一人になって、死についてたくさん考え、自分を追い詰めたのだろうと思います。死にたくなくても命を落とした人と、生き残って心に傷を負った人は、どちらも苦しかったはずです」

久保今日子さんは、立川さんの日記との比較でこんな感想を語りました。

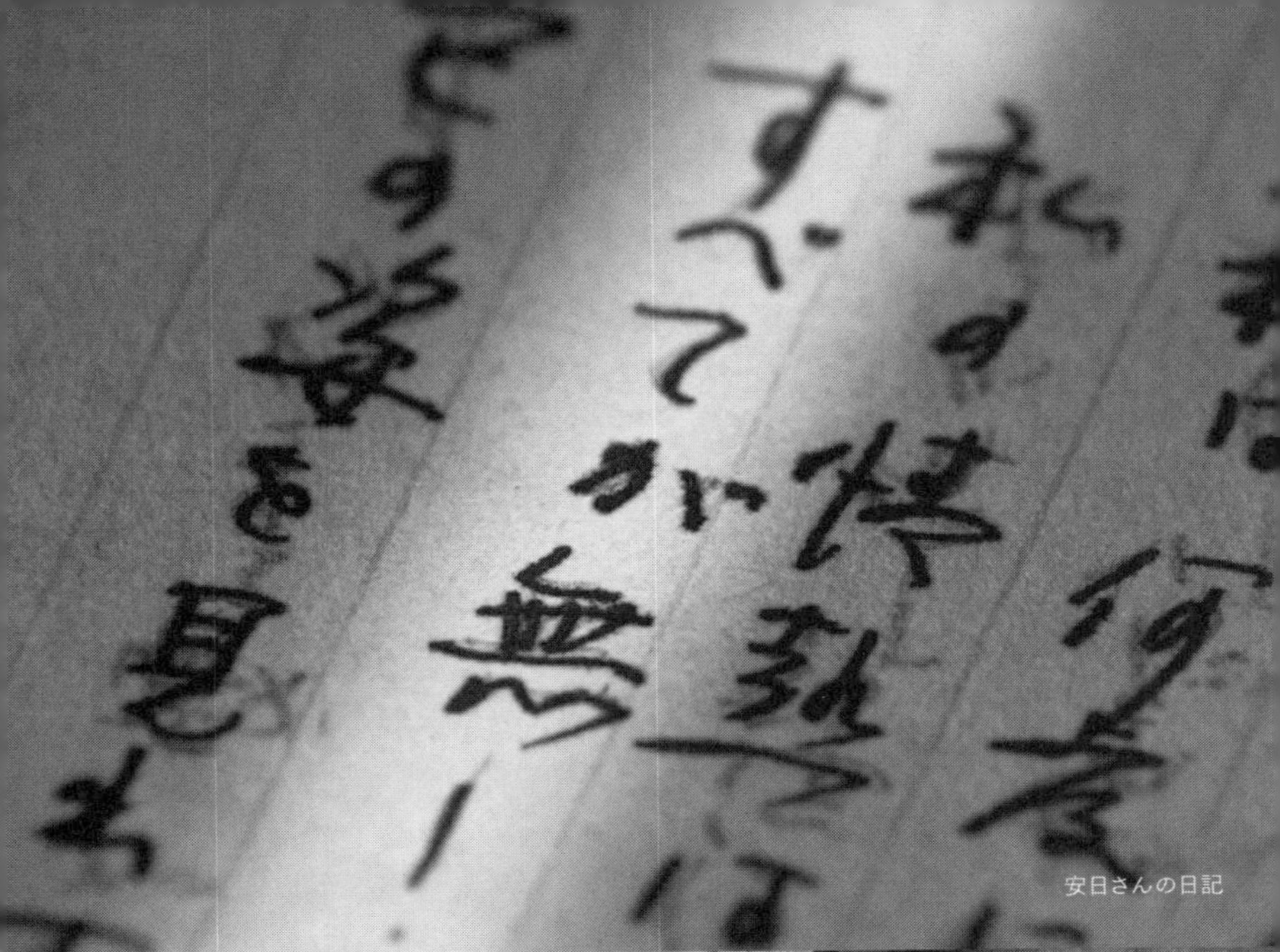

安日さんの日記

安日さんから日記を見せてもらう放送部員たち

「立川さんの日記には絶望の中にも生きる力が感じられたけど、安日さんの日記は本当に絶望の中の絶望というか、読んでいて痛々しく、今にも消えそうな弱々しい少女の文だなと思いました。だから生々しく響いてくるのは安日さんの日記かなと思いました」

安日さんはなぜ、このような思いを背負ったのだろうか。長崎西高の放送部員たちは安日さんに会うために、長崎原爆資料館の中の喫茶室に向かいました。

家族、友人を亡くして

高校生から日記を受け取りながら、安日さんは問わず語りにこういいました。

「この日記を見直すと、死にたいとばっかり考えていますね。日記には自分の本音を書いているのね」

死の願望の裏にあったのは、喪失感と孤独でした。

「母、そして三人の姉妹たち……。本当に親しい人の多くが亡くなってしまいました。なんでわたしが生き残ったのだろうという考えばかりが浮かんでいました」

追い打ちは、出征のため原爆を逃れた父親の行動でした。敗戦から間をあけずに父は戦地から長崎に復員します。その直後に安日さんが予想だにしなかったことが起きたのです。

「父が新しい奥さんを迎えたのです。母たちが亡くなってから1カ月ちょっとしか経っていないタイミングでした。まだ未就学の小さな弟もいたので、父も子育てのために仕方がなかったんでしょうが、わたしとしては納得がいかなかった」

しかし安日さんは、周囲の友人たちに自身の胸の苦境を打ち明けられずにしまい込みました。

「みんな原爆に遭っていろんな苦しみを抱えている友人が多く、そういう話は一切しないようにしていましたね。自分だけが悲しいとか寂しいとかひとこともいえるような状況じゃなかった。みんな生きることだけで精いっぱいでしたから」

重い気持ちを抱えたまま、安日さんは県立高女を卒業し、長崎市内にある活水女子専門学校に通うようになります。それまでと著しく異なる環境も、安日さんの孤独と不安に拍車をかけたといいます。

「学校には長崎の県外から原爆と関係のない皆さんが来ていました。彼女たちに原爆に遭ったなんてひとこともいえない。『被爆者です』などと話すような雰囲気じゃなかった」

3年生の頃、安日さんは結核にかかり入院生活を余儀なくされます。日記は病床で綴ったものでした。

「誰にも心を打ち明けられないから、一人になった時に、心の中で思っていること、わたし自身の本音を日記に書き留めていたわけです。自分の心根というんでしょうか。それが心の支えだった」

病を得た安日さんは、それまで以上に孤独に苛《さいな》まれ、本気で死を想像していました。

> 我儘に死の道を私は選んでいる。私は病気になることを選ぶが、それが自身己の苦悩より逃れる唯一の道だ。死によってその罪を贖うつもりらしい。

自分自身をまるで他者のように扱っている部分が印象に残ります。安日さんの日記を「理解が難しい」といっていた冨永さんが率直な質問をします。

「日記を読ませていただいて、自分のことを責めたような表現が多いと感じました」

安日さんは、冨永さんの目を見ながらこういいました。

「自分を責める、まさにそういう気持ちでしたね。なにしろね、生きようという気持ちがなかったですね。一人取り残されたという気持ちでね。母たちと一緒に逝きたかったものですから」

安日さんは、その後の取材の間中、「自分を責める」という言葉を繰り返しました。

日記には、亡き母に訴えかけるように心中を綴った文章もありました。

> 涼子は必死にもがきつつ、こんな苦しい罪を背負ってきたのです。

草野さんは、安日さんの言葉からこう考えたといいます。

「戦争で生き残っても罪を背負い、自責の念に苛まれてしまう。生き残って『嬉しい』だなんて安日さんはまったく思っていなかった。戦争が奪うものは無限にありますが、人々に与えた好影響は一つもない……そう感じます。わたしは、この『残された方の自責の念』が最も苦しいなと思いました」

自責の念。そして罪の意識。作家林京子さんも同じような意識を抱いていました。

罪の意識という原動力

林さんが最晩年に応じたインタビュー音声が残されています。

> 被爆者側の生き残った罪というのが、なんだろうとずっと考えていて（中略）十四才の時にとにかく生きていたくて、一所懸命に逃げて、はっきり言うと、人様の死なんて目に入らなかったです。

飯田橋文学会が中心となり進めているプロジェクトの一環で、２０１６年11月に葉山の自宅で収録されました。原爆に生き残った林さんが意識していたのは「罪」の意識でした。敗戦後、学校が始まった頃のことは、こう語っています。

> 学校が十月に始まり、講堂で先生が亡くなった子供の名を読み上げる。その頃は髪の毛が抜けて坊主頭の少女たちがたくさんいるわけです。亡くなった方の父兄の嗚咽が聞こえて来るのです。

林さんはつらい思い出を語ったあとに、こう続けます。

> この時、生き残って悪かったと思いました。

自責の念と生き残ったという罪の意識は、林さんの中でどのような意味があったのか。長男の知世さんに尋ねてみました。

「母はよく『生き残った』とか『生かされた』というような言い方もしていましたから、亡くなった友人に対して、生き残って悪かった、生き残った自分は何かしないといけないという気持ちだった。やはり一緒に原爆を浴びて亡くなった方たちへの使命として、伝えなければという思いは強かったのではないでしょうか」

知世さんの言葉どおり、インタビューで林さんはこうはっきりと語っていました。

（自責の念が）あるから書いたようなもんですよね。

１９６２年、林さんは文芸誌「文藝首都」に参加するようになり、小野京のペンネームを用いて小説を書き始めます。この翌年に被爆者健康手帳を取得、３カ月後に初めての小説『青い道』を発表します。しかし、これは年の離れた夫婦を描いたもので、原爆について触れられていませんでした。

１９６４年、「文藝首都」に「閃光の夏」を掲載、それが初めて原爆のことを綴った作品でした。特別被爆者健康手帳を申請に来た若い女性と、原爆に理解の薄い役所の担当者とのやりとりが中心に描かれます。被爆体験を長い間、胸の奥にしまいこんできた被爆者の苦しみがテーマとなり、全体に響いています。主人公の女性は、原爆由来の病気への恐怖も抱えていました。

この作品は林さん本人の実体験を反映したものに違いありません。手帳を受け取ったあとの主人公の内面描写に、初めて原爆について書いた林さんの気持ちが投影されています。

> 被爆者の蔭をひきながら、終戦から今日まで、馬鹿さわぎな平和の蔭で生きてきた、蔭の代償を、私は払ってもらおう。
> 手帖の〝特別〟の意味は、蔭のつぐないにあるのだ。（中略）
> 終わりのない、長い道である。

被爆から19年が経っていました。翌年には「その時」、さらに「曇りの日の行進」、「ビクトリアの箱」と「文藝首都」に四編の原爆小説を寄せました。１９７０年には「原爆と首都」というエッセーも綴ります。

知世さんはこの頃についてこう語ります。

「文芸誌に参加した最初の頃は、被爆者のことを書いてはいましたけど、原爆のその日には触れていない。仲間の多くが亡くなられている重さが母の中にあったと思います。やはりその日に十何歳の少女が、悲惨な光景を目の当たりにして、そこを一人逃げて、昨日まで一緒に笑っていた子が死んだり、先生が亡くなったという事実を、いきなりは書けなかったんじゃないですかね。やっぱり客観視できるまで時間が必要で、８月９日の出来事を小説として書くのにまた10年くらいかかった」

常日頃、林さんは新聞記者だった夫から感情をおさえた文体で書くようにアドバイスされていたといいます。年月がかかったのは、それも関係しているのでは、と知世さんは考えています。

「痛いとか悲しいとか、誰が悪いというのではなくて、こんなことを普通にやってしまう人間の恐ろしさを淡々と伝えたかった。逆に人間の知恵で戦争、そして原爆は抑えられるという期待も持って書いていたのではないですかね。だから小説として淡々と書けるまでにはどうしても時間が必要だった」

44歳で離婚、その翌年に発表した「祭りの場」で林さんは自身がその渦中にいた戦時下の兵器工場の日々を綴り、この作品で１９７５年、芥川賞を受賞しました。新聞社の取材に対して、林さんは執筆の動機をこう語っています。

「9日だけの痛いかゆいで終わっていたら書かない。でも、長崎の友人たちの体内で放射線が出続けている。どんどん亡くなっていったんです。書こうと思いました」

そして文体について知世さんの言葉どおりのことを語っています。

「目指したのは新聞記事です。創作はありません。だって、そういうことが入る余地がない、非道な8月6日と9日なんですよ」

林さんの念頭に置かれていたのは、県立高女を筆頭とする同世代の仲間でした。

「国家も思想もなく、日常をはぎ取った根っこの命を、死んでいった動員学徒たちの追悼として執拗に書いてきました」

「祭りの場」には、少女たちの悲痛な叫びがあふれていました。

女子挺身隊の少女たちもモップ状になって立っていた。肉の脂がしたたって、はちゅう類のように光った。小刻みに震えながら、いたかねえ、いたかねえ、とおたがいに訴えあっている。

長崎の被爆からちょうど30年。息子の知世さんは、大学を出て社会人になったタイミングでした。林さんは、「祭りの場」を「新しい人生のスタートライン」だと記しています。

仲間たちの気持ちをも背負って、後世に事実を、しかも、それを感傷的にではなく、冷静な筆致で綴らないといけない。林さんは重い覚悟で原稿に向かっていたに違いありません。

消えない深い傷

40代半ばにして初めて長崎に原爆が落とされた日の実情を世に問うた林さんは、その後も原爆と核にこだわり続けます。１９９０年には「祭りの場」と同じく県立高女の被爆体験を兵器工場の日常とともに綴った「やすらかに今はねむり給え」を発表しました。

本格的なデビューから15年、林さんは還暦を迎えていました。この作品で、林さんは丁寧に自分の同級生たち、そして県立高女の教師たちの名前を記述し、彼女たちの悲運を綴っていました。

林さんは、8月9日の記述で終わる「やすらかに今はねむり給え」の文末に、同じ兵器工場で働いていた学生が書いた追悼文を引用し、作品そのものを締めくくっていました。

「友よ許してくれ。花のいのちよ、価値ある人生を送るはずであった友よ、やすらかに今はねむり給え」

知世さんは母の気持ちをこう推測します。

「『祭りの場』では、8月9日に命を落とした方々は『被爆死者』でくくられて語られます。しかし、亡くなられた友人たち、先生方にも本来ならばあったはずのその後の日常が、一瞬で奪われた無念さを母は背負っていました。『祭りの場』から15年、多くの作品で個々の方の人生を書き続けたことで、母の中でも、友人、先生方に対して『やすらかにねむり給え』といえる心境になれたのではないかと思います」

これは、わたしに対してでもそうでしたが、といって知世さんは、こう続けます。

「母が背負ってきた肩の荷を、『やすらかに今はねむり給え』を書き上げたことで、少しでも下ろすことができていたのなら良かったと思います」

県立高女の少女たちの苦しみを書ききった林さん。しかし、林さんは背中の重荷を下ろしきってはいませんでした。

次世代との共鳴

林さんは、原子力をめぐって、現在進行形の出来事にも目を向けていきます。知世さんは、母の新たなる地平について、こう語ります。

「原子力や原爆との向き合い方は、どんどんと変わっていったと思います。若い人たちが理不尽に殺されるという自分の体験から始まって、わたしが生まれ、そして孫が生まれ、時代とともに色んなことがテーマになったのではないでしょうか」

そして１９９９年に発表したのが、「長い時間をかけた人間の経験」です。この作品で林さんは、原爆から発せられた放射能が年月では消え去らない深い爪痕を被爆者に与えてしまうことを書き綴りました。同著のあとがきで林さんは、激しい言葉を用いて強調します。

> しかし九日は、そこで終わらなかった。広島の六日も、長崎の九日も、人の体に放射能を植え込んでいった。吸い込んだ放射性物質は、微量であっても骨や肉に付着して放射能を出し続け、長い年月をかけて人を傷付けていく。このことは科学者たちの調査でも、明らかにされている。そのデータを立証して生きたのが、被爆者たちであ

> る。六日九日の広島・長崎の現場は、被爆者たちが口々に証言するように「地獄絵」だった。だが問題なのは、そこで終わらなかったことである。この事実を知って欲しい。
>
> 被爆者は核兵器のモルモット、といわれる。被爆者の人生が人の役に立つのであれば、私はモルモットの不幸に甘んじる。

この作品執筆の動機を林さんは、「二十五年次々と書いていくうちに視野が広がり、友人たちのあわれさや涙の中にあるものが人間全体の命の問題だと考えるようになりました」と語っています。

また同じ頃、林さんはアメリカのニューメキシコに赴き、人類初となる原爆実験が行われたトリニティサイトを訪問、その体験記を「トリニティからトリニティへ」にまとめています。

こうした林さんのメッセージは、次世代の表現者に受け継がれていました。

現代日本文学のトップランナーの一人、小説家平野啓一郎さんの林作品との出会いは、『長い時間をかけた人間の経験』だったといいます。

「経験者以外の人にとってはその場限りで忘れてしまいがちですが、大きな悲劇を体験した人が、その場限りで終わるのではなく、その後の長い人生を生きることの意味を『問い続ける』という態度に、強く感銘を受けました。被爆した人たちは、その過去とともに生き続けるわけで、戦争の悲劇は、それが一生続く、ということまで含めて考えるべきです。『長い時間をかけた人間の経験』は、まさにその貴重な見本だと思います」

それ以来、林さんの作品を読むようになったという平野さん。実は前述した死の3カ月前のインタビューの聞き手も平野さんでした。

「後世に貴重な文学者の声と映像を残していこうというプロジェクトの中で、詩人の関口涼子さんと一緒に、林さんにお話を聞く流れになりました。インタビューを通して、ひとつの体験を複数の視点を通じて考え直し、何が起きたかを見つめ直されていることを感じました」

日本人は何も学ばないのではないか

林さんが80を過ぎて迎えた大きな出来事が２０１１年の東日本大震災です。福島第一原発が事故を起こし、放射能による汚染が広がりました。この時、長男の知世さんは林さんとこんな会話をかわしていました。

「わたしが、経済的・政治的に原子力発電所がある理由みたいなことを話しました。すると、『ポリティカルに政策とか政治の議論じゃない』『命の話でしょ』といっていましたね。原子力、原爆が子孫たちにまで影響していってしまう恐ろしさ。人間がコントロールできない恐ろしさが原子力の根本にあるという思いは強かったと思います」

林さんは、積極的にこの問題に対し、発言しました。２０１３年には小説『再びルイへ。』を発表、知人ルイへの手紙形式で、自身の半生と、新たな事態に怒りを込めて言葉を綴りました。

> わたしは昭和二〇年八月九日、学徒動員中に原子爆弾の攻撃を受けていますので、原子力発電所で燃えている火と、原子爆弾の閃光が何によってエネルギーを得ているか、最低限の理屈は知っています。母国日本は、広島と長崎にウラン２３５爆弾、プルトニウム２３９爆弾と二度にわたる原子爆弾攻撃を受けている。世界で唯一の―現在まで―被爆国です。核時代のとば口に立たされた国民として、他国の人たちより原子爆弾や原子力発電に対する基礎知識はあるはず。危険性にも安全性についても、敏感であっていいはずです。（中略）

> わたしたち被爆者、「ヒバクシャ」という二〇世紀に創られた新しい人種を、これで終わりにしたいと願って体験を語り、綴り、生きてきました。にもかかわらずこの二一世紀に、さらなる被曝者を産み出してしまった。被爆国であるわたしたちの国が。

平野さんは、東日本大震災と原発事故後の作家や知識層が置かれていた状況と、林さんの当時のスタンスを、こう教えてくれました。

「福島で起きたことをどのように言葉で記述するか、あの時みんなが苦労していました。放射能と人生ということで林さんはその問題にずっと悩み続け、自身の体験と今起きていることの結びつきというのを強調されていました」

直接の被爆体験を持った肉体から発せられた言葉が、時代の指針のひとつになったといいます。

「林さんは8月9日というのは、一体何だったのかということを言葉にし続けていまして、やっぱり出来事が終わってそれで終わってしまうのかもしれないけど、被害にあった人にとっては決して終わらないし、時を経て言葉にし続けることでその実態が立体的に見えてくる。ぼくたちが震災のことを考える時に、こうした言葉はひとつの非常に重要なモデルになるんじゃないかと、当時感じていました」

林さんは女学生としての学徒動員と被爆体験を、生涯書き続けましたが、２０１７年に、86歳で死去しました。

晩年の林さんは自身の思いが次世代に伝わっているのかを強く危惧していました。平野さんはそのことを本人の口から直接聞いています。

「ご自身はわたしの本を読んでくれる人は理解しているのだ、問題は、読んでいない人にどう伝えるかなんだ、と語っていました。自分の体験が一体何だったのかというのを今の時代を見ながら非常に強くおっしゃっていました。で、そのことがまだわからないのだろうか、と。日本はそれを直接、経験していて、その悲惨なことが色んなところでわかってるのに、日本人というのは結局何も学んでないんじゃないかと」

「林さんの言葉は、単なる歴史証言として博物館に飾っておくようなものとしての言葉ではないんですよね。我々が今の時代に、日々生きるために受け止めるべき言葉を残されていたと思います。現代性があり、自分の言葉が今必要だということを意識し、伝えようとされていたと思いますね」

平野さんの来訪のあと林さんは、家族以外の誰とも会うことはなかったといいます。

作家・林京子さんの生涯最後のメッセージは、平野さんの中に深く刻まれていました。

死んだ友人への私たちのつとめ

長崎西高放送部員たちが、安日さんを取材していた最中のことです。安日さんは、「林さんとはね、よく手紙のやりとりをしていたんですよ」といって、ファイルから手紙を取り出しました。それは10年ほど前の夏に林京子さんから安日さんにあてたものでした。

> 長崎の友だちたち、それぞれが八月九日とたたかっていらっしゃるご様子、頭がさがります。（中略）何か不穏を思わせる今日この頃です。私たちの思いを二度と子供たちにさせないようによく時代をみつめていきましょうね。それが死んだ友人への私たちのつとめかと思います。

県立高女の少女たちは、こうして戦後お互いを励ましあっていたんだと気づかされました。「死んだ友人への私たちのつとめ」という言葉に背負い込んだ罪の意識の重さを感じます。同時に、手紙には消えることのない原爆に対しての怒りと、後世の若い人たちに同じ思いをさせてはいけないという祈りがあふれていることに心が揺さぶられました。

安日さんは、別れ際に放送部員たちにこういいました。

「あと何年生きるかわかりませんが、長い命をいただいていることを本当に感謝しなければなりません。いろいろな思いをして若くして亡くなったお友だちに対して、申し訳ないと思っております。また同じようなことが起こると思うだけで本当に恐ろしい。語り続けることは、命をいただき生かせていただいた者の仕事だとあらためて思います」

70以上年の離れた高校生たちは、安日さんの目をじっと見つめていました。

安日さんと別れたあと、松原愛海さんが、感想を口にしました。

「『つらいなんていえなかった』という言葉が心に残りました。自分も精神的に苦しんでいたはずなのに、周りの方がつらいからと言葉を飲み込む安日さんは強い人だな、と思いました」

本川奈旺さんは、こう話してくれました。

「自分一人が生き残ってしまったことに悩むという話はとても印象深かったです。わたしが同じ立場だったら、孤独と戦いながら生きる力を持ち続けることは難しかったと思います」

草野みずきさんはこう語ります。

「亡くなってしまった人と生き残った人の思いは全然違うものだと思っていましたが、安日さんの日記を読んで、紙一重なのかもしれないと感じるようになりました。ただ、その紙一枚の差にはわたしには想像しがたい苦しみがあるのだろう……と深く考えさせられています。その答えは、まだ出ていません」

山口さんは、心中をこう語ります。

「死にたいほど苦しい思いを誰にもいえずに一人で抱え続けてきたというのは、想像を絶するようなつらさがあります。『いえる状況じゃなかった』と何度も何度も繰り返していて、今があたりまえであることのありがたさと同時に、平和ボケしてしまっている自分たちに危機感を覚えました。また、安日さんが書くことで自分の思いを閉じこめてきた姿が印象的でした。林さんを含め、他の被爆した方たちも、そうやって原爆と向き合ってこられていたので、当時の方たちにとって書き、そして残すことがすごく大切な行為だったのかなと思います」

長崎西高放送部員たちの県立高女の被爆した人々へのひと夏の取材は終わりました。

完成、そして次へのスタート地点

放送部のドキュメンタリー班が、4カ月にわたって手がけていた「女性と原爆」の編集が、仕上がりました。兵器工場に働いていた時に被爆した、一人の女学生の手記に焦点があてられました。

ディレクターとして番組を牽引してきた3年生の岩本さんがナレーションも担当することになり、原稿のチェックに余念がありません。

録音といっても専用の部屋があるわけではなく、部室そのものがスタジオです。朗読の練習をする人、打ち合わせをする人、雑談に花を咲かせる人たちでガヤガヤと賑わっています。録音を担当する岩室さんが、耳にしていたヘッドフォーンを外して周囲に呼びかけます。

「ナレ録《と》るので静かにしてください」

部員たちは慣れたもので、瞬時に水を打ったように周囲が静まります。

岩室さんは岩本さんに声をかけます。

「よし、ナレ入れてみよう」

「わかった」

岩本さんはマイクの前に立ち、片手でオーケーマークを作りました。

「じゃあ、スタート」

岩本さんは原稿を見つめ、台本を読み始めました。

「被爆した女性の手記。ここには女性ならではの多くの苦悩が綴られています」

女学生の手記のパートに移ります。朗読は山口さんの担当です。真剣なまなざしを台本に落とし、山口さんは一つひとつの文字を噛みしめるように少女の被爆体験を読み上げます。

「兵器の部品を製作中、原子爆弾が炸裂し、目もくらむような閃光と、ドーッという轟音に頭も体もバラバラになった気がして、あまりの恐ろしさにその場に倒れ、そのまま気を失っておりました」

少女は、右耳から頬にかけて深い傷を負いました。手記には戦後の苦しみも綴られていました。

「ある時は電車の中の大衆の目の前で、年配の男から、顔に傷がある女と指さされ、ある時は買物の折、女の人から、顔に傷があると指さされ、侮蔑の目で笑われた恥ずかしさと悲しさはたとえようもありません」

山口さんの朗読は続きます。

「ある男の人から『女が顔に傷があると大いに結婚にさしさわるよ』と、明言された悲しさは、深く心に残ります。わたしは顔の傷をかくすため、厚化粧をしました。わたしの青春は本当に灰色でした」

少女の手記は、県立高女の人々の苦悩をそのまま写しとり、凝縮したものでした。

テレビドキュメンタリー班の部員以外も一致団結して、ナレーションの途中で気づいた矛盾や、ズレを調整していきます。岩本さんは、番組の最後をこんなコメントで締めくくっていました。

「被爆した女性は、体の傷によって心にも深い傷を負いました」

こうして８分間の「女性と原爆」が完成しました。そこには、被爆した瞬間の恐怖と惨状とともに、原爆で傷ついた女性たちの戦後の生活の中での苦闘が描かれました。

岩本さんはこう語ります。

「被爆した方々の話を聞くだけでは、実際にその人たちが体験したことをすべて理解することはできません。でも、番組を作ったことは何かへの第一歩にはなると思います。わたしたちは戦争を終わったこととして考えてしまいがちだけれど、まったくそうではない。作品を通じて戦争がどれだけ人々を傷つけるのか、わたしたちと同じ世代の人たちが少しでも知ってくれたらと思います」

一つの番組の完成は、次の番組へのスタートです。放送部員たちは、原爆をめぐってさらに別の課題へと取り組もうとしていました。

突然の逆取材

岩本さんたちテレビドキュメンタリー班の撮影を終えて、わたしたちＮＨＫの取材チームが機材の片づけをしていた時、松原さんが近づいてきました。驚いたことに、岩永史乃《ふみの》さんがビデオカメラのレンズをこちらに向けています。松原さんはわたしに向かってこう問いかけました。

「渡辺さんは、番組を作る時は、どんな動機をもってやっているんですか？」

唐突で、それでいて大事な質問にわたしは言葉に窮してしまいましたが、どうにか考えを絞り出し、その場を凌《しの》ぎました。なんでそんな質問をするのか聞き返すと、その理由をこう教えてくれました。

「わたしたちは、ずっと原爆のことを取材してきています。でも、ほんとうに被爆者の気持ちをわかっているのか、不安になります」

長崎西高放送部の部員たちは、先輩の被爆体験を聞きながら、心中で深く悩んでいたのです。自分たちが本当に原爆のことを継承できるのかを問い直す番組に、新たに取り組もうとしていることも教えてくれました。

だから意見がほしいのです、といって、松原さんはふたたびわたしに問いました。

「わたしたちが原爆の番組を作っていいのでしょうか？」

ビデオカメラが回る中、緊張を強いられながらもわたしは、辛うじてこう答えました。

「社会経験がないままで、いろんなことを描くことに限界があるのではないか、あるいは自分たちがそれをやっていいのかを気にしていると思うのですが、社会に出る前のフレッシュな感性、今しかない、いずれ失ってしまうような視点は絶対あるはずなので、大いにやるべきだし、何の躊躇《ちゅうちょ》もいらないと思います」

果たして説得力があったかわかりませんが、松原さんはにっこりと笑ってくれました。

被爆体験のない若者たちが原爆の継承にどう取り組んだらいいのか。長崎西高放送部員たちは、このことをさらに深く考えるため、一人の先輩を高校に招き、話を聞くことにしていました。

第7章

わたしたちがつなぐ

芥川賞作家と会う

２０１９年７月半ば、長崎西高放送部員一同が、視聴覚教室に勢ぞろいしていました。みんなどこかしら緊張した雰囲気をただよわせています。

この日、部員たちは一人の先輩を迎え入れようとしていました。長崎西高のＯＢでもある元長崎原爆資料館館長の中村明俊さんです。中村さんは、長崎の平和行政を担う一方で作家として活動してきました。ペンネームは青来《せいらい》有一《ゆういち》です。芥川賞をはじめ、数々の賞に輝くなど、文学の第一線で活躍してきました。

山口晴さんは、対話の期待を語ります。

「以前ラジオドキュメンタリーの番組で作家・林京子さんについて取り上げたんですが、その時に青来さんに直接インタビューをしたことがあります。でもあまり多くのことを聞けませんでした」

山口さんは続けます。

「継承についてどのように考えているかを聞きたいです。被爆の経験のない者としての悩みの解決の糸口が見つかったらいいな」

青来さんの一貫したテーマは、長崎に根付く記憶を掘り起こし紡《つむ》ぐこと。長崎市役所職員だった１９９５年に本格的に作家デビューを果たし、２００１年『聖水』で芥川賞を受賞しました。両親は長崎市内で被爆しており、被爆二世として原爆を題材にした作品にも取り組んできました。原爆を小説として描く上で、つねに指針としてきたのが林京子さんの作品群でした。青来さんはそのことをこう語ります、

「やはり、林さんの存在は大きく、重かったですね。その世界はわたしの中でだんだんだんだんと広がっていました。林さんがおられるのに、自分がたまたまその土地で育ったというだけで、ある種の『原爆文学』を書いていても、自分自身は被爆者でもなくて、あまり説得力はないなと感じてきました」

長崎西高放送部から、原爆について話を聞きたいと持ちかけられた青来さんは、快諾しました。世代の離れた後輩たちとの出会いに青来さんも期するものがあったのです。

先輩後輩の対面

青来さんは、年を追うごとに原爆や核を小説のテーマにする難しさを痛感しているといいます。

後輩たちとの対話を前に、胸の内を語ってくれました。

「どうしても原爆の話というのは『またか』といって多くの人が手に取ってくれない。みんなを惹きつけ、関心を持ってもらえる要素が重要だと思っていて、そういう意味でストーリーに面白さを入れるように工夫しているのですが」

その言葉どおり、青来さんは、時に原爆小説に、夢中になれるように思いがけない展開や、ウィットやユーモアを入れ込んでいます。２０１９年にはトランプ大統領が長崎原爆資料館に突如あらわれたという設定の「フェイクコメディ」を月刊誌に発表し、核軍縮に逆行する大国のリーダーの姿をシニカルに描きました。その後も手法をこらして原爆や核の問題を小説にしようとたくらんでいます。次世代に向けてどのような内容の小説にすればいいのか、模索を続けているのです。しかし、現実は厳しいと感じています。

「とくに若い人たちが、読んでくれないのが実態で、原爆や核がテーマの話、と聞くだけで引いてしまう人が多いというのが率直なところです」

そのような中、青来さんは、後輩たちとの出会いに期待を寄せていました。キーワードは「林京子」です。

「長崎西高の生徒たちが、林京子さんの小説を読んでいると聞いて、びっくりしました。はたして今の時代の子どもたちが、そこから何を感じ取って、どのように考えているのか、一番の関心があります。戦争が遠い時代になっている今、原爆を切実な問題としてとらえているのか、それとも遠い昔の話なのか。直接会って話を聞くと、その辺が見えてくるかなと思っています」

青来さんは、ちょっと照れたような笑みを浮かべながらこういいました。

「ぼくの原爆作品も読んでもらえるのか、わかるかもしれません」

長崎西高の昇降口には1年生部員の平和未《たいらなごみ》さんと安部澪《れい》さんが青来さんを迎えに来ていました。

「はじめまして」

「はじめまして。きょうはよろしくお願いいたします」

放送部の横にある視聴覚教室に入った青来さんは、興味深げにあたりを見渡します。

「校舎も変わってしまったけど、流れている空気は懐かしいですね」

青来さんは、ちょっと眩《まぶ》しそうな表情を浮かべていました。

少女たちの日記について

学徒動員でかり出された兵器工場、そして原爆投下後の長崎で少女たちは何を考えていたのか。

過酷な状況の中で、県立高女の少女たちが綴った日記の言葉について、まずは話しあうことになりました。

青来さんがこう切り出します。

「兵器工場で働いていた当時、県立高女の少女たちは14歳なんですね。ちょうど皆さん方が15歳だと思いますが、中には16歳もいるかな、そんなに歳の差はありませんね」

青来さんは、40以上も年が離れた後輩たちを前にちょっと緊張しているようにも見えました。

平さんは、部員全体の意見をまとめた形で、日記を読んでの率直な感想を語ります。

「わたしたちには、『想像ができない』、『正直気持ちがわからない』という感想が多かったです。今と当時の人たちがかけ離れていると知りました。自分と当時の女学生との厚い壁を感じました」

山口さんが、吉永正子さんの日記を念頭に、感想を語ります。

「日記を読んで、なんでこんなに大人びているのかがやっぱり一番の謎でした」

青来さんは頷きながら、

「使う言葉は難しいし、ある種、かっこいい。今の時代の人はもう使わないような表現も多く、大人びていますね」

本川奈旺さんがいいます。

「華やかな格好をしちゃだめとか、リボンつけちゃだめとか、色々な規制が敷かれる中、同じような自己規制と同調圧力が内面で起きていて、そのことが結果として、少女らしいものを切り捨てることになったんじゃないかと感じました」

青来さんは、山口さんと本川さんの顔を交互に見やりながらこう語ります。

「戦争って少女らしさとかを失わせる要素ばっかりじゃないですか。多感で繊細な少女の時期に戦争を経験したことが、大人びてしまう要因だと思います。戦争が心を傷つけていった結果、あのような文章が紡ぎ出されていく」

原爆投下前後の詳細を綴った立川裕子さんの日記に話がおよびます。口火を切ったのは、志摩邑那さんです。

「これまでに拝見した日記、資料の中でも一番生々しくて、何度も読み返すうちにあまりにもひどい状況に心が締めつけられ、無慈悲にも程があると怒りも覚えました。本当の意味で、立川さんの体験を想像理解することはできませんが、この日記を読んでいると、思わず涙が出そうにもなりました。立川さんが書かれているとおり、原爆投下は『悪夢』そのものだなと思いました」

日記をつけたことがないという松原さんは、こう語ります。

「友人曰く、日記にはストレスと折り合いをつけたり、自尊心を高める効果があるそうです。立川さんの日記を初めて読んだ時、わたしはどうしてこんなつらいことを記録に残すのだろうと思いました。『アンネの日記』を読んだ時も同様の疑問を抱きました。わたしはつらいことは箱につめて心の底に沈めてしまうことにしているからです。わたしのやり方はいうなれば、逃げです。立川さんもアンネもつらいことから逃げずに向き合って乗り越えようとしていました」

久保今日子さんは、こんな思いを抱いていました。

「力強さを感じました。叫ぶような勢いが文章から伝わってくるようです。その瞬間を生きていた少女の姿が浮かぶような、強い文だと思いました」

平さんは、「理解が追いつかなかったです」といいながら、こう続けました。

「わたしの想像ですが、立川さんは何かに突き動かされたんだと思います。何らかの義務感のようなもの、です。『将来に残したい』という思いが、日記から強く伝わってきました」

原爆資料館の館長として多くの被爆者の証言を聞いてきた青来さんはいいます。

「やはりみなさん8月9日を境に、変わっていきますよね。9日を経験すると、いろんな疑問も出てくるし、友達が亡くなる経験は大きいに違いありません」

青来さんが強調したのは、そのような状況を書き残すことの意味についてでした。

「記憶は変容していくんですね。事実と違う形になってしまうことがあります。そういった意味で、やはり何かを書く、記録に残すというのは非常に大事ですね」

青来さんはそこまで話すと、林京子さんを引き合いに出しました。

「まさに林京子さんは、生涯かけてそのことをされようとしていました」

青来さんは、壇上に置かれていた林京子全集の１冊を手にしました。

「罪の意識」とは

「みなさん、林さんの作品を読まれていますね。どんなところに興味をおぼえましたか。また違和感みたいなものはあったでしょうか」

山口さんが青来さんの問いかけにこう答えます。

「林さんの作品を読んでいくと、衝撃的な内容が多く、言葉が重いなと感じます。友達を見捨てた話や、白血病の検診の話など、今のわたしの生活からは想像ができないような壮絶なお話ばかりでした」

山口さんは、その上でこう続けました。

「被爆当時よりも、被爆したあとのこと、そして残された人たちのその後の人生を描いたものが多かったのかなと感じています」

青来さんが頷きながら応えます。

「そこが林さんのポイントですよね。林さんが原爆について綴るまで、戦後長い時間がかかりました」

青来さんは、林さんのみならず被爆者が、戦後長い間にわたって抱えざるを得なかった重荷について、部員たちに語りかけました。

「原子爆弾は、その瞬間だけではなくて、放射線で身体、そして心も深く傷つけ、その傷は容易には癒《い》えません。だからその瞬間の記憶も深い傷になって、何十年も過ぎたあとでさえ、そのことを振り返らざるを得ないところに非常に恐ろしい部分があります」

前の章で紹介したこんな文章に、林さんが戦後に背負った傷の重さと深さがとてもよく表われていると思うので、もう一度『長い時間をかけた人間の経験』の一節を引用します。

> 九日は、そこで終わらなかった。広島の六日も、長崎の九日も、人の体に放射能を植え込んでいった。吸い込んだ放射性物質は、微量であっても骨や肉に付着して放射

能を出し続け、長い年月をかけて人を傷付けていく。（中略）そのデータを立証して生きてきたのが、被爆者たちである。

「長い時間が経っても、忘れられないというのは大変つらいことです。でも林さんはそれを抱えながら生き続けた。重い十字架をなんとか下ろそうとしたのが、原爆を書くことだったのかもしれません」

林さんの十字架は、県立高女のみんなにも共通した重荷だったに違いない、と青来さんは続けて語りました。安日涼子さんを取材した冨永優希さんが、インタビュー以来、ずっと考え続けていることを青来さんにぶつけます。

「安日さんは、インタビューの間に何度も『申し訳ない』といっていました。被爆した人たちが罪の意識みたいなものをずっと抱えて生きていらっしゃる。何も悪くないのにどうしてこんなに申し訳なさそうにみなさん生きるんだろう、と、そのことを今も悩んでいます」

平さんも、心中をこう吐露します。

「安日さんの手記を読んだ時も、自分と当時の学生との厚い壁を感じました。わたしとさほど違わない年齢から、自分だけが生き残ったことに罪悪感を覚えながら生きているというのは、わたしには考えられませんでした」

　青来さんは首を縦にふりながら、

「原爆後に生き残った人は心の痛みや罪悪感をたくさん抱えているんですね。やっぱりそれは林さんの小説全般にも書かれていますし、原動力になっているのもそこですよね。罪の償《つぐな》いみたいにして書いていますね」

　本川さんが、こう語ります。

「安日さんが、罪悪感を抱えながら、戦後しばらく経ち、ある年齢になって自身の体験を語り始めたのも、その罪悪感という重荷を肩から下ろしたいという気持ちがあったのかもしれないと感じています」

わかっているのかな

　では次世代は、その重い体験と言葉をどのように引き継いだらいいかに議題が移りました。

「原爆体験を継承するためのドキュメンタリーを作ろうとした時に、体験のない自分たちは、どう伝えればいいのか、これからも悩んでいくことになるのかなと思うんです」

山口さんがそういうと、青来さんはちょっと不意をつかれたような表情になりながら、山口さんと放送部員たちに語りかけます。

「いつも自分の心の中に強くあるのは、ちゃんと被爆した人たちのことをわかっているのかなという気持ちです。自分には経験がないから、きちっと理解しているのかなという不安もある」

だから、と一呼吸置いて、こう続けました。

「みなさんとはずいぶんと年齢が離れているけれど、直面している問題はいっしょだと思います。当事者ではないという点は、まったく同じだと思います」

久保さんが、こう語りました。

「被爆者のことをわかっているのか、その気持ちを本当にわかることはできないのではないかという不安……。青来さんと山口先輩の言葉でハッとさせられました。そのことに気づいて今、落ち着かない気持ちになりました」

青来さんは頷きながら、ちょっと苦しそうにこう続けました。

「いろいろと難しいことは多いですよね。これは大変なんだけど乗り切っていくしかない」

では今後どうすべきなのか。そのことを次回また話しあいましょうということになり、この日はお開きになりました。

青来さんが帰ったあと、久保さんは感想をこう語りました。

「被爆した方々の気持ちを、軽々しくわかったつもりになってはいけないと痛感しました。県立高女の皆さんは、つらかった気持ちを共感してほしい、という理由で被爆体験を話しているわけではない。次の世代に記憶をつなぐために、つらい思いでお話ししてくださっているのかも知れないと思いました」

語りあうということ

最初の対話から2週間後。長崎西高放送部員たちと青来さんはふたたび話しあうことになりました。落ちあったのは、長崎大学文教キャンパス。かつて県立高女の生徒たちが学徒動員で駆り出され、魚雷作りに汗を流した三菱兵器大橋工場の跡地です。

この日、まず青来さんとみんなが向かったのは大学の横にある広場です。その中央には、7、8メートルの高さの巨大な石碑があり「原爆供養塔」と書かれています。その横にはそれより小ぶりな四面体の碑があり、四方に細かい字であいうえお順にぎっしりと名前が刻まれていました。

放送部員たちの中から小さな声が漏れ聞こえてきます。

「これだけの人たちが」

「兵器工場で犠牲になった……」

「女性の名前が多いよね」

原爆殉難者芳名碑――。

刻まれていたのは、三菱兵器工場で働いていた犠牲者の名前でした。そこには県立高女3年生の50余人の名前も含まれています。

高校生たちと青来さんは、瞑目《めいもく》し、碑に向かって静かに手をあわせました。


キャンパスに戻り、中央の広場の木陰の下で青来さんは、放送部員たちに向かって語りかけました。

「今日は、原爆の体験をどうやって次につないでいくかを考えたいと思います。わたしが

青来有一さんと長崎西高放送部員

そのことについて大きなヒントをもらったのは、やはり林京子さんからでした」

青来さんが最初に林さんに出会ったのは長崎原爆資料館で、15年前のことでした。事実にこだわり、被爆体験を綴ってきた林さんを前に、青来さんは、実体験のない自分が果たして原爆について書いていいのかと、悩みを打ち明けました。

「わたしが書いた原爆小説を、林さんが『被爆の惨状はこんなものじゃなかった』といわれたら、自分としてはどうしようもない。経験自体がまったくないから、こっちとしてはなんとなく嘘をいっている偽の語り部になってしまう。林さんがいる限り、フィクションとしての小説は非常に難しいと感じています、と話しました」

部員たちは、咳音ひとつ立てません。セミの鳴き声があたりに響いています。部員たちの額には汗が滲みでていました。

「すると、林さんはどういったと思いますか？　それはわたしにとって意外なものでした」

青来さんは、部員たち一人ひとりを見つめながら、林さんから受けとった言葉を語りました。

「林さんは、『そんな事はないんだ、原爆に関しては経験があろうがなかろうが、自由に語ってください。語っていいんですよ。自由に書いていい』といわれました」

青来さんは、ずっと心に抱えていた悩みがスッと消えるような気持ちだったといいます。

「受け取ったメッセージは非常に重いものだったし、その後に原爆を書くにあたって大きな力になったなと感じています」

林さんの思いを、青来さんが受け取った瞬間でした。林さんのメッセージの中に、被爆体験の継承の本質があると青来さんは痛感していました。

「林さんは『語り合って語り継いでもらいたい』という強い気持ちを持っていました。もしみんなが関心を持たなくなったら語りあうことも語り継いでいくこともできなくなる。だから若い人たちが経験のないことについて話そうという意志を少なくとも自分は、違うとか止めようとは思わない、自由に普通に話してほしい、というのが林さんのメッセージの重要なところだと思います」

みんな神妙な顔で青来さんの顔を見つめています。

「今日みたいに集まってお互いに『あれはこうかな、これはこうかな』と語りあうこと、話しあうことが一番大事じゃないかと思います」

最後に青来さんは、長崎西高の生徒たちにこう語りかけました。

「林さんが一番怖れていたのは、無関心かもしれません。被爆体験の継承が、ほんとうに問われるのはこれからです。被爆者がいる時は、本人に聞けばいい。当事者がいなくなった時に、どう語り伝えていくべきなのか。つまり大いに語りあうことがこれから必要になってくるんです」

74年目のその時を迎えて

２０１９年8月9日は、よく晴れていました。長崎西高の全教室は静まり返り、そこに校内アナウンスが流れていました。

「74年目の夏が巡ってきました」

視聴覚教室でマイクに向かっているのは、松原さんと久保さんです。全校生徒に向けて、毎年恒例となっている平和メッセージを校内放送していました。

「わたしたちは、あの日の子どもたちの嘆きを受け止め、後世に伝えていかねばなりません」

午前11時を前に、長崎西高の講堂には９００人の在校生たちと教員、そして西高の前身の瓊浦《けいほ》中学在校時に被爆した人々が集まりました。マイクの前に立っているのは、山口さんから部長を引き継いだ冨永さんです。彼女はゆっくりと語りかけるように、こう言葉を発しました。

「みなさん、目を閉じてください」

生徒はいっせいに瞑目《めいもく》しました。冨永さんはこう続けます。

「何が聞こえますか？　街のざわめき、蟬の声、風が揺れる木々の音、隣の人の息遣い、74年前のあの時、これらのすべてが失われました」

あたりは水を打ったようになり、静寂がただよっています。

そこにサイレンの音が響きます。

午前11時2分。

ガラガラと崩れる工場の壁、軋む鉄骨。バタン、バタンと次々と崩落する屋根。メラメラと燃える炎。少女たちの叫び声。静寂の中、74年前に兵器工場を覆った音がわたしの脳裏に響きました。

目を開けると、まだ黙禱《もくとう》は続いています。瞼をかたく閉じた生徒たちの真剣な表情にわたしは深く打たれました。

わたしたちがつなぐ

わたしが手がけていた番組は、ＥＴＶ特集『少女たちがみつめた長崎』というタイトルで２０１９年８月17日に59分の番組として放送されました。「工場日記」と県立高女の人々の３冊の日記に綴られた言葉を軸に、被爆した少女たちの苦悩と、その体験を継承しようとする長崎西高放送部の取り組みを描きました。

一方、長崎西高放送部は、県立高女の取材を継続していました。安日さんへの再度のインタビューも行い、あらためて少女たちが背負った戦争体験と戦後を取材しました。そして２０１９年の秋に、新たなドキュメンタリー番組が誕生しました。九州各県の高校生放送部員たちが応募する九州放送コンテストに出品するのが大きな目的です。

タイトルは『私たちがつなぐ』。その題名どおり、部員たちがどうやって次の世代に被爆体験をつないで行くのかを番組を通して問い直そうとしていました。それまでに撮影した、安日さんの証言や県立高女の人々を取材したシーンも重要な要素として構成されていました。

本川さんがナレーションを担当しました。番組は、こんなコメントで始まります。

「長崎西高放送部は、毎年、原爆に関するドキュメンタリーを作っています」

冒頭で紹介されたのは安日さんでした。

「今回の番組作りのために、長崎西高の前身である長崎県立高等女学校に通っていた安日涼子さんに取材を行いました」

安日さんが、現在暮らしている施設の一室で自身の被爆体験と戦後の苦悩を証言します。ところが、それ以上原爆そのものに深入りせず、原爆の継承の難しさを描こうとしていた点が、これまでの長崎西高放送部の作品とは大きく異なっていました。

　番組には高校生ならではの悩みと葛藤が素直に描かれていました。インタビューが主体で、放送部員自らが出演し、自分たちの心中を語っていきます。２年生の宮崎翔大《しょうだい》さんはこう語ります。

「被爆者の方々に話をうかがったりするのですが、今とはかけ離れすぎていて、共感がけっこう、難しかったりして、そういう状況の中で自分たちが番組を作っていいのか悩みます」

　そんな宮崎さんをさとすような、１年上級の山口さんのインタビューが続きます。

「でもわたしたちは、それを伝えていかないといけないという大切な使命があると思うので、放送部としては、番組作りを通して、原爆についての勉強というのをこれからもしていってほしいと思うし、それを番組という形として残していってくれたらいいんじゃないかと思います」

　恥ずかしながら、わたしへのインタビューがその直後に使われていました。さらに、安日さんがふたたび登場し、被爆者の立場からこう語ります。

「わたしたちがいる限り、ずっと伝え聞いてくださるということが大事だと思います。そしてその後もずっと継承していただきたいと思います。そういう面で活躍してくださるのは、ありがたいと思います」

番組の最後は、冨永さんの発言でした。そこには継承への強い覚悟が語られていました。

「戦争体験や被爆者と直接かかわり話を聞けるのは、放送部にしかできないことだと思うし、長崎西高は被爆した旧制瓊浦中学のあとに建っていて、県立高女の流れを継ぐ高校なので、それを生かして長崎西高放送部にしかできないことをやっていきたいなと思います」

番組最後を結ぶラストコメントには長崎西高放送部員たちの決意があふれていました。

「今回の取材を通して、原爆に関する番組を作る上での大切なことを再認識することができました。高校生であるわたしたちだからこそ、これから継承を担って行く世代に、より強いメッセージを伝えることができる。これからも西高放送部は自分たちにしかできない番組作りを行っていきます」

ナレーションを担当した本川さんの思いはこうでした。

「原爆投下を過去ではなく、未来につながる出来事として考え直す必要があるとわかりました。個人でも身近なことから平和に触れていき、伝える立場として番組を通して継承活動に貢献したいです。そのためにも自分の考えを持つことが大事だと思っています。被爆者の体験談をそのまま継承することも大切だと思いますが、それに対する自分の考えを合わせて後世に伝えていくことが必要になってくると思います」

作品『私たちがつなぐ』は、九州放送コンテストでテレビ番組部門の優良賞を受賞しました。

わたしが久しぶりに長崎西高放送部を訪問したのは、２０１９年12月の半ばでした。部員たちは視聴覚教室でミーティングを開いていて、活発に意見を交わしていました。部長の冨永さんがみんなに声をかけます。

「『私たちがつなぐ』はみんなで協力して完成しました。でも、原爆の継承のことは、１回やれば終わりではないよね。さあ、次は何をやろうか？」

長崎西高放送部は、また新たなテーマに向かって歩み始めています。

第8章

未曾有の困難の中で

旅立ち

２０２０年3月1日。長崎はよく晴れ渡っていました。長崎西高等学校の校門に向かう坂道には、にこやかな表情の3年生の姿にまじり、改まった身なりの保護者たちの姿がありました。新型コロナウィルスの流行で長崎西高の卒業式は開催が危ぶまれましたが、保護者と卒業生だけの出席で行われることになったのです。

体育館は厳粛《げんしゅく》な雰囲気に包まれています。拍手に背中を押されるように引き締まった表情の生徒たちが入場し終えると、静寂の中で式が始まりました。卒業生２７０人と保護者あわせて４００人あまり。目を真っ赤にした女学生、真剣なまなざしを浮かべた人。さまざまな青春の凝縮がそこにありました。

担任の先生が一人ひとりの名前を読み上げていきます。山口晴さんの順番になり、彼女は決意を新たにしたような凛々《りり》しい表情で立ち上がります。テレビドキュメンタリーを牽引した岩本ひなたさん、岩室玲香さんも笑顔いっぱいです。

式が終わると、卒業生たちは3年間部活に打ち込んだ視聴覚教室に向かいました。待っていたのは、色紙や花束を持った後輩部員たちでした。後輩と顧問の先生を前に、卒業生は3年間の思いを語りました。卒業生たちは、互いの話に頷き、笑顔を浮かべています。卒業生が教室から出る時、後輩たちは「いつでも遊びに来てくださいね」と声をかけていました。

山口さんが応えます。

「高校の3年間を振り返るとあっという間でしたが、やはり部活が生活の中心だったように感じます。原爆に関しては、やっぱり絶対忘れちゃいけないんだなという気持ちがすごく強くなりました」

山口さんは、卒業式を終え3週間後、長崎をあとにしました。早稲田大学文学部に進学するのです。

「大学での学びについては、専攻はまだ決まっていませんが、今は言語心理学に興味を持っています。言葉と心の関係について学び、より人に伝わる話し方のできる人になりたいと思います。社会の『本当』を、情報として伝えて、信頼される人を目指します」

そして、といってこう続けました。

「青来さんが話してくれた『語りあう』という言葉が心に残っていて、その語りあいの輪をこれからたくさん広げていきたいと思いました」

届いたメッセージ

放送部員たちは、新たな学年を迎えてどのような思いで原爆に向き合おうとしているのか。3月終わり、わたしは長崎西高を訪ねてみんなと話しあう計画を立てていました。しかし、新型コロナウイルス禍のために、久しぶりの部員たちとの再会は延期せざるを得ませんでした。

放送部の活動も自粛になりましたが、顧問の稲尾先生を介して、今みんなが何を考えているのか、心のこもったメッセージがわたしのもとに寄せられました。

部長の冨永優希さんは、被爆者の祖母を亡くしたばかりでした。現在の胸の内をこう綴っています。

「結局、祖母には多くのことを問うことはできませんでした。原爆の時に起こったことや、被爆者の方の感情を１００パーセント理解することはできませんが、その『わからない』という感情を大切に話しあえば、より深い継承ができると思います。在部中はもちろんですが、高校を卒業したあと、わたしは長崎で育った子としてどのような活動ができるのか、考えていきたいです」

新2年生の本川奈旺さんは、原爆取材を通じて多くのことを考えるようになったといいます。

「被爆者が減っている今が、大事な時期です。同じ世代の中で語りあうことは、これからの未来を作っていくために必要だと考えています。個人でも身近なことから平和について触れていきたいですし、放送部の活動だけでなく、発信する手段を見つけて伝えていこうと思います」

平和を願う被爆者の祖父から名前を授けられた2年生の平和未《なごみ》さん。当初、県立高女の少女たちの日記に距離を感じていたのですが、部活以外でも原爆について調べ、関連する書籍を読むようになったといいます。日記を読んで感じたことを考え続けていきたいと希望あふれる言葉を綴っていました。

「青春を奪われた当時の女学生の思いにできるだけ思いを馳せて、少しでも壁をなくしたいです。また、自分の身のまわりを見つめ直すことが、平和を考える初めの一歩だと思いました。つねに日々の生活に感謝するようにしています」

もっともっと原爆のことを探っていきたいという平さん。継承については、こう記しています。

「まず、一人ひとりがよく知ること、関心を向けることが重要だと思います。県立高女の人たちの日記を読み、わたしは今まで歴史的な事実しか知らなかったのですが、当時の人たちの気持ちという視点を持つことができました。放送部員として、また一人の長崎の子どもとして、みんなが関心を向けるためのお手伝いをしたいです」

被爆三世の安部澪《れい》さんは、こう書いていました。

「原爆について知っているつもりでも、実際に触れてみると、まだまだ知らないことばかりで、わたしたちの平和活動はスタートに立ったばかりだと気づきました」

その上で、今後のことをこうイメージしています。

「ふんわりとした思いをより具体的なものにしたいです。原爆を一面から見るだけではなく、違う角度、異なる視点から見て新たなことを発見し、記録をとって残していくことが今わたしにできることだと思います」

やはり被爆三世の草野みずきさんは、具体的に目指していることがあるといいます。

「県外の人たちの認知度の低さをどうにか解決したいなと思いました。だからそのためにも、日本中の学生たちと話しあいをしたいです。放送部員としても、今後より深い原爆の継承を題材とした番組を制作し、思いを発信し、継承の核心に近づいていきたいです」

「女性と原爆」の番組作りでは音声を担当し、最年少でわからないことばかりだったという志摩邑那さんは、2年生になったのをきっかけに、さらに活動を深めていきたいと記します。

「生身で知らない、わからないと思ったことに対して不利や戸惑いを感じるのではなく、知らないから知ろうとし、語りあってそれを共有していくことが大切だと思います。わからないもどかしさに立ち止まることなく、積極的に活動をして多くの人に少しでもいいから興味を持ってもらえるような番組を作っていきたいです」

３年生の岩永史乃さんは、進化するメディアの中で何をすべきか葛藤していました。

「ＳＮＳなどで、今の時代は語りあうことは簡単でもあり、同時に難しくもあると思います。わたしたちが進んで原爆のことを積極的に話そうとするのか、沈黙してしまうのか、わたしたちの双肩にかかっていると思います」

３年生の井崎《いざき》夕生李《ゆうり》さんはこう記します。

「ツイッターやＳＮＳなどを通じて、新たな形で被爆者や戦争体験者と若い世代をつなぐなど、わたしたちにできることはあるなと思いました。高校生だからこそ作れる番組や視点を持っていることを伝えたいと思います」

すべてを書けませんでしたが、他にも色々な意見や思いがありました。真摯な思いがあふれる文章を目の当たりにして、それらが大きなうねりになり、全国に届いてほしいと切に願いました。そして、新たな形で広がっている分断や争いにみんなの思いは必ず意味を持つと確信しています。

新たな仲間たち

長崎西高放送部には男女3人ずつ、あわせて6人の新入部員が入りました。人前に出ることが苦手だったので、それを克服したいと思って入部した中村眞美加《まみか》さん、お姉さんが放送部で楽しそうな姿を見て「うらやましい」と思ったという松原来未《くるみ》さん、将来アナウンサーになる夢を持つ納富玲凪《のうどみれな》さん、上手に話すことを目指しているという一安皓希《いちやすこうき》さん、言葉を使って人に伝えることをしたいという西宮宏敦《にしみやひろのぶ》さん、そして西高を志す前から放送部の活動に興味があったという犬塚湊平《そうへい》さんです。代表して犬塚さんに、原爆についての思いを聞いてみました。

「若い人の多くが興味関心がなかったり、『核廃絶』という目標も綺麗事《きれいごと》として処理されることがほとんどだと思います。原爆の番組は、人々に平和の尊さを伝え、そして一人ひとりが核とどう付き合っていくかを考えるとても大切なものです。平和を望まない人はいません。自分や周囲の人たち、そして後世のためにわたしも原爆に関する作品制作にしっかりと携わっていきたいです」

今、ラジオドキュメンタリー班は、被爆直後に焦点をあてたドキュメンタリーの制作を進めています。テレビドキュメンタリー班は、長崎の原爆を撮影したフィルムを巡ってのドキュメンタリーを作ろうとしています。

8月に高知で開かれる高校総文祭はオンライン開催になりました。その目標に向かって冨永さんは、被爆者の取材をもとにしたアナウンス原稿に、草野さんは、朗読する作品として遠藤周作の『沈黙』とあわせて、被爆した医学者・永井隆の自伝的小説『この子を残して』も候補に挙げて、朗読の練習に取り組んでいます。

長崎西高放送部のみんなは、被爆体験の継承を目指して、今日も長崎の空の下で活動を続けています。

エピローグ

未来のために

長崎市長とローマ教皇

今、長崎に行くと、その街の変わり方に目を奪われてしまいます。老朽化が進んだ長崎県庁は出島の近くから引っ越しを済ませ、モダンな建物に生まれ変わりました。２０２２年春の開業を目指して急ピッチで新幹線のプラットホームが作られ、駅周辺部は再開発プロジェクトが進行中で、海外資本の高級ホテルや商業施設が新たに建造されています。

わたしの手元に一枚の写真があります。それは同じ長崎駅界隈を原爆投下直後に撮影した白黒写真です。あたり一面は焼けはてて、建物の残骸が瓦礫となり積み重なっています。赤ん坊を背負った一人の母親以外、人の姿は見あたりません。この写真を現在の長崎と見比べて同じ場所だとわかる人はほとんどいないに違いありません。

でも、だからこそ忘れてはいけないのでしょう。平成から令和に元号が変わっても、風景が変わっても、その場で起こった出来事を。

毎年夏の長崎での平和祈念式典では、長崎市長の平和宣言が朗読されます。２０１９年８月９日、田上富久市長はこんなメッセージを発しました。

「今、核兵器を巡る世界情勢はとても危険な状況です。核兵器は役に立つと平然と公言する風潮が再びはびこり始め、アメリカは小型でより使いやすい核兵器の開発を打ち出しました。ロシアは、新型核兵器の開発と配備を表明しました。（中略）世界から核兵器をなくそうと積み重ねてきた人類の努力の成果が次々と壊され、核兵器が使われる危険性が高まっています。核兵器がもたらす生き地獄を『くり返してはならない』という被爆者の必死の思いが世界に届くことはないのでしょうか」

長崎市長が「危険」という世界情勢とはどのようなものでしょうか。２０１９年、アメリカのトランプ政権が、中距離核戦力（ＩＮＦ）全廃条約からの離脱を表明、実際に条約は失効してしまいました。皮肉にもこの平和宣言の１週間前のことです。

ＩＮＦ全廃条約は冷戦時代末期の１９８７年に、アメリカのレーガン大統領とソ連のゴルバチョフ書記長の間で締結されました。射程範囲5百キロから5千5百キロまでの核ミサイルの廃棄を求めたもので、核戦争抑止に強い効果がある歴史的な合意でした。また条約の下《もと》で、アメリカとロシアはお互いの配備を検査することができました。そんな重要な条約が失効してしまったのです。

さらには、２０２１年には、アメリカとロシアの間で結ばれている新戦略兵器削減条約（新Ｓ

ＴＡＲＴ）の期限が切れるのですが、更新されるかがはっきりしておらず、各国から不安視されています。前大統領のオバマ氏が核なき世界の実現を訴えてノーベル平和賞を受賞したのはわずか10年前のことです。あっという間に核をめぐる世界の情勢は激変してしまったのです。

トランプ大統領は、小型核兵器の開発を表明、ロシアでは音速の20倍の飛行が可能で核兵器にも使用できる超音速飛行滑走兵器の開発が行われています。プーチン大統領みずから、探知不可能な長距離核ミサイルの開発に成功したと発表、アメリカ本土を攻撃するミサイルのＣＧを公開しました。さらにこの6月（２０２０年）にロシア政府はこんな発表をしました。ロシアに向けて弾道ミサイルが発射されたと判断した場合、ただちに「核兵器」で応戦することも辞さない――。

また、米ロの対立ばかりに目が行ってしまいがちですが、そもそも条約のしばりがない中国では、中距離核ミサイルの保有数を伸ばしているともいわれています。今この文章を書いているだけで、わたしは震えるような恐ろしい気分に襲われています。

毎年8月9日、長崎の平和宣言で迫り来る核兵器使用への脅威とともに語られてきたのは、継承の重要さでした。田上市長は２０１９年にもこう語っています。

「世界の市民社会の皆さんに呼びかけます。戦争体験や被爆体験を語り継ぎましょう」

わたしは市長の言葉を耳にして、ハッとさせられました。まさに長崎西高放送部のみんなが取り組んでいることが、核抑止に大きな意味を持つのだと話していたからです。

その3カ月後、バチカンから長崎の爆心地を訪れたのは、世界で13億のカトリック信徒を率いるローマ教皇フランシスコでした。彼が長崎空港からまっさきに向かったのは、原爆が落とされた中心地・爆心地にある平和公園でした。土砂降りの悪天候の中、83歳のローマ教皇は、雨が降りかかるのを気にもせず、犠牲になった人々に一心に祈りを捧げていました。そして長崎から、世界に向けてこんなメッセージを発しました。

「この場所は、人間はこれほどのものを人間に対して負わせうる存在であるという、痛みと恐怖を意識させてくれます。人の心にあるもっとも深い望みの一つは、平和と安定への望みです。核兵器や大量破壊兵器の保有は、この望みに対する最良のこたえではありません」

フランシスコ教皇は、幼い頃に父母から長崎の原爆について聞いて育ったといいます。長崎への来訪を強く希望していた彼のメッセージは力強く、曇りのないものでした。

「この都市は核兵器が人類と環境にもたらした大惨事の証人です。軍備拡張競争は、貴重な資源の無駄遣いです。日ごと武器は、いっそう破壊的になっています。これらは天に対する絶え間ない挑戦です。政治をつかさどる指導者の皆さんにお願いします。核兵器は、今日の国際的また国家の安全保障に対する脅威からわたしたちを守ってくれるものではないことを忘れないでください」

長崎市長とローマ教皇両者のメッセージに共通するのは、核軍縮から世界は拡張へと向かっているという事実の確認と、その脅威に対しての強い警鐘です。そして核なき世界を一刻でも早く実現させなければならないという希求にあふれていました。

母の戦争体験

県立高女の卒業生たちを取材しながら、つねに頭に思い浮かべていた女性がいました。わたしの母親です。母は、東京の女学校の3年生だった1945年に学徒動員され、品川にある軍需工場で、兵器作りに邁進していたのです。男の働き手がすでにない工場の主力は、同じ女学校に通う同級生でした。まさに三菱兵器工場で働いた県立高女の3年生と似た状況でした。

わたしが中学3年生の頃、母からこんなことを聞いたことをおぼえています。

「あなたは、こうして学校に通えて勉強ができている。それを当たり前に思ってはいけないよ。わたしはあなたの年齢の時は、工場で働いていたんだからね」

新型コロナウイルスによる緊急事態宣言の下、学校が休みになりわたしの横で携帯ゲームに熱中している息子が、ちょうど中学3年生であることに気づきました。肉体が成長していく年齢で、毎日身長が伸びています。喜怒哀楽の感情の揺れも激しく、まさに内面の成長期でもあります。あどけない表情が残るこの世代が、戦争の下支えに駆り出されていたことの異常を、あらためて感じています。普通で当たり前のように思える日常こそが大事なんだなあと思います。

東京で暮らしていて、母は、原子爆弾に遭うことはありませんでした。でも母にも運命の日がありました。それが１９４５年5月25日です。この日の夜、アメリカ軍は４７０機のＢ29で東京の住宅地を焼き尽くしたのです。山の手大空襲といわれ、3千6百人以上が亡くなりました。母は、当時、荏原区（現在の品川区西部）に暮らしていたのですが、自宅は8発の焼夷弾を受けました。辛うじて逃げることができましたが、あたりは火の海だったそうです。

「ほんとうに怖くてたまらなかった」

目の前で火だるまになった老人がいましたが、助けることができませんでした。自宅は全焼し、すべての財産を失い無一文となりました。働いていた工場も、女学校も焼けてしまいました。母は家族とともに奥多摩の農家の1室を間借りして、疎開生活を始めます。工場から解放されたものの、待っていたのは新たな労働と貧困生活でした。

「食べるものもなくてね。ひもじい思いをしながら、毎日、近くの山に行っては、煮炊きのための薪《たきぎ》拾いをしたのよ」

そのまま8月15日の敗戦を迎えました。農家の縁側で祖母と叔父と母の３人で玉音放送を聞いたそうです。

戦争で、母は大切な友人を失いました。ちょうど年齢も県立高女の少女たちと同じです。わたしは、県立高女の女性たちを取材しながら、母の少女時代を重ね合わせていました。吉永正子さんが「青春がなかった」と語っていましたが、母も同じだったのではないかと思います。生涯、質素な暮らしを心がけ、わたしがちょっとでも無駄遣いをすると厳しく叱咤《しった》されました。今更ながら、戦中の苦労が、母の中で消えないでずっと残っていたことを痛感します。番組取材に本格的に取りかかる前の２０１８年の末に母は永眠しましたが、もっと多くのことを聞いておくべきだったと後悔ばかりが募ります。

未来のために

被爆者の高齢化が進み、現在平均年齢は83・31歳になりました（２０２０年3月末）。被爆体験を語って平和運動を牽引してきた被爆者の訃報が相次ぎます。そんな事実を前に、あらためて林京子さんの言葉が思い出されます。

「〝今日、広島・長崎の、最後の被爆者が死にました〟二十一世紀のいつの日か、こういう記事が、新聞の隅に載ることでしょう。見出しが大きくとも、小さくとも、その日が平和であるのを願うのみです。」

（『やすらかに今《いま》はねむり給《たま》え／道《みち》――一九九三年版あとがき』）

やがて来る被爆者なき時代。

番組の取材を通じてわたしの中に響き続けたのは、原爆投下の時に少女だった皆さんの悲痛な叫びでした。長崎西高の放送部のみんなのように、わたしは、この叫びを誰かにつないでいかないといけないとあらためて心に誓っています。そのために、さまざまな立場の人たちと大いに語りあっていこうと思います。

次の世代の人たちの笑顔が輝く未来のために――。

あとがき

私の手元に、敗戦直後に誕生した1冊の教科書があります。民主主義とは何かを説いたもので、タイトルはそのものズバリ『民主主義』。中学、高校の授業で実際に使われたのですが、そこには戦前の反省がこう記されています。

> これまでの日本では、どれだけ多くの人々が自分自身を卑しめ、たゞ権力に屈従して暮らすことに甘んじて来たことであろうか、正しいと信じることをも主張しえず、「無理が通れば道理引っこむ」と言い、「長いものには巻かれろ」と言って、泣き寝入りを続けて来たことであろうか。（中略）人類を大きな不幸におとしいれる専制主義や独裁主義は、こういう民衆の態度をよいことにして、その上にのさばりかえるのである。

戦前戦中の封建主義的価値観への怒りがあふれています。そして民主主義の精神についてはこう書かれています。

> 民主主義を正しく学び、確実に実行すれば、繁栄と平和とがもたらされる。反対の場合には、人

類の将来に戦争と破滅とが待っている。（中略）それでは、民主主義の根本精神はなんであろうか、それは、つまり、人間の尊重ということにほかならない。

軍部や政府などではなく、一人ひとりの個人の人権が世の中の主体である、という強いメッセージがはっきりと伝わってきます。思ったことをしっかりと主張できることが民主主義の根源であることをあらためて思い知らされます。県立高女の卒業生たちが、敗戦直後の混乱の中で、もがきながらも学んでいったのは、まさにこのことだったに違いありません。

新型コロナウイルスの蔓延とともに、世界中でこれまで覆われていたものが剥がれ落ち、物事の本質がむき出しになってきています。果たして私たちは、「長いもの」に巻かれていないか。正しいと信じることをしっかりと主張できているか。戦後七十五年という節目に、叡智を振り絞り、民主主義の本質を見つめ直さないといけないと思います。少女たちが背負った苦難を次の世代が経験しないためにも。

番組および本書のために幅広く様々な層の方々から惜しみないご協力をいただきました。本文ではご登場願えませんでしたが、多くの県立高女の卒業生の方々に教えを賜わりました。とりわけ柳川雅子さん、山口美代子さんからは貴重なお言葉とともに同級生の消息探しのお知恵をお借りしました。宮田和夫さん、吉村陽夫《あきお》さんにも、県立高女の卒業生探しにご尽力を賜わりました。吉村さんには原爆に関する映像解析のご指導を仰ぎました。長崎平和推進協会の山田布美乃さん、入濵由佳子さんにも多大なお力添えをいただきました。

そして吉永正子さん、安日涼子さん、立川裕子さん、市丸睦子さんの四人には、ご自宅までお邪魔して貴重な資料と言葉を頂戴し、大きなご負担をおかけしました。長崎西高の放送部員たち、そして放送部顧問の稲尾一彦先生には絶大なご協力をいただきました。本当に、皆さまありがとうございます。心から感謝いたします。

本書のために、青来有一さんには手厚いご指導を仰ぎました。そもそも青来さんに「工場日記」をご紹介いただかなければ、この物語はありませんでした。松尾たいこさんは、時空を超えた長崎の少女をモチーフにした素敵な装画を描いてくださいました。長崎原爆資料館の学芸員・弦本美菜子さんには、取材のみならず、本書のための事実確認に何度もお手を煩わせてしまいました。書肆侃侃房の田島安江さん、成原亜美さんにはご苦労をおかけしました。とりわけ田島さんには、一緒に長崎に行ってもらい、最後の最後まで粘り強くおつきあいいただきました。田島さんの懐の深さなしにはこの本は誕生しませんでした。そして、いつも支えてくれている家族にも感謝の気持ちでいっぱいです。

新型コロナウイルス禍というとんでもない過酷な時代が、みんなが協力しあう明るい未来への入り口であることを信じて、私自身、長崎の少女のみなさんから受け取ったバトンを手に、多くの人たちと語りあっていきたいと思います。

主要参考文献

林京子全集全8巻（日本図書センター）
青来有一　『聖水』（文春文庫）
　『爆心』（文春文庫）
　『フェイクコメディ』（集英社）
石田雅子『雅子斃れず』（平和文庫　日本ブックエース）
文部省著作教科書　『民主主義』　径書房
『長崎兵器製作所史』
旧長崎県立高等女学校42回生　『被爆体験記集～あの日、あの時～』
長崎原爆資料館学習ハンドブック
厚生労働省ウェブサイト
　https://www.mhlw.go.jp/stf/seisakunitsuite/bunya/kenkou_iryou/kenkou/genbaku/genbaku09/01.html
『長崎市原爆被爆者対策事業概要』
毎日新聞記事（２０１５年８月17日）
（現代作家アーカイヴ）文学インタヴュー第９回（音声・飯田橋文学会　聞き手　関口涼子、平野啓一郎）

著者略歴

渡辺考（わたなべ・こう）

テレビディレクター。１９６６年東京生まれ。早稲田大学政経学部卒。１９９０年ＮＨＫ入局、福岡放送局、番組制作局、大型企画開発センターなどを経て現在はＮＨＫエデュケーショナルプロデューサー。制作した番組に、ＥＴＶ特集『もういちどつくりたい〜テレビドキュメンタリスト木村栄文の世界〜』『シリーズＢＣ級戦犯（１）韓国・朝鮮人戦犯の悲劇』、ＮＨＫスペシャル『学徒兵　許されざる帰還〜陸軍特攻隊の悲劇〜』などがあり、３作品とも、ギャラクシー賞選奨（テレビ部門）を、またＥＴＶ特集『戦場で書く』は、橋田賞を受賞している。他にも放送文化基金賞などを受賞。近年は映画制作にもかかわる。

著書に『戦場で書く〜火野葦平と従軍作家たち』（朝日新聞出版）、『特攻隊振武寮　帰還兵は地獄を見た』（朝日新聞出版、大貫健一郎氏との共著）、『プロパガンダラジオ　日米電波戦争　幻の録音テープ』（筑摩書房）、『最後の言葉　戦場に遺された二十四万字の届かなかった手紙』（講談社、重松清氏との共著）ほか多数。『ゲンバクとよばれた少年』（講談社、中村由一氏、宮尾和孝氏との共著）は第24回平和・協同ジャーナリスト基金賞を受賞。近著に『まなざしの力〜ヒューマンドキュメントの人々』（かもがわ出版）。

本書は、「ETV 特集　少女たちがみつめた長崎」（2019 年 8 月 17 日放送）を基に書籍化したものです。

少女たちがみつめた長崎

2020 年 8 月 9 日　第 1 版第 1 刷発行
2020 年 11 月 9 日　第 1 版第 2 刷発行

著者　渡辺考
発行者　田島安江
発行所　株式会社 書肆侃侃房（しょしかんかんぼう）
〒810-0041　福岡市中央区大名 2-8-18-501
TEL 092-735-2802　FAX 092-735-2792
http://www.kankanbou.com
info@kankanbou.com

編集　田島安江
ブックデザイン　成原亜美
印刷・製本　シナノ書籍印刷株式会社

ISBN978-4-86385-409-3 C0095

図解で早わかり

改正対応！

民事執行法・民事保全法のしくみと手続き

認定司法書士
松岡 慶子 監修

本書の3大特色

財産開示手続の拡充強化などを定めた
2020年施行予定の民事執行法改正に対応！

民事執行法、民事保全法上の基本事項や手続きを
平易に解説。民事訴訟の全体像もわかる。

執行・保全の法律の基本と申立手続きに
不可欠な基本書式を掲載。

三修社

本書に関するお問い合わせについて

本書の記述の正誤に関するお問い合わせにつきましては、お手数ですが、小社あてに郵便・ファックス・メールでお願いします。大変恐縮ですが、お電話でのお問い合わせはお受けしておりません。内容によっては、お問い合わせをお受けしてから回答をご送付するまでに１週間から２週間程度を要する場合があります。

なお、本書でとりあげていない事項についてのご質問、個別の案件についてのご相談、監修者紹介の可否については回答をさせていただくことができません。あらかじめご了承ください。

はじめに

私たちは日常生活において、さまざまな取引を行っています。そのため、ときには貸したお金が返ってこない、物を売ったのにお金を払ってもらえないなどのトラブルが発生することがあります。このとき、当事者同士の話し合いだけで解決できればよいのですが、解決できない場合には、裁判を起こして問題の解決を図ることになります。

裁判で勝訴すれば、とりあえず権利が認められることになりますが、それだけではトラブルが解決しないケースもあります。相手が判決内容を無視する可能性があるからです。その場合は、相手の財産に対して強制執行をして、裁判の結果を実現させる必要があります。また、判決が出るまでの間に、相手が財産を処分したり、隠してしまう可能性もあります。こうした事態に備えるため、裁判を起こすときは、あらかじめ民事保全という手続きで、相手の財産の処分を制限しておくことが重要です。このように、裁判でトラブルを解決するためには、単に勝訴するだけではなく、民事執行や民事保全の手続きをしっかりと理解しておくことが必要です。

本書では、民事執行と民事保全の手続きについて、全体的な流れがイメージできるよう体系的に解説をしています。また、関連する法律や手続きについても、実務上重要なポイントについて具体例をあげながらわかりやすく解説をしています。なお、本書は債務者の財産開示制度の見直しなど令和元年の改正民事執行法にも対応しています。

本書を広く、皆様のお役に立てていただければ幸いです。

監修者　認定司法書士　松岡　慶子

CONTENTS

PART 3　民事保全法のしくみ

PART 4　執行・保全に関連する法律や手続き

PART 5　書式集

PART 1

民事執行法のしくみ

PART1
1

民事執行法のしくみ

強制執行のしくみ

強制執行には何が必要で、どのような種類があるのか

■ 強制執行には債務名義が必要である

強制執行の分類

強制執行は以下の２つに分類される。
①　金銭債権の執行
不動産を強制的に競売にかけたり、有価証券や株券などの財産を強制的に換金する場合など。
②　非金銭債権の執行
不動産の引渡し・明渡し、動産の引渡しなど。

たとえば、金を貸した相手がどうしても借金を返してくれない場合を考えてみましょう。貸した方は裁判所に訴えて回収しようと考えます。うまく証拠を示して訴訟で勝訴すると、通常は敗訴した相手はおとなしく支払ってくれます。

しかし、ときには裁判で負けても支払わないケースもあります。その場合に、国家権力による強制力を使って裁判の結果を実現することになります。これが強制執行です。

もちろん、強制執行は、借金の返済のケースだけに利用されるわけではありません。「物を売買したのに代金を支払ってくれない」、逆に、「代金を支払ったのに目的物を引き渡してくれない」というような場合にも利用できます。

また、自分の土地に勝手に資材などが置かれている場合にも、強制執行によってそれを排除することができます。

債務名義

強制執行ができる権利を表す文書。当事者間で債権債務という法律関係の有無について争いがあって、一定の慎重な手続きに従って紛争に終止符が打たれ、債権債務関係が明確になった場合に、その結果は文書という形で残される。それでも、債務者が債務を履行しない場合には、その文書の内容に即して、債権者は国家権力の助力を得て債権を実現することができる。

ただ、訴訟で勝ったからといって、債権者が債務者の家の中に勝手に踏み込んで財産を没収したのでは、秩序ある社会とはいえません。裁判の決着がついた後でも、一定の手続きに従って、秩序ある解決を図ることが法治国家の要請であり、そのために強制執行という制度が設けられているのです。そして、秩序ある一定の手続きとして、強制執行には債務名義が必要とされています。

債務名義には、大きく分けて２つのものがあります。裁判所での手続きを経たもの（判決など）と、裁判所での手続きを経ていないもの（執行証書）です。

債務名義と強制執行の申立てに必要な書類

債務名義になるもの	備　考
判決	確定しているものでなければならない 執行申立てに、執行文、送達証明書、確定証明書が必要
仮執行宣言付きの判決	確定していないが一応執行してよいもの 執行申立てに、執行文、送達証明書が必要
支払督促＋仮執行宣言	仮執行宣言を申し立てる 執行申立てに、送達証明書が必要
執行証書	金銭支払のみ強制執行が可能 執行申立てに、執行文、送達証明書が必要
仲裁判断＋執行決定	執行決定を得ることができれば求めれば執行できる 事案によって、執行文、送達証明書、確定証明書の要否が異なる
和解調書	「○○円払う」といった内容について執行可能 執行申立てに、執行文、送達証明書が必要
認諾調書	請求の認諾についての調書 執行申立てに、執行文、送達証明書が必要
調停調書	「○○円払う」といった内容について執行可能 執行申立てに、執行文、送達証明書が必要

※一部の家事事件についての調停証書や和解調書については、執行文は不要

■ 強制執行について規定する法律

法治国家の要請として、債権の回収の手段も秩序あるものでなければなりません。そのため、債権債務関係という実体について民法という法律が規定しているように、強制執行の手続きについても民事執行法という法律に規定があります。

なお、判決が下るまでに、債務者が財産を使ってしまったり、隠してしまったりするおそれもあります。このように、判決が下る前に、債権者の権利を仮に保全しておく必要もあります。そのような手続きを仮差押・仮処分といいます。これらについては、民事執行法とは別に、民事保全法という法律に規定があります。仮差押・仮処分も広い意味では強制執行に入るので、

強制執行を妨害する罪

強制執行を免れるために財産を隠匿したり、損壊する行為は刑法で罰せられる（強制執行妨害罪）。債権者の利益を守るためだけではなく、強制執行という国家の行為を保護する必要があり、刑罰によって強制執行の妨害を禁止している（刑法96条の2）。

民事保全法も強制執行について規定している法律ということになります。

■ 民法における強制執行の規定

強制執行について規定する法律には民事執行法と民事保全法がありますが、実は強制執行に関する規定は、民法の中にも存在しています（414条）。強制執行とは、実体法に定める権利義務を具体的に実現するための手続きですから、強制執行を規律する法は手続法となります。民法は実体法ですから、実体法の中に手続法のような規定があるのは少しおかしい感じがしますが、これは明治時代に民法が制定された際の歴史的経緯によるものです。

ただ、民法の中に強制執行に関する手続的規定があるために、民事執行法が制定される（1979年）以前から、民事訴訟法内にあった強制執行に関する規定との整合性をめぐって、激しい論争が行われてきました。そして、この論争は、民事執行法制定後も続きました。しかし、近年の研究により、これら規定の整合性の問題は解消されつつあったところ、2017年改正民法414条は、従前存在した手続法的な文言を一切なくしました。そして、単純に「民事執行法その他強制執行の手続に関する法令の規定に従い、直接強制、代替執行、間接強制その他の方法による履行の強制を裁判所に請求できる」と規定するにとどめ、具体的な強制執行の手続きは民事執行法他の手続法に委ねる姿勢を明確にしました。この民法改正により、強制執行に関する民法の規定とその他の法律の規定との整合性に関する論争には、ひとまず終止符が打たれたと言ってよいでしょう。

■ 強制執行のおもな方法には３種類ある

強制執行のおもな方法には、上記民法414条が規定するとおり、直接強制、代替執行、間接強制の３種類があります。民事

執行の方法

金銭債権の執行の場合、裁判所（執行裁判所）が債務者の財産を差し押さえ、差し押さえた財産の換価などによって債権を充足することになる。強制執行は、通常、債権者の申立て、債務者の財産の差押え、財産の強制的換価、弁済金の受領ないし換価金の債権者への配当という流れをたどる。
他方、非金銭債権の執行の場合は、執行官が目的物に対する債務者の占有を強制的に解いて、債権者にその占有を取得させる方法によって行われる。

強制執行の手続き

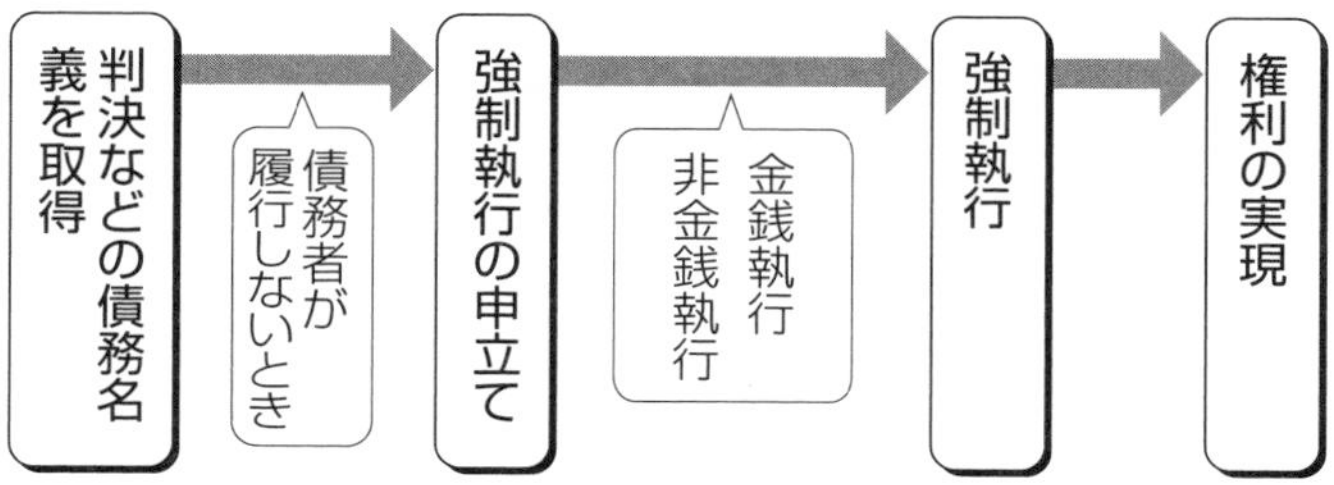

執行法における強制執行の方法も、おもにこの３種類となりますが、大部分は直接強制の方法によります。以下、順に紹介します。

・直接強制

直接強制とは、国の執行機関が直接に債権者の権利を実現する方法です。国の機関が直接権利を実現するわけですから、３種類の強制執行の方法の中でも最も効果的とされ、実務でも直接強制が可能な場合は、まずこの方法が選ばれます。

・代替執行

代替執行とは、債務者以外の者でも履行することができる債務について、債権者または第三者が債務者に代わって履行し、かかった費用を債務者に請求するという執行方法です。

・間接強制

間接強制とは、裁判所が、債務者に対して、債務を履行するまでの間、一定額の金銭を支払うように命じることで債権の実現を図る方法です。

従前、この間接強制は、債務者に心理的圧迫を加えるという点で、人権上問題があるとして適用範囲は狭く、直接強制や代替執行ができない場合にのみ許されると理解されていました（間接強制の補充性）。しかし、実際には一定の効果も上げてい

意思表示の擬制

意思表示については、強制執行により強制的に行わせるのではなく、確定判決等をもって意思表示が行われたものとみなされる。

登記を請求する訴訟で、Ｙが不動産の登記名義をＸに移転すべき旨の判決が確定した場合、確定判決の正本や調書によって、Ｙが意思表示をしたものと同じ効果を発生させることができる。これを意思表示の擬制という。

確定判決の正本等があれば意思表示があったと同視され、Ｘは単独で所有権移転登記を申請できる。しかし、代金の引渡しと同時に登記を移転する売買契約があった場合などは、代金の支払いを証明することによって執行文の付与を受けなければならない。

たことから、現在ではこのような制限は存在せず、どの強制執行の方法を選択するかは、債権者の判断に委ねられます。

■ 強制執行の種類にはどんなものがあるのか

強制執行の種類には、大きく分けて金銭執行と非金銭執行がありますが、この２つの他に仮差押・仮処分の執行もあります。

①　金銭の支払いを目的とする強制執行（金銭執行）

強制執行の目的としては、まず、金銭の支払いを目的とするものが挙げられます。つまり、借金を返済してくれないケースや、売買で目的物を引き渡したのに代金を支払ってくれないケースの強制執行です。

金銭の支払いを目的とする強制執行は、強制執行の対象に従って、ⓐ不動産に対する強制執行、ⓑ動産に対する強制執行、ⓒ債権に対する強制執行、ⓓその他の財産権に対する強制執行に分類されます。なお、担保権の実行も強制執行と同様の手続きで行われます。

②　金銭の支払いを目的としない強制執行（非金銭執行）

強制執行には、金銭の支払いを目的としない場合もあります。たとえば、土地を借りている賃借人が、期限が切れたのに土地を明け渡さない場合に、建物を収去し、土地を明け渡してもらうための強制執行、売買契約を締結し代金も支払ったのに売主が目的物を引き渡さない場合に、目的物の引渡しを実現するための強制執行などがあります。

■ 誰が強制執行の手続きを行うのか

現在の日本の民事手続きの制度上、権利を定めるための判決を下す裁判機関と、権利の実現のために執行手続きを担当する執行機関は分けられています。強制執行は、執行当事者本人の手によって行われるのではなく、執行裁判所や執行官といった執行機関によって行われます。

強制執行の方法

強制執行の方法	具体例
直接強制	・裁判所が債務者の不動産を競売にかけて換価し、債権者に配当する ・執行官が債務者の金庫の中の金銭を差し押さえ、債権者に配当する
代替執行	賃借人が定期借地契約終了後も土地を更地にして明け渡さない場合、賃貸人が解体業者に土地上の建物を収去させ、その費用を裁判所を経由して賃借人から徴収する
間接強制	買主がすでに代金を支払っているのに、売主が商品を引き渡さない場合、裁判所が売主に対し商品を引き渡さない期間に応じて買主に金銭を支払うよう命じることで、売主を心理的に圧迫し、商品の引渡しを促す

① 執行当事者

ある請求権につき利害関係をもっているため、強制執行の手続きを求め、あるいは強制執行を受け、当事者として手続きに関与する主体のことを執行当事者といいます。債権者は、強制執行の申立てや配当要求などにより自らの意思で手続きに参加し、債務者は、債権者の申立てによって強制的に手続きに参加することになります。

執行当事者
簡単に言うと、執行手続きを求める者と受ける者のこと。債権者・債務者とも呼ばれる。

② 執行機関

強制執行は、執行機関によって行われます。執行機関には、執行裁判所と執行官があります。執行裁判所と執行官には、それぞれ職域分担があり、強制執行の内容によって区別されています。

金銭執行のうち、不動産執行、債権執行などは執行裁判所が行い、動産執行などは執行官が行います。また、不動産明渡しの強制執行や動産引渡しの強制執行は執行官が行います。

強制執行をするための書類

強制執行をするための証明書が必要

■ 強制執行に必要な書類は３つある

強制執行が執行機関によって開始されるためには、原則として、①債務名義、②執行文、③送達証明書の３つが必要です。

①　債務名義

債務名義とは、わかりやすくいえば、強制執行を許可する（公の）文書ということになります。当事者間で債権債務という法律関係の有無について争いがあって、一定の慎重な手続きに従って紛争に終止符が打たれ、債権債務関係が明確になった場合に、その結果は文書という形で残されます。それでも、債務者が債務を履行しない場合には、その文書の内容に即して、債権者は裁判所の助力を得て債権を実現することができるのです。債務名義には、実現されるべき給付請求権（債権者が債務者に対して金銭の支払いや物の引渡しなどを請求できる権利のこと）の内容や当事者などが表示されます。

民事執行法22条各号を見てみましょう。そこには、確定判決、仮執行宣言付判決、仮執行宣言付支払督促、執行証書（期限内に返済しなければ、債務者は強制執行に服することを認めるという文言が入った公正証書のこと）、確定した執行決定のある仲裁判断、確定判決と同一の効力をもつものなどが規定されています。これらはみな債務名義です。

これらのものの多くは、取得にあたり裁判所の関与が必要になりますが、執行証書は公証人が作成することができます。

なお、「確定判決と同一の効力をもつもの」には裁判所の和解調書も含まれます。

執行文

債務名義の執行力が現存することを公に証明するもの。
執行文の付与は執行力を証明することなので、証明することができる資料を保有している機関が行う。確定判決や和解調書といった裁判所が関与する債務名義については、その事件の記録が存在している裁判所の書記官が行う。執行証書については、その原本を保管している公証人が行う。

公証人

裁判官、検察官、法務局長など法律実務に長く携わった者の中から、法務大臣が任命する公務員。

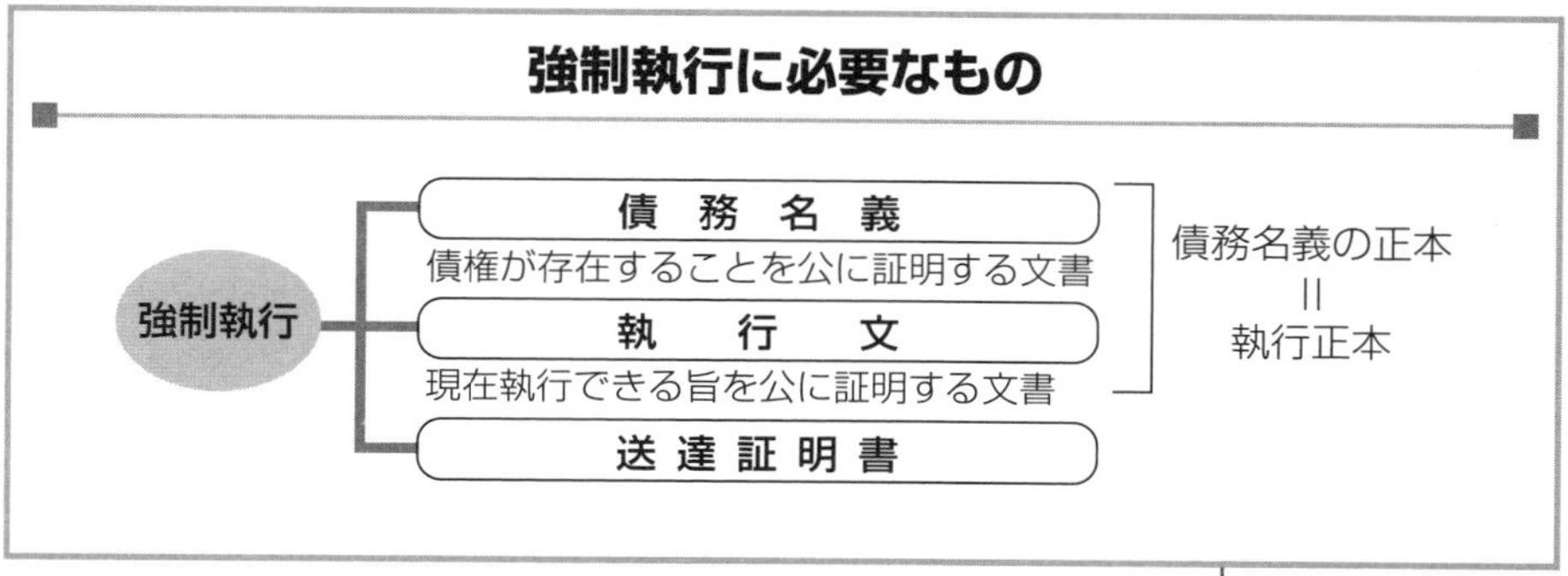

②　執行文

執行文とは、債務名義の執行力が現存することを公に証明するもので、債務名義の正本の末尾に付記されます。つまり、その時点で執行できることを公に証明するものです。そもそも債務名義だけで強制執行ができるのかというと、そうではありません。判決の確定は判決正本だけではわからない場合が多いですし、債務名義に記載された債権を行使するために期限の到来や一定の条件が必要な場合もあります。また、債務名義に記載された債権や債務が、契約、相続、合併などによって、債務名義に記載された者以外の第三者に承継される場合もあります。

このような事項については、あらかじめ裁判所書記官や公証人に判断させて、執行機関を執行手続きに専念させることで、効率的に強制執行を行うために、執行文の付与という手続きが定められています。

③　送達証明書

強制執行手続きは、債権者の申立てに基づいて行われます。執行機関が手続きを開始するためには、債務者に債務名義を送達しなければなりません。債務者に反論の機会を与えるためです。強制執行の申立てには、原則として、あらかじめ債務名義を送達したことの証明が必要です。送達を証明する書類のことを、送達証明書といいます。

送達証明書が要求される理由

債務者にどのような債務名義で執行手続きが開始されるのかを知らせ、債務者に強制執行に対する防御の機会を与える必要があるからである。つまり、債権者・債務者双方の言い分を聞いて手続きを行うのが適切であると法律は考えている。なお、送達証明書は、裁判所書記官や公証人に申請して発行してもらう。

PART1
3

強制執行と執行文

債務名義の執行力を証明するものである

■ 執行文の役割、種類、付与手続き

強制執行するためには、債務名義だけでは足りず、執行文も必要になります。債務名義が存在しても、請求権には条件がついていたりしますから、それが直ちに執行に適しているかどうかは必ずしも執行機関にはわかりません。そこで法律は、債務名義とは別の執行文というもう１つの要件を要求することにしました。執行文は、原則として強制執行の要件となります。しかし、少額訴訟の確定判決、仮執行宣言付少額訴訟判決、仮執行宣言付支払督促については、迅速な権利の実現を重視し、これらに表示された当事者間で強制執行する場合、執行文は不要です。

執行文には、①単純執行文、②承継執行文、③条件成就執行文の３種類があります。

①　単純執行文

債務名義の内容そのままの執行力を公証（ある事実や法律関係を公に証明すること）する執行文です。執行文が付与されるためには、ⓐ債務名義が存在し、ⓑ強制執行になじむ請求権が表示されていること、ⓒ債務名義の執行力がすでに発生し、存続していること、を要します。

②　承継執行文

承継執行文とは、債務名義に表示された当事者以外の者を、債権者または債務者とする場合に必要になる執行文です。たとえば、債務名義に表示された債権が、第三者に譲渡された場合、相続の対象となって相続人に移転した場合があります。

承継執行文の役割

債務名義に表示された債権や債務が、債務名義に表示された人以外の第三者に移転することがある。民事上の権利は、譲渡や相続などにより第三者に移転することを予定している。このような場合に、再び債務名義を取得しなければならないとすると、手続的なムダが生じてしまう。そこで、強制執行制度もこの移転に対応できるように設計されており、これに対応するのが承継執行文の役割である。

条件成就執行文

一定の事実の発生（条件）の成否にかかわらず執行文が付与され、強制執行を許すことになると、このような条件をつけた意味が失われてしまう。このような条件がつけられている権利について、その条件の成就の事実を債権者に文書によって証明させ、証明ができた場合に限り執行文が付与される。

執行文の種類

単純執行文	債務名義の内容そのままに執行力を公証する執行文
承継執行文	債務名義に表示された者以外の者を債権者または債務者とする場合に要する執行文
条件成就執行文	債務名義に表示された債権が、一定の事実の発生にかかっている場合に要する執行文

③　条件成就執行文

債務名義に表示された債権が、一定の事実の発生（条件）にかかっている場合の執行文を、条件成就執行文といいます。

なお、承継執行文や条件成就執行文の付与にあたっては、文書のみを証拠とすることができ、文書による証明ができないときは、原則として執行文の付与が拒絶されます。文書による証明ができないときは、執行文付与の訴えを提起することができます。

■ 執行文の付与手続きについて

債務名義によって、執行文を付与する機関は異なります。

・執行証書以外の債務名義の場合

執行文は、その事件の記録を保管している裁判所の書記官が付与します。

・執行証書を債務名義とする場合

執行証書とは、債務名義となるための要件を満たした公正証書です。この場合、執行文の付与は、執行証書の原本を保管する公証人によって、その執行証書を作った公証役場で行われます。この場合も、書面による申立てが必要とされていますから、執行証書の正本と備え付けの申請書類を提出して行います。

承継執行文・条件成就執行文の証明

執行文を必要とする場合の証拠となる文書には、たとえば以下のものがある。
・相続については戸籍謄本
・合併については商業登記事項証明書
・契約解除が条件となっている場合については解除を通知する内容証明郵便

債権者が証明すべき事実（条件）

条件成就執行文は、一定の事実の発生（条件）について、債権者が証明できた場合に執行文が付与される。債権者が証明すべき条件には以下のものがある。
・不確定期限
確実に到来するが、いつ到来するのかわからない期限のこと
・停止条件
条件が成就すると法律行為の効力が発生するもの
・解除条件
条件が成就するとすでに発生している法律行為の効力が消滅するもの

PART1
4

民事執行法のしくみ

強制執行と送達証明書の関係

執行を開始するには送達証明書が必要になる

■ 送達証明書の役割

執行機関が強制執行を開始するためには、執行文の付与された債務名義の他に送達証明書という書類が必要になります。

強制執行の手続きは、債権者の申立てによって実施されますが、執行機関が強制執行を開始するには、債務名義を強制執行の開始に先立ってあらかじめ、または同時に、債務者に送達しなければなりません。

たとえば、すでに弁済したはずの債権によって債務者が強制執行されてしまうというのは不当です。そのため、執行を受ける立場にある債務者に、どのような債権について強制執行が開始されるのかを知らせて、反論（防御）のチャンスを与えることが必要です。このため、送達が必要になります。そして、反論（防御）のチャンスを与えるための重要な手続きとなる送達がなされているかどうかを執行機関が確認するため、送達証明書が必要になります。また、債務名義の他、承継執行文や条件成就執行文なども送達が必要です。権利義務の承継や条件成就などがあってはじめて強制執行が可能となるので、それらの点についても反論の機会を与える必要があるためです。

裁判所が執行する債権執行や不動産執行の場合、あらかじめ送達を行っておく必要があり、強制執行の申立ての際に送達証明書を提出する必要があります。ただし、執行官が行う動産執行などの場合は、執行開始と同時に執行官が執行の現場で送達することが認められる場合があります。

裁判の正本・謄本の送達

裁判の正本・謄本は、多くの場合、裁判の確定前に職権で送達されるが、強制執行のために、確定後にあらためて裁判の正本・謄本を債務者に送達する必要はない。

送達の方法

交付送達	債務名義を債務者に交付する原則的な方法
書留郵便等に付する送達	債務者が受領しない場合に、送達すべき書類を債務者の住所地に郵便で発送し、受領しなくても送達済と扱う方法
公示送達	債務者が行方不明で送達場所も不明のときに行われる。債務者が出頭すれば、いつでも送達すべき書類を交付する旨を、裁判所の掲示板に掲示することによって行われる

■ 送達機関や申請、送達方法

送達機関、送達申請、送達の方法について順に説明します。

① 送達機関

送達は、債務者に反論（防御）のチャンスを与える重要な手続きですから送達も信頼できる機関によって行われることが必要になります。まず、執行証書以外の判決、和解調書などの債務名義の送達は、裁判所書記官が送達機関として行います。次に、執行証書は、その執行証書の原本を保管する公証人が送達機関となります。

② 送達申請

判決などは職権で送達されますが、和解調書や執行証書などは、債権者が送達を申請する必要があります。

③ 送達の方法

送達の方法（上図参照）は、いくつかありますが、その時々の状況に応じて、使い分けられます。

送達申請

「送達してください」と申請すること。送達は強制執行のための重要な手続きであるから、送達申請を忘れないようにしたい。

送達逃れの問題

送達をわざと逃れ、執行等の手続きを妨害するケースがある。送達は、強制執行の場面ばかりでなく、訴訟手続きの中でも、訴状などを送達しないことには進行しない。したがって、時間稼ぎのために送達を逃れようとする。最終的には、書留郵便等に付する送達によって送達することができる。

PART1
5

強制執行の対象

不動産、動産、債権がある

■財産によってそれぞれ特徴がある

強制執行の対象はもちろん債務者の財産ですが、財産はそれぞれ異なった特徴をもっているので、それをよく理解した上で強制執行しなければなりません。法律上は強制執行をかけることができても、債権を十分に回収することができない、つまり空振りしてしまっては何にもなりません。ここでは、財産別に強制執行の対象としての性質について考えてみましょう。

①　不動産の特徴

不動産の長所は、何といっても資産価値が高いことです。しかし、その反面、不動産にはあらかじめ抵当権・根抵当権・仮登記担保といった担保権が、設定されていることが多いようです。設定済みの担保権の被担保債権額を上回る価値が不動産にあればよいのですが、多くの場合、担保権のない一般債権にまで配当が回らないことが多いようです。

②　動産の特徴

動産については、家屋の内部にあることが多く、特に事前情報がない限り、実際に執行してみなければ何があるのかわかりません。高価で処分できそうな貴重品があるとは限りませんし、一般的な家財道具であれば、高価で処分できるものは限られています。ただ、動産執行の対象となるものには、現金や、手形や株券といった有価証券も含まれます（63ページ）。

なお、自動車については、登録済みのものは不動産の強制競売に準じる手続き（自動車執行）の対象となり、未登録のものは動産執行の対象となります。ただし、自動車を分割払いで購

不動産を選ぶ場合

国税の滞納がある場合には、他の債権に優先して配当されることにも注意したい。また、債務の弁済が遅れ気味の債務者は、担保権を設定していることがほとんどなので、強制執行の手続きに入る前に、法務局まで行って登記を閲覧し、権利関係を把握しておくことは不可欠である。

その他の財産について

その他の財産としては、ゴルフ会員権や知的財産権などがある。差し押さえる場合には、換金回収の容易性について事前によく検討した方がよい。

強制執行の対象

種　類	特　　徴
不動産	裁判所への申立て。競売を基本とした強制執行
動　産	執行官への申立て。執行官による差押え
債　権	裁判所への申立て。債権者が直接債権を取り立てることができる

入している場合には、ディーラー等の所有権留保（代金を全額支払うまでディーラーに所有権を留保すること）があるため、自動車執行をすることはできません。また、手続きの費用と手間がかかりますので、高価で処分できそうな自動車かどうかの確認が重要です。

③　債権の特徴

強制執行の対象となる財産としての債権とは、債務者が第三者に対して持っている債権のことです。ここでは、説明の便宜上、強制執行をしようとしている債権者をＸ、その債務者をＹ、Ｙが持っている債権の債務者（第三債務者）をＺと呼ぶこととします。

債権に対する強制執行では、差押えをすることになります。差押えがなされると、ＹはＺに対して債権を取り立てたり、別の誰かに対して債権を譲渡することは許されなくなります。また、ＺもＹに対して弁済することは許されなくなります。差押えの対象となるおもな債権は、給与債権、預金債権、賃料債権などです。これらの債権の場合、Ｚは雇用主、銀行、土地や家屋の借主ということになります。

なお、給与債権については、Ｙの勤務先をあらかじめ確実に把握しておくことが大切です。

債権を選ぶ場合

他には、生命保険や損害保険の返戻金を差し押さえる方法がある。これも事前に調べておくことは難しいが、最初に金銭を貸す際などに、信用調査として債務者の税務申告書の写しを提出させると、そこに記載されていることがある。

給与債権／預金債権／賃料債権

給与債権は労働者の保護のため、手取りの全額を差し押さえることはできない。給与債権や預金債権については、2019年民事執行法改正により、裁判所に市町村や銀行などに対する情報提供命令を申し立てることも可能になった。賃料債権については、定期的に確実な回収を図ることができる。また、債務者が事業者である場合には、売掛金債権などを差し押さえる方法もある。取引先がどこになるのかを調べておくこと。

強制執行のための財産調査

対象となる財産によって調査方法も異なる

■ 十分な調査が不可欠である

債務者がどのような財産をどこに保有しているのかを事前に調査しておくことは、強制執行する際には不可欠です。貸金や売買の契約を締結する際に、債務者の財産状態を調査しておくことが大切です。対象となる財産によって、調査の方法はもちろん、調査すべき力点も異なってきます。

■ 不動産の調査をする

不動産の特徴は何といっても、登記によって世間一般に対して財産状態が公示されていることです。

つまり、不動産は隠すこともできませんし、不動産をめぐる他の法律関係も把握することができるので、他の強制執行の対象とは異なって比較的調査はしやすいといえるでしょう。

登記とは

不動産などの情報を法務局にある登記簿という公簿に記録すること。登記は不動産などの権利関係を公示するもので、登記簿は誰でも見ることができるようになっている。登記簿を見れば、不動産の所有者や、その不動産に設定されている抵当権がわかる。

①　登記簿で不動産を調査する

登記の内容を調べる場合、不動産の地番や家屋番号が判明していれば、法務局へ行き、またはオンラインシステムにより、登記事項証明書を取得します。また、一般財団法人民事法務協会が運営する登記情報提供サービスにより登記情報を取得することもできます。登記事項証明書などにより、不動産や所有者に関する事項だけでなく、差押えや担保設定の有無も確認することができます。貸金や売買などの取引の際に登記事項証明書などを取得できていたとしても、時間の経過によって、担保の設定や、不動産の売却など、状況が変わっていることがあり得ますので、定期的な与信管理の際や、強制執行の準備の際には、

共同抵当

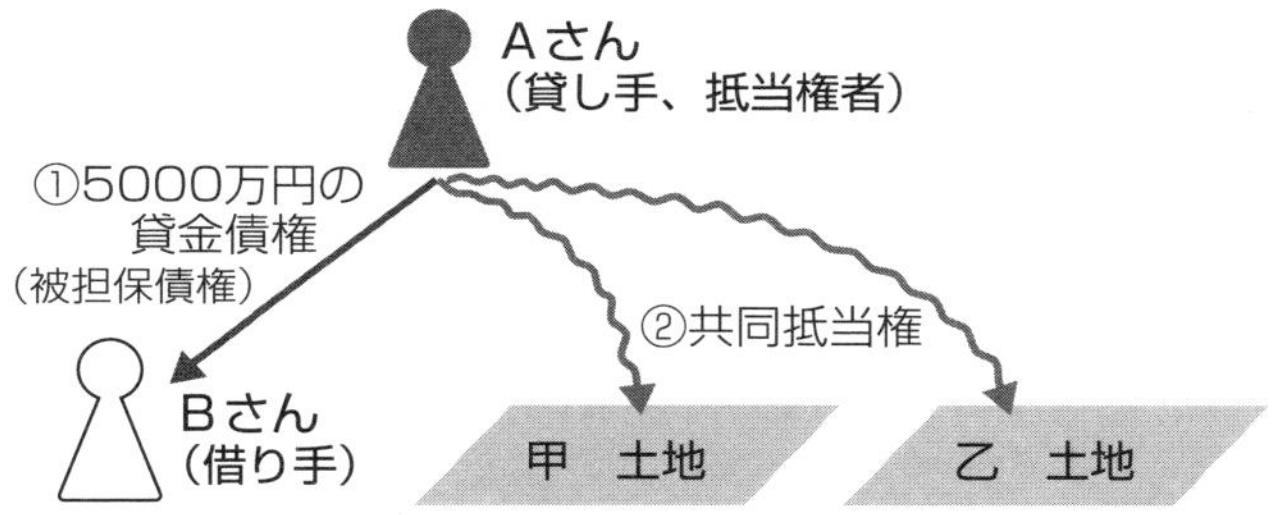

①AはBと金銭消費貸借契約を結ぶ。
②さらにAは甲地、乙地の所有者と抵当権設定契約を結ぶ。

改めて最新の登記情報を取得するべきです。

②　共同抵当の場合

共同抵当とは、同じ債権を担保するために複数の不動産（たとえば、土地と土地上の建物）に抵当権を設定することです。一つの不動産の価値が下がっても残りの不動産でてん補（埋め合わせ）できるなどメリットが多く、実務上活用されている制度です。不動産に抵当権が設定されていることが判明した場合には、それが共同抵当であるかどうかは必ず調査しておきましょう。共同担保目録付きで登記事項証明書などを取得すれば調べることができ、共同抵当であれば、芋づる式に他の不動産の存在も把握することができます。

■ 預金債権の調査をする

債権は、第三債務者（債務者が有する債権の債務者）に支払能力がある限り、強制執行の対象としては有効なものとなります。債務者が会社員である場合の勤務先、預金者である場合の金融機関、事業者である場合の経営状態の良好な取引先は、確実な債権回収が期待できる相手となります。

登記簿の見方

不動産登記は大きく3つの区分がある。表題部・権利部（甲区）・権利部（乙区）であり、それぞれに登記されている事項が異なる。
・表題部
建物の場合には、床面積や階数などが記載されている。
・権利部（甲区）
所有権についての登記がされている。本当に債務者が所有者であるのかを、甲区を閲覧することによって確認しておきたい。
・権利部（乙区）
その不動産をめぐる所有権以外の権利関係が登記されている。抵当権などの担保権が設定されているか、賃借権などの用益権が設定・登記されているのかは、ここでチェックすることになる。

共同担保目録

共同担保となっている抵当権を表示した書面のこと。

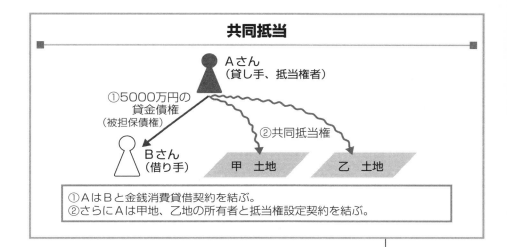

PART1
7

財産開示手続き

債務者の財産隠しを防ぎ、回収の実効性をあげることができる

給与債権に関する情報取得制度

養育費・扶養義務等に関する債権や生命・身体侵害による損害賠償請求権を有する債権者のみが申立てをすることができる。

従来の財産開示手続き

財産開示手続きは、確定判決等を有する債権者に限定され、債務名義であっても、仮執行宣言付判決や仮執行宣言付支払督促、執行証書を有する債権者は除外されていたため、公正証書により金銭の支払いの取り決めをした場合は、手続きを利用できなかった。また、債務者が虚偽の陳述をした場合や出頭を拒んだ場合、30万円以下の過料しか科せられなかったため、財産に関する嘘の申告や出廷しない債務者もおり、強制力が弱いとの指摘があった。

■ 財産開示手続とは何か

相手の財産がはっきりしていない場合には、債権の回収が困難になるケースも多々あります。そこで、民事執行法は債務者の財産を開示させる制度として「財産開示手続」を定めています。従来の財産開示手続は、情報取得の方法が限定され、債務者が嘘をついた場合でも30万円以下の過料しか科せられないことなどから、強制力が弱く、実効性に乏しい制度でした。そこで、2019年５月に民事執行法が改正され、財産開示手続きが実効性のある手続きとして生まれ変わりました。具体的には、申立権者の範囲が拡大し、罰則が強化されました。また、財産開示手続に加えて、第三者から債務者の財産に関する情報を取得できる制度が新設されています。

①　第三者からの情報取得制度の新設

申立てをすると、執行裁判所は銀行や証券会社などの金融機関や登記所、市町村や日本年金機構等に対し情報の提供を命ずることができます。これにより登記所は、債務者が登記名義人となる土地や建物に関する情報を、市町村や日本年金機構は給与債権（勤務先）に関する情報を、金融機関は債務者名義の預貯金債権や上場株式、国債等に関する情報を回答する必要があります。申立てができるのは、執行力のある債務名義の正本を有する金銭債権の債権者と、債務者の財産について一般の先取特権を有することを証する文書を提出した債権者です。

②　財産開示手続の改正ポイント

改正前は、申立てをすることができる者を、執行力のある確

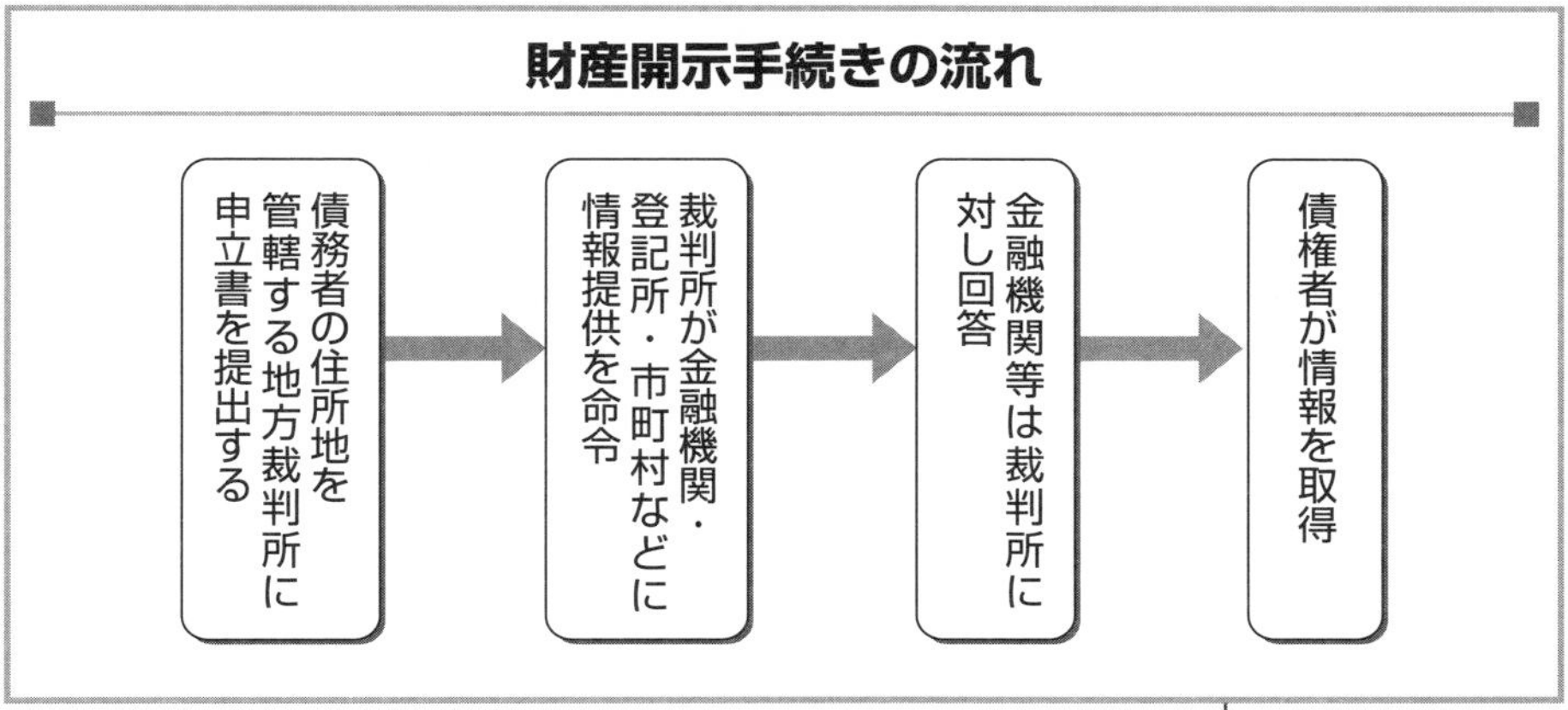
財産開示手続きの流れ
債務者の住所地を管轄する地方裁判所に申立書を提出する
裁判所が金融機関・登記所・市町村などに情報提供を命令
金融機関等は裁判所に対し回答
債権者が情報を取得

定判決等を有する金銭債権の債権者に限定していましたが、執行力のある債務名義の正本を有する金銭債権の債権者に拡大したため、執行証書などの場合でも利用が可能になりました。また、不出頭や虚偽陳述などに対する罰則を強化し、不出頭や虚偽陳述などには6か月以下の懲役または50万円以下の罰金という刑事罰による制裁を科すことで、手続きの実効性の向上を図っています。

■ 財産開示手続きの流れ

申立先は、原則として、債務者の住所地を管轄する地方裁判所です。過去3年以内に債務者について、財産開示手続が実施されている場合には手続きができません。申立ては、申立書に申立てができる債権者であることや申立て理由、証拠などを記載して提出します。申立てを受けた裁判所は、財産開示手続開始を決定し、債務者を呼び出します。

呼び出しを受けた債務者は事前に財産目録を作成・提出した上で、期日に裁判所に出頭します。出頭した債務者は、自分の財産について陳述し、これに対して債権者は裁判所の許可を得て質問をすることができます。

再度の財産開示手続の実施

債務者が期日において陳述を行った財産開示手続から3年以内は、再度の財産開示手続の申立てをしても実施されない。ただし、財産隠しなどの一定の事情がある場合には、例外的に財産開示手続が実施される。

第三者からの情報取得手続の申立て

申立てを受けた裁判所は申立てを認める決定をすると、金融機関や登記所、市町村や年金機構等に対し債務者の財産に関する情報の提出を命じる。命令を受けた金融機関等は必要事項を裁判所へ書面で回答し、裁判所から申立人に書面の写し状が送付されることになる。取得情報を目的外で利用した場合は罰則が科せられる。

Column

令和元年民事執行法改正の概要

令和２年４月１日より改正民事執行法が施行されました。今回の主な改正点は、以下の４つです。

①　債務者財産の開示制度の実効性向上

強制執行の際は、執行対象となる債務者の財産を特定する必要がありますが、従来の財産開示手続は、その実効性に課題がありました。そこで、改正により、財産開示手続の申立権者を拡大するとともに、開示に応じない債務者に対する制裁を強化しました。

また、銀行などから債務者の預金の情報を取得したり、日本年金機構などから債務者の給料の情報を取得したりすることができる制度が創設されました。さらに、令和３年５月17日までには、法務局から債務者の不動産の情報を取得できるようになる予定です。

②　不動産競売における暴力団員等の買受け防止

暴力団排除の取組みが広く社会で進展していることを背景に、買受申出人には、暴力団員等でないことの陳述を義務づけ、虚偽の陳述には刑事罰が設けられました。また、買受申出人が暴力団員等であることが判明した場合、裁判所は売却不許可決定をしなければならないことが定められました。

③　子の引渡しの強制執行に関する規律の明確化

これまで、子の引渡しについては明文の規定がなく、動産に関する規定が適用されていましたが、改正により国内の子の引渡しに関する規律を明文化しました。なお、国際的な子の返還の強制執行については、ハーグ条約実施法が改正されています。

④　その他の改正

差押禁止債権の範囲変更の制度を利用しやすくするための改正や、漫然と放置された債権執行事件を終了させるための改正がありました。

PART 2

民事執行の手続き

PART2
1

不動産執行

民事執行の手続き

不動産という財産の特徴をよくとらえておく

■ 不動産執行の特徴

不動産執行は、その長所と短所をよく理解しておくことが大切です。

①　不動産執行の長所

不動産執行のもっている長所は、一言で言って債権回収の確実性が高いということです。債権回収の確実性が高いということは、以下の２点から裏付けることができます。

・財産価値が高い

財産の価値が高いということは、競売して現金に換えたときにそれだけ多額の現金に換価され、ひいては債権をできるだけ多く回収できる確率が高くなるということです。

・公示されているので隠しにくい

不動産は、読んで字のごとく、「動かざる財産」です。大地震や水没でもない限り、所在に変動は生じません。さらに、不動産については登記制度が採用されているので、法務局（登記所）に行けば、その不動産の物理的状態から権利関係に至るまで、誰でも調査することができます。

②　不動産執行の短所

不動産執行には大きな長所がありますが、この長所があるゆえの短所も否定できません。

・担保権を設定されやすい

担保権の設定を受けていない一般債権者が、不動産に対して強制執行をかける場合、すでに担保権が設定され、その旨が登記されていれば、その担保権者が優先的に弁済を受けます。た

財産価値が高い

不動産は高い値段で取引されている。競売にあたっては、通常の市場価格よりも安くなりやすいとはいえ、やはり、それなりの価格がつけられ、取引されている。債務者や保証人が不動産を所有している場合には、その不動産に狙いを定めるのが強制執行の常道である。

隠しにくい

不動産執行の長所としては、隠しにくい財産ということが挙げられる。動産はどこかに隠したり、他人に一時預かってもらうことができる。債権は目に見えず、ハッキリと姿や形があるわけではない。

不動産執行のメリット・デメリット

メリット	財産価値が高い	債権回収の確率が高くなる
	隠しにくい	所在に変動がなく、登記制度によって公示されている
デメリット	担保権設定の対象となりやすい	他の債権者によって抵当権などの担保権を設定されやすい
	手続きが面倒	慎重な手続きが行われるため、時間がかかる

とえば、不動産が5000万円で競売されたとしても、4000万円の債権を担保する抵当権が設定されていた場合には、残りの1000万円からしか債権を回収することはできないのです。

・手続きが面倒である

不動産執行は、対象となる財産の価値が高いだけに、より慎重な手続きが要求されます。そのため、不動産執行にあたっては、手続きに時間や費用がかかることは否めません。執行を裁判所に申し立ててから最終的に配当が完了するまで、それなりの時間・費用は覚悟しておくべきでしょう。

担保権設定の対象となりやすい

不動産は高額なため、債権回収の確実性が高い。そのため、債権が発生する際に、抵当権などの担保権を不動産に設定しておいて、債権の確実な回収を図ろうとする者がいることは、むしろ当然のことである。

■ 不動産執行の対象

不動産執行の対象は、もちろん不動産です。土地や建物が単独所有にかかる場合だけではなく、共有状態にある場合でも、その共有持分に対して強制執行をかけることは可能です。

たとえば、AとBでリゾートマンションを共有している場合に、Aの持分に対して執行するケースなどです。ただし、共有持分の強制競売の場合、一般的に流通性が低いため、買受希望者が現れるかどうか慎重に検討すべきです。

なお、登記していない不動産についても強制執行をかけることはできます。

執行の対象

厳密には、登記された地上権や永小作権も執行の対象となる。しかし、これらの権利が設定されているケースはあまりないので、とりあえずは、通常の土地と建物を、執行の対象としてイメージしておくとよい。

PART2
2

不動産競売手続きの全体像

民事執行の手続き

申立ての後は裁判所が手続きを進めていく

■ 不動産競売手続きの順序

不動産競売手続きの概略は以下のとおりです。なお、民事執行法では、強制執行としての不動産の競売を「強制競売」といい、担保権の実行としての不動産の競売を「担保不動産競売」といいます。

① 申立てから始まる

強制競売の手続きは、債権者が不動産の所在地を管轄する裁判所に対して、競売の申立てをすることから始まります。競売の申立ては、申立書を提出して行います。裁判所は申立書を審査して、問題がなければ競売開始決定をします。開始決定の正本は債務者に送達され、債務者は手続きが始まったことを知ることができます。

② 現状を凍結する

競売開始決定がなされると、対象となっている不動産の差押えが行われます。不動産をめぐる法律関係が変動すると手続きが円滑に進められず、債務者が債権者の先手を打って不動産を売却して現金化してしまうおそれがあります。そこで、差押えを行って、その不動産に関する処分を一切禁止することになります。具体的には、裁判所書記官から法務局（登記所）に対して、差押登記が嘱託（依頼）されます。

③ 調査をする

裁判所は、競売をするのに必要な情報の収集を始めます。裁判所は、開始決定をしたことなどを公告すると共に、登記されている抵当権者などに対して、期間内に債権の届出をするよう

不動産競売手続きの特徴

不動産は財産的価値が非常に高く、しかも、利害関係人が多数存在している可能性がある。そのため、不動産を対象とする強制執行（強制競売）では、慎重を期した手続きが予定されている。

不動産競売における暴力団の排除

2019年の民事執行法改正では、不動産競売において暴力団員等を排除するための規定が設けられた。不動産の買受申出人には、暴力団員等に該当しないことを陳述することを義務づけ、虚偽の陳述には刑事罰を設けた。また、裁判所は、最高価格で応札した者（最高価買受申出人）が暴力団員等かどうかを警察に照会することとし、暴力団員等であることが売却不許可事由となった。

競売に必要な情報

配当に参加すべき債権、不動産の現況、評価額、賃借権などの権利関係といった情報が必要。

不動産競売手続きの流れ

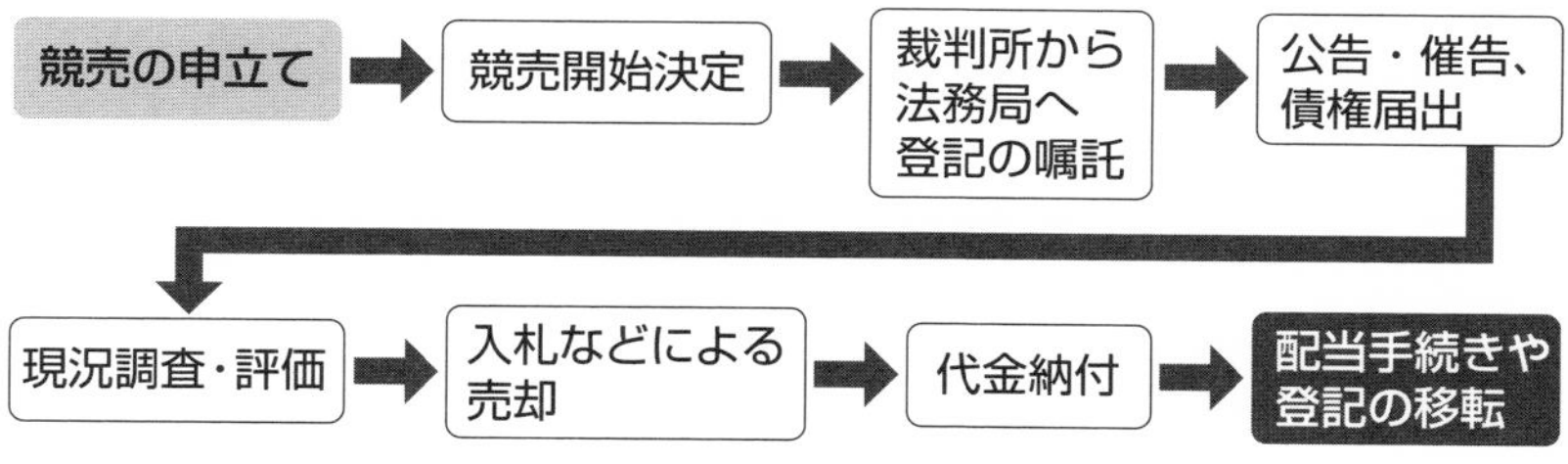

に催告します。届出によって、申立人の債権以外に、どれだけの債務を不動産が負担しているのか判明します。さらに裁判所は、執行官に対して現況調査命令を発し、不動産の占有状態などを調査させ、評価人に対して評価命令を発し、不動産の評価額を鑑定させます。この結果、現況調査報告書と評価書が作成され、裁判所に提出されます。また、裁判所書記官は、賃借権の有無などを記載した物件明細書を作成します（3点セット）。

④　売却をする

裁判所は提出された現況調査報告書と評価書を基に、不動産の売却基準価額を決定します。そして、売却期日（期間）も決定し、物件明細書等を誰もが閲覧できる状態にします。これを閲覧して競売に参加することになります。売却の方法には、競り売りや入札などの方法があります。

競売の方法

現在では、ほとんどが期間内での入札方式が採用されている。競落人が決定し、その者が代金を納付すると所有権も移転する。

⑤　配当をする

不動産の代金が納付されると、配当段階に入ります。裁判所は配当期日を指定し、申立人や届け出た債権者などに対して、配当期日に配当を行うことを通知します。

納付された不動産の代金ですべての債権を満たすことができない場合には、それぞれの債権者に対する配当額は、担保権の優先順位や債権額に応じて決定されます。

PART2
3

民事執行の手続き

不動産競売の申立て

用意すべき書類はいくつもある

■ 申立ては書面でする

不動産の強制競売は、債権者の申立てによって始まります。申立ては、不動産強制競売申立書を提出して行うことになります。ここでは、おもな必要書類について、説明していきましょう。

①　執行力のある債務名義の正本

強制競売にあたっては債務名義が必要であることは、すでに説明したとおりです。具体的には、確定判決、執行証書の正本などです。ただ、それだけでは強制競売を始めることはできません。債務名義の内容をそのまま強制的に実現できるという、執行力の証明がなければなりません。つまり、債務名義の正本に執行文が付与されていることが要求されるのです。

②　送達証明書

債務名義が債務者に対して送達されていることを証明する書面（送達証明書）を、申立てにあたって添付して提出しなければなりません。通常の訴訟手続きによって判決が下されると、裁判所からそのまま職権で判決正本が送達されます。しかし、それ以外に、当事者の申請によって債務名義が送達されるケースもあります。また、強制競売を申し立てるのであれば、送達機関に対して送達を証明する書面を発行してもらえるように、送達証明申請書を提出しておきましょう。

③　登記事項証明書

強制競売を申し立てるには、当該不動産に関する登記事項証明書を取得し、添付して提出することになっています。裁判所はこれを参照して、抵当権者などの他の権利者についても知る

送達証明が必要な理由

強制競売は、国家権力によって有無を言わさず債務者から財産を取り上げるのであるが、適正に手続を進めるためには、債務者側に言い分がある場合には、それを主張する機会を与えなければならない。その前提として債務名義が債務者に知らされていることが必要になる。どのような債務名義が存在し、それによって不利益を受けるのかを、債務者が知っていなければ防御ができないからである。そのため、債務名義を、債務者に送達することになっている。

申立てに必要な書類

執行力のある債務名義の正本	確定判決・執行証書など
送達証明書	債務名義が債務者に送達されたことを証明する書面
登記事項証明書	不動産の権利関係を公示するもの
資格証明書	債権者または債務者が法人である場合に要する
公課証明書	不動産にかけられている税金を示す

ことができるわけです。なお、土地と建物のいずれか一方に対してのみ強制競売を行う場合でも、土地と建物の双方について、登記事項証明書を用意しておきます。競売後でも建物を維持するために法定地上権が成立したり、土地賃借権の存在により土地の競売価格がかなり安くなるなど、土地と建物は相互に影響を及ぼしあうからです。

④　資格証明書

債権者または債務者が会社などの法人である場合には、法人を誰が代表するかということは重要なことです。そのため、債権者・債務者のいずれかが法人である場合には、代表者の資格を証明する書面を提出します。具体的には、代表者事項証明書または商業登記事項証明書を用意します。

⑤　公課証明書

競売にかけられている不動産を買い取ろうとする者にとっては、固定資産税、都市計画税といった税金がその不動産にどれだけかけられるのかは重要な関心事です。そのため、申立てに際して、当該不動産にどれだけの税金がかけられているのかを示す、公課証明書も提出することになります。

登記事項証明書が必要な理由

強制競売は強制的に不動産を処分してしまうものなので、その不動産をめぐる所有権その他の権利関係は、裁判所によってなるべく正確に把握されなければならない。不動産をめぐる権利関係を公示しているのが不動産登記である。

法定地上権

契約をしなくても、法律によって地上権（建物所有などを目的として、他人の土地を利用できる権利）が成立すること。

公課証明書

不動産所在地を管轄する市町村役場（東京都23区内であれば都税事務所）で発行される。公課証明書は、原則として、その不動産の所有者にのみ発行されることになっている。そのため、不動産競売申立書を作成した後にそれをコピーし、それを提出して、競売申立てに必要であることを示して、公課証明書の発行を申請する。

PART2
4

民事執行の手続き

申立書を提出する際の注意点

目録や現況調査等のための書類も必要になる

■ 申立書はどこに提出するのか

申立書の作成が終了すると、いよいよそれを提出して不動産強制競売を裁判所に申し立てることになります。強制競売を取り扱う裁判所は地方裁判所です。

また、不動産の所在地を管轄する地方裁判所に対して申立てをしなければなりません。当該不動産の所在地を管轄する地方裁判所が不明な場合には、その不動産の所在する都道府県の地方裁判所に照会してみるとよいでしょう。

強制競売を取り扱う裁判所
訴訟のときに高等裁判所や最高裁判所まで争ったからといって、その強制競売は高等裁判所や最高裁判所に対して申し立てるのではない。地方裁判所に申し立てる。

契約書の記載
よく契約書などに紛争が生じた場合の裁判所が前もって規定されているケースがあるが、強制競売の管轄は当事者の契約で変動させることはできない。

切手の種類と枚数
裁判所によって指定されており、通常トータルで1万数千円かかる。内訳は裁判所によって異なるので、事前に問い合わせておきたい。

■ 申立てにかかる費用と付属書類

不動産強制競売の申立てにあたっては、それなりの費用がかかります。もっとも、強制競売の結果、現金が配当される段階で、かかった費用は優先的に支払われることになっているので、回収できる場合が多いといえます。ただ、事前に、現金や収入印紙などによって、定められた費用を用意しておかなければなりません。用意すべき費用は、次ページ図のとおりです。

■ 目録

強制競売の申立書には、当事者目録、請求債権目録、物件目録を添付します。差押登記の嘱託の際などに利用されます。

① 当事者目録

債権者や債務者について、原則として、債務名義の正本に記載されているとおりに記載します。

② 請求債権目録

申立てにかかる費用

申立手数料

収入印紙を購入し、申立書に貼付する方法によって行う。印紙の額は、請求債権１個につき4,000円分が必要。対象不動産が複数であっても、１つの債務名義に基づく申立てであれば4,000円分で足りる。

予納切手

申立書の提出時に納める切手。強制競売手続中、関係者への通知に使用されるもので、現金ではなく切手で納付する。

執行費用

不動産の評価などの執行費用については、事前に現金で納付をすることが求められる。費用は請求債権の額面に応じて、金額が定められている。裁判所ごとに納付すべき金額が異なる。

登録免許税

強制競売の開始決定をすると、裁判所は、法務局に対して差押登記を嘱託する。これによって、不動産に関して処分ができなくなる。嘱託の場合でも登録免許税を収入印紙で納付する。印紙額は、請求債権の額面の1,000円未満を切り捨てた額に1000分の４を乗じ、そこで算出された額のさらに100円未満を切り捨てた額となる。

債務名義を特定した上で、請求債権の元本や利息・遅延損害金などについて記載します。

③　**物件目録**

登記事項証明書の記載のとおりに記載します。土地であれば、所在、地番、地目、地積によって特定し、建物であれば、所在、家屋番号、種類、構造、床面積などによって特定します。

■ 現況調査等のために必要な書類

執行官による現況調査等のために必要な書類として、登記事項証明書や公課証明書の他、公図の写し、建物図面、住宅地図などの書類の提出が求められます。

代理人が申立てをするには

裁判所の許可を得れば弁護士以外でも申立代理人になることはできる。法人である申立人の従業員や親族などが許可を受けることができる。代理人の許可については、「代理人許可申立書」を裁判所に提出して許可を得る。代理人許可申立書には、許可を求める旨、代理人となる者の氏名、住所、職業、本人との関係、そして、代理人による申立てが必要な理由を記載する。本人が交付する「委任状」も必要になる。

競売開始決定に関する手続き

差押登記がなされ開始決定の正本が債務者に送達される

■ 申立書の受理

申立書を作成し、必要書類などの用意ができた後は、これらをそろえて管轄裁判所の窓口に提出します。申立書をはじめ、各種目録、代理申立てによる場合の代理人許可申立書などには押印がなされますが、同一の印鑑を使用するように注意してください。

■ 開始決定および差押登記

裁判所は、競売開始決定により、対象の不動産の差押えを宣言します。裁判所書記官は差押登記を嘱託します。

■ 競売開始決定正本の送達

差押登記の嘱託がなされ、当該不動産に差押えの登記がなされると、競売開始決定の正本が債務者に送達されることになります。送達は裁判所書記官が職権で行います。この送達は、申立書に記載されている住所に宛てて発送されます。そのまま債務者に送達されれば問題はないのですが、たまに所在が不明なため送達できないこともあります。その場合、裁判所は、申立人に対して、債務者の所在を調べるように指示があります。そのままでは手続きは進まないので、債務者の所在を調査することになります。調べる方法としては、債務者の関係者に問い合わせたり、住民票、戸籍の附票をとるという方法があります。

十分な調査を実行したにもかかわらず、債務者の所在がつかめない場合でも、強制競売ができなくなるわけではありません。

裁判所に行くときに注意すること

裁判所に行くときには、必ず、申立書などの作成の際に使用した印鑑と筆記用具を持参していく。裁判所の窓口で書類の不備が見つかると、それが簡単な不備であれば、その場で訂正を求められる。臨機応変に応じられるように、印鑑と筆記用具は忘れないようにしておく。

住　所

法人の場合は本店・主たる事務所の所在地。

差押登記の嘱託

原則として裁判所が職権で行う。正確には、裁判所書記官が書留郵便によって、管轄の法務局（登記所）に「差押登記嘱託書」を送付する。

公示送達

裁判所内の掲示板に出頭すれば書類を交付する旨が掲示されてから一定期間経過すれば、相手に送達したものとみなす制度。

申立て受理から差押えまでの流れ

事件番号の付与
- 申立てに事件番号がつけられる
- 申し立てた強制競売は事件番号で呼ばれる

→ **競売開始決定へ**
- 申立て受理から約1週間から2週間ほどで競売開始決定がなされる

→ **差押え**
- 競売開始決定が債務者に送達されたときに不動産を処分できなくなる
- 送達より差押えの登記の方が早ければ、登記の時点で不動産の処分ができなくなる

→ **差押登記の嘱託**

所在不明の場合は公示送達が可能です。公示送達は、債務者が出頭すれば書類を交付する旨を裁判所に掲示する方法で、掲示した日から２週間経過すれば送達の効力が生じます。

■ 滞納処分による差押登記がなされている場合

強制競売の開始決定をした不動産について、債務者が税金などを滞納していたため、すでに国税徴収法に基づく滞納処分による差押登記がなされている場合には、滞納処分が解除されない限りは、債権者の申し立てた強制競売手続きを続行することはできません。ただし、裁判所による強制執行続行決定があったときは、手続きを続行することができます。そこで、債権者としては、不動産に滞納処分による差押登記があるときは、強制競売の申立てと共に、強制執行続行決定の申立てをするべきです。裁判所は、租税官庁の徴収職員等の意見を聴いた上で、相当と認めるときは、強制執行続行決定をします。徴収職員等の同意が必要になるわけではありません。

滞納処分としての差押登記が入っている場合

競売続行決定申請書を添付するようあらかじめ裁判所から指示される。また、わずかの差で、滞納処分による差押登記が先行したときは裁判所が教えてくれるので、指示に従い、競売続行決定の申請をするとよい。

PART2
6

民事執行の手続き

債権の届出と配当要求

競売事件に参加して債権を回収する

■ 他人が申し立てた不動産強制競売に参加する

強制競売申立ての準備をしていたところ、先に他の債権者が強制競売の申立てを行い、競売開始決定がなされてしまったとしても、債権を回収する機会が奪われるわけではありません。複数存在するであろう債権者間の利害関係を調整するために、債権の届出や配当要求といった制度が用意されています。

配当要求をすることのできる者

執行力ある債務名義の正本を有する債権者、差押登記後に登記された仮差押債権者、文書により一般の先取特権を有することを証明した債権者に限定されている。債権者がこれらのいずれかに該当するのであれば、配当要求により手続きに参加することができる。

■ 債権の届出を行う

債権者が債務者所有の不動産に対して、すでに抵当権の設定を受けていたり、仮差押をしていた場合には、他の債権者の申立てにより競売開始決定がなされると、抵当権設定などを受けていた債権者などに対して裁判所から債権の届出をするように催告されることになっています。

申立てをした債権者よりも、その不動産に対して優先的な担保権などをもっている者がいれば、その担保されている債権の額をそれぞれ明らかにします。その上で、不動産を競売し、売却代金から優先順位に従って配当します。具体的には、裁判所から「債権届出の催告書」が送られてきます。そして、同封されている「債権届出書」に必要事項を記載して、裁判所にそれを返送します。

債権届出書の記載

保有している債権の発生年月日と発生原因、元金の現在額、登記の表示、利息の利率、損害金の有無、仮登記の種別などについて記載する。

債権届出書の提出期限

配当要求の終期までであり、債権届出の催告書には、具体的な提出期限の日付が記載されている。その期限までに、必ず債権届出書を提出する必要がある。

虚偽の債権届出

債権の存在や金額を偽って債権届出をすると、後で損害賠償を請求されることがある。

■ 配当要求をする

自分以外の債権者が債務者所有の不動産に対して強制競売の申立てをした場合、大きく分けて2つの方法により債権の回収

債権届出と配当要求

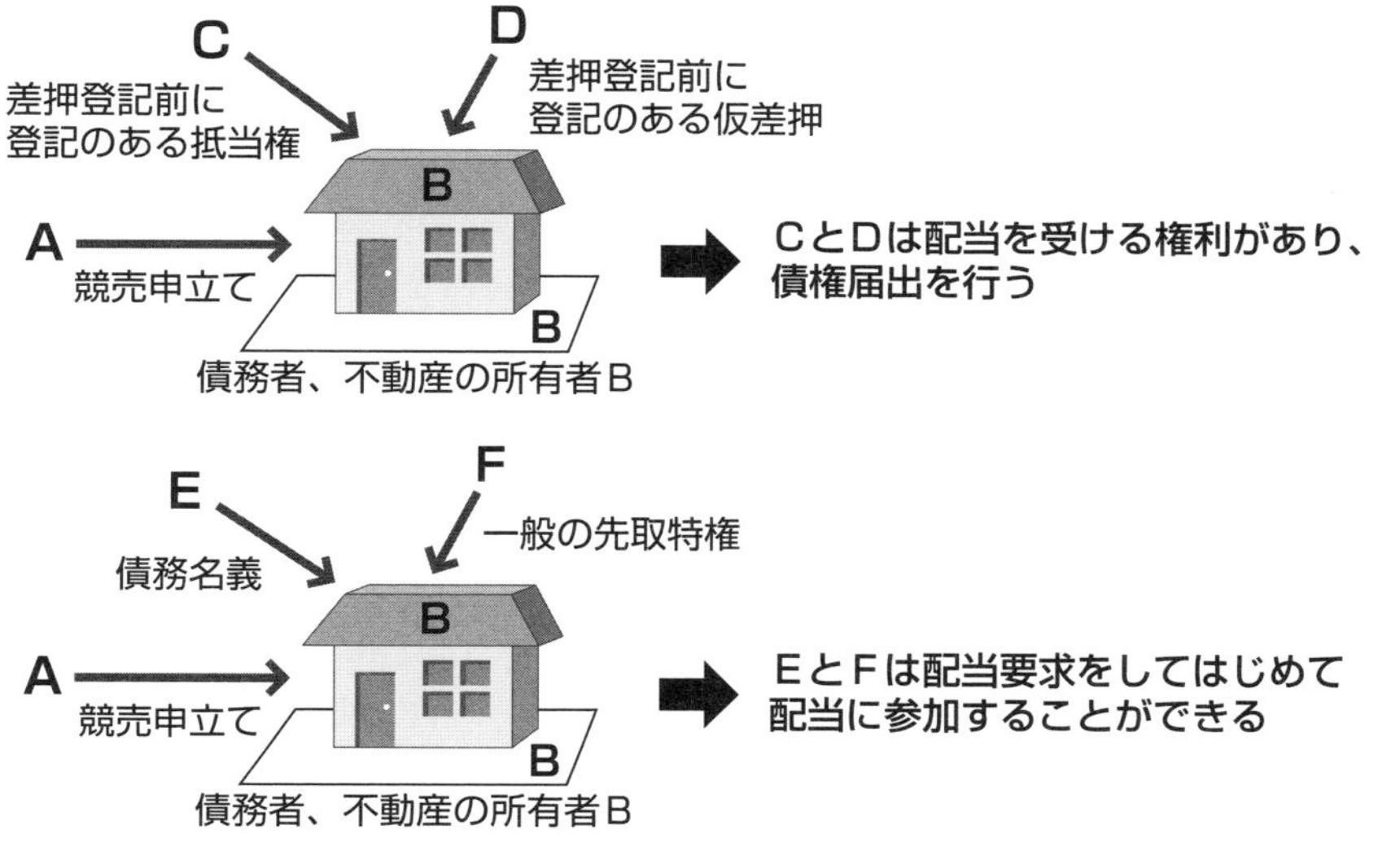

を図ることができます。1つは、自分も独自に強制競売の申立てをして、二重に競売開始決定を得ることです。もう1つは、他の債権者の申立てにより開始決定がなされた競売手続きに参加して、配当を受けるという方法です。

① 自分でさらに強制競売を申し立てる

配当要求に比べて費用や事務手続きが余分にかかるのが、デメリットです。メリットとしては、もし先行している強制競売の申立ての取下げや手続きの取消しがあったとしても、自己の申立てによって手続きが進行していくことが挙げられます。

② 配当要求という手段をとる

債権者が申し立てた強制競売はそのまま進行するのが通常です。そこで、他の債権者の申立てによりすでに開始決定されている競売手続きに参加して配当を受ける「配当要求」という手段をとることが合理的な場合が多いということになります。

配当要求
競売事件が係属している裁判所の担当部に対して、配当要求の終期までに行う。期間を守らないと、配当を受けられないことがある。

PART2
7

競売物件の入手法

民事執行の手続き

裁判所が公開する物件情報をもとに検討する

■ 不動産を安い価格で入手できる

競売というのは、不動産を手に入れたい人の立場から言うと、裁判所から不動産を安く買うことができる方法のひとつといえるでしょう。不動産競売の大まかな流れを説明すると、以下のようになります。

Ａは、アパートを建設するため、Ｂ銀行に借金の申込みをする際、自分が所有する敷地（アパートの建設予定地）に抵当権を設定したとします。Ａさんとしては「自分は敷地に抵当権を設定するから、借金を返済できなくなったら、その敷地を売却して借金を回収してください」というわけです。このときのＡを抵当権設定者、Ｂ銀行を抵当権者といいます。

その後、Ａが返済期日になっても、Ｂ銀行に借金を返済できないようであれば、Ｂ銀行は、裁判所に対して敷地の競売申立てをすることになるでしょう（担保不動産競売）。

また、無担保でＡに貸付けをしたＣは、Ａから借金の返済を受けられなければ、債務名義（確定判決など）と執行文を取得することによって、裁判所に対して敷地の競売申立てができるようになります（不動産執行）。

申立てを受けた裁判所は、問題がなければ開始決定を行い、競売手続きが進みます。裁判所は、手続きの中で、インターネットなどを利用して競売物件の情報を公開し、広く買受希望者を募ることになります。競売物件は市場取引に比べて一定のリスクがある反面、割安で物件を取得できる機会ともいえます。

裁判所は、競売不動産に関する情報を記した資料を公開しま

競売参加者の増加

ここ数年、不動産の売却率、申立件数が共に上昇してきている。その一番の理由は、インターネットを使って、買受希望者が簡単に競売物件の情報を入手できるようになったことが挙げられる。

3点セットとは

BIT

1 現況調査報告書

執行官が対象物件の種類・形状・占有関係など、対象物件を検分・調査した結果をまとめた書面

2 不動産評価書

不動産鑑定士などの評価人が、対象物件を調査し、売却基準価額の根拠を示した書面

3 物件明細書

裁判所書記官が物件に関する権利関係を示した書面

す。その資料を３点セットと呼んでいます。

3点セット

３点とは、①物件明細書、②現況調査報告書、③不動産評価書（評価書）のことである。

■ 競売手続きに参加する

買受希望者は、公開されている競売不動産の物件情報を精査して、競売手続きに参加するかどうかを決めます。競売不動産には、それぞれ売却基準価額が設定され、買受申出額は、売却基準価額の80％の価額（売却可能価額）以上でなければなりません。買受希望者が買い受けることを決めた後に、「購入を希望します」という申込みを行います。この申込行為を「入札に参加する」という言い方をします。

入札できる期間は、１週間以上１か月以内（東京地裁では原則として８日間）になります。買受希望者は、入札書類一式を裁判所に提出します。また、一定の期間内に入札手続きとして保証金を納付しなければなりません。入札期間が満了してから、約１週間後に開札日が設定されるのが通例です。

保証金

保証金の額は、現在では、原則として、売却基準価額の10分の２となっている。

■ 3点セットとは

３点セットとは、物件の説明が書いてある３点の資料のこと

です。一般の不動産取引でいうところの「重要事項説明書」にあたります。３点の資料は、以下のとおりです。

①　現況調査報告書

現況調査報告書とは、裁判所の執行官が現地に行って、対象物件の現況（現在の状況）を検分・調査した結果をまとめた書面のことをいいます。不動産の現況は、不動産登記簿上からも知ることができますが、登記簿には占有状況の有無など、細かい事実まで記されていません。買受希望者側としては、登記簿情報を補足していくという位置付けで現況調査報告書を読み解いていくとよいでしょう。

②　不動産評価書

不動産評価書とは、評価人（多くは不動産鑑定士）が、対象物件を調査し、その評価額と評価の根拠をまとめた書面のことです。この書面の内容が売却基準価額の根拠となります。たとえば、当該物件が2000万円に設定されたとすると、なぜ2000万円なのかという根拠をこの書面で知ることができるのです。

ただ、評価人が行った評価額は、数か月前のものであり、入札時の市場価格を基準に決めているわけではありません。ですから、その間に相場が動いていても何ら不思議ではありません。

評価額は評価人によって異なる可能性があるため、評価人が行った評価額は、絶対的に信用できるものではありません。そのため、買受希望者は、自ら適正な売却基準価額を調査していくことが必要になってくるのです。

③　物件明細書

物件明細書とは、裁判所書記官が、物件に関する権利関係についての見解を書いた書面のことです。法定地上権の有無、賃借権などの買受人が負担することになる権利、物件の占有状況など、買い受けにあたって重要な事項が記載されています。

物件明細書に記載されている情報は、買受希望者にとって、入札に参加するかどうかの決め手になってきます。

売却基準価額と取引価格の違い

売却基準価額は、裁判所という国家機関が客観的に評価して定めた金額のことであり、取引価格は、客観的な評価ではなく、個別の具体的な取引で定められた金額のことをいう。

買い受けた物件の不法占有

物件にとどまることができる権利が何もないにもかかわらず、元所有者らが明渡しに応じない場合、任意に出て行ってもらうよう話し合っていくことになる。状況によっては、一定額の立退料を払って出て行ってもらうことを検討してもよい。交渉が決裂した場合、速やかに裁判所による引渡命令や明渡訴訟を活用して対応することになる。

競売手続きへの参加

物件情報の精査	３点セットなどで調査
↓	
参加を検討	売却基準価額を考慮に入れる
↓	
申　込　み	入札に参加する
↓	
買受申出の保証	売却基準価額の１０分の２の保証金を納付する
↓	
競　落	一番高い値をつけた者が買受人になる

■ ３点セットの使い方

お目当ての物件を見つけたら、まずは、３点セットを読み解くことからはじめましょう。３点セットは、１冊の資料として裁判所に備え置かれており、誰でも見ることができます。また、BITという不動産競売物件情報サイト（http//bit.sikkou.jp）から無料でダウンロードすることもできます。

投資用物件を買い受けた場合

賃料（地代）収入をあてにして買い受けた場合は、現に居住している賃借人を追い出す必要はないことになる。なお、建物を買い受けると、買受人は建物の所有権を取得すると同時に、賃貸人の地位を引き継ぐことになる。

■ 落札後の問題

買受人が、買受後（落札後）に代金を納付すると、物件の所有権が買受人に移転します。それと同時に、裁判所は、法務局に嘱託登記を依頼しますが、その約２～３週間後に、登記識別情報が買受人に送られてきます。もっとも、裁判所は買受人に対して競売物件を現実に引き渡す義務までは負っていません。競売物件を購入する場合、引渡しの問題や占有者の問題があることをふまえた上で、購入を検討しなければなりません。

嘱託登記

当事者の申請ではなく、国や自治体の機関からの依頼により行う登記。法令に規定がある場合に行われる。破産の登記や差押えの登記などがある。

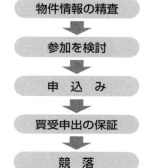

PART2
8

入札方法

期間入札で行われることが多い

■ 入札・競り売り・特別売却

民事執行法は、強制競売において複数の売却方法を認めていて、裁判所はその中から売却方法を選択します。

① **入 札**

購入希望者が希望する価格を入札し、その中の最高価格をつけた者に不動産を売却するという方法です。入札には、期間入札と期日入札があります。

② **競り売り**

買受けを希望する者が集まって、次々と買受希望価格を提示して、最高価格をつけた者に不動産を売却するという方法です。

③ **特別売却**

入札や競り売りの方法で買受人が現れなかった場合に執行官が行う売却方法で、原則として最初に買受可能価額以上の金額で買受けの申出をした者に不動産を売却します。

■ 保証金の振込みと証明書の用意

裁判所で対象となる不動産の評価が定まり、売却基準価額が決まると、申立人、その他の利害関係人に対して入札の通知書が送られます。また、公告などにより、一般の買受希望者も期間入札について知ることができます。ただ、競売される不動産の買受けを申し出る場合には、提出すべき書類の他に保証金を提供することが必要です。保証金の額ですが、売却基準価額の10分の２が原則とされ、場合によってはそれを上回ることもあります。保証金額は、入札公告に記載されます。

競売が行われるまでの流れ

債権者の申立てに基づいて競売開始決定を行うと、裁判所は、対象となる不動産の現況調査、評価を命じる。そして、下された評価に従い、不動産の売却基準価額をはじめとする売却条件を決定する。

入札の現状

実際のところ、多くの裁判所で期間入札が採用されている。

買受可能価額とは

競売不動産を買い受ける場合、どのような金額でも申し出ればよいわけではない。買受可能価額は売却基準価額の８割以上の金額とされているので、申出の際はこれ以上の金額を提示しなければならない。

入札書の記入方法

日付・事件番号・物件番号・入札人の住所および氏名（代理人によるときはその住所および氏名も）・入札価額・保証の額・保証の提供方法など、必要事項を記入した上、押印する。入札書は封印して提出する。

保証金の提供方法

期間入札	定められた一定期間の間に、入札を受け付ける方法。裁判所へ出頭しなくても、郵送により入札することができる。
期日入札	指定された日に裁判所に出頭し、入札をして、最高価買受申出人（最も高値をつけた者）をその場で決定する方法。

保証金の金額が判明した時点で、裁判所に対してそれを提供します。提供方法は、入札方法に応じて異なっています。

保証金の振込みが完了すると金融機関の発行する証明書（振込金受取書）を「入札保証金振込証明書」に貼付します。この書式は、入札書と共に裁判所に提出することになります。保証金を振り込み、その証明書の用意ができると、入札書を作成します。

■ 売却許可決定をする

開札の期日が到来すると、初めて執行官が入札書用封筒を開封します。そして、入札人それぞれの入札価額を比較し、最高価買受申出人を決定します。最高価買受申出人が決定されると、執行官は期間入札調書を作成し、執行裁判所に提出します。手続上特に問題がなければ、執行裁判所は売却許可を決定します。

■ 差引納付の申出をする

強制競売を申し立てた債権者が入札し、落札をした場合には、形式的には、申立人が売却代金を支払い、その売却代金から配当を受けるということになります。しかし、簡易・迅速な決済のために、代金納付の段階で、受けるべき配当額を差し引いた金額を納付することが認められています。これを差引納付といい、売却許可決定が確定するまでに申し出ます。

入札書用封筒への封入、提出

期日入札の場合とは異なり期間入札の場合では、開札がされるまでの間に入札書の改ざんなどができないように、入札書を提出する段階で入札書用封筒に封入することになっている。入札書用封筒は、入札書と共に裁判所で交付している。入札書を作成し、入札書用封筒への封入も完了した後は、裁判所に提出する。提出にあたっては、入札書用封筒だけでなく、振込証明書、住民票、資格証明書といった必要な証明書を添付する。これらの証明書を入札書用封筒に同封しないようにする。

開札の期日

入札人は出席すべき義務はない。ただし、次順位買受けの申出（落札者が買受代金を納付しないときに不動産を買い受ける申出のこと）ができなくなるので注意したい。

代金の納付

ローンで競売物件を買い受けることができる

■ 添付書類、登録免許税、郵便切手を納付する

競売が終了し、売却許可決定がなされると、買受人となった者に対して、代金納付期限通知書が送付されてきます。買受人は、代金納付期限通知書に記載されている期限までに、すでに支払っている保証金を控除した代金および必要な添付書類、登録免許税、郵便切手を裁判所の会計部に納付・提出します。

登録免許税や郵便切手は必要経費ですが、買受人の利益のために使用されるものなので、買受人が負担することになっています。

① 添付書類

代金納付に際して、買い受ける不動産の登記事項証明書、住民票（買受人が法人の場合は商業登記事項証明書）、固定資産評価証明書を添付します。

② 登録免許税

買い受けられた不動産の所有者名義を買受人に移すために、登録免許税が必要になります。この場合の登録免許税は、原則として、固定資産評価額の1000分の20とされています。

ただ、競売の時点で対象とされている不動産登記に、仮登記や抵当権登記などが負担されている場合には、それらの抹消登記もしなければなりません。そのため、不動産1個につき1000円の登録免許税がさらに要求されます。

抹消登記
債務の弁済（返済）により設定していた抵当権が消滅するなど、登記しておくべき原因がなくなったときに登記を抹消するために行う登記のこと。

③ 郵便切手

裁判所から法務局（登記所）に対して登記を嘱託したり、買受人に対して登記後に登記識別情報を送付するときに、郵送料

代金納付

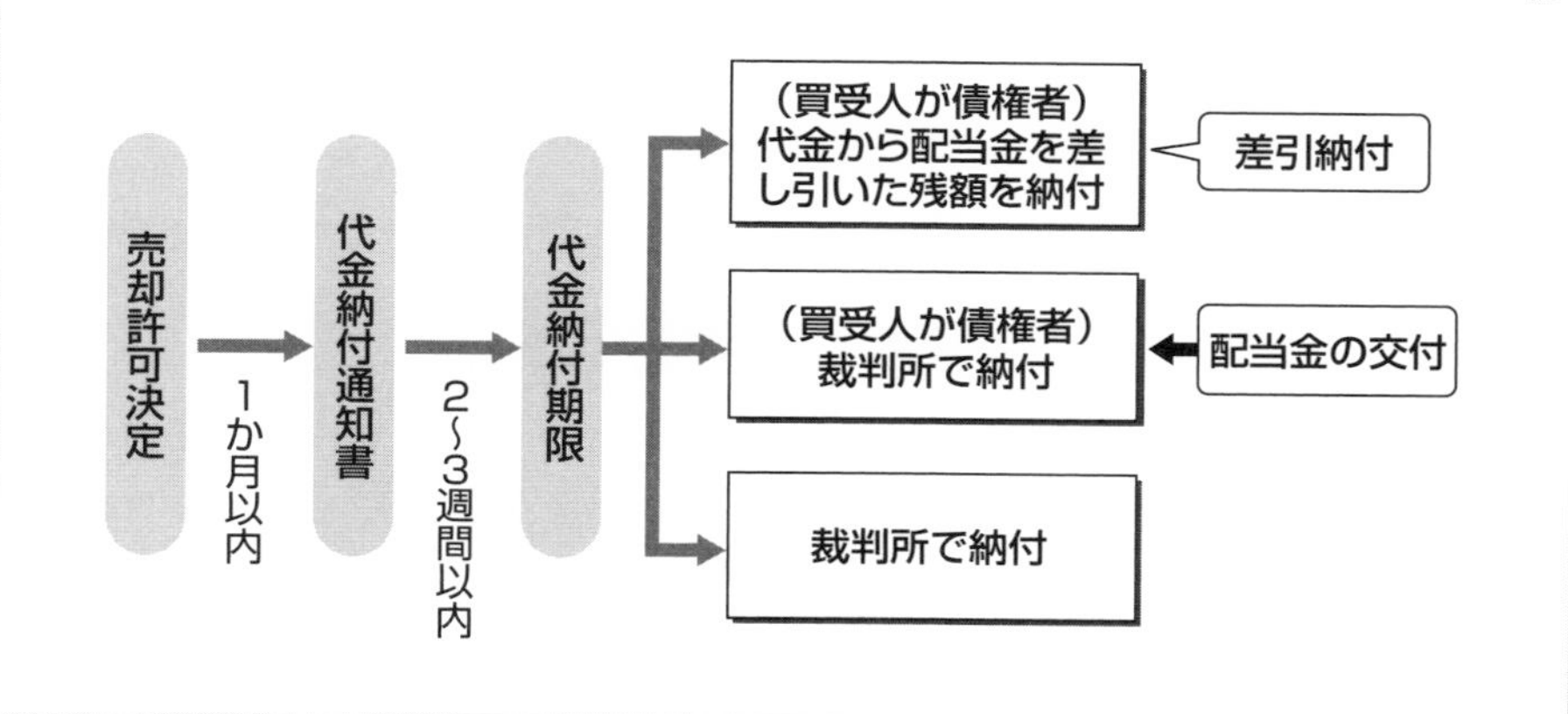

が必要になります。その分の郵便切手を、代金と共に納付します。

■ ローンを組む場合には

通常ローンを組んで不動産を購入する場合、所有権移転登記と同時に金融機関に設定した担保権も登記しなければ、原則として金融機関は融資をしてくれません。

競売の場合、所有権移転から抵当権設定まで時間がかかることがあり、代金納付時の時点で担保を設定できないことから、かつては、一括して代金を支払えるだけの資力がないと競売物件を手に入れるのが困難でした。そこで、所有権移転登記と同時に担保設定登記をすることができるように平成10年施行の改正により制度が改められています。

具体的には、買受人と融資をする金融機関が共同して指定した弁護士か司法書士が、裁判所から所有権移転登記の嘱託書の交付を受けて、買受人への所有権移転登記と共に、抵当権などの担保権設定登記も申請することができます。

ローンの手続き

手続きを利用する場合、買受人と金融機関は弁護士か司法書士を指定した上で、連名で裁判所に対して申し出る。申出は「民事執行法82条２項の規定による申出書」と「指定書」を作成、提出して行う。このとき、資格証明書や担保権設定契約書のコピーを添付する。

改正前の問題点

これまでの競売では、買受けと同時に担保権の設定ができず、買受人に所有権移転登記がなされた後でしか設定登記ができなかった。このことが、ローンを組んでの買受けを妨げる要因となっていた。

配当金を受領する手続き

最終的に債権額を計算しなければならない

■ 配当期日呼出状が送られてくる

売却許可決定が下されて、買受人が代金を納付すると、いよいよ債権者が待望していた配当になります。

買受人による代金の納付後、その代金を元として債権者への配当を実施する日つまり配当期日が決定され、裁判所から債権者へ呼出状が送られてきます。このとき、配当を受けるにあたって必要な「債権計算書」も提出するように催告されます。なお、債権者が一人の場合や、債権者が複数でも売却代金からすべての債権と費用を弁済できる場合は、配当ではなく弁済金の交付という手続きになります。

他方、債権者が複数いて売却代金からすべての債権と費用を弁済できない場合は、配当手続きを行うことになります。実際には、ほとんどのケースで、配当手続きが行われています。配当表に記載された債権や配当の金額について不服のある債権者や債務者は、配当異議の申出をすることができ、執行裁判所は、配当異議の申出のない部分に限り配当を実施します。弁済金の交付の場合は、配当異議のような制度はありません。

■ 債権計算書の提出をする

配当とは、最終的に確定された債権額に応じて、売却代金から支払いがなされる手続きです。当然のことですが、その前提として債権額が明確にされる必要があります。貸金の元金や売買代金などは、もともと金額がはっきりしているので問題はありません。しかし、時間の経過と共に増加する利息や損害金は、

配当を受け取るまでの流れ

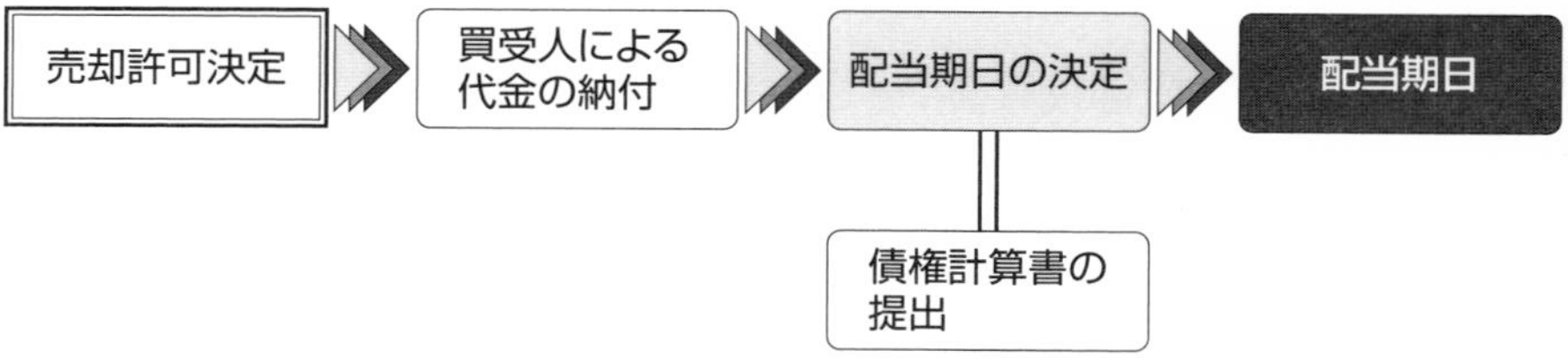

強制競売の過程では、まだはっきりとしていません。また、執行のための費用もかかっているはずです。そこで、配当を実施するにあたって、債権者は、配当期日を基準とした債権額を計算した書面を提出することになっているのです。

債権計算書には、事件番号、日付、債権者の住所・氏名・押印・電話番号、債権額合計、債権の発生年月日・原因、元金現在額、利息の利率・現在額、損害金の現在額、執行費用などを記載します。計算間違いのないように注意し、検算した上で記入するようにしましょう。

なお、債権計算書は、配当期日呼出状を受け取った日から1週間以内に提出することになっています。遅れることのないようにしましょう。

配当期日には、各債権者が出席した上で、裁判所から配当表の原案が提示され、各債権者に対する配当に問題がないかを確認します。配当表とは、裁判所書記官が、債権者各自にいくらの配当がなされるのかを記載した一覧表です。配当について各債権者が異議を述べなければ、配当表どおりに配当金が交付されることになります。交付にあたっては、請求書や領収書に必要事項を記載し、署名押印して、裁判所書記官に提出します。請求書と領収書は裁判所で用意されています。

配当表に異議がある場合

配当表に異議がある旨が述べられると、その部分については配当が留保される。そして、異議申立者は、それから1週間以内に配当異議訴訟を提起することができる。もし1週間以内に訴訟が提起されなければ、異議は取り下げられたものとみなされる。

強制管理の利用

管理権を奪って賃料から回収を図る

■ 賃料収益を確保して定期的に配当する手続き

債務者が貸しビルなどを所有している場合には、債務者に賃料収入があります。そこで、賃貸不動産の管理権を債務者から奪って、賃料から債権の回収を図る強制執行もあります。これを強制管理といいます。同じ不動産に複数の賃借人が入居している場合、賃料債権の差押えと異なり、強制管理により、一挙に複数の賃料収入を債権回収に充てることができる他、管理状態が悪い物件について、強制管理を経ることで管理の改善を図り、その後に強制競売を行うことでより高値で売却することも期待できます。他方、管理人の報酬などのコストがかかりますので、不動産の規模によっては利用しにくい場合があります。

強制管理は、強制競売と同様に、債権者からの申立てによって開始されます。申立てがなされ、裁判所の不動産強制管理開始決定が下されると、対象不動産が差し押さえられます。そして、不動産を管理する管理人が選任されます。この管理人には、多くの場合、弁護士もしくは執行官が就任します。裁判所は、債務者に対して不動産の収益処分を禁止し、賃借人に対しては、以後賃料を管理人に給付するように命じます。つまり、賃貸物件の所有者である債務者は賃料を得ることができずに、賃借人は管理人に対して賃料を支払うことになるわけです。

このようにして裁判所の監督の下、管理人が収益を確保し、それを定期的に債権者に配当していくのです。

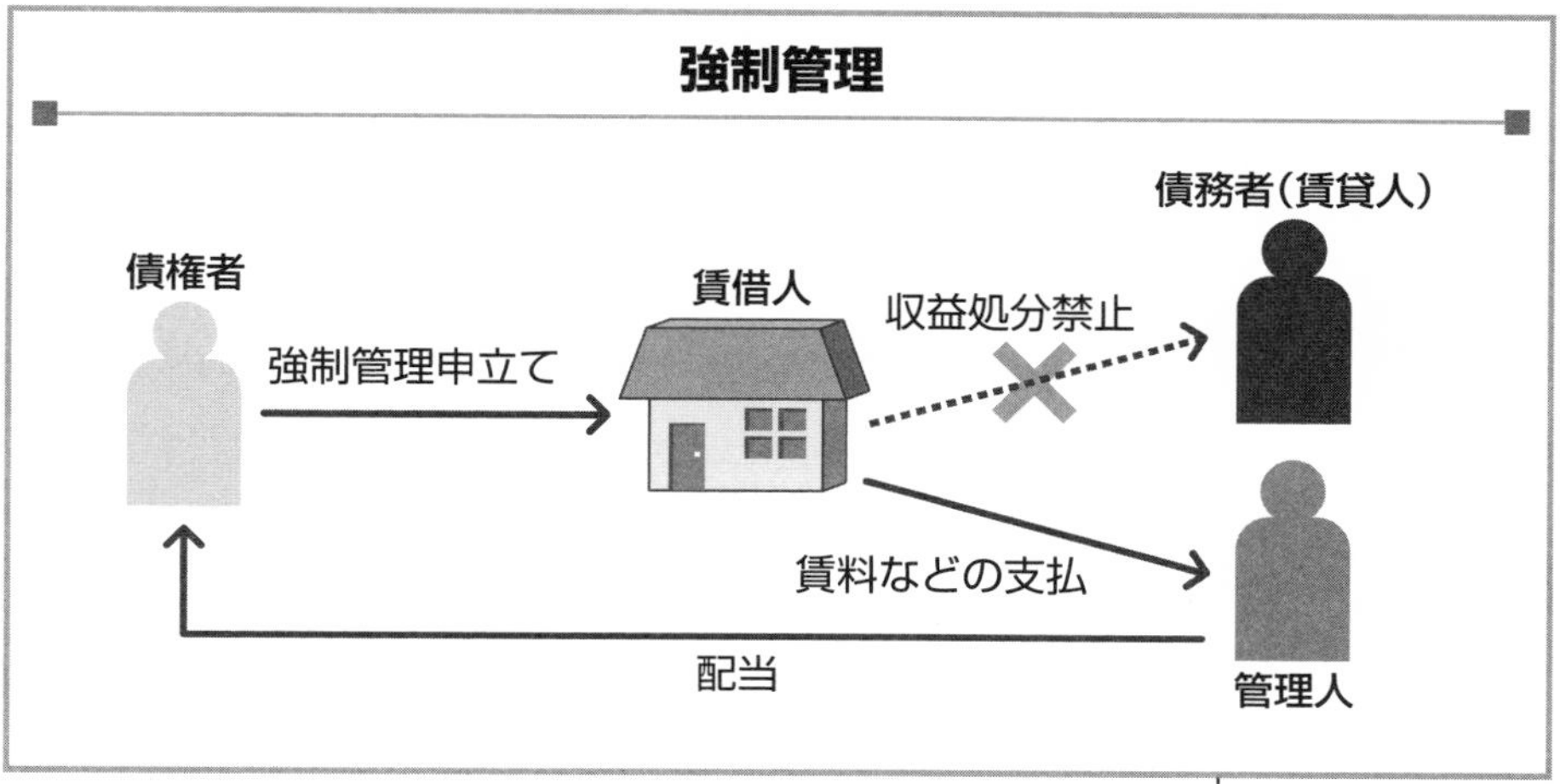

■ 担保権がある場合の担保不動産収益執行

同様に、担保権が設定されている不動産についても、担保不動産収益執行という制度があります。手続的には、強制管理に関する規定を準用しています。

担保不動産収益執行は、債務名義を有する債権者の申立てによって、担保となっている不動産を維持管理しつつ、そこから得られる収益を債権の弁済にあてていくという制度です。実際には、競売の申立てと同時に収益執行の申立てもして、配当までの間にそこから上がる収益を充当していくという手法も行われています。

抵当権が設定されている場合、不動産からの収益（賃料）については、賃料や保険金など担保目的物の価値代替物について、担保権者が優先的に弁済を受けられる民法上の物上代位という制度もあります。担保不動産収益執行と物上代位による賃料差押えが競合する場合は、物上代位による債権差押えの手続きは停止し、債権差押えを申し立てた債権者は、担保不動産収益執行の配当手続きに参加して債権を回収することになります。

強制管理申立書の記載内容

基本的には、不動産強制競売申立書の記載内容と同様である。ただし、管理人が選任されるので、弁護士など管理人として推薦したい者がいる場合には、その旨を記載する。また、「不動産の収益を給付すべき第三者」として賃借人の住所（法人の場合は主たる事務所の所在地）・氏名（名称）を記載する。さらに、その第三者が負担している給付義務の内容も記載する。具体的には、1か月あたりの賃料額などを記載することになる。ただ、この給付義務の内容を、債権者が正確に把握することは困難なケースが多い。強制管理の申立ては、債務者に察知されないように始めなければ実効性が薄いため、債務者や賃借人に問い合わせをしにくいことが強制管理を利用する際のネックとなっている。

PART2
12

担保権の実行としての不動産競売

民事執行の手続き

基本的な手続きは強制競売とあまり変わらない

■ 担保権の設定を受けているときには

不動産を競売にかけて売却した代金から配当により債権を回収する方法は、強制競売（強制執行）だけではありません。

もともと、不動産について抵当権などの担保権の設定を受けている債権者であれば、担保権の実行としての不動産競売（担保不動産競売）の手続きを利用することができます。

そのしくみについて、具体例を挙げて説明していきます。

たとえば、ＡがＢ銀行に対して「1000万円の借金をしたい」という申込みをしました。しかし、Ｂ銀行も簡単に貸すわけにはいかず、Ａから後日返してもらうという確実な保証をとりつけなければ、怖くて貸すことができないと考えます。

そこで、Ａは、Ｂ銀行を安心させるために、自分が所有している2000万円のアパートを担保に差し出しました。つまり、「自分は2000万円のアパートを差し出すから、もし1000万円を返せなくなったら、そのアパートを売り払って代金を回収してください」ということになり、この場合、Ｂ銀行はＡが所有するアパートに抵当権を設定します。

約束の返済期日になっても、ＡはＢ銀行にお金を返すことができませんでした。そこで、Ｂ銀行は裁判所に対して、競売手続きの申立てをします。つまり「Ａに1000万円貸したが、返してもらえない。そこで、抵当権を設定している2000万円のアパートを誰かに売り払ってお金に代えたいので、手続きをとってください」と依頼するわけです。そして、その依頼に基づいて裁判所はＡのアパートを売却することになります。

担保／担保権

将来発生するかもしれない不利益に備えてその補いとなるものを担保という。人的担保（保証など）では「人」が担保となり、物的担保（抵当権や質権など）では「物や権利」が担保となる。また、担保に関する保証や抵当権などの権利のことを担保権という。

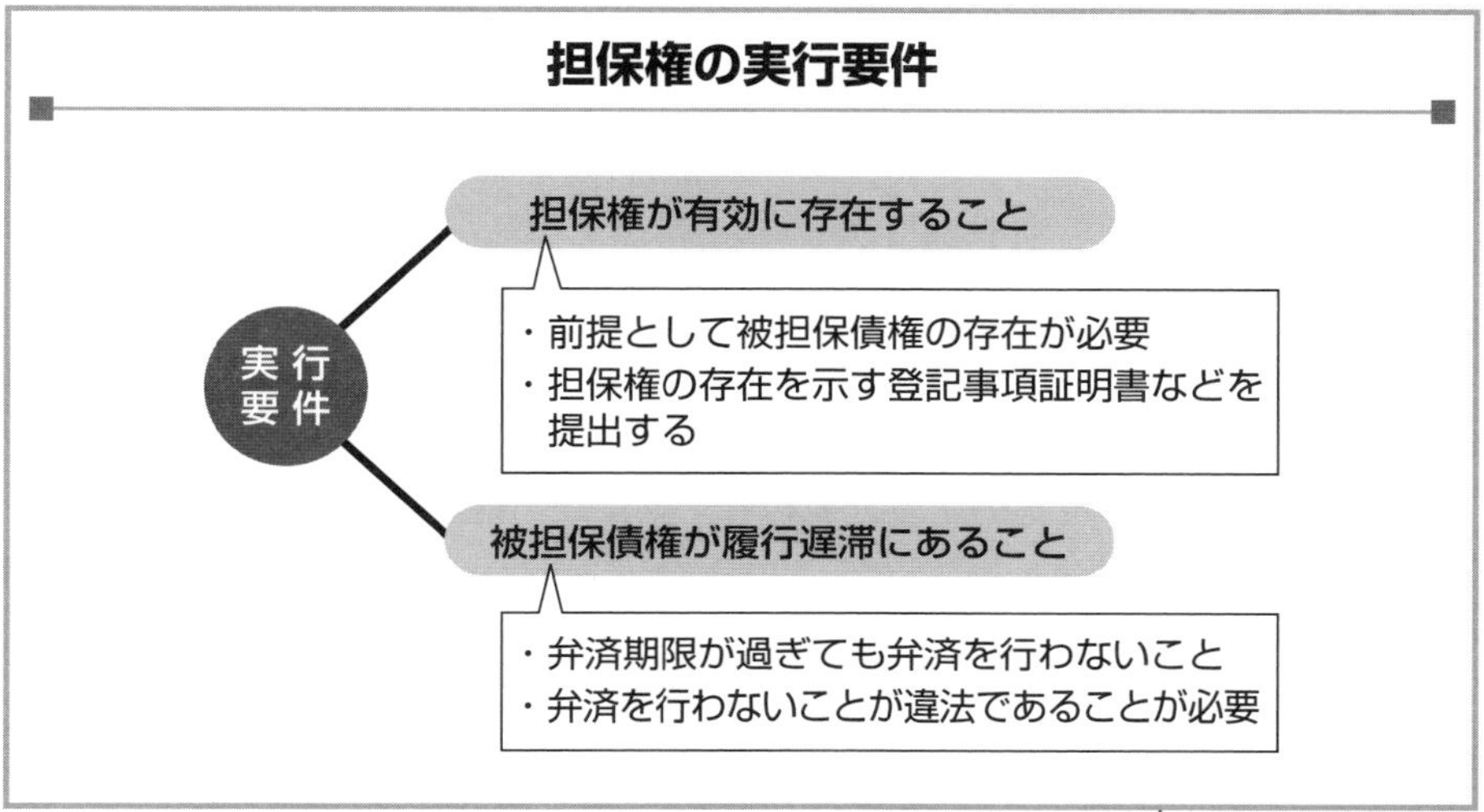
担保権の実行要件
実行要件
担保権が有効に存在すること
・前提として被担保債権の存在が必要
・担保権の存在を示す登記事項証明書などを提出する
被担保債権が履行遅滞にあること
・弁済期限が過ぎても弁済を行わないこと
・弁済を行わないことが違法であることが必要

■ 強制競売と担保権の実行の共通点と相違点

強制競売と担保不動産競売（担保権の実行としての不動産競売）には、それぞれ共通点と相違点があります。

両者は、不動産を競売にかけて売却し、その代金を元に債権の回収を図るという点では同じだといえます。しかも、強制競売と担保不動産競売は、債権者からの申立てに始まり、差押え→競売→配当という手順も同じです。そのため、双方とも民事執行法で規定されており、担保不動産競売の手続きは強制競売の手続きを準用する形をとっています。

しかし、強制競売では、債務者の不動産を売却する場合、あらかじめ債務名義を取得するために、訴訟を提起して、勝訴の確定判決を得なければなりません。これに対し、担保権の実行の場合には、債務名義は必要なく、一定の要件を満たせば、すぐに担保不動産競売の手続きをとることができます。

担保不動産競売の根拠

強制競売は、債権者がすでに獲得している債務名義を根拠にして、強制的に不動産を売却する手続きだが、担保権の実行としての不動産競売は、設定された担保権が根拠となっている。

強制競売と担保不動産競売

この２つの競売手続きは、もともと別の法律に規定されていたが、手続きの統一性を図るために、今ではどちらも民事執行法で取り扱っている。

■ 担保権を実行するための要件

一般的な担保権の実行要件は、有効な担保権の存在と被担保債権の履行遅滞です。

①　担保権が有効に存在すること

被担保債権
担保権により担保される債権。

第一に、担保権は債権を担保するためにこそ存在する権利なので、担保によって保全される債権（被担保債権）が存在していることが必要不可欠です。当初から被担保債権が存在しないのに、抵当権設定契約が結ばれていたとしても、その抵当権は無効です。また、被担保債権が有効に成立していたとしても、その後に弁済や相殺などによって消滅した場合には、抵当権も消滅します。もし、被担保債権が存在していないにもかかわらず、担保権の実行が申し立てられると、債務者（不動産の所有者）から異議が申し立てられて、競売開始決定が取り消されてしまうことになります。

また、被担保債権が有効に存在していても、抵当権設定契約が詐欺や強迫により取り消されるなどして、抵当権自体が有効に成立していなければ、担保権の実行は許されません。そのため、申立てをする際には担保権の存在を証明する書類を提出します。通常は、担保権の設定にともない登記がされているはずなので、不動産の登記事項証明書を提出します。もっとも、担保権の設定については、登記はあくまでも第三者に対して権利を主張するための対抗要件にすぎないので、登記がなくても担保権の実行を申し立てることはできます。

対抗要件
当事者間で行った法律行為の効果を当事者以外の第三者に主張するために必要な要件のこと。

しかし、未登記あるいは仮登記の担保権については、より強い証明力のある証明書の提出が要求されています。つまり、確定判決または公正証書の提出が必要になります。

確定判決
不服申立てができなくなった判決。

②　被担保債権が履行遅滞にあること

①の担保権が有効に存在することの前提として、被担保債権が有効に存在していることを説明しました。ただ、被担保債権は有効に存在していればよいだけではなく、債務者が履行遅滞に陥っていることが必要とされます。履行遅滞は、単に債務者が履行期（期限）を守っていないだけではなく、それが違法で

履行遅滞
履行期に債務を弁済しないこと。

期限の利益の喪失

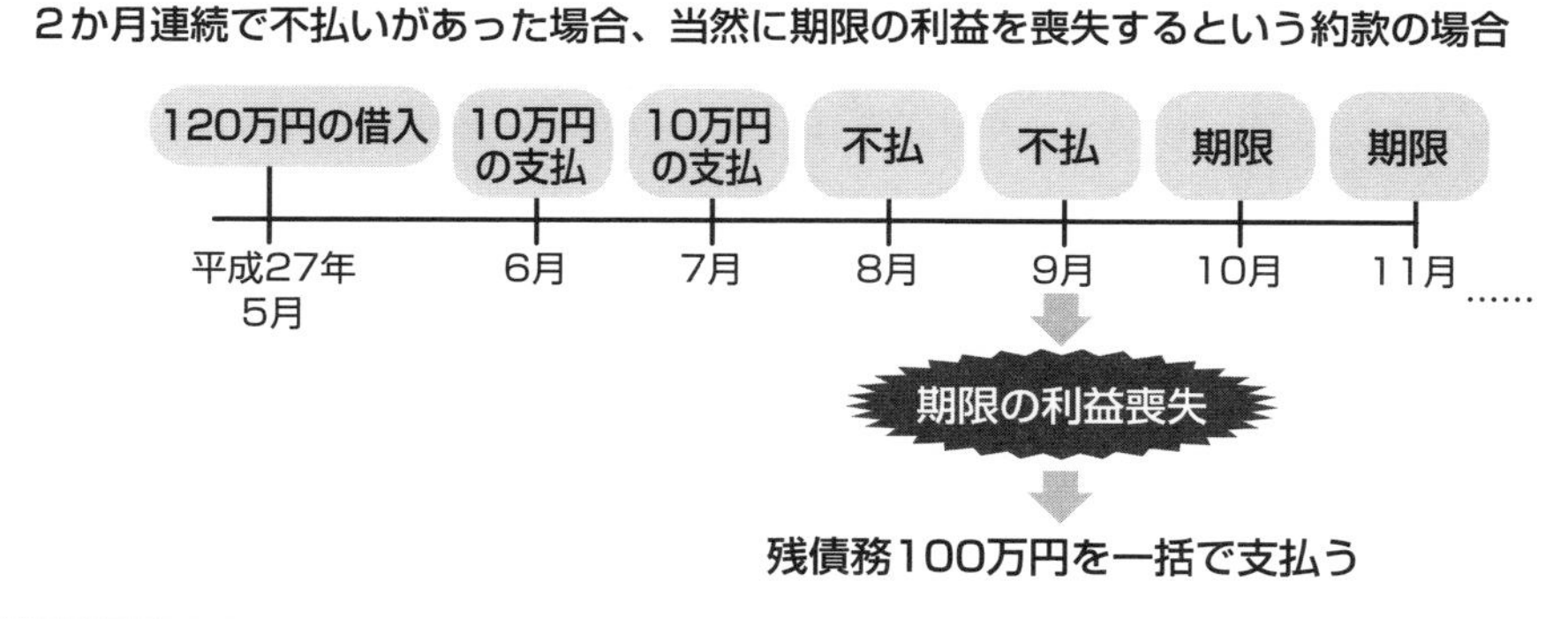

あることが必要です。

また、債務が分割払いの形式をとっている場合には、期限の利益喪失約款が問題になります。

たとえば、平成29年５月に、120万円を借りたとします。平成29年６月から12回払いで毎月10万円を返済し、返済が２か月分滞った場合に期限の利益を喪失すると定めました。平成29年７月までは順調に返済したが、平成29年８月から返済が止まり、９月も返済をしませんでした。２か月分返済が滞ったため、期限の利益を喪失しました。これにより、残りの債務額100万円を一括で支払わなければなりません。

分割払いの支払形式をとっている契約では、この期限の利益喪失約款を採用しているケースが多いといえます。期限の利益の喪失には、債権者によるその旨の意思表示が必要とされている場合（請求失期）と、意思表示は必要なく自動的に生じる場合（当然失期）とがあります。期限の利益喪失により債務者が履行遅滞に陥っている場合には、その旨も申立書に記載して明確にしなければなりません。

期限の利益喪失約款

債務者が約束した返済期日に返済をしなかった場合に、債権者が債務者に残りの債務全額を一括払いで支払うよう請求することができる旨の特約。一回でも支払いを怠ったら直ちに期限の利益を喪失するといった内容の約款もある。

PART2
13

任意売却

民事執行の手続き

関係者間の合意に向けた調整が重要

■ 利害関係人の合意が必要

競売は手続きに時間がかかる上に回収額が低くなることが多いため、実際には、民事執行法に基づく不動産競売手続きによらずに処分することも多くあります。

競売によらずに不動産を処分することができれば、法律で定められた手続きを経ることなく不動産の売却によって得た代金を債権の回収にあてることができます。このような方法を任意売却といいます。債務者・債権者の双方にとってメリットがあるため、実務上よく利用されています。

任意売却は、強制的に行われる競売とは異なって、所有者が売却の意思をもっていることが前提となります。任意売却の対象となる不動産には抵当権が設定されていたり、滞納処分による差押えがなされている場合があります。また、不動産の所有者とは別に賃借人などの占有者がいる場合もあります。

任意売却を行う場合には、買受希望者と売買条件について合意することはもちろん、買主に物件を引き渡す前提として、抵当権や滞納処分による差押えなどがあれば、それらを解除しておく必要がありますので、抵当権者や租税徴収権者などとの合意が必要になります。合意を得ると一言で言っても、ただ任意売却を行うことについてだけ合意を得られればよい、というものではありません。抵当権者などの債権者としては、抵当権などの解除の条件として、債権の弁済額や弁済時期を検討する必要がありますし、それらの内容は物件の売却金額や売却時期に影響を受けますので、売買の条件についても把握・検討した上

どんな場合に利用されるのか

任意売却が行われるのは、競売によって、低い額で落札されるのを避けるためであったり、不動産が競売にかけられるという事実を世間に公にしたくない所有者の意向による場合がある。

任意売却の効果

通常、任意売却の場合、強制競売よりも高値で売却できる可能性が高い。そのため、抵当権者などの債権者は、より多くの債権を回収することができる。

任意売却の条件

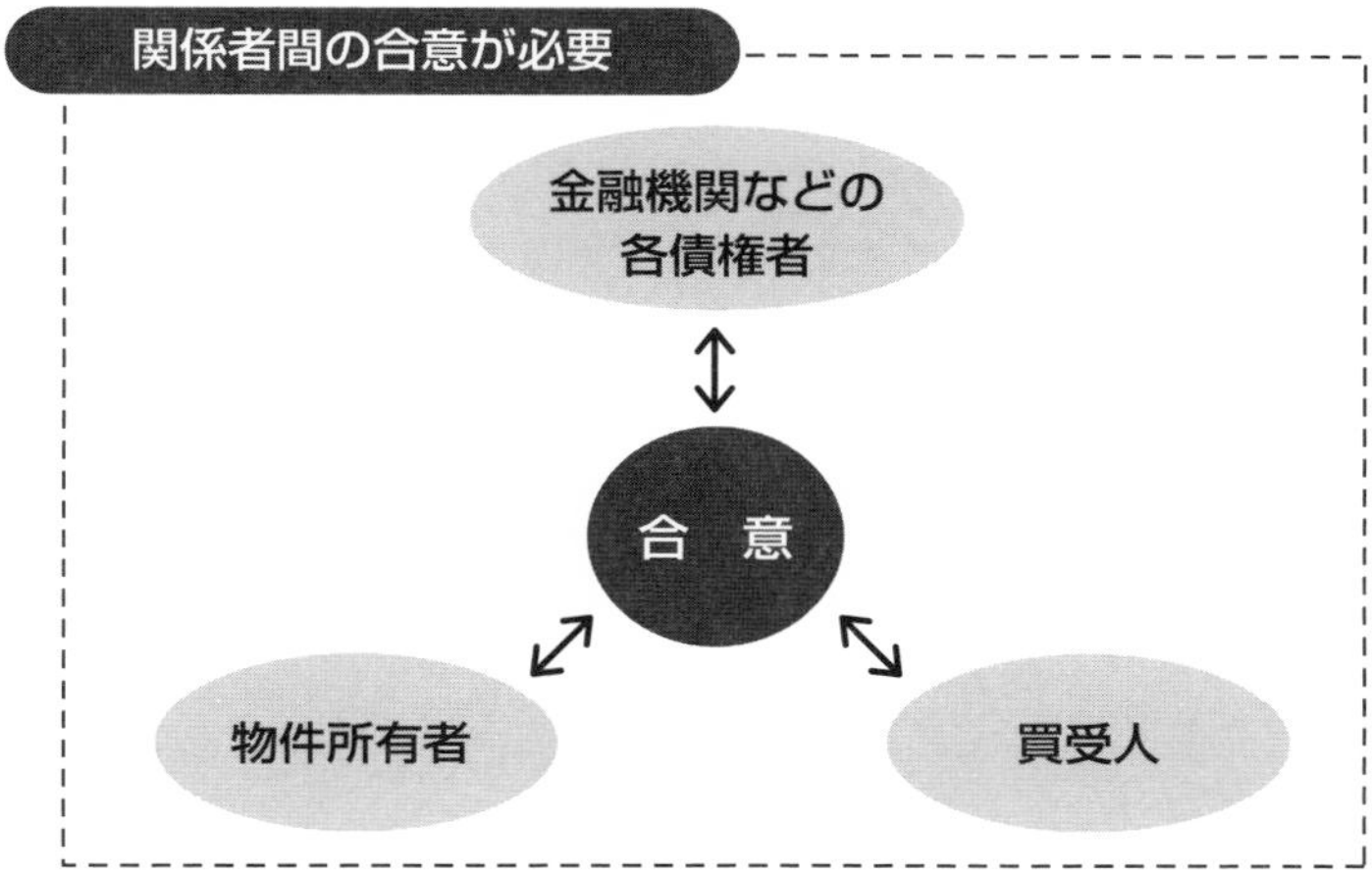

で、合意することになります。

さらに、不動産の買受希望者の意向などにより、賃借人などの占有者に立ち退いてもらう必要がある場合には、賃借権などの占有権原の有無や内容を検討した上で、立退料などを含めた立ち退きの条件や時期について合意することになります。

■ どんな手続きをするのか

任意売却を行う場合のスケジュールは、大きく分けて、①利害関係人の事前の合意に向けた交渉、②買受希望者の探索、③売買の決済当日の手続き、に分けて考えるとよいでしょう。なお、多くの場合、①と②は同時並行で行われます。

①　利害関係人の事前の合意に向けた交渉

この段取りが必要になるのは、前述したように任意売却を行うためには利害関係人との同意が必要だからです。この同意を得るためには、さまざまな条件をリストアップした上で、一人

任意売却の問題点

競売の場合には任意売却とは異なって、裁判所が主体となって執行を行うため、確実に実行されるという点で安心であるが、任意売却の場合には、関係者が自発的に動いていくしかない。そうしたことから、任意売却の場合には、売却代金の配分について関係者の間でもめたり、価格や配分比率を決定するときに不正が行われることもある。

ひとり確認をとっていかなければなりません。

事前の準備段階においては、債権者・債務者・所有者の実態調査と、抵当不動産の現況調査を行います。これによって抵当不動産を取り巻く環境を把握することができます。

次に、抵当不動産の調査時点での資産価値について査定を行い、売却による回収見込額を見積ります。

以上の資料をもとにして、いよいよ各利害関係人の意向を確認して、売却までの期間、予定している価格、代金の配分方法について同意をとりつけます。

② 買受希望者の探索

不動産の査定額や抵当権者などの債権額を考慮して、売却希望価格を決定し、不動産業者に依頼するなどして、買受希望者を探します。買受希望者が見つからない場合や条件面で折合いがつかない場合には、売却希望価格の見直しを行います。売却希望価格を見直したことにより、債権者への弁済額に影響を与える場合には、債権者との調整が必要になります。

買受人が決まり、売却に関する条件が整うと、売買契約書案や債権者への配分案を作成し、最終的な合意を得た上で、取引の日時・場所・当日の段取りを決め、③の売買の決済に臨みます。

③ 売買の決済当日の手続き

買受希望者の意思確認、利害関係人の調整が終わったら、買受希望者との間で売買契約書にサインします。通常、この決済当日の手続きは、①売買契約の締結、②売買代金の授受、③売買代金を原資とする配分表に基づく債権者への弁済、④所有権移転登記や抵当権などの抹消登記に必要な書類の授受、⑤それらの登記の申請を同時に行います。

多くの場合、この手続き自体は１日で終わらせることになりますが、行う内容は多いので、事前に必要書類を確実にそろえておく必要があります。当日は手際よく取引を進めるためにも

抵当権解除
設定されている抵当権を抹消すること。

任意売却の手続きの流れ

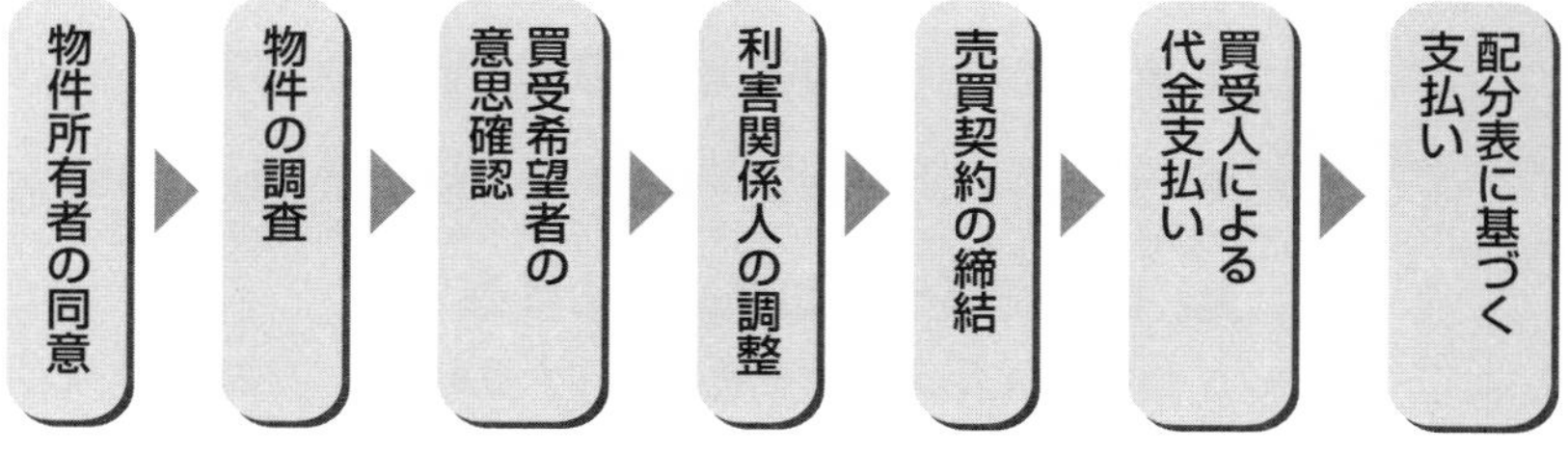

弁護士や司法書士に立ち会ってもらうとよいでしょう。

■ 担保の解除と売却代金の配分

任意売却の取引を行う際には、抵当権などを解除する必要があります。そこで、強制競売であれば配当を受けることができない後順位の抵当権者などにも協力してもらうことが必要になります。そのため、一般的に、そのような債権者に対しては、他の債権者が譲歩することによって、解除料や抹消料（担保解除料）を支払って、協力を求めることが行われます。

なお、任意売却の売却代金の配分については、強制競売と異なり、配分方法について法的な規制があるわけではありませんので、強制競売における配当順位とは異なる基準で配分ルールを定めることも可能です。

ただ、すべての利害関係人が同意しなければ任意売却を行うことはできないため、すべての利害関係人に納得してもらえるような、公平な配分ルールにする必要があります。

調整がつかない場合

利害関係人間で権利を主張し合って譲らないような事態となった場合や不当な権利を主張する人がいるような場合には、競売手続きを進めることも視野に入れて対応していく必要がある。

PART2
14

民事執行の手続き

動産執行

さまざまな物が動産として執行対象となる

■ 競売を行うのも執行官の仕事

動産執行とは、債務者の所有する動産を差し押さえて、それを競売にかけ、その売却代金から配当を受け、債権の回収を図る手続きです。不動産は所有権の他にもさまざまな権利義務の対象となっており、財産価値も高いので、競売にあたっては慎重さが強く要請されます。それに対して、動産の場合は、取扱いもしやすいため、競売の手続きは、不動産の場合に比べて簡単なものになっています。もっとも、動産は読んで字のごとく動く財産なので、それに対する差押えや競売はやりにくい面もあります。不動産のように登記されるわけではないので、権利関係がはっきりしないケースもありますし、差押えができるのかどうかがわかりづらいこともあります。

動産に対する執行も不動産に対する執行と同様に、債権者の申立てによって始まります。申立書や添付書類などの書面を提出することも同じです。

ただ、不動産の場合と大きく異なる点としては、執行機関が裁判所ではなく、執行官だということです。執行官は、裁判所にいますが、自ら債務者の下に行き、動産を差し押さえます。競売を行うのも執行官の仕事です。執行官により差押えがなされ、競売がなされると、その売却代金から配当がなされます。

■ 執行の対象となる動産

ここで扱う動産は、民法に定義されています。

動産執行の対象として簡単に換価でき、かつ、資産価値が高

動産執行のしくみ

例）住居や店舗内の金品を差し押さえたい

動産執行の申立てを検討

↓

地方裁判所の執行官に対して申し立てる ── 申立費用と執行費用も用意。

↓

執行官と差押えのための打ち合わせをする ── 執行官は、執行や書面の送達を行う。

↓

差　押 ── 生活に必要な衣服、寝具、家具、台所用品など、多くの財産の差押えが禁止されている。

↓

売　却 ── 競り売りによる場合が多い。

↓

配　当 ── 債権者が一人の場合などは、弁済金の交付となる。

いのが有価証券です。ただし、裏書が禁止されている有価証券は動産執行の対象外です。裏書とは、有価証券の所持人が第三者に権利を譲渡するために有価証券の裏側に署名・押印をすることです。

■ 執行の対象とならない動産もある

いくら債務者の所有する動産といっても、そのすべてを競売できるわけではありません。債務者とその家族が当面生活していけるだけのものは残さなければなりません。民事執行法では、生活に不可欠な衣服、寝具、家具などの家財道具、１か月の生活に必要な食料および燃料、２か月間の必要生計費として66万円の金銭など、一定の財産については差押えを禁止しています。

なお、銃砲刀剣類、劇薬などの危険物、天然記念物に指定されている物などは、特別な手続きが必要になります。もし執行の申立てを希望するのであれば、事前に裁判所に相談してみましょう。

差押禁止動産

本文に記載の動産のほか、次の動産について、差押えが禁止される。

- 農業従事者に不可欠な器具、肥料、家畜、飼料、種子など
- 漁業従事者に不可欠な漁具、えさ、稚魚など
- 技術者、職人などの業務に不可欠な器具など
- 仕事や生活に使用している印鑑
- 仏像、位牌など
- 日記、商業帳簿など
- 勲章など
- 学校などで使う教材など
- 未公表の発明物や著作物
- 生活に使用している義手、義足など
- 建物などに法令の規定により設置しなければならない消防器具など

PART2
15

民事執行の手続き

動産執行の申立て①

執行場所などを正確に記載することが必要

■ 申立書を提出する

動産執行の申立ても、不動産執行の場合と同様に申立書と添付書類を提出することから始まります。これらの書類が不足していたり、誤った記載がなされていると申立てが受理されないので、注意しましょう。

動産執行の申立ては、動産の所在地を管轄する地方裁判所に所属する執行官に対して行います。

動産執行を申し立てる際には、執行官の手数料と強制執行に必要な費用をあらかじめ納付しなければなりません。

強制執行申立書を執行官室の窓口に提出すると、納付すべき金額を示した保管金納付書を交付してもらえます。この納付書と現金を裁判所の会計または裁判所内の銀行（東京地裁の場合）に提出することで納付できます。なお、申立てに際して納付するこれらの金額が、手続きの進行にともない、実際に足りなくなることもあります。そのときには、執行官から不足分の追加納付を促す通知が来ますから、それに従って速やかに追加納付をします。

■ 添付書類にはどんなものがあるか

動産執行の申立てでも、他の強制執行の申立てと同様に、執行力ある債務名義の正本、債務名義の送達証明書をはじめとする書類を添付します。執行場所の地図も必要になります。添付書類は、申立て時の状況によってさまざまなものが必要になります（次ページ図参照）。

動産執行の申立書
不動産執行の申立ての場合よりも、動産執行の申立書は簡単なものとなっている。

執行日時の決定と通知
東京地方裁判所では動産執行の申立てがなされると、申立人に対して執行官との面会票が交付される。申立人は、この面会票に記載されている日時に、執行官と執行官室で面会し、執行の具体的日時と立会いについて話し合う。執行官とは、動産執行の現場で合流することが多い。執行は、東京地裁では、申立ての翌日にされることが多い。東京地裁以外の執行裁判所では、執行が行われるまではもう少し時間がかかるのが通常である。なお、民事執行規則では、動産執行の申立てがあった日から１週間以内の日を執行に着手する日時と定め、なおかつ、その日時を申立人に通知すべきと定めている。

動産執行の申立ての際に提出する添付書類

❶ 執行力のある債務名義の正本

他の強制執行の申立てと同様に、執行力のある債務名義の正本が必要。確定判決の場合は裁判所書記官に、執行証書の場合は公証人に、執行文を付与してもらう。

❷ 債務名義の送達証明書

動産執行を申し立てる際には、債務者に対して債務名義の送達があらかじめまたは同時になされることが必要。原則として、この送達が行われていることを証明する書類の添付が必要になるが、例外的に強制執行と同時に送達をすることも認められている。

❸ 委任状

申立てを代理人によって行う場合には、債権者は代理権を示す委任状を交付し、それを添付して提出する。

❹ 資格証明書

債権者あるいは債務者が法人の場合には、その代表者（代表取締役、理事長など）が誰であるのかを示すために、資格証明書を添付する。

❺ 動産の所在場所の地図

実際に執行官が動産の所在場所に到達できるように、所在場所を示す地図を添付する。

■ 執行場所を特定する

個々の動産について、差押えが可能な債務者の所有物であるかどうかをその場で厳密に特定することは困難です。そこで、動産執行では、迅速に執行をするため、申立書で執行すべき場所を特定し、特定された場所にある物については執行官の判断で差押えを行うことができます。

このように、執行場所は、差押えの範囲を決めるものとして重要になりますので、申立ての際には慎重に検討すべきです。執行場所は屋内であることが多いのですが、屋外や自動車内なども指定することができます。申立書には執行場所の地図も添付します。

執行官に対する弁済

債務者の中には、「まさか強制執行まではしないだろう」と安易に考えていたため、債務の履行を遅らせる者もいる。そのため、現場で債務者に出会った場合、執行官は債務者に対して債務を弁済するように促すことができる。もし、債務者がこれに応じて弁済をすると、執行官は債権者のために、これを受領することができる。債務者の弁済額が全額ではなく一部の場合も、執行官は弁済を受領することができる。

執行場所には、債務者が管理する場所であっても、同居人がいる場合など、第三者の所有物などが混在している可能性があります。本当はその動産が第三者の所有物であっても、客観的な状況からそれが第三者の所有物であると判断できない限り、執行官は動産を差し押さえることができます。所有する動産を差し押さえられた第三者は、第三者異議の訴えを提起して争うことができます。

■ 執行場所への立入り

動産執行は、執行官が申立書に記載された場所に行き、差押えを開始するところから始まります。執行官は、執行官である身分を証明する文書を携帯し、債務者などから請求があったときには、提示しなければなりません。

執行官は動産を差し押さえますが、動産がある場所は建物の内部であることが多く、また、屋外に所在する場合であっても、自動車のように鍵がかかっていることがほとんどです。何かの容器に保管されていたり、包まれていることもあります。

このような事情から、執行官は、動産執行に必要な限度で、債務者の同意なく強制的に動産が占有されている場所に立ち入ることができます。

■ 立入りの際の制約

差押えのための立入りは、債務者の承諾を要しない強制的なものであり、いくら正式な手続きに従っているとはいえ、適正に行われなければならないことは、言うまでもありません。

強制執行も、休日や夜間はできる限り控えなければなりません。また、人の住居に立ち入って差押えをする場合には、個人のプライバシーの制約をともなうため、適正さを保障する必要性が高くなります。そのため、執行官は、市区町村の職員、警察官、その他証人として相当と認められる者を立ち会わせなけ

執行官の立入り

住居、事務所、倉庫、車内などさまざまな場所が対象となる。住居の入口などに鍵がかかっていて債務者も不在である場合には、立会人を置いた上で、鍵を開いたり壊したりすることができる。この場合、原則として、開錠の専門業者に請け負わせることになっている。

差し押さえられた動産の保管

保管方法は複数あり、執行官が状況に応じて判断する。
①そのまま保管させる
執行官が封印票などを貼り付ける。執行官が相当と認めれば、差押物をそれまでのように使用することができる。
② 執行官が保管する
現金、有価証券、貴金属類など紛失の危険の高い物や持ち運びの容易な物の場合は執行官が保管した方が安全である。
債権者や第三者が占有する動産の保管についても、①②に準じる。

執行官の差押手続き

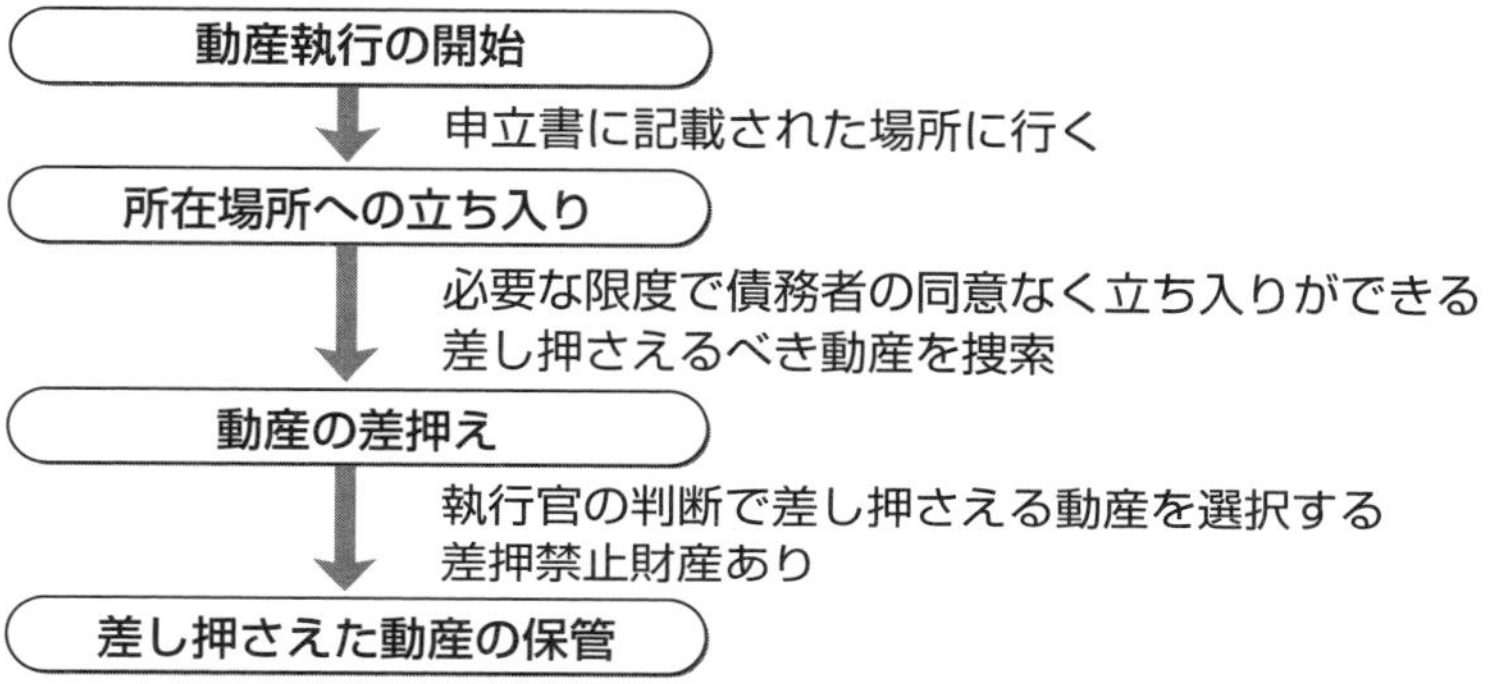

動産執行の開始
申立書に記載された場所に行く
所在場所への立ち入り
必要な限度で債務者の同意なく立ち入りができる
差し押さえるべき動産を捜索
動産の差押え
執行官の判断で差し押さえる動産を選択する
差押禁止財産あり
差し押さえた動産の保管

ればならないとされています。

■ 動産を差し押さえる

執行官は所在場所に立ち入り、差し押さえるべき動産を捜索することができます。封緘されているものを開けたり、金庫の鍵を開くこともできます。開錠のために専門業者を同行させることもあります。

ただし、執行官といっても、債務者の身体まで捜索することは許されません。もし、債務者が差し押さえるべき動産（現金、貴金属類、有価証券など）を所持していることが明らかなときは、執行官は債務者を説得して動産を提出させた上で、それを差し押さえることになります。

また、商品を倉庫に預けたり、人に貸したりしている場合など、第三者の占有している動産については、第三者が差押えを承諾した場合に限り、動産を差し押さえることができます。

さらに、債権者が、質権の設定を受けるなど債務者の動産を占有している場合には、それを執行官に提出して差押えを受けることができます。

債務者などの抵抗を排除する

稀に、債務者や第三者が実力行使により執行の妨害をすることもある。執行官が債務者などから抵抗を受けたときには、自ら威力を用いたり、警察に援助を求めるなりして、抵抗を排除することが認められている。この場合、市区町村の職員など、相当と認められる者を立ち会わせなければならない。

動産執行の申立て②

差し押さえることができない財産がある

■ 超過差押えの禁止・無剰余差押えの禁止

執行にあたってどの動産を差し押さえるのかは、原則として執行官の裁量に委ねられています。ただし、何でも、いくらでも、差し押さえることができるわけではありません。

債権や手続費用の弁済に必要な限度を超える差押えはできません（超過差押えの禁止）。

また、差し押さえるべき動産の売得金の合計金額が手続費用すら超えないと予想される場合も、差押えをすることはできません（無剰余差押えの禁止）。

執行に必要な費用

鍵を開けたり、捜索を行う際に費用がかかった場合には、その費用は執行に必要な費用として計上される。

差押禁止動産が差し押さえられた場合

当事者は執行異議の申立てによって、その是正を要求することができる。

■ 差押禁止動産

さらに、一定の財産については、債務者の生活を保護するため、差押えが禁止されています（差押禁止動産）。差押禁止動産には、たとえば、次のようなものがあります。

① 債務者等の生活に不可欠な衣服、家具などの家財道具
② 債務者等の１か月の生活に必要な食料や燃料
③ 66万円以下の現金
④ 農業・漁業従事者の事業に不可欠な農具・漁具など
⑤ 仏像・位牌などの礼拝・祭祀に不可欠なもの
⑥ 建物などにおいて設置義務のある消防器具・避難器具

民事執行法の定める差押禁止動産の範囲については、債務者などの申立てにより、債務者などの生活状況を考慮して、裁判所が変更することもできます（差押禁止動産の範囲の変更）。債務者の状況に配慮して差押禁止動産を拡大するだけでなく、

差押えに関する2つの禁止原則

禁止原則

超過差押禁止の原則	差押えの行使は必要かつ最小限度でなければならない。執行官は、差押えに際しては、差押債権者の債権と執行費用の弁済のために必要な限度を超過して、動産を差し押さえてはならないという原則。
無剰余差押禁止の原則	差押えは競売のための前提としての手続きであり、債権を回収するためのもの。そのため、執行手続きに必要な費用を弁済してなお、債権の弁済ができるほどの余剰が生じる見込みがないときには、執行官は差押えをすることはできないという原則。

請求債権の性質や債権者の状況に配慮して差押禁止動産を限定することも可能です。

■ 差押えの効力

差押えにより、債務者が自由に差押物を処分することが禁止されます。ただし、差押物を引き続き債務者に占有させる場合、債務者のその使用を認めることも可能です。

もし、債務者が第三者に対して売却などの処分をしたとしても、その処分は執行手続上無効として取り扱われます。その場合、差押債権者の申立てにより、執行裁判所は、占有している第三者に対して、差押物を執行官に引き渡すように命じることになります。ただし、差押物を取得した第三者が、それが差し押さえられた物であることについて知らず、かつ、知らないことにつき過失がないときには、第三者はその動産の所有権を取得してしまいます。この場合は、結果として、差押えが無意味となってしまうのです。もちろん、債務者は、刑法上の横領罪の罪責を負うことになります。

債務者に保管が委ねられている場合

差押え後でも例外的に差押物の通常の用法に従った使用が許可されることもある。その際、差押物から天然の産出物が生じることもあるが、その産出物についても、債務者が自由に処分できるわけではなく、差押えの効力は及んでいる。たとえば、差し押さえられた養鶏の飼育が許可されたとしても、養鶏が生んだ卵を債務者が販売することなどは許されない。

PART2
17

動産執行の配当要求

民事執行の手続き

配当要求できる者の範囲が不動産執行の場合と異なる

■ 配当要求できる者

動産の配当要求の特徴

不動産競売での配当要求よりも、参加できる者の範囲が狭くなっているのが特徴である。

動産に対して強制執行が行われているときに、その手続きを利用して売却代金から配当を受けることができます。つまり、他人が申し立てた強制執行の手続きを利用して、債権を回収するわけです。これを配当要求といいます。動産執行のケースでは、配当要求ができるのは、執行の対象となっている動産を質物として占有していた者または当該動産に対して先取特権をもつ者に限られています。不動産執行のケースでは、すでに仮差押をしている債権者や債務名義をもっている債権者も、配当要求が認められていましたが、動産執行では認められていません。この場合に配当を得るには、別途、動産執行の申立てをして、その後で事件を併合してもらうという方法があります。

■ 先取特権にはどんなものがあるのか

先取特権とは

法律上当然に発生する特別な担保権のこと。

配当要求できる者として、質権者と共に認められているのは先取特権者です。特定の動産に対してのみ認められる動産先取特権と、債務者の財産一般に対して認められる一般先取特権があります。

① 動産先取特権

動産先取特権の種類は、次ページ図のとおりです。これらの原因によって生じた債権を有する者は、債務者の特定の動産について先取特権を持ちます。それぞれの場合に先取特権の対象となる動産（つまり強制執行の対象となり得る動産）は、個別の規定によって定められています。たとえば不動産の賃料につ

先取特権の種類

	債権の種類	目的物
一般先取特権	共益の費用	債務者の総財産
	雇用関係	
	葬式の費用	
	日用品の供給	
動産先取特権	不動産の賃貸借	借地上の動産・借地上の建物や借家に備えつけられた動産
	旅館の宿泊	旅館にある宿泊客の手荷物
	旅客または荷物の運輸	運送人の占有する荷物
	動産の保存	保存された動産
	動産の売買	売買された動産
	種苗または肥料の供給	種苗・肥料を使った後1年以内にその土地から生じた果実
	農業の労務	労務によって生じた果実
	工業の労務	労務によって生じた製作物

いては、借主がその不動産に備え付けた動産に対して先取特権が発生するといったような具合です。

② 一般先取特権

共益の費用、雇用関係、葬式の費用、日用品の供給によって生じた債権を有する者は、債務者の総財産について先取特権を持ちます。

■ 配当要求の手続き

配当要求を希望する場合、執行官に対して「配当要求書」を提出します。配当要求書には、配当要求をする旨、債権の原因、債権額（元金、利息、損害金）、根拠となる質権または先取特権、執行場所、添付書類などを記載します。

添付書類は、配当要求の根拠となる質権または先取特権の成立を証明する書面です。具体的には、質権設定契約書や動産の売買の契約書などを用意します。配当要求をしたにもかかわらず、執行官がそれを認めない場合には、要求をした者は執行異議を申し立てることができます。

配当要求の終期

配当要求は、次のときまでに行うことができる。
・売却による売得金の場合：執行官が売得金を得るまで
・金銭の差押えの場合：執行官が金銭を差し押さえるまで
・手形などの支払金の場合：執行官が支払いを受けるまで
・供託された売得金の場合：動産執行が続行されることになるまで

差押物の換価手続き

競り売りの方法が一般的に行われている

■ 金銭の交付と差押物の評価

動産執行の手続きは、差押えから差押物の評価、競売、売却による換価（換金）、配当または弁済金の交付と進んでいきます。

ただ、差押物が金銭の場合には、換価が不要なため、差押えの後、債権者に対する配当等へと進みます。

金銭以外の差押物については、差押えの段階で執行官自ら財産的評価をする他、高価なものがあるときは、専門家から評価人を選任して評価を行います。評価人の選任が必要なのは、主に、宝石、貴金属、絵画や彫刻などの美術品などの場合です。評価人は評価書を執行官に提出します。

■ 動産競売の方法

動産競売には、複数の方法が用意されています。不動産競売では入札が主流ですが、動産競売では競り売りが主流です。

① 入 札

一定期日に、買受けを希望する者が買受価格を提示して、最高価格を提示した者に売却される方法です。

まとまった数の高額な動産がある場合には、競り売りよりもこの方法によって売却されることがあります。

② 競り売り

買受希望者がその場で競争的に買受希望価格を提示し、最高価格を提示した者に売却する方法で、動産競売ではこの方法が一般的です。

動産に対する担保権

動産の場合には、法律上の権利関係が不明確なことがよくある。動産に設定される担保権としては、質権が典型である。質権は、債務者の所有する動産に設定されるだけではなく、第三者の所有する動産に設定されることもある（物上保証人）。また、企業金融などでは、占有を債務者に委ねる譲渡担保契約がよく見られる。しかも、工場内にある工作機械、材料、製品などをひっくるめて担保とする場合もある。
このような複雑な事情から、担保権について法律的にどのように扱うべきかは、専門的な判断が必要とされる。
なお、現在では目的物の任意提出以外の場合にも執行裁判所の許可があれば動産競売を開始することができるようになった。

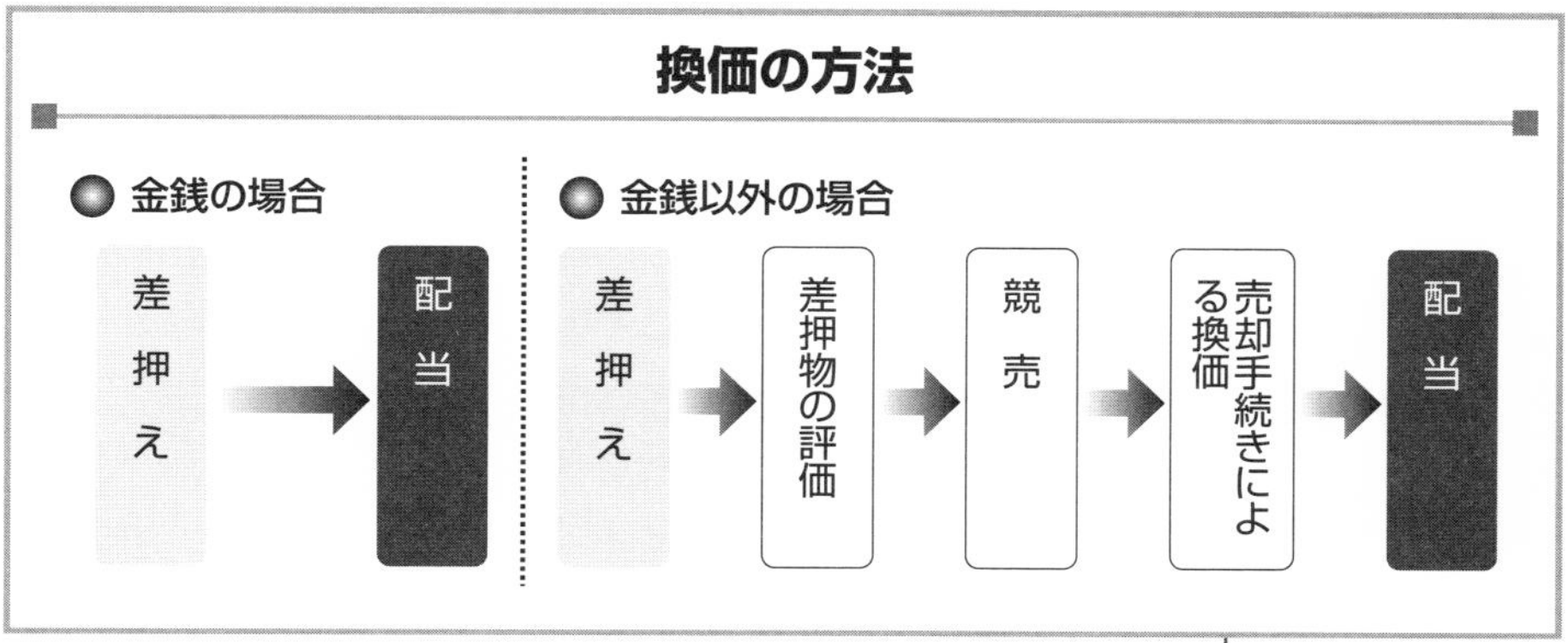

③　**特別売却**

執行官が特別な方法によって売却する方法です。

この方法による場合は、あらかじめ、差押債権者の意見を聞き、執行裁判所の許可を得なければなりません。

④　**委託売却**

動産の種類によっては、専門業者などの執行官以外の者に、売却の実施を委託する場合があります。

この場合でも、あらかじめ、差押債権者の意見を聞き、執行裁判所の許可を得なければなりません。

■ いつ競り売りをするのか

競り売りの期日を決めるのは、執行官です。ただ、自由な裁量が許されているのではなく、差押えの日から１週間以上空けて、１か月以内に実施しなければなりません。公告を出して多くの人々に競売への参加を呼びかけるため、期日まで多少時間を空けているのです。この期日は、執行官の裁量により延期することもできます。法律上は、差押債権者や債務者に延期を申し立てる権利は認められていません。しかし、東京地裁などでは、実務上、売却期日延長の申立てが認められています。差押債権者・債務者間で債務の弁済について話し合いが持たれるこ

競り売りをする場所

執行官の裁量により決定される。もっとも、多くの場合、差押えの場所か裁判所の売却場で行われる。住居で差し押さえた家財道具や工場で差し押さえた工作機械などを競売する場合には、差押えの場所で競り売りが行われる。貴金属や美術品のように移動しやすい動産を差し押さえたときは、裁判所の売却場で競り売りをする。

ともあり、期日の延長を認める必要性があるからです。

■ 公告、期日通知、競り売り

公告の表示

公告には次の各事項が表示される。

- 事件の表示
- 売却すべき動産の表示
- 競り売り期日を開く日時と場所
- 法令上の取得制限のある動産について買受けの申出をすることができる者の資格を制限したときはその制限の内容
- 期日前に動産を一般公開するときはその日時と場所
- 代金支払期日を定めたときは買受申出の保証金額、その提供の方法、支払日
- 動産が貴金属またはその加工品である場合の地金価格

競り売りには少しでも多くの者に参加を促す建前から、期日の決定後にそれを公告することになっています。公告は、執行官所属の執行裁判所の掲示板に掲示して行います。

公告とは別に、執行官は各債権者および債務者に対して、競り売り期日の日時と場所を通知します。

執行官は、動産について点検の上、売却条件を告げて買受けの申出を催告し、競り上げつつ買受けを募ります。買受人が最高価額を申し出てそれを執行官が３回呼び上げても、より以上の価額の申出がないと、その買受人に売却が決まります。執行官は、買受人の氏名（名称）、買受申出額、その者に買受けを許可する旨を告げます。この手続きを繰り返すことによって、動産競売は進んでいきます。

代金の支払いについて、支払期日が別に定められている場合は、買受けを申し出る者は、執行官に対して保証金または執行官の指定する金融機関の振り出した自己宛小切手を提供しなければなりません。代金支払期日が定められていないときは、買受人はその場で執行官に対して代金を支払います。競り売りを実施する場所が人の住居である場合で、債務者が不在のときは、市区町村の職員、警察官その他証人として相当と認められる者を立ち会わせることが義務づけられています。この点は、差押えの場合と同じです。

■ 競り売りの中止と差押えの取消

強制執行は債務者の意思に関係なく権利を制約する手続きですが、任意に債務の履行がなされるのであれば、それに越したことはありません。執行官が買受けの申出額を呼び上げているとき、または、買受けを許可する旨を告知する前であれば、債

動産競売の手続きの流れ

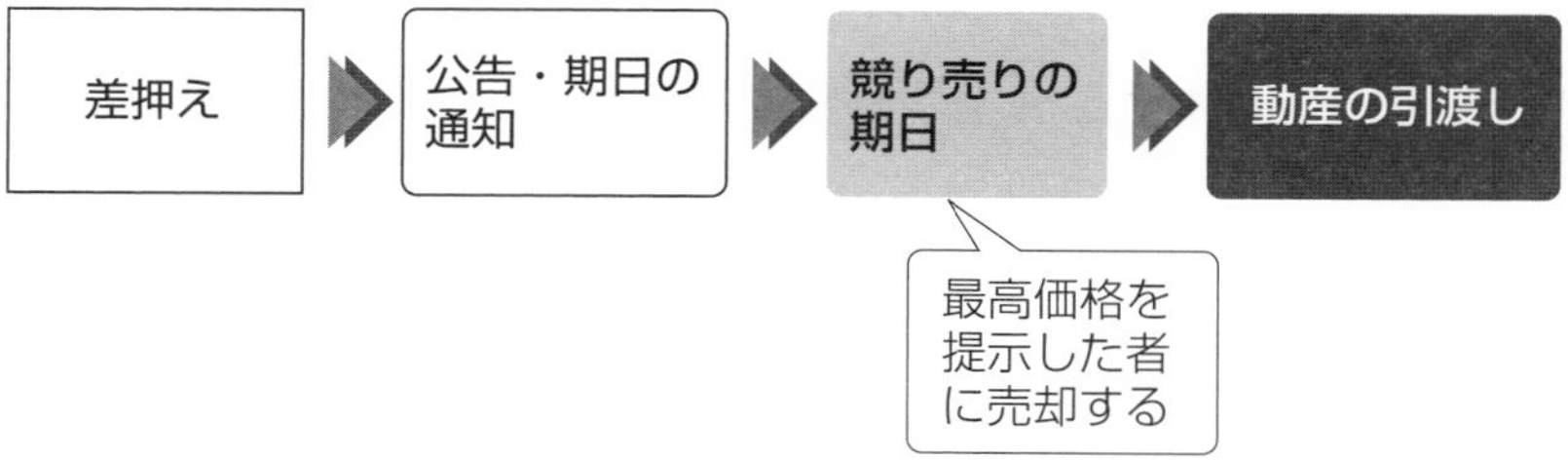

務者は債務を履行することができます。債務者が債務を履行する旨を申し立てると、執行官は、競り売りを一時中止しなければなりません。債務者が弁済をすると、競り売りは中止されます。また、差押えも債務者の財産権を制約しているので、必要最小限度でなければなりません。競り売りの最中に売得金が債権と執行費用の合計額を超過したときには、その時点で、未売却の他の動産に対する差押えを取り消さなければなりません。

■ 動産の引渡しを行う

売却が許可されて買受人が代金を支払ったら、執行官は当該動産を買受人に引き渡します。売却場にその動産があるときには、そのまま引渡しが行われます。倉庫に大量に保管されていたり、家屋や工場などに備え付けられている動産については、後日引渡しが行われます。

■ 配当手続き

競り売りが終了し、売得金の合計額が決定すると、債権者らに配当が実施されます。配当が受けられる債権者とは、差押債権者（申立人）、配当要求が認められた債権者（質権者・先取特権者）などです。

PART2
19

民事執行の手続き

債権差押え

債務者の預金や給料などを差し押さえる

■ 債権に対しても強制執行ができる

不動産や動産の他に、債権も強制執行の対象になります。ただし、ここで強制執行の対象として取り扱う債権は、一応、金銭の給付を請求することができる債権に限定します。金銭の給付を目的とする債権で典型的なものは、銀行などの金融機関に対する預金債権、会社員などが使用者に対してもつ賃金債権、企業が取引先に対して有する売掛金債権などが挙げられます。

たとえば、債権者Ｘが債務者Ｙに対して債権をもっていて、Ｙが期限に債務を履行しなかったとします。もし、ＹがＺに対して債権をもっていた場合には、Ｘは強制執行を申し立てて、ＹのＺに対する債権を差し押さえた上で、債権の回収を図ることができるわけです。ここでのＺのことを第三債務者といい（次ページ欄外注釈参照）、上記の債権の典型例でいうと、Ｙの預金先の銀行や勤務先がこれにあたります。

債権執行の長所と短所

・長所
債権の場合は、差し押さえるとそのまま第三債務者から弁済を受ければすむため、競売という煩雑な手続きは必要ない。また、債権は最初から金額がはっきりしているので、差押えの時点で回収できる額が明確になる。
・短所
債権は、姿や形はないので、債務者が誰に対して債権をもっているのかどうかは認識しにくい。また、たとえ債権の存在が判明しても、すでに何らかの権利関係が設定されていると、それが優先されて執行は空振りとなる。

■ 債権差押命令の効力

債権執行の申立てが認められて、差押命令が第三債務者に送達されると債権差押命令の効力が発生します。これ以降、債務者は債権の取立てや債権譲渡などの処分は禁じられます。また同時に、第三債務者も債務者に対して弁済することはできません。ここでは、債権者をＸ、債務者をＹ、第三債務者をＺとして、債務者や第三債務者に対する債権差押命令の効力について説明していきます。

① 債務者Ｙに対する効力

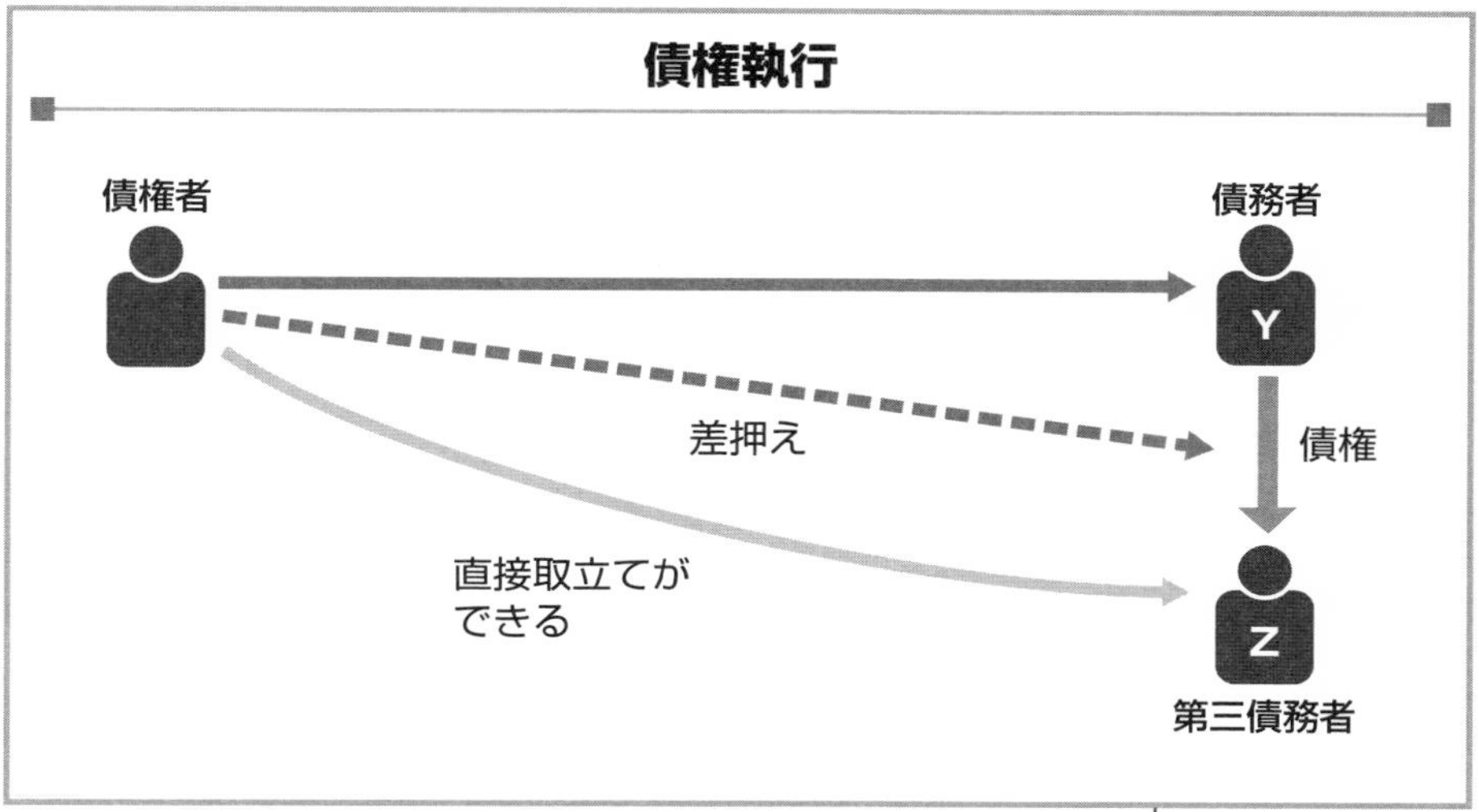

債権差押命令が効力を生じると、債務者Yは、その債権を消滅させる行為、つまり、第三債務者Zからの弁済を受領することが禁止されます。また、債権をめぐる法律関係を変動させることも禁止されますので、Yは、当該債権を第三者に譲渡することもできなくなります。たとえ譲渡したとしても、この債権譲渡を債権者X、第三債務者Zに対して対抗（主張）することはできません。譲渡はなかったものとして扱われます。

債権に質権を設定することもできません。債権差押命令送達後は、YがX以外の債権者のために当該債権に質権を設定しても、その効力の有効性を主張することはできないのです。

② 第三債務者に対する効力

第三債務者Zに債権差押命令が送達されると、Zは、債務者Yなどに弁済することはできなくなります。もし、ZがYまたはYから債権譲渡を受けた人に対して弁済したとしても、それを債権者Xに対して対抗（主張）することはできません。結果として、二重に弁済しなければならないわけです。

第三債務者

債務者に対して債務を負っている者。たとえば、XがYに対して債権をもち、YがZに債権をもっているときに、Xから見たZが第三債務者となる。

第三債務者のとりうる手段

あちこちから弁済を請求されたり、差し押さえられたりすると、第三債務者が法務局に供託をすることがある。

PART2
20

民事執行の手続き

差押禁止債権

給料は原則として４分の１しか差し押さえることはできない

■ 差押えのできない債権もある

債権の差押えといっても、債権であれば何でも差し押さえることができるわけではありません。特に、給料や年金などは、生活の基盤となる収入であり、全額を差し押さえられると個人の生存が脅かされることになります。

そこで、民事執行法とそれを受けた政令では、差押えのできる債権の限界を設けています。

①　民間保険会社の年金保険給付など

公的年金給付は、各種法律により差押えが禁止されています。民間保険会社の年金保険給付など、民間の生計維持のための継続的な給付については、原則として総額の４分の３については差押えが禁止されます。

②　給料、賞与など

給料や賞与などについても、生活の基盤となる収入であり、原則として総額の４分の３については差押えが禁止されます。

ただし、①の継続的な給付や②の給料、賞与などについては、収入額に個人差がありますので、一定の金額を超える収入がある場合は、一定の金額についてのみ差押えが禁止されます。具体的には、毎月支給される継続的な給付や給料は、月額44万円を超える場合は、33万円のみ差押えが禁止され、４分の１以上を差し押さえることができます。また、賞与も、44万円を超える場合は、33万円のみ差押えが禁止されます。

③　退職金など

退職金は、在職中の給与の後払い的性質をもっており、退職

差押禁止債権に関する規定の改正の概要

2019年５月の民事執行法改正により、差押禁止債権に関する規定が改正された。具体的には、次の２点である。

①　差押禁止債権の範囲変更制度の教示

改正により、裁判所書記官が差押命令を送達する際には、併せて差押禁止債権の範囲変更の制度を債務者に教示することとされた。

②　差押禁止債権の範囲変更の申立ての準備期間の変更

現状では、差押禁止債権の範囲変更の申立ての準備期間が短い（１週間）ために、債務者が範囲変更の申立ての準備をしている間に差押債権者に取り立てられてしまうケースが見られる。そこで、改正により、差押禁止債権の範囲変更の申立ての準備期間が４週間に延長された。

給料が差し押さえられる範囲

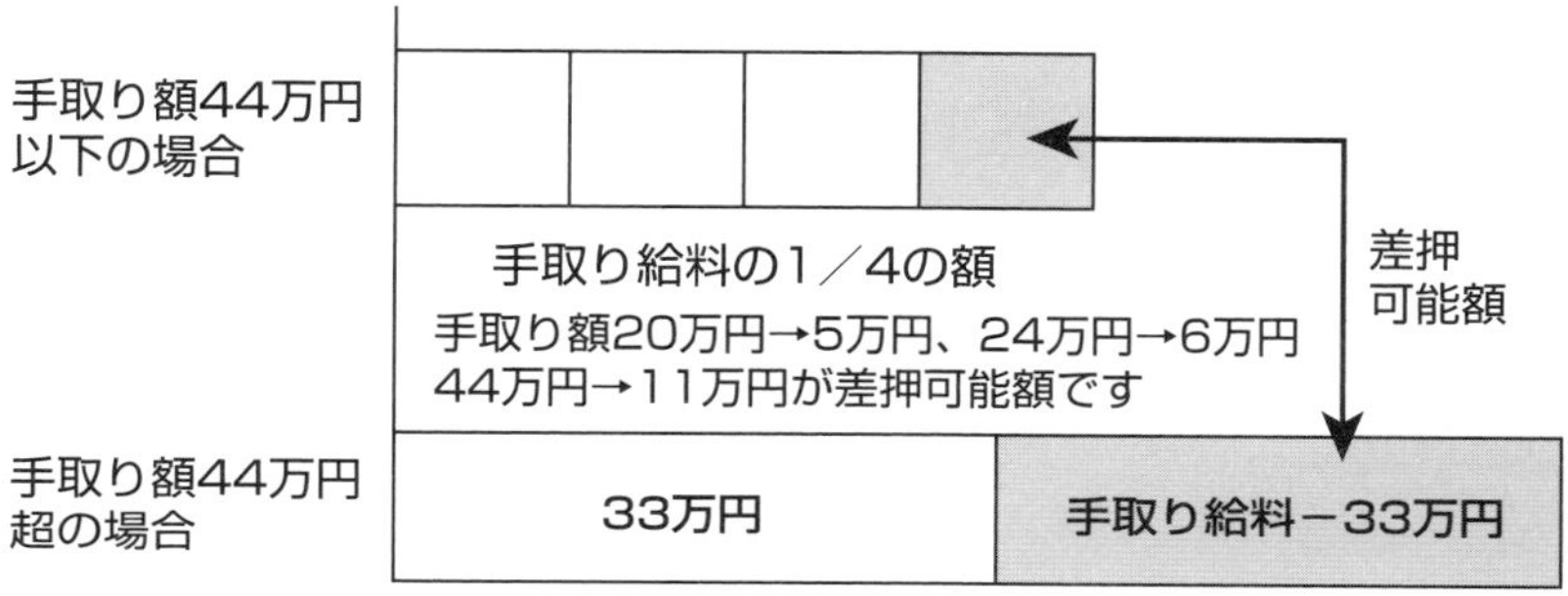

手取額が44万円を超える場合は、その手取額から一律33万円を差し引いた額を差し押さえることができる。つまり、33万円を債務者のもとに残せば、その残りはすべて差し押さえることができる。

後の生活を保障する役割をもっています。そのため、給与の場合と同様に、総額の４分の３については差押えが禁止されます。

④　各種法律で規定されている差押禁止債権

国民年金、厚生年金、生活保護費などは、差押えが禁止されています。ただし、預金口座に入金された後は預金債権になりますので、原則として差押えは可能です。

■ 差押禁止債権の範囲の変更

債務者などの申立てにより、裁判所は、債務者などの生活状況を考慮して、上記の差押禁止債権の範囲を変更することができます。もっとも、従来はこの制度があまり活用されていませんでした。そこで、2019年民事執行法改正により、差押命令の送達の際に債務者にこの制度を教示するものとし、また、制度を利用のための猶予を与えるべく、債権者が差押債権の取立てが可能になるまでの期間を延長しました。

差押禁止の範囲についての変更

計算基準が定められていても、債務者とその家族の置かれている生活環境はさまざまで、債権者や債務者から見て、差押禁止の範囲が広すぎて納得がいかないこともある。そのため、債権者または債務者は、差押禁止の範囲について、執行裁判所に対して変更を申し立てることができる。執行裁判所は、債権者および債務者の生活状況などの諸事情を総合的に考慮して変更が相当と判断すれば、これを認めている。

社会保障関係の給付の例

国民年金や生活保護の受給権などは差し押さえることができないものとされている。

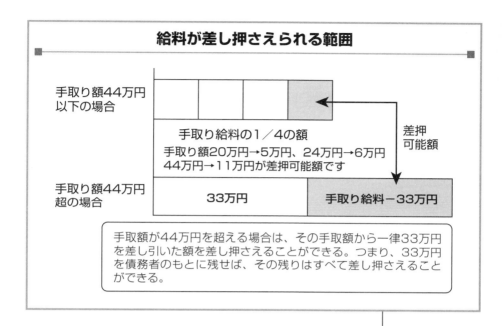

PART2
21

民事執行の手続き

債権差押えの手続き

自ら債権の取立てができる

■ 債権差押手続きの流れ

債権差押手続の大まかな流れは、申立て→差押命令→債務者および第三債務者への送達→取立て（供託）→配当（弁済金の交付）です。以下、手続きについて述べていきます。

① 執行裁判所

債権執行を行う執行機関は、地方裁判所です。債務者が個人であれば、その住所地を管轄する地方裁判所が執行裁判所となります。債務者が会社などの法人であれば、主たる事務所の所在を管轄する地方裁判所が執行裁判所となります。

② 申立て

申立ては書面主義を採用しており、申立書を作成して提出します。なお、申立てに際しては、第三債務者に対する「陳述催告の申立て」も重要です。

③ 債権差押命令

申立書が適法なものとして受理されると、執行裁判所は債権差押命令を発します。まず、第三債務者に対して債権差押命令を発し、陳述催告の申立てがなされていれば、一緒に陳述の催告書も送達します。その後、債務者に対して債権差押命令が送達されることになります。申立てからここまでは、通常、1週間から10日間かかります。

④ 債権者による取立て

債権差押命令が発せられ、債務者および第三債務者に送達されると、執行裁判所から差押債権者に対して送達日が通知されます。債権差押命令が債務者に送達されてから1週間経過すれ

申立て

申立書には、執行裁判所名（東京地裁は民事第21部）を宛名として、日付、氏名（名称）、押印、債権差押命令を求める旨の記載をし、手数料として印紙を貼付する。当事者・請求債権・差押債権については、別紙目録に記載し、添付する。

事件番号

申立てが受理されると、事件に対して事件番号がつけられる。この事件番号は、以後、裁判所への問い合わせや、手続きの際に必要なものなので、必ず控えておいて忘れないようにしたい。

債権者による取立て

取立後、差押債権者は取立届を執行裁判所に提出する。取立届には、事件番号、宛先として執行裁判所名、届出日付、債権者、債務者、第三債務者、取立てを完了した旨や取立日付、取立金額を記載する。

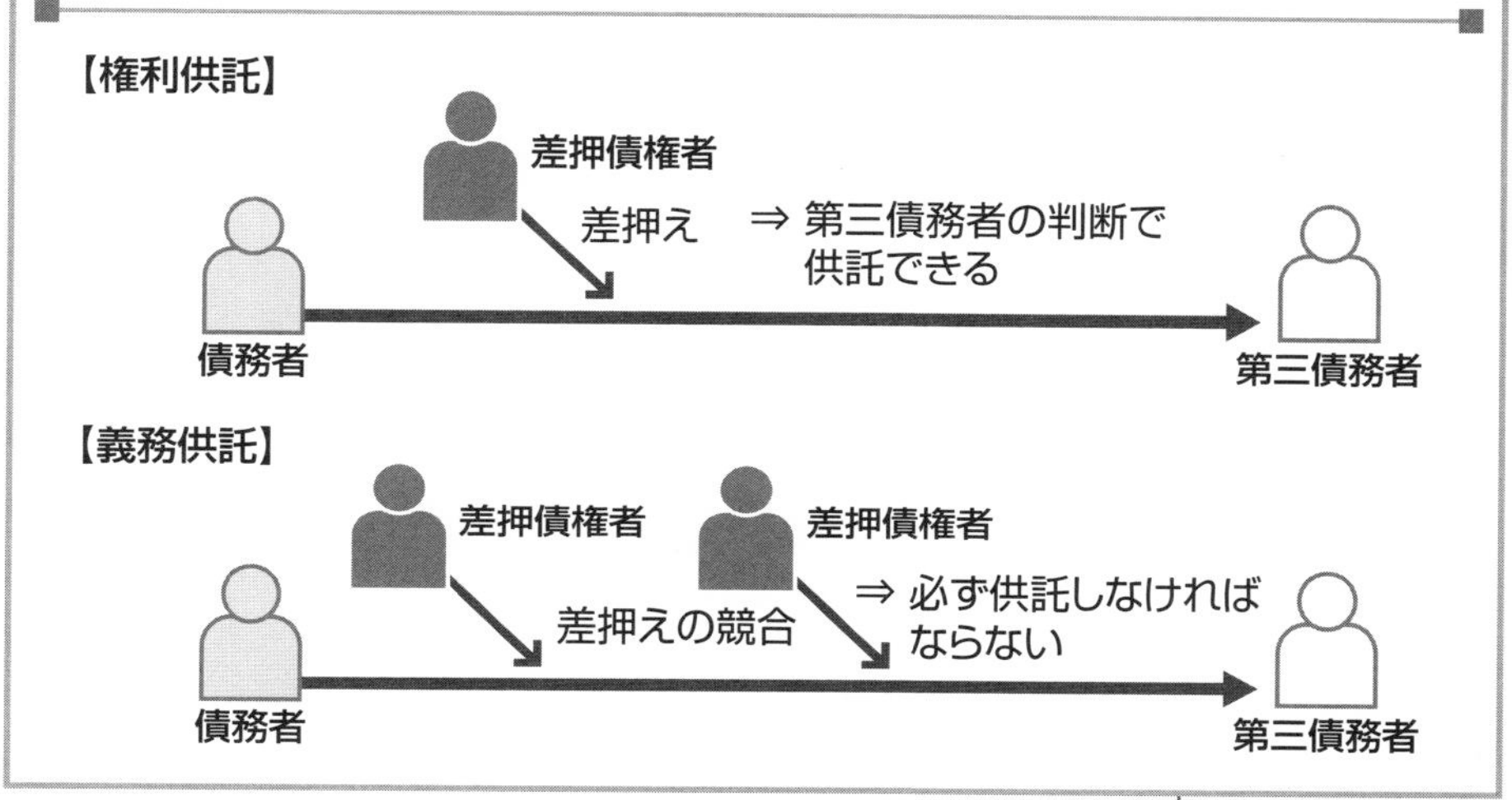

執行供託

ば、差押債権者は第三債務者から債権の取立てができます。ただし、給料債権などについては４週間となります。他方、差押債権者に対して弁済をした第三債務者は、執行裁判所に支払届を提出することになっています。もし、第三債務者が弁済も供託もしないときは、取立訴訟の提起により、差押債権者は債権回収を図ることになります。

⑤　第三債務者の供託

民事執行法は、債権執行を原因とする供託について定めています（執行供託）。債権の差押えがあった場合、第三債務者は、弁済先を間違えるなどのリスクを避けるため、自らの選択により、差押債権者に弁済するのではなく、法務局に供託をすることができます（権利供託）。また、同じ債権について複数の差押えや仮差押が競合した場合、第三債務者が、自己の勝手な判断で差押債権者の１人に弁済してしまうと不公平ですし、手続きも混乱してしまいますので、第三債務者は必ず供託をしなければなりません（義務供託）。

申立ての際に気をつけること

途中で差し押さえようとする債権の弁済期が到来してしまうと、債務者が第三債務者から弁済を受けてしまうおそれがあるので、タイミングをはかって申し立てる必要がある。

供託することの意味

供託の手続きをして金銭を預けておけば、最終的には供託所を通して、正当な受取人の手に渡る。第三債務者は、供託後、執行裁判所に事情届を提出する。事情届には、供託金額・日時、供託番号、各差押えの事件番号・債権者名・債権差押命令送達日・請求債権額などを記載する。

PART2
22

民事執行の手続き

債権差押命令の申立て

陳述催告により債権の状況を把握できる

■ 申立ての添付書類

債権差押えを申し立てる際には、債権差押命令申立書の他に①執行力ある債務名義の正本、②送達証明書、③当事者・請求債権・差押債権目録、④資格証明書、⑤委任状などの書類が必要です。また、執行に必要な費用として、手数料としての印紙と切手を用意しておかなければなりません。

■ 陳述催告の申立てには期限がある

債権それ自体は姿かたちがあるものではなく、認識しにくいものですが、債権者は、裁判所を通して、第三債務者に差し押さえるべき債権の存在を確認することができます。それが陳述催告の制度です。債権者から陳述催告の申立てがなされると、裁判所書記官は第三債務者に対して、差押債権の存否、券面額、弁済の有無、すでに差押えや仮差押があるかなどを問い合わせます。第三債務者は、２週間以内に、陳述書を提出して答えることになっています。

注意したいのは、陳述催告の申立てには期限があるということです。債権差押命令が第三債務者に送達されるまでに、陳述催告を申し立てなければなりません。実際には債権差押命令の申立てと同時に申し立てる場合がほとんどです。

陳述催告に対して第三債務者が故意（わざと）または過失（不注意）により虚偽の陳述書を提出すると、第三債務者は損害賠償の責任を負うことになります。

申立ての添付書類

① 執行力ある債務名義の正本
ただの債務名義ではなく、執行力のあることが必要である。
② 送達証明書
債務者に強制執行力のある債務名義があることを認識させておくことが必要なので、送達がなされていなければならない。そして、申立書には、送達証明書の添付が必要とされる。
③ 当事者・請求債権・差押債権目録
当事者・請求債権・差押債権の表示は目録を作成し、それを添付する。
④ 資格証明書
債権者・債務者・第三債務者のいずれかが法人である場合は、代表者を明らかにするため、その資格証明書を添付する。資格証明書といっても、商業登記事項証明書でも十分である。ただ、申立てから遡って1か月以内に発行されたものでなければならない。
⑤ 委任状
代理人によって申立てをする場合には、委任状を作成し、添付する。法人が申立てをするときなど、弁護士以外でも代理人とすることはできる。

債権差押手続きの流れ

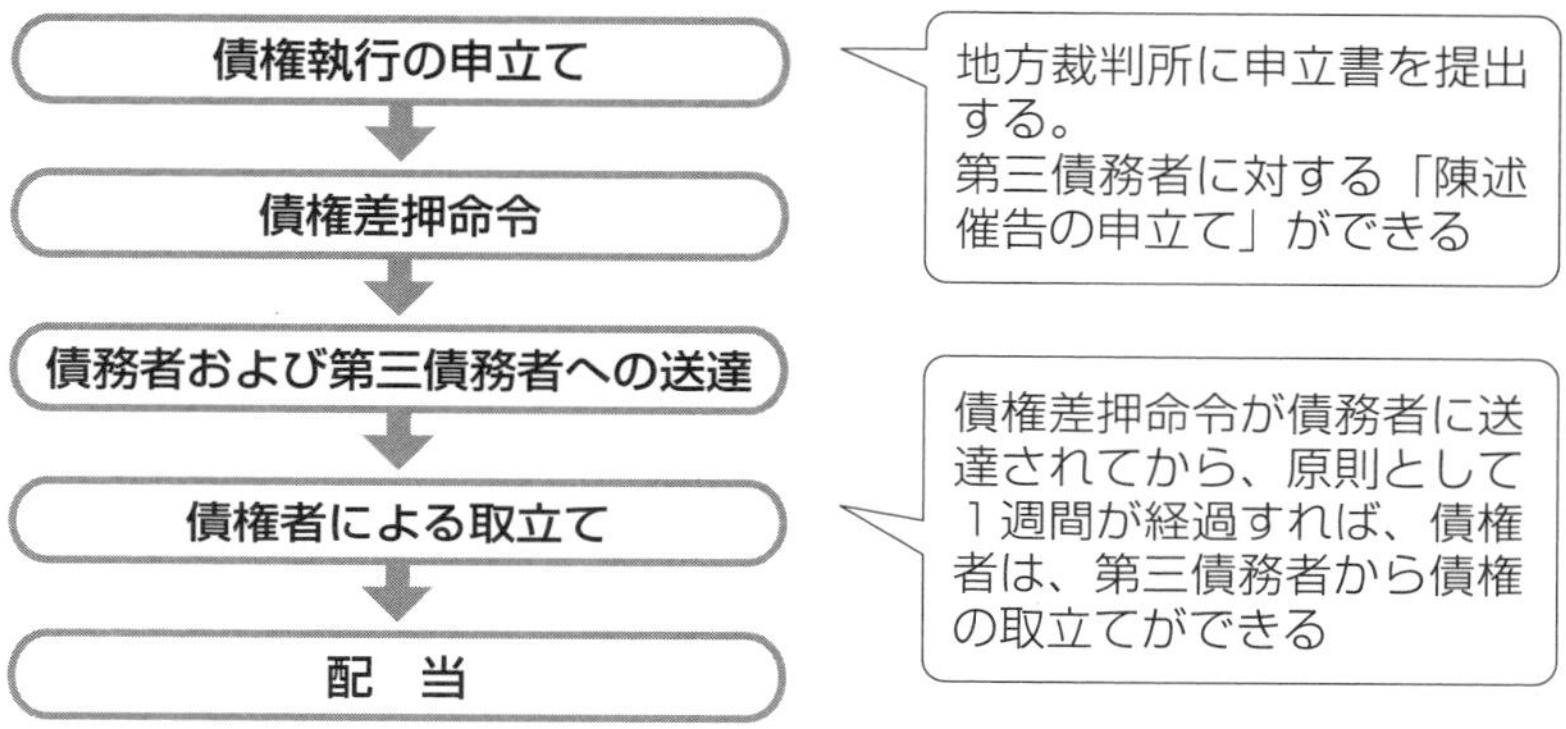
債権執行の申立て
債権差押命令
債務者および第三債務者への送達
債権者による取立て
配　当
地方裁判所に申立書を提出する。
第三債務者に対する「陳述催告の申立て」ができる
債権差押命令が債務者に送達されてから、原則として1週間が経過すれば、債権者は、第三債務者から債権の取立てができる

■ 抵当権に基づく賃料債権の差押え

①　物上代位とは

抵当権や根抵当権が設定されている場合には、債権者は、その不動産の賃料債権を差し押さえて、取り立てることができます。これが民法上の物上代位の制度です。物上代位権の行使による債権の差押えのための手続きとは、つまり、執行裁判所に対して債権差押命令の申立てをすることです。

ただし、抵当権・根抵当権に基づく権利行使なので、担保権・被担保債権・請求債権を共に明らかにし、担保権を設定している不動産物件も明示しなければなりません。

②　申立書と添付書類

この場合の申立ては、債権差押命令申立書、当事者目録、担保権・被担保債権・請求債権目録、差押債権目録、添付書類などの提出により行います。このうち、担保権・被担保債権・請求債権目録については、まず、差押債権目録に記載した抵当権などの担保権の種類と登記をした法務局での受付番号を記載します。その上で、元金・利息・遅延損害金の合計額を、被担保

印紙と切手

印紙は申立書に貼付する。4,000円である。消印（使用済みであることを示す印）をしないように注意したい。また、債権差押命令の送達などに必要な費用として、切手をそのまま予納する。ただ、予納すべき切手の額は裁判所によって異なるので、あらかじめ問い合わせておきたい。「いくらの切手が何枚」というように組み合わせも決まっているので、総額だけではなく組み合わせについても尋ねておいた方がよい。

債権及び請求債権として記載します。

添付書類については、多くは通常の債権差押命令の申立ての場合と同様です。当事者に法人がいるときは、代表者を明らかにするために、資格証明書あるいは商業登記事項証明書を添付します。代理人により申し立てるときは、委任状を添付します。

特有の添付書類としては、物上代位の根拠となる抵当権などを示す不動産登記事項証明書を添付します。この証明書は申立てから遡って、１か月以内に交付されたものを用意する必要があります。この他、賃貸契約書の写しが必要になることもあります。

物上代位制度
不動産の担保権を実行したとしても債権を十分に回収できないケースもある。そのため、物上代位を利用して、定期的な収入である賃料を差し押さえて支払いを受ける方法がよく利用されている。

③　陳述催告を活用する

原則として賃貸借契約書の写しの添付が求められない理由としては、契約書を所持しているのが債務者（賃貸人）であり、債権者が事前に写しを要求すると賃料差押えの動きを察知されてしまうという事情があります。第三債務者（賃借人）に写しを要求しても、債務者に察知される可能性はあります。

しかし、それでは賃貸借関係が明確にならないまま、差押命令の申立てをすることになってしまいます。そのまま手続きを進めても、もし賃借人が別の者であれば、手続きは途中で頓挫してしまいます。

そこで、陳述催告を活用する方法がとられることがあります。債権差押命令の申立てと同時に、債権者が陳述催告の申立ても行うと、第三債務者は債務の有無について、執行裁判所に陳述書を提出することになっています。これによって、第三債務者と債務者間の債権債務関係を差押債権者は確認することができるのです。

物上代位と陳述催告
物上代位のケースでは、この陳述催告の制度を活用する。差押債権者から陳述催告の申立てがあると、第三債務者は執行裁判所に賃貸借関係や賃料債権の状況などについての陳述書を提出する。これによって、賃貸借関係が明らかにされる。

④　他の債権者や担保不動産収益執行との関係

・担保不動産収益執行との関係

ある債権者が物上代位による賃料の差押えを行っても、その後に他の債権者の申立てによって担保不動産収益執行が開始さ

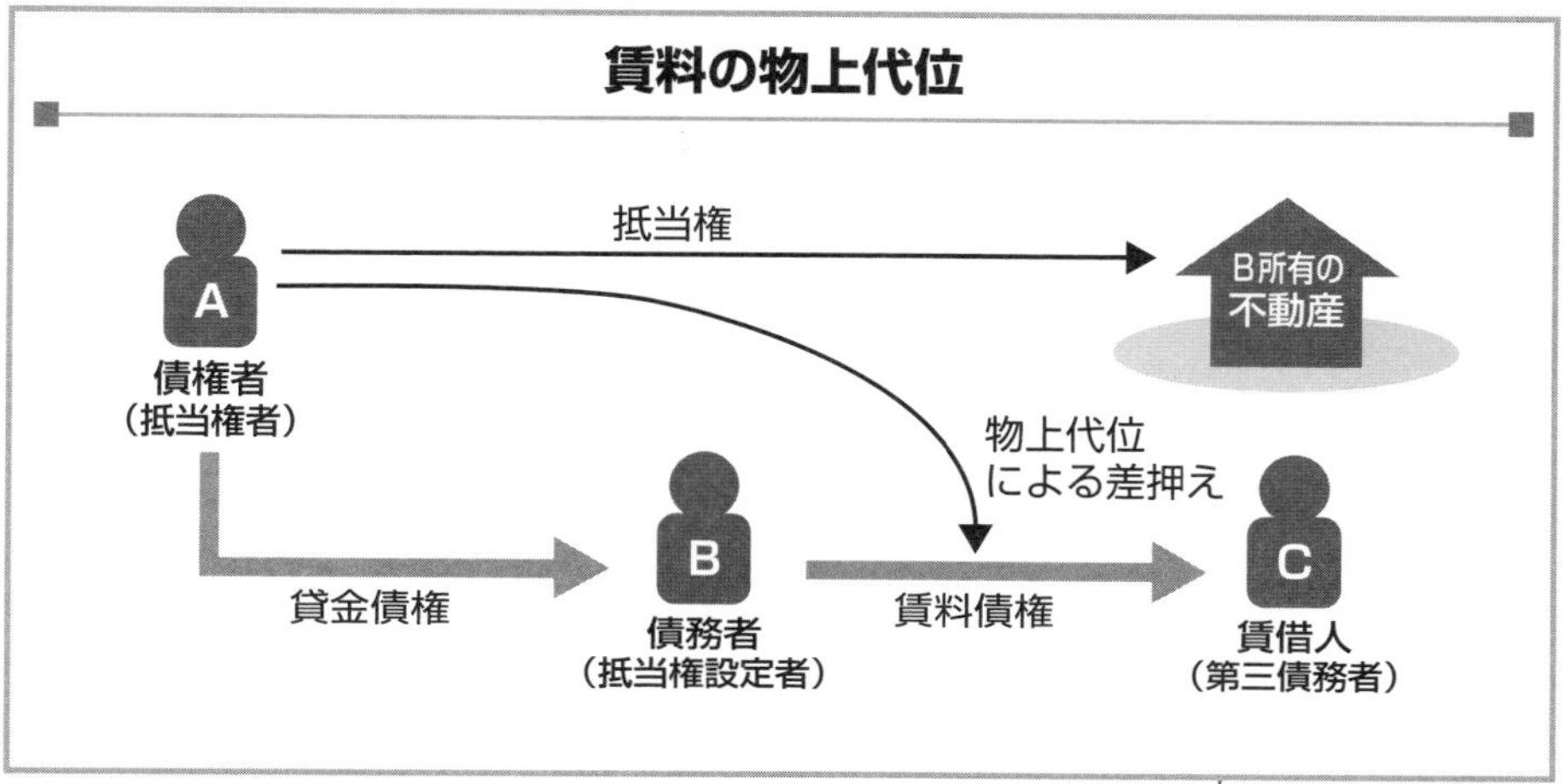

れると、先になされた差押えの効力は停止してしまいます。ただし、差押債権者は、その後の担保不動産収益執行において配当に参加することができます。

・物上代位と通常の債権差押命令の優劣

物上代位権の根拠となる担保権（抵当権）の登記と債権差押命令の第三債務者への送達の先後で優劣が決まります。物上代位による差押えの日時は基準になりません。

・物上代位と債権譲渡の優劣

債務者が第三者に賃料債権を譲渡したときは、担保権の登記と債権譲渡通知の第三債務者（賃借人）への送達の先後で優劣が決まります。

なお、債権譲渡とは、債権を第三者に譲渡することをいいます。債権譲渡に際しては、債権を譲渡する者が、債権を譲渡した旨の通知を債務者にするか、債務者からの承諾を得なければ債権を譲渡したことを債務者や第三者に主張できません。

担保不動産収益執行

担保不動産から生ずる収益を被担保債権の弁済にあてる方法による不動産担保権の実行のこと（民事執行法180条2号）。賃貸物件の賃料から債権を回収する方法。

債権譲渡を第三者に主張したい場合

第三者に主張するには内容証明郵便などの書面で通知する必要がある。

PART2
23

民事執行の手続き

養育費等を請求する場合の差押えの特例

差押禁止債権の範囲が狭くなる

■ 養育費などを確保したいときはどうするか

近年、離婚率が上昇していますが、それと共に問題となっているのは、離婚後の子供の養育費の確保です。

親は、子が自立するまでの間、子の生活（衣食住、教育、医療等）について、自分と同じ水準の生活を保障する生活保持義務を負っています。この義務に基づき親が負担する費用を養育費といい、離婚した場合であっても、子と離れて暮らす非監護親は、自らの資力に応じて子と共に暮らす監護親に対し養育費を支払わなければなりません。

よく見受けられるパターンが、離婚後に元妻が子供を引き取って、養育費を元夫が負担するというケースです。

一般的に、歳月の経過と共に、養育費が支払われなくなるケースが多いようです。この点については、婚姻費用の分担金を離婚後に分割で支払う場合や、親族間での扶養料の分担の場合にも同じ問題が該当します。このような不払いが生じ始めた場合、債務者の現在の財産を差し押さえるだけでは、問題は根本的には解決しません。養育費などは定期金債権なので、債務者の給与債権など将来にわたる継続的給付債権を差し押さえなければ実効性がないのです。

このような事情から養育費などの定期金債権について不払いがあった場合には、すでに支払時期が到来している養育費だけでなく支払時期が到来していない将来の養育費などに基づいて現在および将来の給料などの債権を差し押さえることができるようになっています。

定期金債権
一定の金額を定期的に給付する債権。

差押禁止の範囲

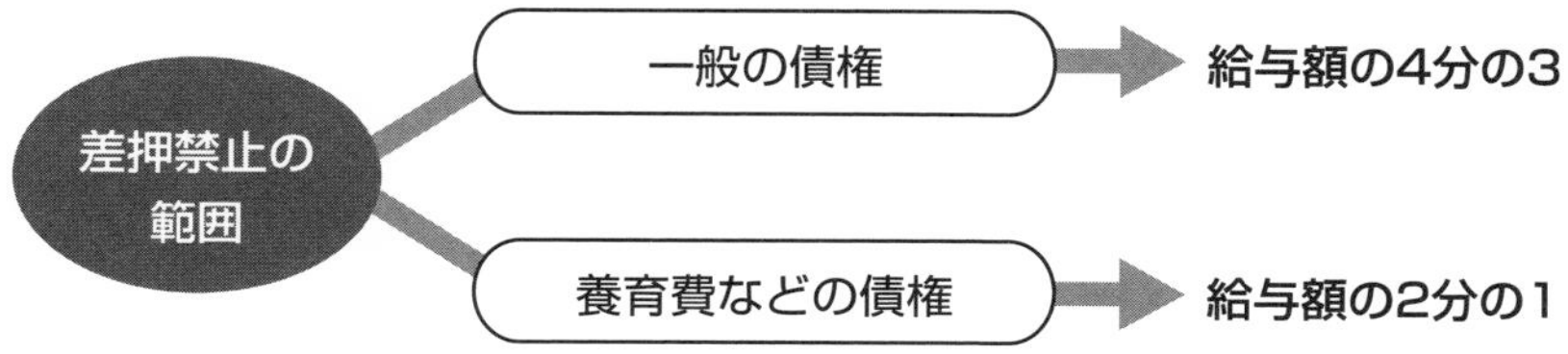

なお、差し押さえることができる債権は、養育費などの各支払期限が到来した後に支給時期の到来する給与などに限定されています。また、根拠となる債務名義上の名称が、これらのものとは異なった和解金などの名称になっていると債務者の将来にわたる債権の差押えができない可能性があるので、調停や和解のときには注意しておいてください。

■ 差押禁止の範囲はどうなっているのか

通常の債権を根拠として差押えをするときは、債務者の給与の４分の３は差し押さえることができません。つまり、４分の１を限度として差押えができます。しかし、養育費などの場合は、養育費などの支払いを受ける者を保護するため、差押禁止の範囲が減少し、原則として２分の１まで差し押さえることができます。

ただし、給与などが月額66万円を超える場合は、33万円についてのみ差押えが禁止され、２分の１以上を差し押さえることができます。

■ 通常の債権と共に請求債権とする場合

養育費など以外の通常の債権と共に養育費などを請求債権とすることができます。しかし、前述したように、差押禁止の範囲が異なるので、申立書に添付する請求債権目録と差押債権目録は、それぞれの債権について作成します。

■ 財産開示手続きと第三者からの情報取得手続き

養育費の不払いは依然として深刻な社会問題です。厚生労働省の平成28年の調査では、母子家庭で養育費の取り決めをしているのは43%、実際に受け取っているのは24%とされています。養育費の不払いは、母子家庭の貧困化を招く大きな要因となっています。このような問題に対処するため、民事執行法では、債権者が債務者の財産に関する情報を取得できる手続きとして、「財産開示手続」が定められていました。養育費を支払わなくなった元夫の財産の情報がわかれば、養育費の回収も可能となります。ところが、従来の財産開示手続きは利用が低調であり、また実効性に乏しい状況にありました。そのため、民事執行法が改正され、財産開示手続きの改善を図ると共に、新たに「第三者からの情報取得手続」が定められました。

■ 改正財産開示手続き

改正により、手続きの申立てができる債権者の範囲が広がりました。従来は確定判決等を有する債権者に限られていましたが、仮執行宣言付き判決（確定前の判決）や執行証書（強制執行認諾文言付き公正証書）を有する債権者も申し立てることができます。たとえば、協議離婚をし、養育費の支払いが滞ったときに強制執行を受け入れることについて、公証役場における公正証書で取り決めたとします。その後、元夫が養育費を支払わなくなったときは、訴訟を経ることなく、この公正証書に基づき財産開示手続きの申立てができます。

仮執行宣言付き判決

訴訟の判決は、確定しなければ債務名義にならず、強制執行の申立てはできないのが原則である。しかし、判決で仮執行宣言が付されると、確定前でも債務名義となり、強制執行が可能となる。ただし、仮執行宣言を付すことができるのは、財産権上の請求であって、裁判所が必要と認めたときのみである。財産権上の請求とは、金銭の支払請求や、物の引渡請求などのことである。

債権者が財産開示手続きを申し立て、裁判所がその実施を決定すると、財産開示の期日が指定されます。債務者は期日に出頭し、財産に関する情報を陳述しなければなりません。債務者が期日に出頭しなかったり、出頭しても宣誓をしなかったり、虚偽の陳述をしたときなどについて、従来は30万円以下の過料という軽いペナルティが課されるに過ぎませんでした。これが改められ、6か月以下の懲役または50万円以下の罰金という刑事罰が科されることになり、手続きの実効性の向上が図られています。

■ 第三者からの情報取得手続き

改正による新制度として、「第三者からの情報取得手続」が定められました。その概要は、①金融機関から、預貯金債権、上場株式、国債等に関する情報を取得すること、②市町村や日本年金機構等から給与債権に関する情報（勤務先など）を取得すること、③登記所（法務局）から、土地と建物に関する情報を取得すること、です。

手続きの申立てをすることができる債権者は、基本的に財産開示手続きと同じです。養育費について確定判決や執行証書などを有する債権者は、前述した①から③のいずれも申立てができます。他方、養育費等の債権者と生命・身体の損害賠償の債権者以外の債権者は、前述した②の情報取得の申立てができません。債権者が申し立て、裁判所がこれを認める決定をすると、裁判所は、第三者に債権者の財産に関する情報の提供を命じます。そして、第三者は、書面で裁判所に情報を提供します。裁判所は、その書面の写しを債権者に送付します。併せて、債務者には、情報の提供がなされたことが通知されます。

第三者からの情報取得手続きにおいて、保険関連は対象とされていません。生命保険の解約返戻金などに関する情報は取得できないので注意してください。

他の債権者との関係

差押債権者が優先するわけではない

■ 債権者が複数登場することもある

債務者が債務を履行しないのには、さまざまな理由があります。多くの場合、なかなか資金繰りがうまくいかず、多数の債務を抱えているものです。このような状況下で債権を差し押さえると、債権差押命令の申立てをしている債権者以外に、後から配当要求をしてくる債権者が現れることがあります。また、別個に手続きを始めて、同じ債権を差し押さえようとする債権者が現れるかもしれません。

このとき問題となるのは、債権者同士の優劣です。その債権の金額だけでは、すべての債権者を満足させることができないのは、むしろ一般的なことだといえます。しかし、債権執行では、最初に債権差押命令を得たからといって優先的に配当を受けられるわけではありません。それぞれの債権額に応じて、按分比例によって差押債権から配当を受けることになります。

たとえば、差押債権の金額が600万円で、債権者Ａの債権額が500万円、債権者Ｂの債権額が1000万円とすれば、Ａは200万円、Ｂは400万円の配当を受ける結果となります。Ａが最初に債権差押命令を申し立てたとしても、Ｂが配当要求をしてきたら、Ａは差押債権額の600万円をＢと分け合うことになり、500万円全額を回収できないのです。

しかし、これが常に認められるとすると、債権の回収に勤勉な債権者が不公平感を抱きます。また、いつまでも配当の比率が決まらず、法律関係も不安定になります。そのため、配当要求ができる資格や時期については制限があります。

配当要求の手続き

配当要求は執行裁判所に対して配当要求書を提出して行う。配当要求書には、すでに進行している債権差押命令申立事件の事件番号、債権の原因、債権の額などを記載する。要求がなされると、執行裁判所は、第三債務者に対してその旨を通知する。

按分比例

基準とする数量・金額に従った割合で分けること。

取立てをせずに放置した場合の差押命令の取消し

2019年の民事執行法改正により、差押債権の取立てができるようになってから支払いを受けることなく２年が経過し、２年経過後４週間以内に差押債権者が支払いを受けていない旨の届出をしないときは、裁判所は差押命令を取り消すことができるようになった。差押債権者が取立てをせずに漫然と放置している場合に手続きを終了させるための措置である。

差押債権からの回収

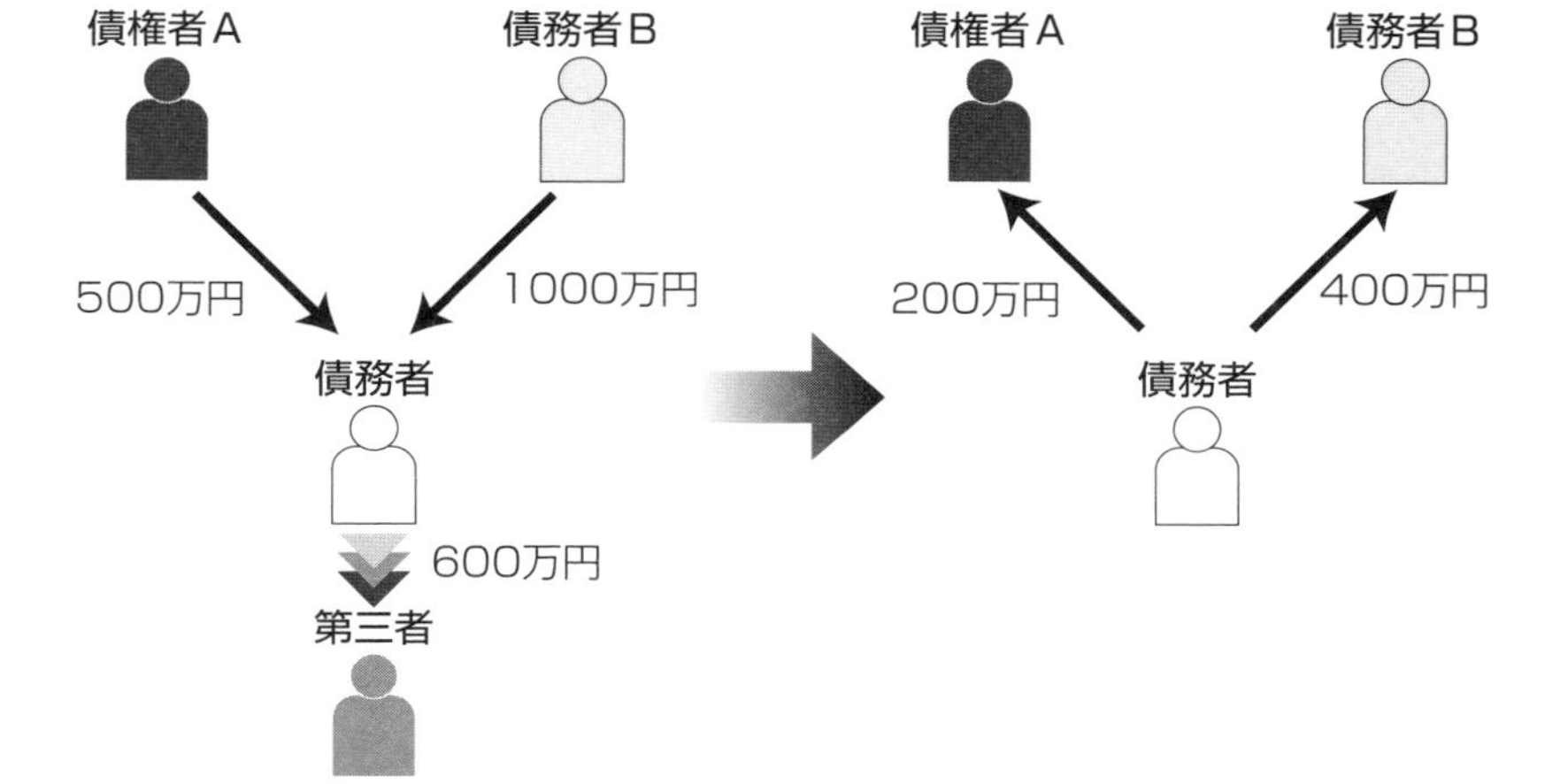

■ 配当に参加できる場合

債権差押命令の申立後であっても、他の債権者は、同じく債権差押命令の申立てをすることができます。二重差押の状態が発生することになりますが、この場合、特に誰かが優先するわけではなく、按分比例に従って配当がなされることになります。

また、配当要求は、執行力ある債務名義を有する債権者または先取特権者でなければできません。また、債権差押えの手続きが取り消されたりすると、手続上の根拠を失うので、配当を受けることはできなくなります。そして、配当に参加できる債権者は、第三債務者が供託をしたり、取立訴訟の訴状が第三債務者に送達されたりする前に、差し押さえ、仮差押または配当要求を行った債権者に限られます。

このように配当に参加できる場合は限定されていますので、差押債権者が差押債権から単独で債権回収を図ることができる場合もあります。

二重差押えができない場合

債権の二重差押えは可能だが、差押債権の存在が前提であり、後発の差押え前に第三債務者が弁済または供託している場合は認められない。取立訴訟が提起されている場合も認められない。

転付命令

債務者の保有する差押債権を差押債権者が取得する

■ 転付命令はなぜよく利用されているのか

転付命令

債務者が保有する差押債権を差押債権者が取得する代わりに、差押債権者が保有していた請求債権については、取得した差押債権の金額の範囲で弁済されたものとみなす制度。

差押債権者は、差押債権について転付命令の申立てをすることができます。実務上よく使用される債権回収の手段です。

① 転付命令とは

債権の差押命令が債務者に送達されてから一定期間が経過すれば、差押債権者は第三債務者から債権を取り立てることができます。しかし、取り立てて自分の債権に充当することが認められているだけで、債権それ自体を取得するものではありません。これに対して、転付命令は、請求債権の弁済に代えて差押債権がそのまま差押債権者に移転することになります。債権譲渡と同じような効果が発生するのです。差押債権者は、差押債権を自分の債権として第三債務者から回収を図るわけです。転付命令は、命令が出されてから１週間以内に不服申立て（執行抗告）がなされなければ確定し、効力を生じます。この場合、転付命令が第三債務者に送達されたときに、請求債権は、差押債権の額面の範囲で弁済されたものとみなします。

② 転付命令の長所と短所

長所としては、差押債権自体を取得することにより、配当要求や別の差押えなどによる他の債権者の介入を防ぐことができる点です。一方で、短所もあります。転付命令は、差押債権はその額面のまま、差押債権者に移転します。これにより、差押債権の額面の範囲で、請求債権が弁済されたものとみなされます。たとえば、ＸがＹに対して300万円の請求債権をもっていて、ＹのＺに対する額面300万円の差押債権につき転付命令を

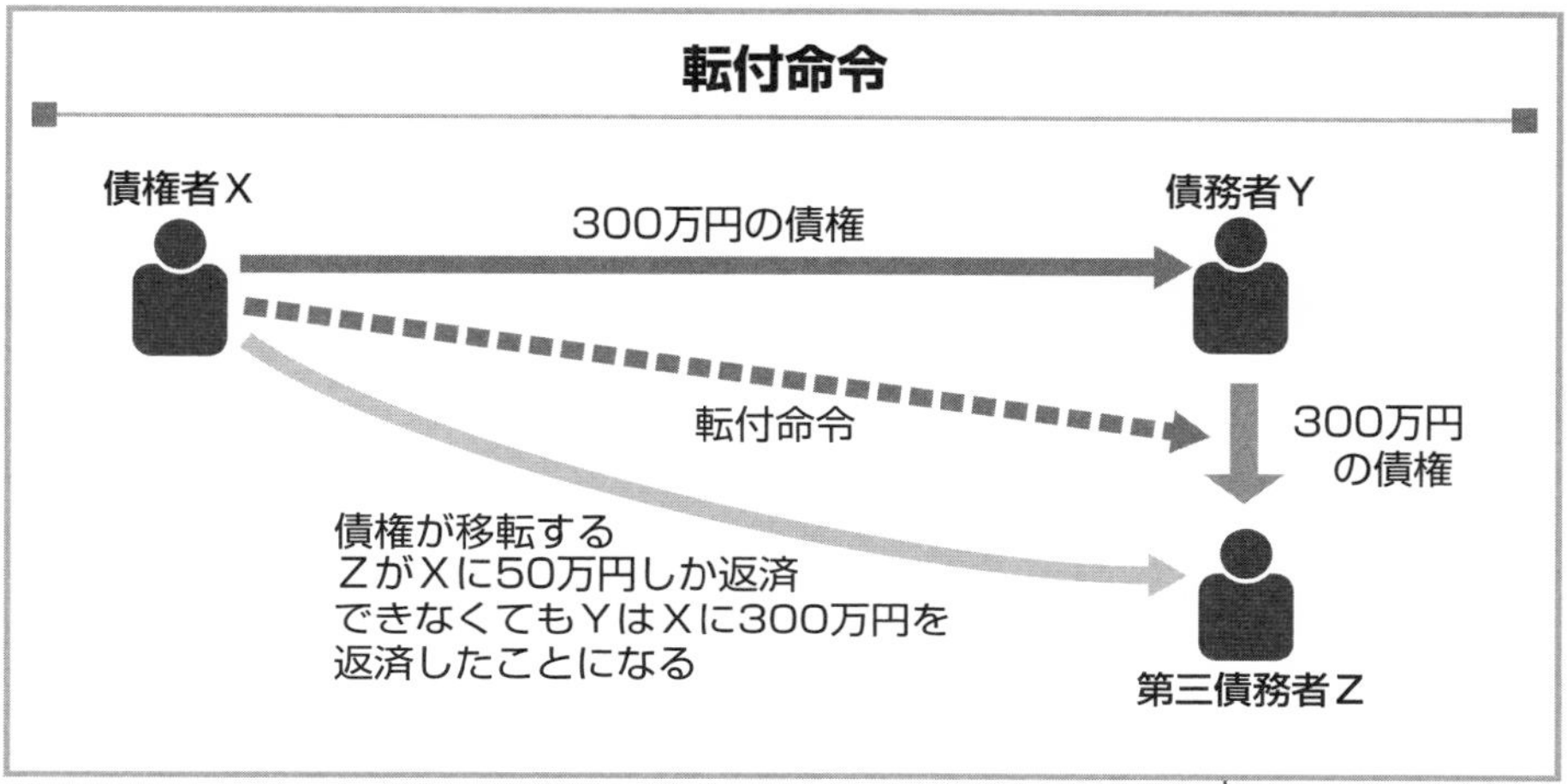

得たとします。この場合、Zに資力がなく、Xに対して50万円しか弁済できなくても、Xは債務者Yとの関係では300万円の弁済を受けたのと同じことになるのです。転付命令は、このようなリスクをともなうので注意が必要です。逆に言えば、第三債務者（この例でのZ）が、資力の確かな大企業・銀行などであれば、確実な債権回収の手段となります。

■ 転付命令を得るための要件

転付命令を得るためには、次の２つの要件が必要です。

①　他に差押債権者などがいないこと

第三債務者に転付命令が送達された時点で、目的とする債権に関して、他に差押債権者や配当要求をした債権者などが存在しないことが必要です。

②　差押債権の金額が明確であること

転付命令については、後日の紛争や混乱を避けるため、目的とする差押債権の金額が明確でなければなりません。

他の債権者の介入を防ぐことができる

債権差押命令の場合、他に債権者がいて、差押え・仮差押が重なったり、配当要求をしてくるケースがよくある。そうなると、通常は、他の債権者と第三債務者が供託した金銭を分配しなければならない。債権の全額回収は、まず、不可能になる。しかし、転付命令では、債権をそっくりそのまま独占することができる。

他に差押債権者などがいないこと

すでに手続きを進めている者がいるのに、債権を独占させる効果のある転付命令を認めるわけにはいかないからである。

PART2
26

民事執行の手続き

債権回収のための具体的手続き

他に差押債権者などがいるかどうかによって具体的手続きが異なる

■ 他の債権者の配当要求や差押えなどがないとき

差押命令が債務者に送達されてから一定期間が経過すると、差押債権者は、第三債務者に対して直接、債権の取立てを行うことができます。このとき、第三債務者にしてみると、差押債権者に弁済してよいかどうか判断に迷う可能性があります。そこで、債権を取り立てる権限があることと、本人であることまたは代理権があることを証明する書類を用意しておくことが必要です。

① 第三債務者から弁済してもらえた場合

取立てに応じて第三債務者が差押債権の支払いをした場合は、支払いを受けた金額の限度で、差押債権者の請求債権や執行費用が弁済されたものとみなされます。差押債権者は執行裁判所に対して、支払いを受けた旨を取立届により届け出ます。

② 第三債務者が供託した場合

第三債務者が供託した場合には（権利供託）、執行裁判所から証明書を発行してもらい、法務局（供託所）にそれを提出して、供託金を受け取ります（弁済金の交付）。

③ 第三債務者が弁済を拒絶したら

第三債務者が弁済を拒絶した場合には、差押債権者は取立訴訟を提起することができます。

■ 他の債権者の配当要求や差押えなどがあるとき

他の差押えなどと競合した場合、必ず、第三債務者が供託することになっています（義務供託）。そして、供託などがなさ

第三債務者

債務者が有している債権の債務者で、債権者から見ると第三債務者と表現される。債権の差押えとは、債権者が自分の債権の回収に充てるために、債務者が第三債務者に対して持つ債権を差し押さえることである。

取立ての際に用意すべき書類など

債権差押命令、通知書、免許証、印鑑証明書、委任状など。申立書に使用した印鑑も持参すべき。

預金債権を取り立てる場合

第三債務者は金融機関であり、相手が本当に取立権限をもっているのかどうかについて細心の注意を払う。事前に必要な書類を問い合わせて、アポイントメントをとっておく方が無難である。

債権の取立て

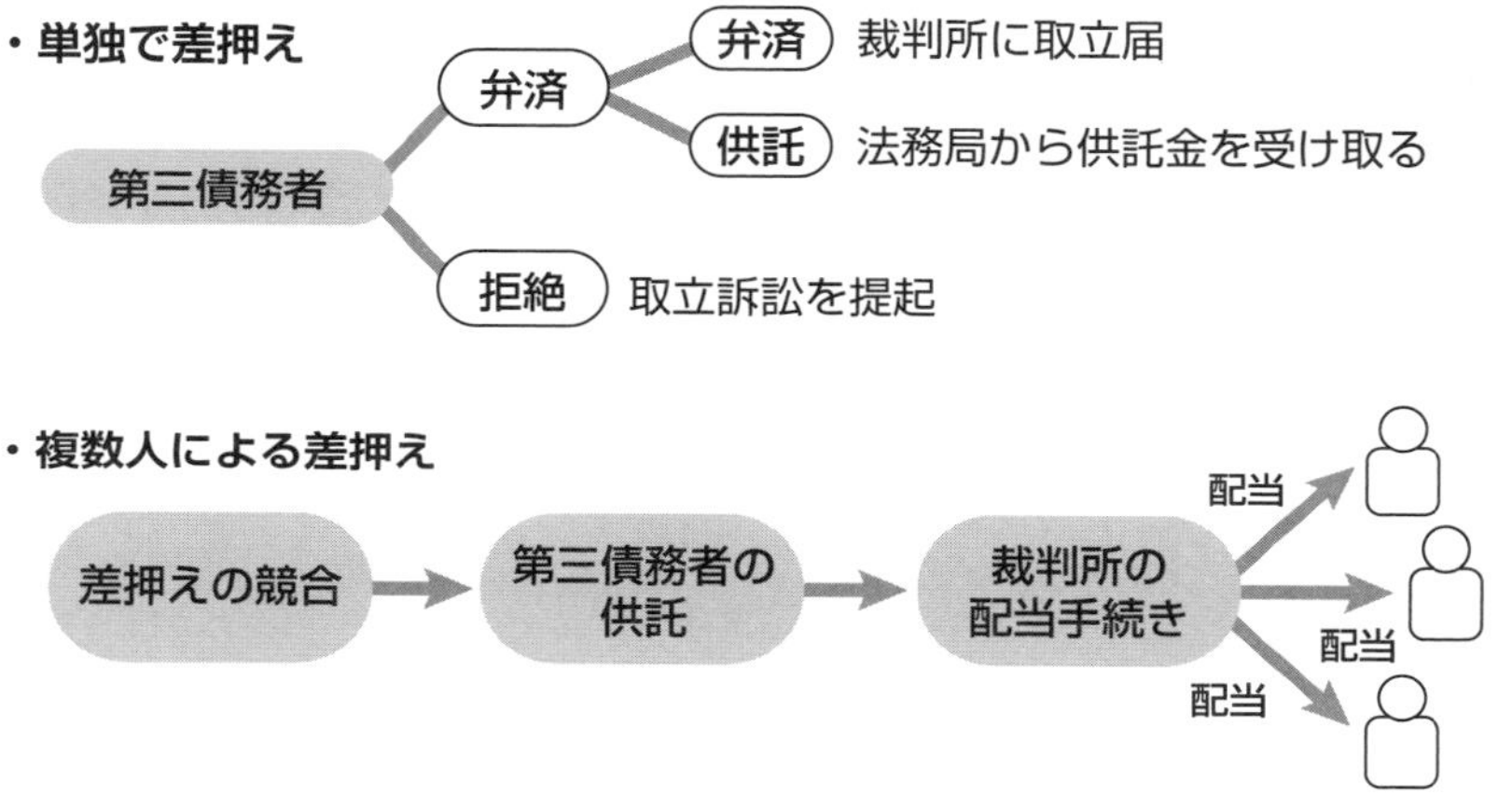

れた場合は、各債権者は、執行裁判所の進める配当手続きによって、配当を受けることになります。配当要求は、供託などがなされる前に行う必要があります。配当については、執行裁判所から通知があるので、必要書類を確認の上、執行裁判所の指示に従って、期日に出頭することになります。

■ 転付命令を得たとき

転付命令があると、差押債権者は差押債権を自分の債権として取立てをすることができますが、取立権限を証明する書類を用意していくことが必要なのは、単独で差し押さえた場合と同様です。

ただ、転付命令の場合は、取立てにあたって転付命令が確定していることが必要なので、その旨を証明する確定証明を執行裁判所に発行してもらいます。発行してもらうには、確定証明申請書を提出します。手数料として150円分の印紙を貼付します。

転付命令

債務者が保有する差押債権を差押債権者が取得する代わりに、差押債権者が保有していた請求債権については、取得した差押債権の金額の範囲で弁済されたものとみなす制度。

PART2
27

民事執行の手続き

不動産引渡しの強制執行

建物収去をともなう場合がある

■ 占有者の特定

不動産引渡しの強制執行で大切なことは、誰がその不動産を実際に占有しているかということです。法律の世界では、権利関係が第一です。その権利とは、所有権であることもあれば、賃借権であることもあります。占有についても、占有権という権利が民法で認められています。しかし、この占有権の場合は、契約などではなく占有という事実が根拠となっているのです。

このため、かつての民事執行法では、占有を排除するための強制執行を実行するには、実際の占有者の特定が必要とされていました。手続面でもこのことが反映され、申立ての時点での占有者を特定し表示することが要求されていたのです。

しかし、この点を逆手にとって、強制執行を妨害する例が多発するようになりました（次ページ図参照）。そこで、2003年に民事執行法や民事保全法が改正され、不動産の占有移転禁止の仮処分命令の発令時点では占有者を特定できなくても、仮処分の執行時に占有者を特定できれば仮処分を執行できるようになりました。

強制執行制度の活用場面

強制執行の制度は、金銭債権の回収のためだけにあるのではない。Aを売主、Bを買主とする不動産売買契約が締結され、Bが代金を支払ったにもかかわらずAが不動産を引き渡さないといった場面で、Bの「不動産を引き渡せ」という債権も強制執行により実現することができる。また、賃料を何か月間も滞納している建物賃借人から、賃貸人が建物を取り返すこともできる。

2003年の民事執行法などの改正

債権者が相手方を特定できなくても、現状を維持するための民事保全法に基づく仮処分を行ったり、債務名義に承継執行文を付与したりすることができるようになった。

■ 執行は２段階になっている

金銭債務についての強制執行は、債務者の財産を競売にかけるか直接取り立てて、債権者に配当をするというものでした。

しかし、これらの執行と違って、建物の明渡しでは債務者の協力があると手続きがはるかに順調に進みます。

そのため、建物明渡しの強制執行は、一般に二段階方式を

執行妨害

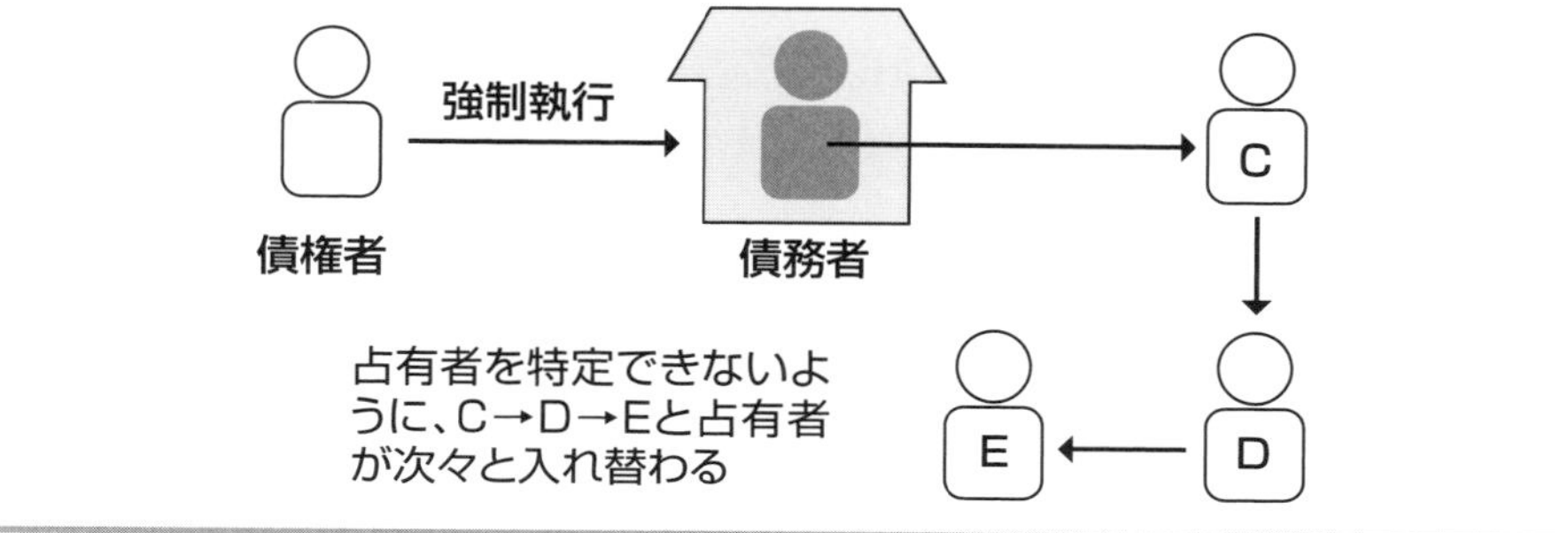
強制執行
債権者
債務者
C
D
E
占有者を特定できないように、C→D→Eと占有者が次々と入れ替わる

とっています。つまり、第1回目で債務者に明渡しを催告し、それでも応じない場合に、第2回目の執行で物理的に明渡しの実現を図るという手続きになっているのです。

■ 1回目の執行は催告のみ

1回目の強制執行では、執行官が現地に行き債務者に対し、期限を定めて任意に建物を明け渡すように催告（催促）します。

賃料滞納により賃貸借契約が解約され、建物の明渡しが問題になっているときは、滞納している賃料債権につき動産執行を同時に申し立てることもできます。その場合、動産執行の実施は、2回目の執行によることになります。

執行に際しては、債権者またはその代理人が現場に立ち会うことが必要です。事前に執行官と相談して日時を調整し、立会いができるように注意しておいてください。

なお、執行官が現地に行った際、債務者が不在であったり、いたとしても立入りを拒絶することもあります。そのときは、執行官は債務者の占有する建物に立ち入ることができ、鍵などを開けることができます。ただし、この場合、執行官は、市区町村の職員、警察官、その他、証人として相当と認められる者

妨害の例

バブルの崩壊により、債務不履行に陥った債務者の不動産に強制執行がかけられる事案が増加するようになると、強制執行を妨害するために、債務者が第三者に占有を移転するという事態が多く発生した。しかも、債権者が占有者を特定できないようにするため、占有をCからD、DからEといったように次々と移転する手段がとられた。暴力団を背景とした「占有屋」が、繁盛していたのもこの頃である。

を立ち会わせなければなりません。また、これらに必要な費用は債権者の負担とされています。

■ 執行開始後に債務者が占有を移転した場合

1回目の執行が行われた後、債務者が強制執行を難しくするために、わざと不動産の占有を別の者に移転することもあります。このような執行妨害に対処するため、1回目の執行の後に不動産の占有が第三者に移転した場合は、承継執行文の付与がなくても、そのまま執行手続きを進めることができます。

また、執行官は、債務者・不動産の占有者に対して質問をすることができます。質問に応じない債務者・占有者には刑事罰が科されます。

承継執行文

債務名義に表示された債権が債権譲渡された場合や相続の対象となって相続人に移転した場合のように、債務名義に表示された者以外の者に強制執行する場合に必要になる執行文。

実際の状況

実際には、執行妨害のために占有を移転するなどの悪質な債務者でない限りは、債権者が執行官をともなって行くと、その時点で観念して、建物の明渡しに応じることが多い。

■ 2回目の執行

1回目の執行で明渡しを催告しても債務者が応じてくれない場合、2回目の執行に入ります。その場合に、建物内にある強制執行の目的でない家財道具等の動産を、債務者、その代理人または同居の親族、あるいは使用人その他の従業員に引き渡すことになります。それでも、債務者が動産を受け取らない場合には、執行官は動産を売却するか保管することができます。保管する場合は業者を雇って、動産を運び出して別に倉庫などで保管することになるのです。

■ 建物収去土地明渡しの強制執行の場合

建物を所有することで土地を占有している債務者に対して、土地の所有者である債権者が、土地明渡しを求める訴訟で勝訴した場合には、被告（債務者）に対して、建物を収去（撤去）して土地を債権者に明け渡すことを命じる判決が下されます。

明渡しを命じられたにもかかわらず、債務者が明渡しを履行しない場合には、債権者は建物収去土地明渡しの強制執行を申

建物収去土地明渡し

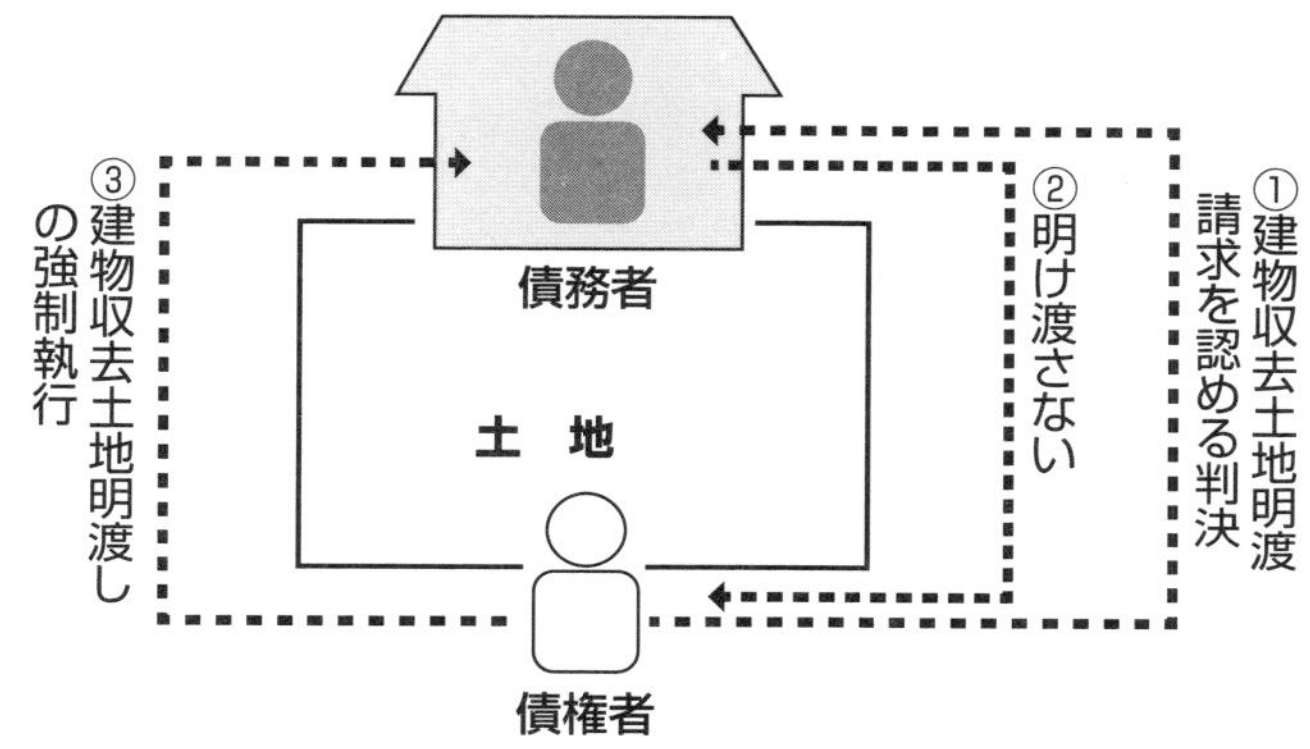

し立てることで、明渡しを実現することができます。

判決（債務名義）の内容自体は、「債務者」が建物の収去を行うことになっていますが、強制執行の場面では、「債権者」側が建物を収去し、それにかかった費用を後で債務者から徴収するという方法をとります。そして、更地となった土地が債権者に引き渡されるのです。債務者が建物を撤去していないのですから、執行の内容は債務名義とは一致していません。

したがって、通常の強制執行のように、ただ債務名義の正本を提出すればよいというものではないのです。

手続的には、執行裁判所に対して「建物収去命令」の申立てをすることが必要になります。申立ては「建物収去命令申立書」に添付書類をつけて提出します。

添付書類は、執行力ある債務名義（判決）の正本、送達証明書、確定証明書などです。また、建物取壊し費用の見積書も添付することになっていますが、裁判所や執行官に業者を紹介してもらい、見積りをしてもらうとよいでしょう。

東京地裁での業者紹介

東京地裁では、執行官室に行けば、執行に必要な業者を紹介してもらえる。債務者が立入りを拒んだ場合に備えて、鍵を開ける業者も指定している。また、立会いに必要な証人として相当と認められる者についても、派遣業者を紹介してくれる。

確定証明書

審判や判決が最終的に確定した事を証明する裁判所が発行する文書。強制執行するには確定証明書が必要。

PART2
28

民事執行の手続き

動産引渡しの強制執行

直接強制または間接強制の方法による

■ どのような方法で行うのか

動産の引渡しの強制執行は、直接強制または間接強制の方法で行います。直接強制または間接強制のどちらの方法で申し立てるかは、債権者の選択によります。

執行機関

民事執行法上、申立てに基づいて執行手続きを実施する機関（民事執行法２条）。原則として、執行裁判所と執行官がこれにあたる。金銭執行における不動産や船舶に対する執行、債権の執行等にあたっては、執行裁判所が執行機関となる。執行官は、動産執行、不動産等の引渡し・明渡しの執行などの執行機関に該当する。

■ 直接強制の方法による動産引渡し

たとえば、ＸがＹから、名匠の作品であるＹ所有の茶器を500万円で購入したとします。

Ｘは、約束の期日にＹの銀行口座に500万円を振り込みましたが、Ｙは一向に茶器を引き渡しません。ＸはＹを被告として茶器の引渡しを求める訴訟を提起し、勝訴しました。しかし、Ｙは茶器をなかなか引き渡そうとしません。

このように動産を引き渡すことを命じる債務名義がある場合、債権者は動産引渡しの強制執行を申し立てることができます。執行機関は執行官です。

申立てを受理すると、執行官は茶器の保管されている場所に行き、債務者Ｙから茶器を取り上げてＸに引き渡します。

直接強制の場合の執行機関

動産を強制執行にかけて金銭債権の回収を図る場合と同じく、執行官である。

■ 第三者が占有する動産の引渡しに関する強制執行

上記の例において、Ｙがなかなか茶器を引き渡さなかった理由が、第三者Ｚに茶器を預けていて、ＺがＹに引き渡していなかったような場合にはどうでしょうか。

その場合、法律的に見て、ＹはＺに対して茶器の引渡請求権をもっています。そこで、Ｘとしては、裁判所に申し立ててそ

第三者が動産を占有している場合

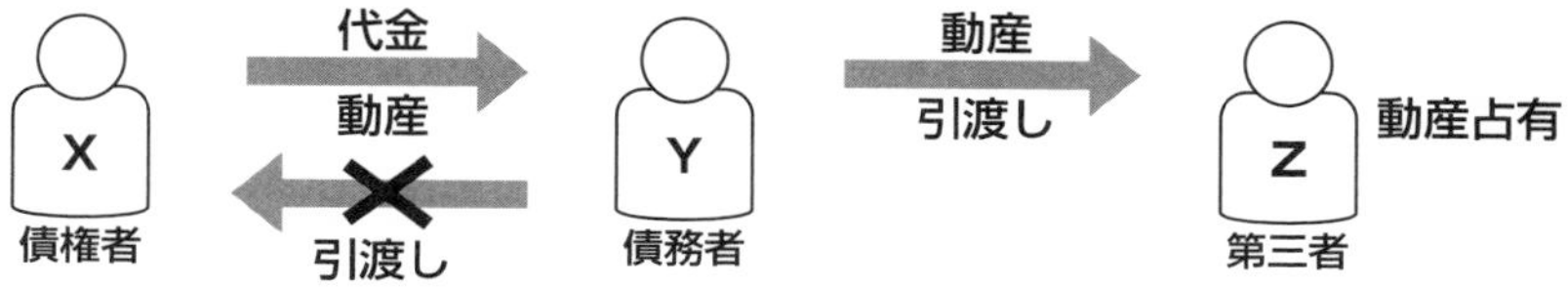

強制執行の対象となる動産が第三者Zの下にあるので、そのままでは執行できない。債務者YのZに対する引渡請求権を差し押さえる必要がある(民事執行法170条)。

の引渡請求権を差し押さえ、それにより自己に対して茶器を引き渡すようにZに請求することになるのです。

■ 間接強制の方法による動産引渡し

直接強制の場合は、執行官が売主Y（債務者）から茶器を取り上げて買主X（債権者）に引き渡すということを行いました。これに対し、裁判所から「Yが引渡しをしない期間に応じ、一定の金額をXに支払え」などと命じてもらうことで、Yに心理的圧迫を加え、自主的にXに茶器を引き渡すことを促す強制執行の方法もあります。これが間接強制です。

間接強制による強制執行の申立てがあると、裁判所は間接強制の要件等を審査し、強制金決定をします。なお、強制金の決定に際しては、債務者には事情や言い分を述べる機会が与えられます。そして、債権者の申立てが認容されれば、裁判所は、ⓐ義務の履行がない期間に応じ一定の金額の割合で金銭の支払いを命じる、ⓑ一定の履行期間を定め、その期間内に履行がないときは直ちに一定額の金銭を支払えと命じる、ⓒ違反行為があったことを条件として一定額の金銭を支払えと命じる、のうちいずれかの決定を出すことになります。

PART2
29

民事執行の手続き

不服申立て

不服申立方法にもいろいろなものがある

■ 不当な強制執行に対してとれる対抗策

強制執行は、債務者の意思に関係なく強制的に財産を処分してしまう作用です。そのため、民事執行法上も、債務者への債務名義などの送達、第三者の立会いなど、適正な執行のための手続きを用意しています。しかし、債務者がぎりぎりの時点で債務を弁済したにもかかわらず、強制執行が進んでしまうこともあります。何らかのミスで、民事執行法上の手続きが踏まれていないことがあるかもしれません。そのような場合に備えて、民事執行法では不服を申し立てる手段を用意しています。

① 請求異議の訴えとは

弁済等により債務が消滅したにもかかわらず、強制執行が始まってしまったときの不服申立てが請求異議の訴えです。請求異議の訴えでは、債務者が原告、債権者が被告となります。

② 第三者異議の訴えとは

強制執行の目的物が債務者以外の第三者の所有物であった場合などにおいて、第三者が自分の権利を主張するための不服申立てが第三者異議の訴えです。強制執行の目的物として適切な財産であるかどうかを執行機関が判断することには限界があり、債務者名義の不動産や債務者が住んでいる家屋にある動産であっても第三者の所有である場合などが考えられます。第三者異議の訴えでは、第三者が原告、債権者が被告となります。

③ 配当異議の訴えとは

配当表に記載された配当額に債権者が納得できない場合には、不服のある債権者は、配当期日に配当異議の申立てを行うと共

請求異議の訴えを認める理由

債権債務の存在を法律的に判断する機関は裁判所である。しかし、そこで行われた判断に基づいて強制執行を行うのは、別の組織体としての裁判所（執行裁判所）または執行官である。これらの執行機関は、執行力ある債務名義および送達証明書を信用して、そのまま自動的に手続きを進めていく。そのため、少しの時間のずれで、弁済等がなされているのに執行が始まってしまうこともある。

請求異議の訴えをする際の注意点

訴えを提起しただけでは、強制執行は停止しないので注意したい。停止させるためには、裁判所に執行停止決定をしてもらわなければならない。

第三者異議の訴えが問題となるケース

特に動産執行の場合にあることだが、債務者の元にある差押物の中に、第三者から借りているものや、所有権を第三者に留保して買い受けた動産が紛れ込んでいることがある。

不服申立ての方法

請求異議の訴え	債権債務の存在や内容について異議がある場合
第三者異議の訴え	債務者の差押物が第三者のものであった場合など、第三者からする不服申立て
配当異議の訴え	競売をして得られた売得金の配当額に不服がある場合
執行抗告	民事執行の手続きに関する裁判に対して行う不服申立て。特別の定めがある場合にできる
執行異議	執行抗告ができる場合を除いて、執行手続きに不服がある場合

に、原則として1週間以内に配当異議の訴えを提起します。そして、期間内に訴えを提起した旨を、執行裁判所に対して証明しなければなりません。

■ 執行手続きに不服がある場合

執行抗告および執行異議などの不服申立手段があります。

① 執行抗告

民事執行法上、執行抗告ができるおもな裁判には、執行抗告の却下決定、民事執行の手続きの取消決定、強制競売の申立て却下の裁判があります。執行抗告は、代理人によって申し立てることもできますが、専門性が高いので、代理人は弁護士に限定されています。

② 執行異議

執行抗告の場合を除いて、執行手続きに不服がある場合は、執行異議の方法によることになります。審理は執行裁判所で行い、執行官が執行機関の場合でも、その執行官が所属する執行裁判所が審理を行います。執行異議の申立てを代理によって行う場合は、代理人は弁護士には限定されません。

執行抗告

執行抗告を審理する裁判所（抗告裁判所）は、執行裁判所の上級裁判所である。執行裁判所は、通常は地方裁判所なので、抗告裁判所は高等裁判所になる。審理をするのは抗告裁判所だが、抗告状の送付先は執行裁判所なので注意したい。申立ては書面で行う。

Column

少額訴訟債権執行とはどんな制度なのか

強制執行は通常、地方裁判所が行いますが、少額訴訟にかかる債務名義による強制執行（債権執行）は、債務名義（少額訴訟における確定判決や仮執行宣言を付した少額訴訟の判決など）を作成した簡易裁判所の裁判所書記官も行うことができます。この裁判所書記官が行う強制執行を少額訴訟債権執行といいます。

少額訴訟債権執行は、少額訴訟手続きをより使いやすいものにするために作られた制度で、通常の場合と比べるとかかる費用が比較的安いことが特徴です。少額訴訟は、請求額が60万円以下の金銭トラブルに利用できる制度で、簡易裁判所で審理されて１日で判決がでます。しかし、判決が即日出されても、債権の執行に時間がかかってしまっては意味がありません。ですから、少額訴訟のスピーディさを生かすためには、少額訴訟の執行手続きも簡易なものにする必要がありました。具体的には、通常の訴訟における強制執行手続きでは、判決を下した裁判所とは異なる裁判所（執行裁判所）により行われますが、少額訴訟債権執行手続きは、少額訴訟を扱った簡易裁判所の裁判所書記官が担当するという特徴を持ち、迅速に手続きを進めることが可能になるしくみを採用しています。

通常、判決で勝訴を得た上で、債権執行する場合には、地方裁判所に申し立てなければなりません。しかし、少額訴訟債権執行を利用すれば、わざわざ地方裁判所に申し立てなくても、債務名義を作成した簡易裁判所ですぐに執行をしてもらえます。訴訟から執行手続きまで一気にかたがつくことになります。

少額訴訟債権執行は、債権者の申立てによって、行われますが、少額訴訟債権執行を利用することなく、通常の強制執行手続きによることもできます。

PART 3

民事保全法のしくみ

PART3
1

保全手続き

保全手続きの意義を理解しておく

■ 債務者の財産をあらかじめ確保しておく制度

強制執行
国家が債権者の請求を強制的に実現する手続き。

財産隠しへの対抗手段としての保全手続き
訴訟ということにならざるを得ないが、その前に、債務者の出方を封じておく必要がある。こちらが訴訟を起こしたということになると、起きてくるのが債務者の財産隠しである。せっかく訴訟を起こして、強制執行できるということになったとしても、財産のない債務者からは何もとれない。強制執行して取り上げるだけの財産が債務者にないということになれば、多くの時間や費用をかけて、やっと手に入れた勝訴判決でもムダになってしまう。そうならないためにも、債務者の財産隠しを封じる手を打っておかなければならない。そのとき利用できる手段が保全手続きである。

訴訟を利用して債権を回収する場合、訴えの提起にはじまり、審理の結果として勝訴判決を得てから債務者の財産に強制執行をかけて、現実に金銭の支払いを得ることができます。

このとき、勝訴判決を得たからといって、すぐに強制執行ができるわけではありません。勝訴判決をもとに、執行文つきの債務名義という書類を得て、はじめて強制執行が認められます。

このように、裁判手続きにより債権を回収するには、勝訴するまでにかなりの時間がかかり、勝訴してからもそれなりの時間がかかります。その時間が経過する間に、債務者が自分の財産の中で価値の高い物を他の債権者や第三者に売却してしまう可能性や財産隠しを行う可能性もあります。場合によっては、こちらが訴訟を起こす前から、すでに財産隠しに着手しているという場合もあります。

債務名義などの強制執行の準備が完了し、やっと強制執行手続きが開始したときには、債務者の元から価値の高い財産はすべて売却されており、せっかくの強制執行も実際には何の役にも立たないということもあり得ます。裁判に勝ったとしても、債権の回収が事実上、不可能となる事態が生じる可能性もあるのです。つまり、請求に応じない債務者に対しては、最終的に訴訟ということにならざるを得ませんが、その前に、債務者の出方を封じておく必要があるということになります。

そのような場合に利用できる手段が保全手続きです。保全手続きとは、債権者が強制執行をかける場合に備えて、債務者の

保全手続きの役割

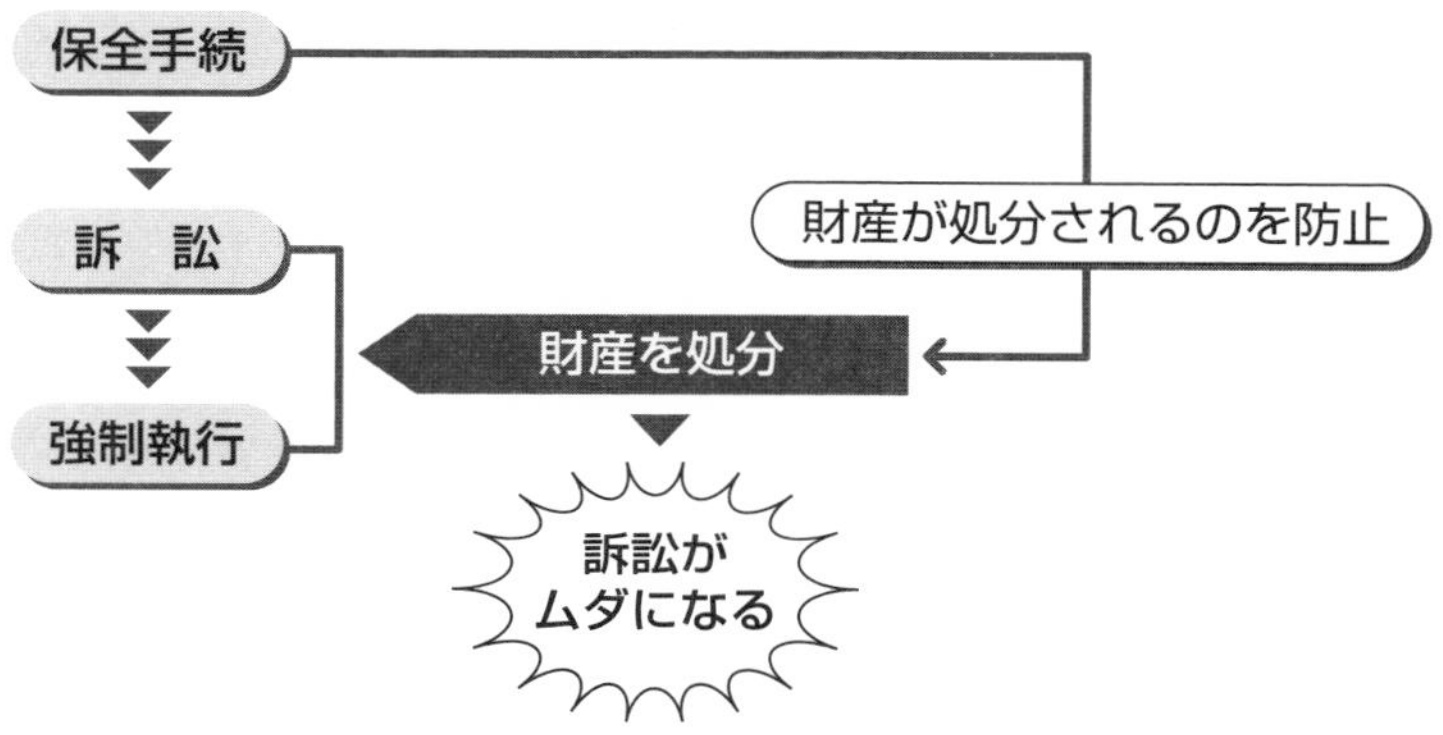

財産をあらかじめ確保しておく制度です。

■ 仮差押と仮処分

保全手続きは大きく仮差押と仮処分の２つに分けられます。

①　仮差押

金銭の支払いを目的とする債権（金銭債権）のための保全手続きで、金銭債権の債務者が所有する特定の財産について現状を維持させる保全手続きです。たとえば、ＡがＢに対して金銭債権を持っているとします。この場合に、ＡがＢの土地を仮差押したときには、Ｂは自分の土地でも、その土地を売却したりする処分に制限が加えられます。

②　仮処分

仮処分は、仮差押と異なり金銭債権以外の権利を保全するために必要になります。仮処分には、係争物に関する仮処分と仮の地位を定める仮処分があります。具体的には、占有移転禁止の仮処分や従業員が不当解雇された場合の賃金の仮払いを求める仮処分などがあります。

民事保全

本案訴訟の判決を待っていたのでは、債権者の権利の救済が困難になることから、裁判所が暫定的に債権者のために救済措置をとっていく制度である。

保全手続きの流れ

保全の必要性を疎明する

■ 保全手続きの流れをつかむ

まず、裁判所に「仮差押命令」「仮処分命令」の申立てをします。次に、その申立てを受けた裁判所が債権者に審尋（面接）などをします。審尋では、保全の必要性や保証金の決定などについて裁判所が債権者に質問をします。さらに、裁判所が決定した仮差押・仮処分の保証金を納付します。その後に裁判所が仮差押・仮処分の決定をし、実際の執行がなされます。

保全命令の申立ては、書面（申立書）によって行います。申立書には、被保全債権の内容と保全の必要性を明らかにする資料、目的物の目録・謄本などを添付します。申し立てる裁判所は、原則として、債務者の住所地を管轄する地方裁判所です。

疎　明

被保全債権が実際に存在することを裁判官に納得してもらえればよい。疎明に際しては、被保全債権についての債務者との契約書などを資料として提出する。

保全の必要性

たとえば、AがBに対して債権を持っている場合、Bが唯一の財産である不動産を売却処分しようとしており、この不動産が処分されるとAが勝訴判決を得ても強制執行をできる財産がなくなってしまう、などの具体的な事情が疎明できることが必要になる。

■ 被保全債権の存在と保全の必要性について疎明をする

仮差押・仮処分の申立てに際しては、被保全債権（債権者が主張する債権）が実際に存在することを疎明する必要があります。疎明とは、裁判官を一応納得させる程度の説明で、裁判で必要とされる「証明」よりも程度が緩やかなものをいいます。保全手続きの申立てでは、被保全債権の存在が認められるだけでは不十分です。さらに、現時点で保全手続きをする必要性、つまり「保全の必要性」についても疎明する必要があります。

■ 債権者の審尋をする

保全処分の申立てについての裁判所の判断は、申立書と疎明資料だけでなされるのが原則です。これは、保全手続きの迅速

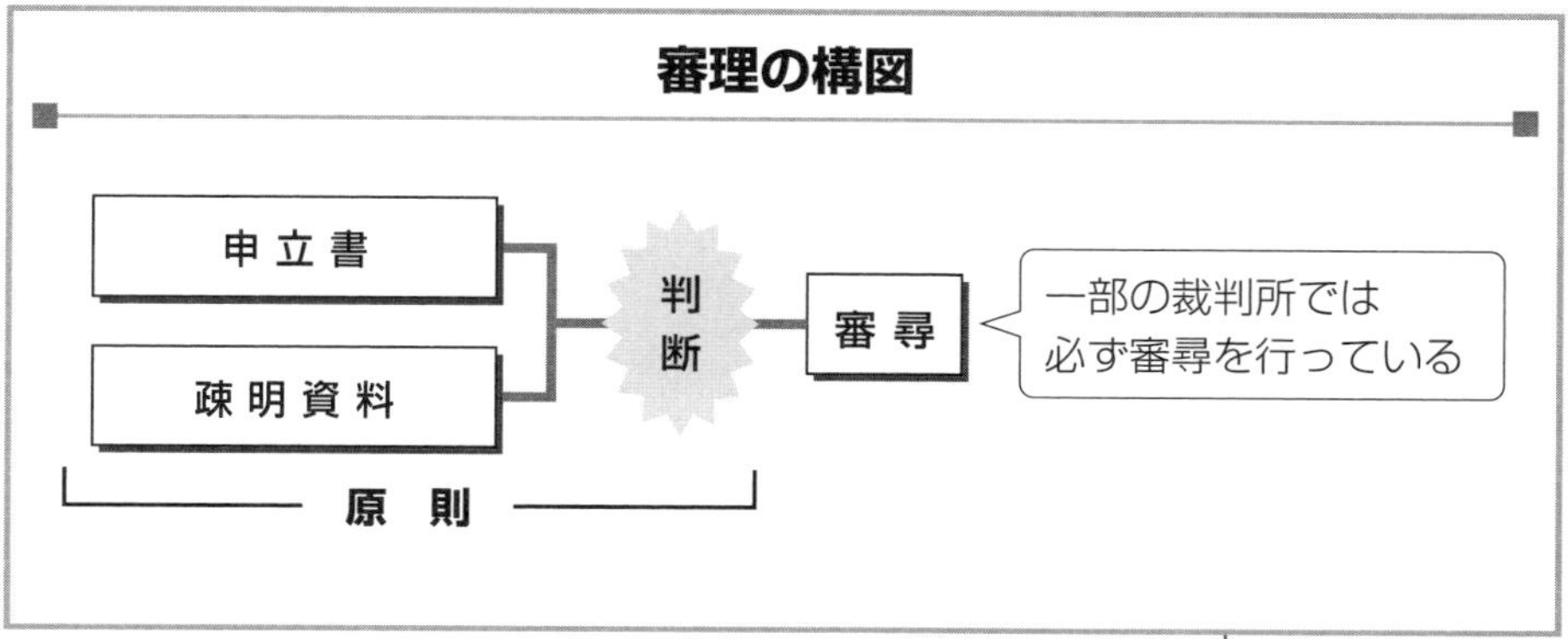

性を確保するためです。しかし、実際には審尋という手続きがなされています。これは、裁判所に債権者が出頭し、裁判官に証拠資料の原本を確認してもらい（通常、裁判所には証拠資料のコピーを提出します）、保全手続きの必要性を疎明し、担保（保証金）について裁判官と協議をする手続きです。

■ 目的財産を特定する

仮差押を行う場合に、債務者のどの財産に仮差押をかけるのかを明らかにするため目的財産を特定する必要があります。ただし、動産の仮差押の場合には特定する必要はありません。

■ 担保（保証金）を立てる

仮差押・仮処分は、原則として債権者の言い分だけに基づく、裁判所による「仮の」決定です。後日、債権者が訴訟提起をして敗訴することもあります。そのような場合には、仮差押・仮処分の相手には、損失が生じる可能性があります。そこで、裁判所は、債務者が被る損害賠償を担保する目的で、債権者（申立人）が一定額の保証金を納付することを求めることができます。

債権に対する仮差押

たとえば、AがBに対して被保全債権をもっていて、BはC（第三債務者）に対して債権をもっているとする。このとき、AはBのCに対する債権の仮差押ができる。債権の仮差押をする場合には、債務者の第三債務者に対する債権の存否などを確認する必要がある。なぜなら、債務者が第三債務者に対して債権をもっていない場合には、仮差押をしてもムダだからである。そのため、仮差押命令の申立てと同時に「第三債務者に対する陳述催告の申立て」も行う。

PART3
3

仮差押

民事保全法のしくみ

財産を法的に動かせない状態にする手続き

■ どんな場合に仮差押をするのか

仮差押とは、債務者が財産を処分することを暫定的に禁止する民事保全手続のひとつで、金銭債権の将来の強制執行を保全するために行われる手続きです。

まず、民事保全のひとつである仮差押とはどのようなものかについて、事例で説明すると、次のようになります。

ＡがＢに1,000万円を貸したが、Ｂは約束の期日に返そうとしません。ここで、あなたがＡＢどちらかの立場に立ってイメージして読み進めていけば、より具体的に理解していくことができるでしょう。ここでは、とりあえず債権者Ａの立場に立って読み進めていってください。

ところで、民事保全では、「債権者」「債務者」という言葉が頻繁に出てきます。通常「債権者」といえば、お金を貸している人間を指し、「債務者」といえば、お金を借りている人間を指します。しかし、民事保全の世界でいうところの「債権者」とは、単に民事保全を申し立てている側の人間を指し、「債務者」というのは、申立てを受けている側の人間という程度の意味だと理解しておいてください。

話を戻しますが、ＡはＢを相手どって、金を返せという民事訴訟を起こすことを決意しました。しかし、Ｂのめぼしい財産といえば、Ｂが所有している持ち家だけです。さらにＢは、他にも何件か借金を抱えています。このままだと、いつ何時、Ｂが持ち家を処分してもおかしくありません。もし処分されてしまうと、たとえＡが裁判を起こして勝訴しても、後日資力のな

民事保全の対象にならないもの

本案（次ページ）の存在を予定していないものは民事保全の対象にはならない。たとえば、民事執行法55条・77条は、競売不動産を不当に占有して競売を妨害している者がいる場合に、差押債権者の申立てによって裁判所が占有を禁止することを命じることができると規定している。
しかし、これは単なる裁判所の執行命令にすぎず、差押債権者の具体的な本案の権利を実現しようとしているわけではない。

仮差押の効力

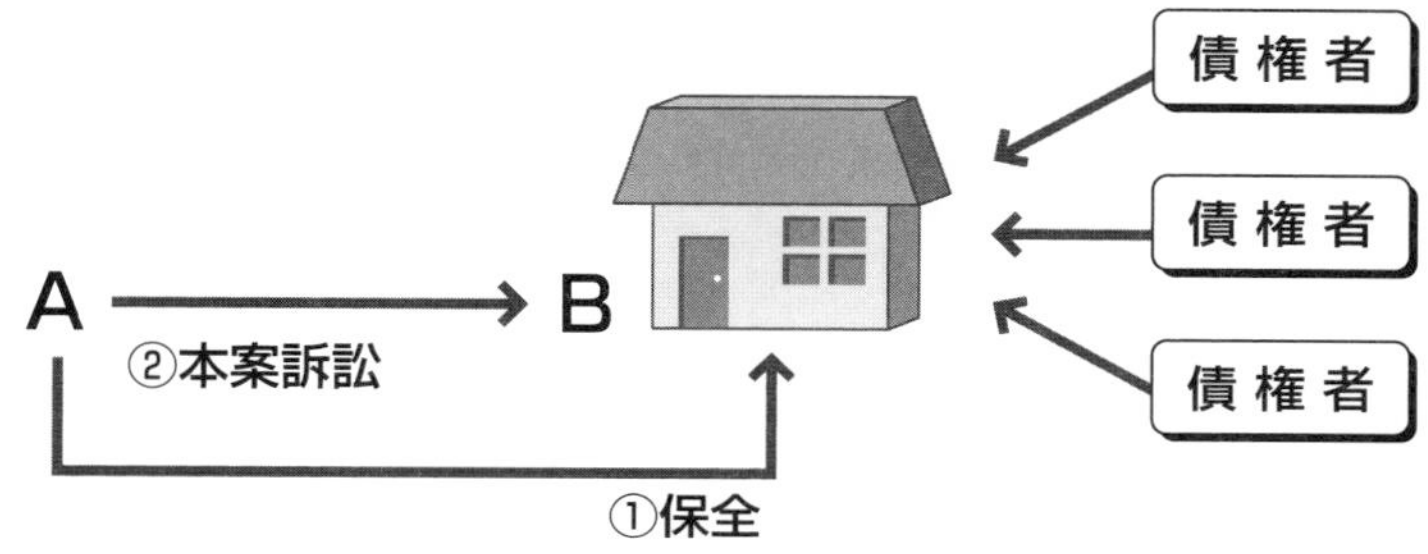

くなったBからお金を返してもらうことができなくなります。

そこで、AはBの持ち家が処分されてしまうことがないように、持ち家という唯一の財産を守っておく（保全しておく）必要があります。このように、AがBから、（民事上の）貸金債権をとりはぐれないようにするために、Bの財産を法的に動かせない状態にしておく（保全しておく）手続きが仮差押です。

ところで、仮差押手続をとったAは、民事裁判（貸金返還請求訴訟）を起こさなければなりません。仮差押は、あくまでも、民事裁判で争っていく権利を一時的に保全（確保）しておくという程度の意味しかありません。ですから、裁判（訴訟）を起こさなければ、仮差押の申立てそのものが裁判所に取り消されてしまうこともありますので注意してください。

なお、仮差押などの保全手続きに対して、民事訴訟で争っていく事件（本例でいえば貸金返還請求事件）のことを本案訴訟といいます。

このように、仮差押や仮処分といった民事保全手続きは、本案の権利の実現という債権者本来の目的を達成していくために、本案訴訟に先立って（もしくは並行して）申し立てていく手続きだといえます。

特殊保全

民事保全手続の多くは民事訴訟法の規定の準用（解釈によるあてはめ）によって行われるが、中には他の法令に保全手続きを委ねているものもある。たとえば、会社法、会社更生法、民事再生法、家事審判法の保全命令や行政事件訴訟法に規定された処分の執行停止などである。これらを特殊保全という。

仮処分

金銭債権以外の権利を保全する手続き

■ 係争物に関する仮処分

係争物
訴訟において争いとなる目的物。

仮処分には、①係争物に関する仮処分と②仮の地位を定める仮処分の２種類がありますが、ここでは、まず、係争物に関する仮処分について説明します。

係争物に関する仮処分も、さらに２種類に分けることができます。１つは占有移転禁止の仮処分で、もう１つは、処分禁止の仮処分です。ここでは、まず、占有移転禁止の仮処分について説明をします。

アパートの賃貸人であるＡがＢに部屋を貸しました。Ｂは、実際にその部屋に居住しているものの、やがて賃料を滞納するようになり、滞納期間は現時点で半年間に及んでいるとします。Ａは滞納賃料相当額をＢに催促しましたが、Ｂはまったく支払おうとはしません。そこで、ＡはＢの賃料不払いを理由として建物明渡請求訴訟を提起する決意をしました。

ところが、なおも占有を続けるＢは、その後、Ｃと転貸借契約（又貸し契約）を結んだとします。現時点ではまだ引渡しはなされていませんが、Ｂが退去してＣが引っ越してくるのは時間の問題でしょう。

このような状況において、明渡訴訟を何か月もかけて、めでたくＢに対する勝訴判決を得ることができたとしても、訴訟進行中に引っ越してきたＣに対しては、Ｂに対する勝訴判決に基づいて明渡しの強制執行をすることはできません。

しかし、占有移転禁止の仮処分をしておけば、仮処分後に占有を始めたＣに対しても、Ｂに対する勝訴判決に基づいて明渡

仮処分の全体像

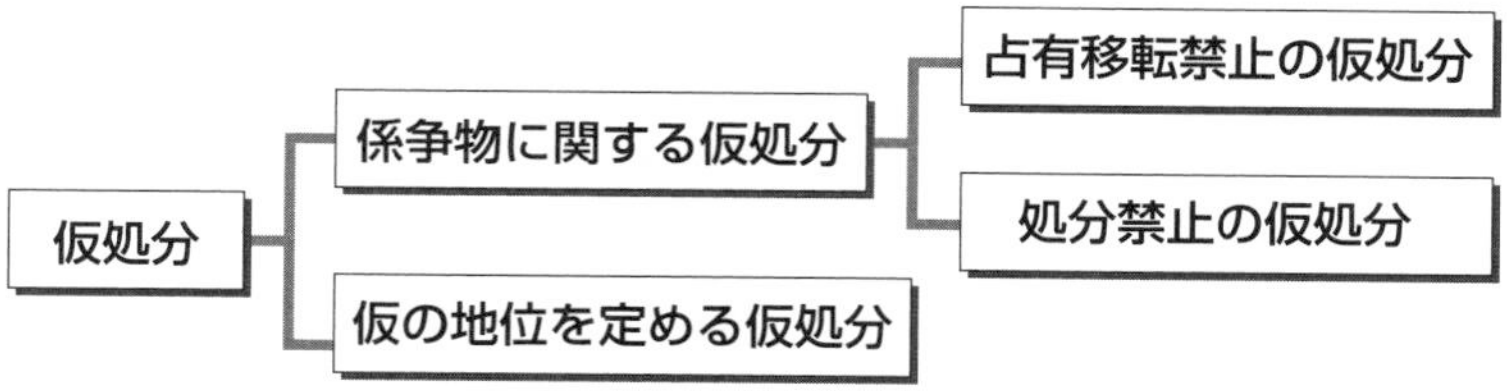

占有移転禁止の仮処分

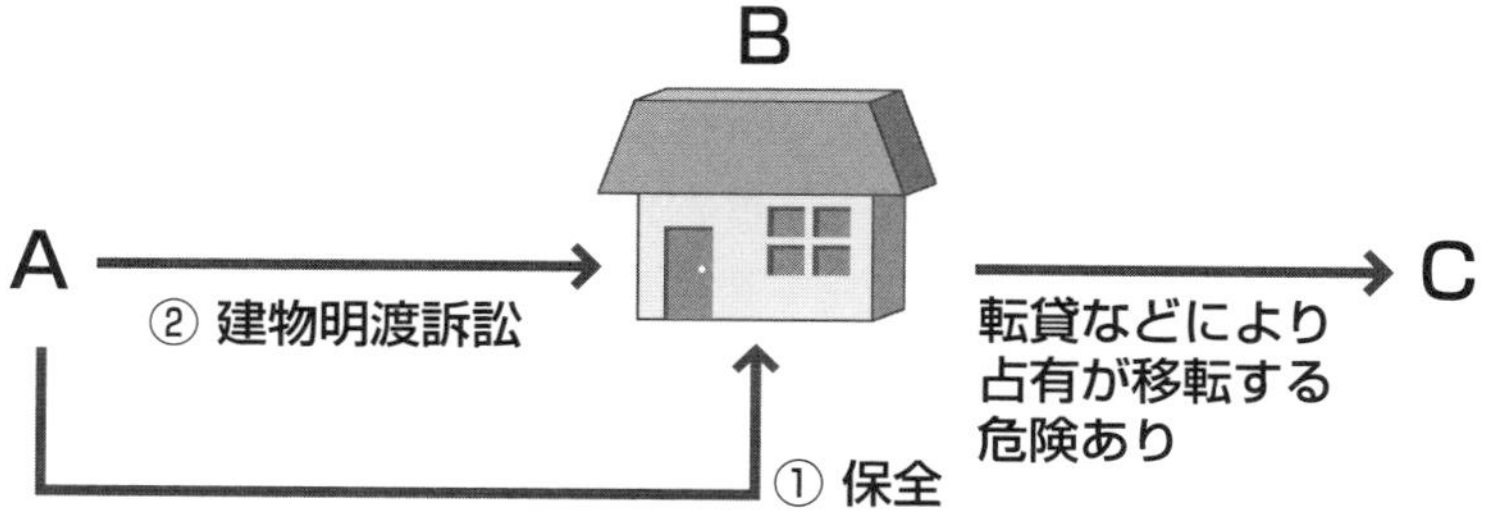

しの強制執行をすることができるようになります（ただし、承継執行文が必要です）。

■ 処分禁止の仮処分

金銭債権を保全するために債務者の財産を確保する場合は、仮差押の方法があります。同様に、登記請求権などの金銭以外の請求権を保全するために債務者の財産を確保する場合は、処分禁止の仮処分の方法があります。以下、具体例に沿って説明します。

ＡがＢから土地を購入し、代金を支払いましたが、Ｂは所有権移転登記に協力しようとしません。そこで、ＡはＢに所有権移転登記請求訴訟（本案訴訟）を提起したとします。ところが、訴訟の最中に、Ｂが第三者Ｃに土地を二重に譲渡し、所有権移転登記をしてしまった場合（処分してしまった場合）はどうなるでしょうか。

Ａにしてみると、すでに登記名義人でなくなったＢに対して「登記名義を移せ」という訴えを続けていることになります。そうなると、Ａとしては、あらためてＣに対して訴訟を提起する必要が出てきてしまいます。

そこで、この場合に、Ａは裁判所に対して「Ｂが土地を処分することを禁止してくれ」という処分禁止の命令の申立てをして土地を確保するわけです。なお、処分禁止の仮処分がなされた後も、土地の処分自体は可能ですが、Ａの本案訴訟での勝訴が確定したときは、仮処分の後に土地を取得した第三者はＡに対して権利を主張することはできなくなります。

本案
訴訟上の問題ではなく、実体法上の権利関係（請求権の根拠となっている法律など）についての主張のことを指す。本案についてどのような判断（裁判）を求めるかについての主張を本案の申立てと呼ぶ。

■ 仮の地位を定める仮処分

Ａ会社の従業員Ｂが不当な理由で解雇されました。そこで、ＢはＡ会社を相手どって、解雇無効確認訴訟を提起したとします。

ところが、この場合、Ａ会社は自分たちが下したＢの解雇という決断が法的に正当であるということをまったく疑っていません。ですから、解雇言い渡し後、Ｂは会社で働くことができなくなるので、当然Ｂは、給料をもらうこともできなくなります。

しかも、本案訴訟の判決が確定するまでには、数か月かかるのが通常です。そこで、Ｂとしては、その間の生活を保障してもらう意味も込めて、判決が下りるまでの賃金を保障してもらう手立てを講じておきたいところです。

処分禁止の仮処分

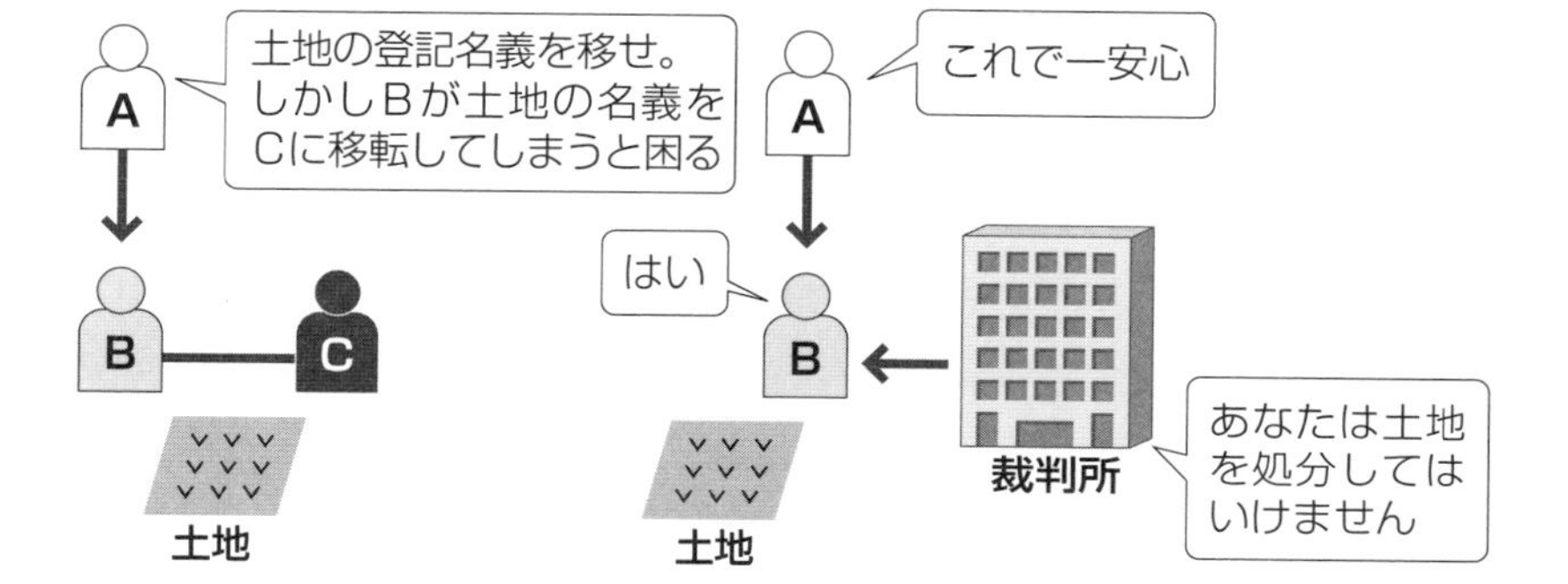

仮の地位を定める仮処分

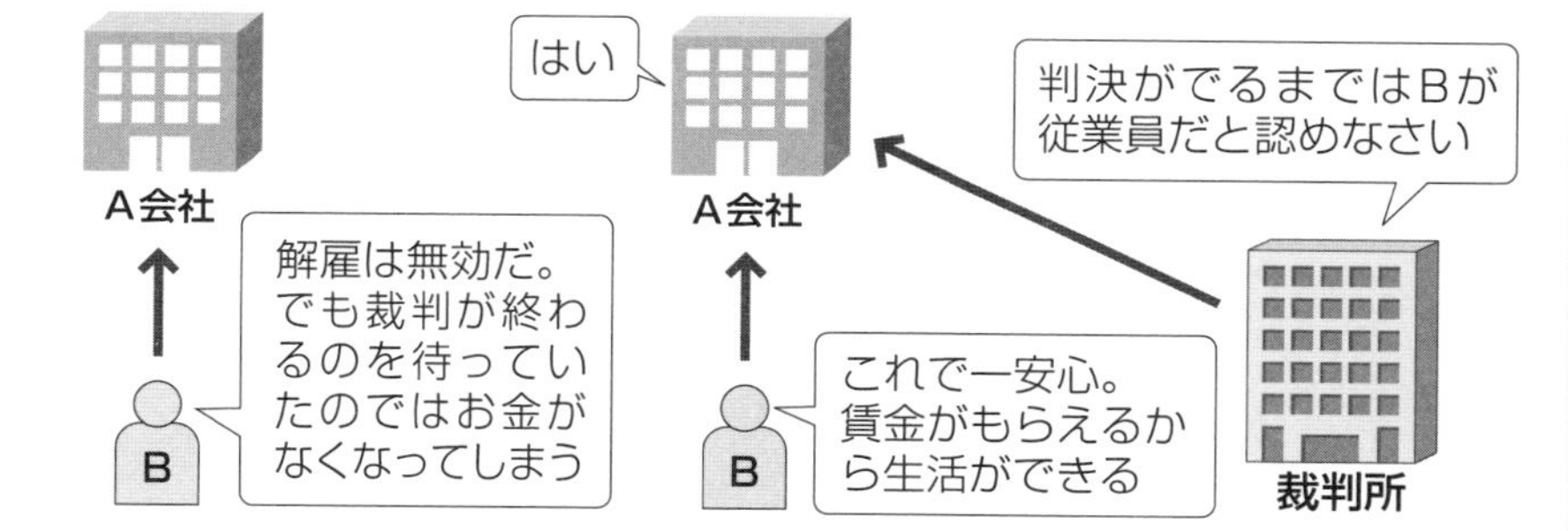

その方法として、Bは、判決が確定するまで従業員としての地位を会社に認めさせて、賃金が支払われるように裁判所に申し立てることができます。これを従業員（労働者）の地位保全および賃金仮払いの仮処分の申立てといいます。申立てが認められると、BのA会社における従業員としての地位が保障されると同時に、BはA会社に賃金の仮払いを請求することができるようになります。

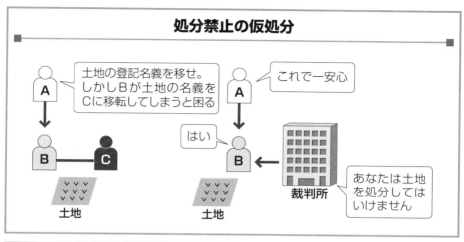

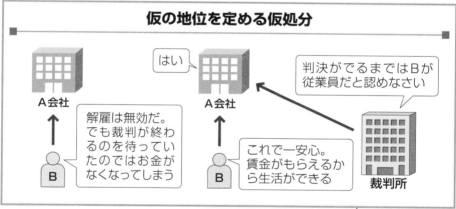

申立先と申請手続き

管轄に注意して申立てを行う

■ どこに申し立てればよいのか

民事保全の申立ては、本案を提起する前もしくは同時になされるのが一般的です。たとえば、本案が貸金返還請求訴訟で、保全命令事件が不動産の仮差押だとしましょう。その場合、申立先は本案の貸金返還請求訴訟を管轄する裁判所もしくは仮差押の対象物である不動産の所在地を管轄する地方裁判所になります。また、係争物に関する仮処分の申立先は、係争物の所在地を管轄する地方裁判所になります。

たとえば、建物の建築実行の禁止を求める仮処分の申立ては、その建物の所在地を管轄する裁判所になります。

仮の地位を定める仮処分については、たとえば、従業員としての地位保全および賃金仮払いの申立ての場合には、債務者の住所地、つまり会社の所在地を管轄する地方裁判所ということになります。

以上のように、保全命令の申立先は法律上決まっており（これを専属管轄といいます）、当事者の合意によって申立先を決めること（合意管轄）を認めていません。もっとも、本案訴訟については、多くの場合、当事者の合意によって裁判地を決めることができます。そして、法律上は本案の管轄裁判所を保全命令事件の管轄とすることが認められているので、保全命令事件を専属管轄とした意味は薄れているといえます。

申立先を間違えた場合

管轄違いの場合は、民事保全法によれば、裁判所の職権で必ず移送しなければならない。ただし、実務上は、裁判所書記官から債権者が管轄違いの指摘を受けた後で、自発的に申立てを取り下げて、管轄裁判所に申し立てることがほとんどである。

■ 保全命令と保全執行

民事保全手続きは、保全命令手続きと保全執行手続きを区別

保全命令と保全執行

保全命令　裁判所が発令する

⇒ 債権者の申立てに対して、保全命令を出すべきかを審理する手続き

保全執行　裁判所または執行官が執行する

⇒ 保全命令に基づいて、債務者の財産を保全したり、
債権者の権利を仮に実現したりする手続き

して規定しています。保全命令手続きは、債権者の保全申立てについて保全命令を出すにふさわしいものであるかどうかを審理するための手続きです。保全執行手続きは、そのような審理を経て出された保全命令に基づいて、債務者の財産を保全し、または債権者の権利を仮に実現する執行手続きです。保全命令については裁判所が行いますが、保全執行については裁判所が行う場合と執行官が行う場合があります。そして、保全命令を発する裁判所を発令裁判所といい、保全執行を行う裁判所を執行裁判所といいます。

不動産の仮差押など、保全執行を裁判所が行う場合は、保全命令が出た後に裁判所が保全執行を行います。他方、占有移転禁止の仮処分など、保全執行を執行官が行う場合は、裁判所の保全命令が出たら、別途、執行官に対して保全執行の申立てをする必要があります。債権者に保全命令が送達されてから２週間経過後は保全執行を行うことができませんので、執行官に対して保全執行の申立てをする必要がある場合は、保全の必要がなくなった場合を除いて、迅速に申立てをする必要があります。

裁判所が保全執行を行うものとしては、登記による不動産の

仮差押、債権の仮差押などがあります。執行官が保全執行を行うものとしては、動産の仮差押、占有移転禁止の仮処分などがあります。

申立てに必要な書類

債権者（民事保全では、申し立てる側の人間の呼称）は、下記の必要書類をそろえて管轄裁判所に保全命令の申立をする。
・申立書１通
手数料として、１個の申立てにつき貼用印紙2000円を納める必要がある。
・資格証明書、不動産登記事項証明書（不動産仮差押などの場合）、訴訟委任状（弁護士に委任した場合）、疎明書類の原本と写し各１部
資格証明書は３か月以内に発行されたものを提出する。

■ 当事者から事情を聴く

仮差押または係争物に関する仮処分については、裁判所は上記書類の審査だけで、申立ての可否を決めることができます。通常は債権者を呼び出して面接する場合がほとんどです。

また、場合によっては、債務者を呼び出して面接することもあります（これを債務者審尋といいます）。

なお、仮の地位を定める仮処分については、書面審査だけでなく、原則として口頭弁論または債務者が立ち会うことができる審尋を経なければならないとされています。仮の地位を定める仮処分が発令されると、判決を待たずに権利を実現することから手続きを慎重にしなければならないというのがその理由です。

■ 担保の決定と提供

保全命令の申立てが認められると、裁判官が担保決定を下して、その後に口頭で債権者に告知されます。担保は、本案訴訟で債権者が敗訴した場合の債務者の損害の補償を担保するためものですが、本案訴訟で債権者が勝訴すれば裁判所の決定を経て取り戻すことができます。

債権者は担保を供託所に供託して（128 ～ 131ページ）、供託正本とその写しを発令裁判所に提出します。さらに、担保提供時あるいはその後に当事者目録、請求債権目録などの各種目録書類、登録免許税、郵便切手代などを提出・納付する必要があります。

供託所

法務局、地方法務局及びその支局を総称して供託所という。

■ 発令と執行手続き

裁判所は債権者と債務者に保全命令正本を送達します。保全

民事保全の流れ

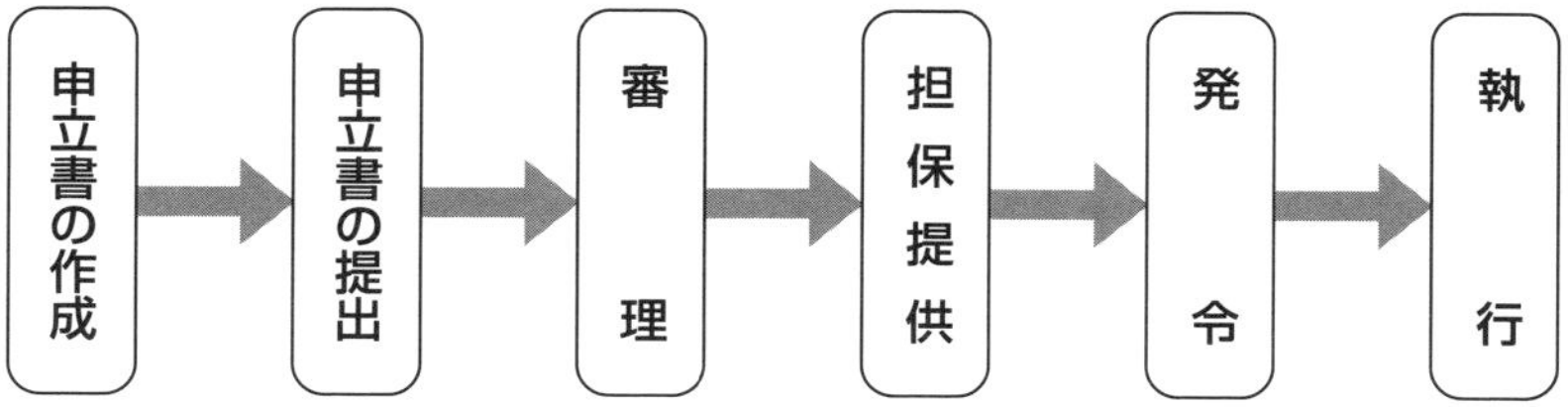

執行は保全命令が債務者に送達される前に行うこともでき、仮差押など、債務者に秘密裏に進められる必要のある民事保全については、保全命令が債務者に送達される前に保全執行が行われています。

保全執行の方法は、執行の対象などによって異なります。たとえば、不動産の仮差押であれば仮差押の登記となり、債権の仮差押であれば第三債務者に対する弁済禁止命令となります。

■ 保全命令申立後の不服申立ての種類

保全命令の申立後に当事者に認められている代表的な不服申立てには、即時抗告、保全異議、保全取消し、保全抗告があります。即時抗告は、保全命令の申立を却下する裁判所の決定などに対して、債権者に認められている不服申立てです。保全異議と保全取消しは、いずれも保全命令が発令された場合に「債務者」に認められている不服申立てです。保全異議または保全取消しの申立てについての裁判に対する不服申立てが保全抗告です。

保全命令申立後の不服申立ての種類

・即時抗告
保全命令を却下する決定などに対して認められる。債権者は、保全命令を却下する決定などの告知を受けてから2週間以内に申し立てなければならない。
・保全異議
保全命令の要件が存在しないとして、保全命令の取消しを求める場合をいう。
・保全取消し
保全命令は一応有効に存在するが、その後に被保全権利または保全の必要性に関し発令時と異なる事情が生じたこと等を理由として保全命令の取消しを求める場合をいう。
・保全抗告
保全異議または保全取消しの申立てについての裁判に対する不服申立て。債権者・債務者どちらからでも申し立てることができる。

保全命令の申立て

被保全権利と保全の必要性を疎明しなければならない

■ 被保全権利の存在を疎明する

民事保全を理解していくには、具体的な事例をイメージしていくことが大切になります。そこで、ここでも事例をベースにして説明をしていきます。ＡがＢに金を貸したが、Ｂは約束の期日になっても返そうとしないというケースで考えてみましょう。Ｂは他にも数件借金を抱えており、唯一の財産は持ち家だけです。この状況では、いつ持ち家が処分されてもおかしくありません。そこで、Ａは貸金返還請求訴訟を提起する前に、保全命令（不動産の仮差押）を申し立てました。

保全命令の申立ては、その趣旨、被保全権利、保全の必要性を明らかにして行われなければなりません（疎明といいます）。

被保全権利とは、Ａの主張する「保全すべき権利または権利関係」のことをいいます。本事例では、貸金債権を指します。

「疎明」は、あまり聞きなれない言葉ですが、債権者の立場に立って定義すると、被保全権利があるという証拠を提出することによって、「債権者の言い分は、一応確からしい」と裁判官に認めさせる行為をいいます。本事例ではＡがＢとの金銭消費貸借契約書などを提出することで、裁判官に「ＡはＢに貸金債権があるのだな」と認めさせることができるでしょう。

疎明と証明

裁判官に「債権者の言い分は確信がもてる」と認めさせる行為を証明という。本案の訴訟では、裁判官の心証が「証明」に達するまで証拠を提出して立証しなければならない。しかし、民事保全段階では、原則として「疎明」で足りるので、本案訴訟ほど厳格に証拠を提出していかなくても申立ては認められやすい。

■ 保全の必要性を疎明する

保全命令は、本案訴訟の判決が出るまでに、債権者の請求権の保全を必要とする事情がある場合に限って発令されます。その事情を保全の必要性といいます。

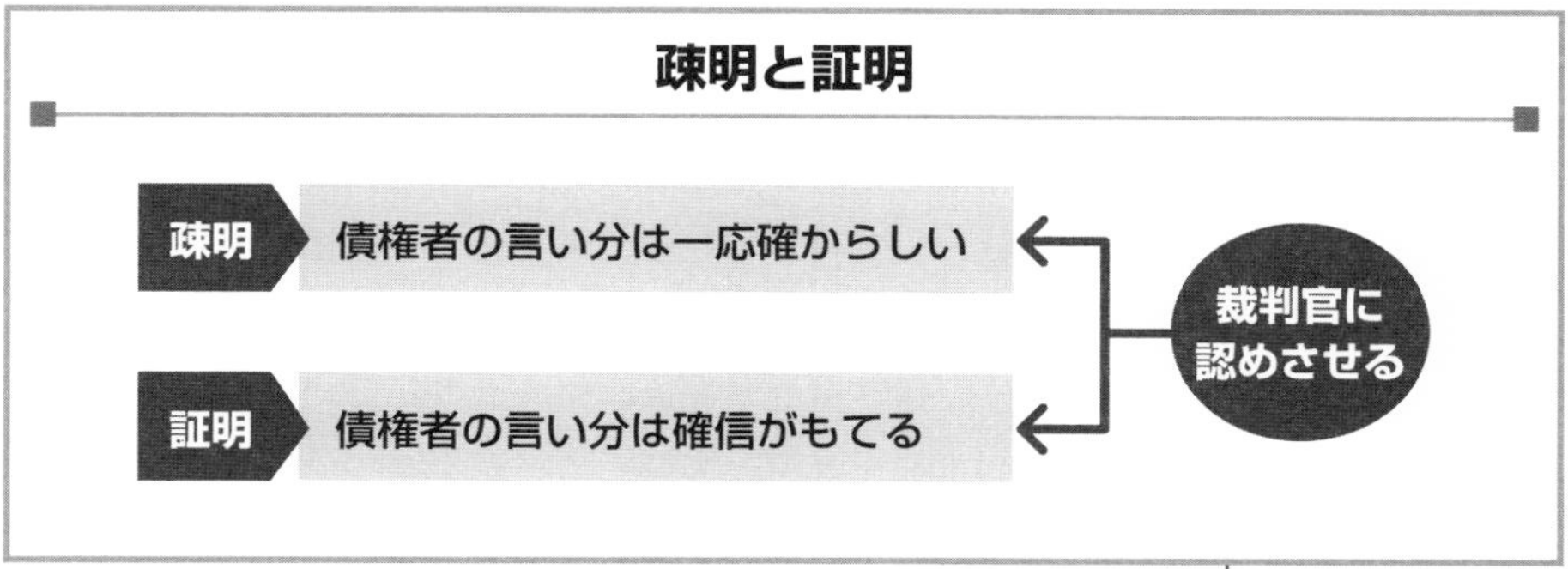
疎明と証明
疎明
債権者の言い分は一応確からしい
証明
債権者の言い分は確信がもてる
裁判官に
認めさせる

「保全の必要性」は、民事保全の種類によって異なるので、以下ではそれぞれの種類に分けて説明をしていきます。

① 仮差押における保全の必要性

債務者の責任財産（Bの持ち家のこと）の減少によって、金銭債権の強制執行が不能または著しく困難になるおそれのあることが必要になります。つまり、Bが唯一の財産である持ち家を売却してしまうと、貸金債権の強制執行をしても満足を得ることが難しくなる、ということをAが疎明しなければなりません。もしBが持ち家の他に別荘を所有しているとか、その別荘にAがすでに抵当権を設定しているというような事情がある場合には、保全の必要性は認められない可能性があります。

② 係争物に関する仮処分における保全の必要性

係争物の現状が変更されることによって、債権者の権利の実行が不能または著しく困難になるおそれのあることを疎明する必要があるということです。

アパートの賃貸人Aが賃借人Bの賃料滞納を理由に契約を解除した事例で説明しましょう。Bは、契約解除後に建物を明け渡さないばかりか、第三者Cに転貸する可能性があるとします。Bに対する勝訴判決を得ても、Cに対して明渡しの強制執行はできません。

この場合、占有移転禁止の仮処分が有効ですが、明渡しの紛

疎明の際には陳述書を提出する

保全命令については、書面審理が原則となる。そこで、金銭消費貸借書や賃貸借契約書のような法律文書だけでなく、陳述書を提出した方がよい。
陳述書とは、なぜ民事保全手続きを利用するのかということについて、具体的事実や背景を述べながら細かく理由を記した書面のことをいう。陳述書を提出することによって「保全の必要性」の疎明について、より説得力を持たせていくという方法は、実務上定着しているといってよい。

争において一般的に占有移転のリスクはあるため、特段の疎明をしなくても保全の必要性は認められやすいといえます。

③　仮の地位を定める仮処分における保全の必要性

ここでは、従業員が不当解雇を主張して従業員の地位保全及び賃金の仮払いの仮処分を申し立てた事例で理解しておくとよいでしょう。従業員としては、収入が途絶して生活に困窮しているなどの事情を疎明していくことが有効です。

■ 執行対象を確認する

仮処分の場合ですが、たとえば、前ページで述べたアパートの事例や前述した解雇の事例でも明らかなように、執行対象が何かで迷うことは少ないでしょう。アパートの事例では当該アパートが、解雇の事例では解雇通告をしてきた会社が執行の対象になります。執行対象の問題で調査と判断が難しいのは、債権の仮差押をする場合です。債務者が会社や事業者の場合、取引先を調査して売掛金や請負代金などの仮差押をしていく手続きをとることが考えられます。その場合に、どの債権を対象にするかはケース・バイ・ケースで判断していくことになります。

ただし、債権の仮差押は、債務者に大きなダメージを与えてしまう可能性があることから、実務上は裁判所の方で慎重な対応をとっています。不動産の場合は、対象不動産の「住所」（住居表示）がわかっていても、「地番」がわからないと登記簿で調べることができません。住所と地番は別物であり、土地の登記簿は住所ではなく地番で編成されているからです。そこで、当該不動産の管轄の登記所に置かれているブルーマップで地番を調べてみるとよいでしょう。

■ 疎明資料をそろえる

保全命令を申し立てるには、申立書類の他に、疎明資料と添付書類をそろえて提出します。疎明資料というのは、被保全権

ブルーマップ
住宅地図に住居表示と地番が重ねて表示されている地図のこと。もっとも、法務局で調べるのが面倒であれば、市区町村役場にもある他、市販されている。

地　番
1筆の土地ごとにつけられた識別番号のこと。

法務局での事前の確認
債務者が破産手続開始決定を受けていると、保全命令の申立てをすることはできない。債務者が会社・法人の場合、破産に関する事項は登記される。そこで、場合によっては、債務者の商業・法人登記事項証明書などに破産している旨の登記がないかについて、事前に法務局で確認すべきである。

破産と民事保全との関係

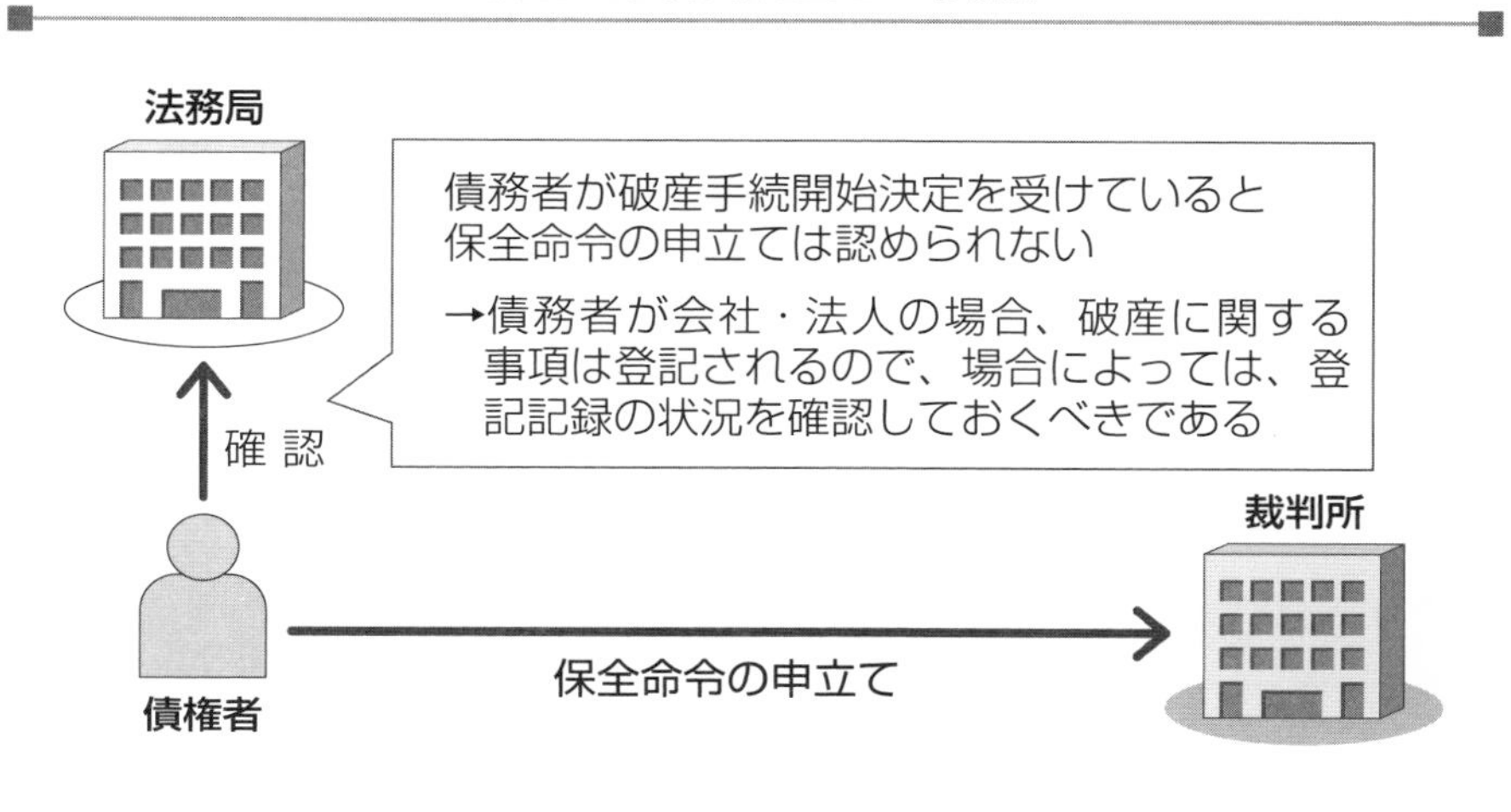
法務局
債務者が破産手続開始決定を受けていると保全命令の申立ては認められない
→債務者が会社・法人の場合、破産に関する事項は登記されるので、場合によっては、登記記録の状況を確認しておくべきである
確 認
裁判所
債権者
保全命令の申立て

利の存在及び保全の必要性を疎明する資料のことです。

たとえば、前述した貸金返還請求訴訟の場合だと、金銭消費貸借契約書などを疎明資料として添付します。

契約書以外の書類も疎明資料となります。また、申立書の「疎明方法」の表示欄には号証番号を振らなければなりません。

■ 添付書類をそろえる

申立書の添付書類には、疎明資料の写しの他、当事者などの資格証明書などが必要になります。保全処分の種類によっては、不動産の登記事項証明書や固定資産評価証明書も必要になります。また、債務者の現住所と、提出した疎明資料に記載されている住所とが異なる場合は、債務者が個人であれば住民票などを、法人であれば登記事項証明書などを提出する必要があります（同一性の証明）。

号証番号の付け方

たとえば、金銭消費貸借契約書は「甲１」、念書は「甲２」などと番号を付していく。

添付書類

不動産の仮差押をする場合は、市区町村の税務課で対象不動産の固定資産評価証明書の交付を受けて、それを添付書類として提出する必要がある。また、会社の代表者の資格を疎明するときは、資格証明書として商業登記事項証明書が添付書類となるのが原則である。

PART3
7

特別代理人を選任する場合

自ら対応できない相手方を保護するための制度

■ 特別代理人選任の申立て

　民事訴訟などの手続きにおいて、相手方が未成年者である場合などは、法定代理人が訴訟に対応します。法定代理人などが欠けている場合、そのままでは有効に手続きを進めていくことができません。そこで、訴えの提起などの訴訟行為をしようとする場合において、相手方に法定代理人がいない場合や、相手方の法定代理人が代理権を行使することができない場合には、相手方について特別代理人の選任を申し立てることができます。「法定代理人が代理権を行使することができない場合」とは、親権者と未成年者との間で利益相反がある場合などのように、法律上代理権の行使が禁止されている場合のことです。相手方が法人の場合、法人の代表者がいない場合も、特別代理人を選任することができます。特別代理人を選任することで有効に訴訟行為を行うことができます。

　また、民事訴訟における訴訟行為だけでなく、民事執行や民事保全においても特別代理人を選任することができます。しかし、時間をかけてもよいのであれば、特別代理人ではなく、法定代理人や一時役員を選任することも考えられます。そこで、特別代理人の選任の申立ては、手続きが遅れることにより損害が生じるおそれを疎明して行わなければなりません。民事保全の場合、財産の保全などの緊急性が高い場合が多く、比較的申立てが認められやすいといえます。ここで特別代理人について説明するのも、民事保全において選任する必要が生じやすいためです。

法定代理人

未成年者など、単独で取引を行う能力がない者に法律の規定によりつけられる代理人のこと。未成年の場合は通常、親が法定代理人となる。未成年者などは物事の判断能力が充分ではないため、未成年者などを保護する観点から法定代理人をつけることが必要とされている。

特別代理人の選任

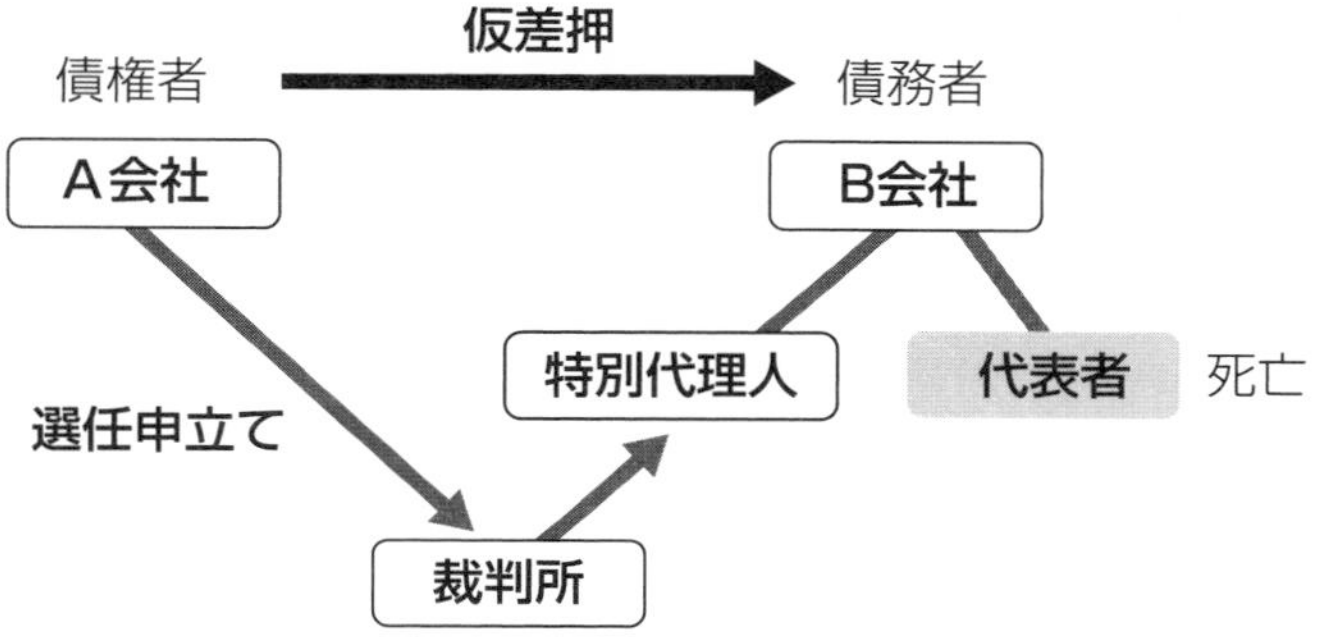

たとえば、A会社がB会社に対する売掛金の未払いを理由に、B会社が第三者に対して持つ売掛金債権について仮差押を申し立てたとします。このA会社の仮差押命令の申立時に、債務者であるB会社の唯一の取締役が死亡していた場合、B会社の特別代理人を選任するようにA会社は裁判所に申し立てることができるというわけです。A会社としては、B会社の一時役員の選任を申し立てることも考えられますが、時間や費用を考えると特別代理人の方が有利です。

また、迅速に選任してもらうため、債権者Aが特別代理人となる弁護士を探してきて裁判所に推薦することができます。債権者が特別代理人の選定手続きをとる場合、本来であれば特別代理人に支払う報酬金を裁判所に予納しなければなりません。しかし、以上に述べた推薦方式で裁判所に選任を申し立てた場合は、債権者と特別代理人との間で報酬に関する特約を結んでいるのが通常です。この場合には債権者が裁判所に報酬金を予納する必要がなくなります。そして、この方法を裁判所に納得してもらうために、特別代理人から報酬放棄書を提出させておく必要があります。

PART3
8

保全命令手続きの審理

債権者の面接は必ず行われると考えておく

■ 債権者や債務者の審尋

裁判所が下す判断には、①判決、②決定、③命令の３つがあります。「判決」は、重要な事項について下される裁判所の判断なので、厳格な手続きを経ることが要求されます。

「決定」「命令」は、「判決」ほど重要でない事項について下される判断方法のひとつです。保全命令の判断は判決ほど重要というわけではなく、しかも迅速な判断が要求されることから、「判決」ではなく「決定」の判断方法が用いられます。

なお、決定は裁判所の判断であり、命令は裁判官の判断です。

審尋とは、当事者に口頭などにより陳述の機会を与える手続きのことです。審尋手続には、債権者を対象とした審尋（面接）と債務者を対象とした審尋（債務者審尋）の２つがあります。しかし、民事保全手続の中の仮差押と係争物に関する仮処分については、当事者を呼ばずに、事前に提出された書類のみに基づいて審理を行うという書面審理が原則となっています。

ただし、多数の事件を扱っている東京や大阪などの裁判所では、原則として、全件について債権者の面接が行われています（全件面接）。以上の債権者の審尋に対して、債務者審尋の手続きがとられることは、実務上少ないといえます。もっとも、仮の地位を定める仮処分の場合は、原則として口頭弁論または債務者が立ち会うことができる審尋を経なければなりません。

■ 非保全権利と保全の必要性を疎明する

債権者は、裁判所に被保全権利（の存在）と保全の必要性を

係争物

訴訟において争いとなる目的物。

全件面接

裁判所と債権者が顔をつき合わせて、口頭でやりとりした方が書面上だけの審理よりも迅速に処理できると考えられている。そこで、債権者としては提出済みの書類に基づいて、十分に説明できるよう周到に準備をしておかなければならない。書面の不備の指摘に対して十分に説明できないと、補正を裁判所から求められることになるからである。このことから、面接の有無に関わらず、書類の内容が非常に重要になってくる。

面接と審尋

厳密には意味が異なるが、当事者から見れば、特に大きな違いはない。「面接」を法律用語で難しく言うと「審尋」と表現すると理解しておいてよい。

保全命令の位置づけ

保全命令		
裁判官が行う	⟷	決定や命令は裁判所が行う
疎明が必要である	⟷	判決では証明が必要である
簡単に取り下げができる	⟷	訴えの場合は簡単には取り下げができない

十分に疎明しなければ申立てが却下されてしまいます。

疎明というのは、「裁判官が一応確からしいという程度の心証を抱いた状態」と説明されることがあります。しかし、債権者の立場で定義すると、債権者が被保全権利の存在を裏づける証拠を提出することで、債権者の言い分は、一応信用できると裁判官に認めさせる行為のことです。

これに対して、裁判官に合理的な疑いを差し挟まない程度まで確信させることを証明といいます。なお、疎明方法は、裁判官がその場で「即時に取り調べることができる証拠」でなければならないとされています。

■ 保全命令の申立てを無条件に取り下げることもできる

民事保全の手続きは、民事訴訟の手続きを準用する部分も多いので、本案について審理する民事訴訟の手続きと類似する点もあります。

たとえば、審尋期日に和解で決着をつけることもできますし、債権者がいったん申し立てた保全命令を、後で取り下げることもできます。ただし、民事訴訟の場合だと、取り下げるのに債務者の同意が必要になることがありますが、保全命令の取下げの場合は、債務者の同意は必要ありません。

審尋期日決定後に債権者が行うこと

債務者審尋の手続きがとられる場合は、必ず債権者の審尋も行われる。そこで、債権者が裁判所から審尋期日の通知を受けたときは、できるだけ早く裁判所に提出した書類や資料を債務者に直接送らなければならない。書面を事前に送付しておけば、後の手続きも円滑になる上に、手続きの公平性にもかなう。もっとも、債権者・債務者間の無用な摩擦を避けるという意味からも、裁判所を介して債務者に送付することが認められている。

証　明

裁判官に「証明」のレベルにまで心証を抱かせるには、たとえば、証人を呼んで尋問したり、鑑定の申請をしなければならない場合が出てくる。しかし、「疎明」でよいということになると、そこまでの立証活動は制度上も要求されていない。

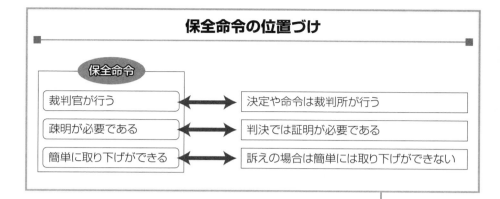

担保制度

保全命令を申し立てる際に担保を提供する

■ 無担保で発令されることはほとんどない

債権者が本案訴訟で主張する請求が認められないものである場合などには、債務者は損害を被ることがあります。その場合に、債権者が裁判所にあらかじめ提供しておいた金銭などで債務者を保護していくという役割が担保制度にはあります。民事保全法には、裁判所は無担保で保全命令を発することができる旨の規定が存在しますが、無担保で発令されることはほとんどありません。そうなると債権者の一番の関心事は、具体的な担保金額ということになるでしょう。担保の額は、請求債権額や目的物の価額、さらに、疎明の程度を考慮して決定されることになります。ただし、交通事故の賠償金仮払いの仮処分や、従業員の地位保全及び賃金仮払いの仮処分の場合などは、債権者の生活などを考慮して、無担保で発令される場合が一般的です。

■ 担保提供期間は何日間か

債権者が担保を提供する（金銭などを納める）期限については、裁判所によって異なります。ただし、どこの裁判所も、担保決定の告知があった翌日から３～７日程度に期限を設定しているようです。この期間内に担保を提供しないと申立てが却下されてしまうので注意してください。裁判所によっては、一定の要件を満たせば、期限到来の翌日から１週間に限り、担保期間の延長を認めているようです。

担保とは

債権者が保全命令の申立てをする際に納めなければならない金銭などのこと。

疎　明

裁判官が確信をもって納得しないまでも、一応確からしいと納得させること。判決に大きな影響を与えるような事実以外の事実については疎明で足りる。たとえば、民事保全において、仮差押などの申立てをする場合、申立人は申立てに係る権利または権利関係と、仮差押をする必要性について、裁判所に疎明しなければならない（民事保全法13条）。

担保の提供

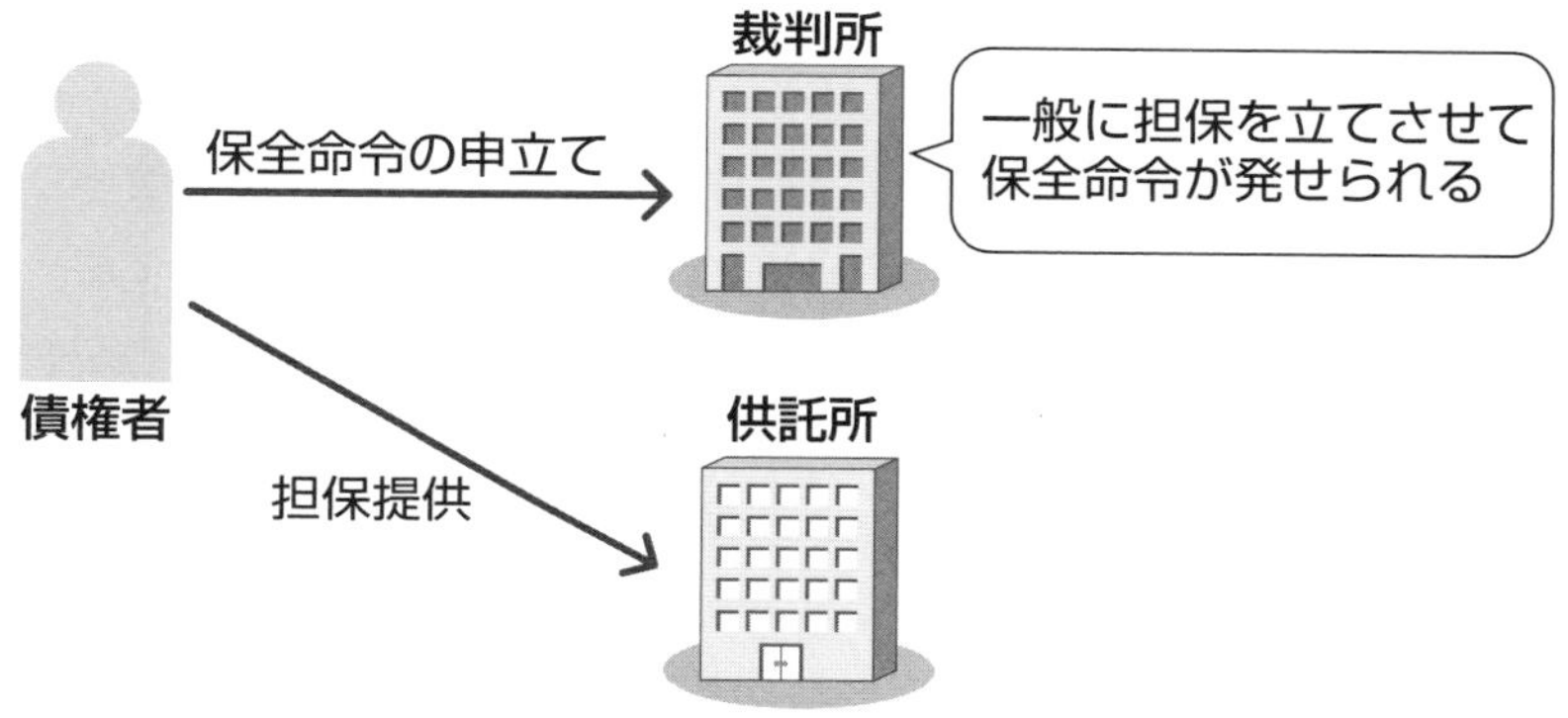

■ 担保の提供は金銭以外でもできるか

担保提供の方法には、①金銭提供の方法、②有価証券提供の方法、③裁判所の許可を得て支払保証委託契約を締結する方法、④当事者間の特約に基づく方法、の４つがあります。民事保全法では、以上の４つが同等に並んで規定されていますが、基本的には金銭提供の方法によると考えるべきです。

次に、有価証券による提供の場合の注意点について述べておきます。有価証券は金銭と違って短期間で価値が変動しやすいことから、額面金額がそのまま評価額になるわけではありません。そうした事情から、有価証券による担保の提供が認められるといっても、実際に認められているのは一部の有価証券だけです。具体的には、国債、地方債、大企業や銀行の株券のように、長期的に価額が安定していると思われる有価証券だけが担保として認められています。しかし、これら安定性の高い有価証券でも額面金額どおりの評価は認められず、たとえば、国債や地方債の場合、額面の20 ～ 40％増しの額に達するまで有価証券の担保提供が求められます。

■ 債権者または債務者が複数いる場合の申立方法は

債権者が複数いる場合に、担保を債権者全員が一括共同で申し立てたり、複数の債務者全員のために一括して申し立てること（これらを共同担保といいます）はできるのでしょうか。

損害賠償請求権というのは、本来は個々の債権者または債務者ごとに損害額が決められていくべき性質のものであることから、担保額についても各人ごとに決められていくのが原則です。

しかし、実際上の便宜から、実務では共同担保の方法も認められています。なお、裁判所が共同担保を決定すると、次のような文面の決定文書が債権者に告知されます。

・債権者らは、共同の担保として金200万円を５日以内に供託すること

・債権者は、担保として債務者らのために全部で金200万円を５日以内に供託すること

担保の提供は第三者でもできる

担保の提供は債権者本人が行うのが原則だが、債権者の親族などの第三者もできるとされている。ただし、第三者が担保を提供する場合は、裁判所に上申書を提出して裁判所の許可を得ることが必要になる。

■ 担保の変換手続きとはどのようなものか

担保の変換とは、たとえば、最初は金銭を提供したが、後に有価証券に変換してもらうというように、最初に提供した担保を、他の担保に変えることです。担保の変換をするには、担保決定をした裁判所に対して申し立てることが必要です。裁判所が担保の変換を認めると、担保変換決定を下すことになります。申立人がすでに変換決定前の担保を提供しているときは、供託金の払い渡しを請求できます。また、支払保証委託契約を結んでいる場合は、銀行などに対して解約手続をとることになります。変換手続きは以下のような要領で行います。

① 金銭から有価証券に変換する

有価証券目録を申立書に添付して裁判所に提出します。有価証券は、市場価値が変動しやすいことから、額面通りに評価されることはありません。額面額の何割か増しの有価証券を供託できないようであれば、申立は却下されるでしょう。

支払保証委託契約

強制執行がなされようとしている場面で、債務者は担保を提供することで強制執行を免れることができる。担保の提供は金銭や有価証券で行うのではなく、担保提供者と金融機関との間の保証契約で行うこともできる。このとき、金融機関と締結される契約が、支払保証委託契約である。

担保の変換（金銭から有価証券に変換する場合）

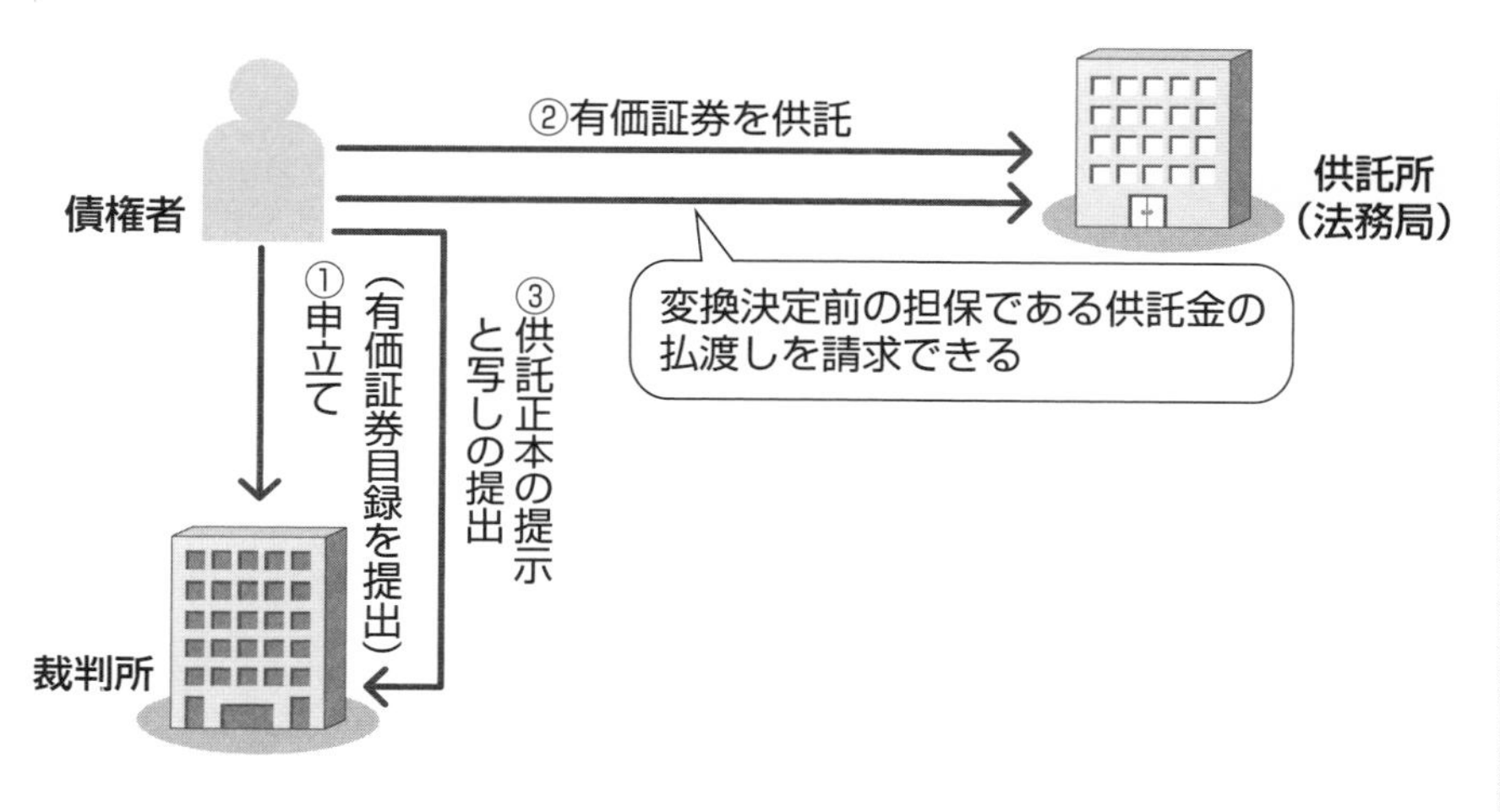

具体的には、国債、地方債は額面の20～40％増しを、株式は前日最終値の30～100％増しを考えておく必要があります。

なお、株式は、銀行や大企業などの安定した株式でなければ受け付けてもらえません。裁判所の許可が下りると、有価証券を供託し、そのことを裁判所に証明するために、供託書正本を提示し、その写しを裁判所に提出します。

②　有価証券から金銭に変換する

この場合は、単に申立書を提出すれば、容易に裁判所の許可は下りるでしょう。許可が下りた後は前述した①と同じです。つまり、金銭を供託し、そのことを裁判所に証明するために、供託書正本を提示し、その写しを裁判所に提出します。

③　金銭から支払保証委託契約による担保に変換する

申立書と支払保証委託契約による立担保の許可申請書を２通提出します。１通は、許可決定の謄本として申立人に交付されます。

供託

誤記のないように正確に書類を作成する

■ 供託はどのように行うのか

債権者が保全命令を申し立てるには、担保を提供する必要があります。この担保は供託所に供託することになります。保全手続きに際しては、供託の役割が欠かせません。

供託とは、供託所という国家機関に預けた財産の管理をまかせ、預けた財産を受領する権限のある人が受けとることにより、目的を達成させる制度です。

保全命令の申立てにあたって必要になる担保の供託は、保証供託といいます。保証供託は担保供託ともいわれ、相手（債務者）に供託物に対する優先受領権を与えることで、相手（債務者）が被るかもしれない損害を担保する役割を持っています。

供託の一般的な流れは、次のようになります。まず、供託者（債権者）が供託物を供託所に預けます。供託所は預かった供託物を保管します。その後、一定の条件（違法な保全執行により損害を被った場合など）があれば被供託者（債務者）が供託所から供託物の還付を受けます。ただ、供託所から供託物を取り戻せるのは被供託者だけではありません。供託者（債権者）も一定の条件（債権者の勝訴判決が確定した場合など）を満たせば供託物を取り戻すことができます。

なお、ここでとりあげている「供託」とは、「担保の提供」という意味で使われます。供託場所は、法務局とその支局です。民事保全法では、担保提供を命じた裁判所または保全執行裁判所を管轄する地方裁判所の管轄区域内の供託所に担保を提供すると規定されています。

供託の種類

①弁済のためにする供託（弁済供託）、②担保のためにする供託（保証供託）、③強制執行のためにする供託（執行供託）、④保管のための供託（保管供託）、⑤没取の目的物の供託（没取供託）の５種類がある。

管轄外供託

遅滞なく管轄区域内の供託所に供託することが困難なときは、裁判所の許可を得て管轄区域外の供託所で供託を行うことができる。管外供託ともいう。管轄区域が遠方にあり、債権者や債権者代理人の住所地や営業所所在地の供託所で供託したい場合などに利用される。

支払保証委託契約

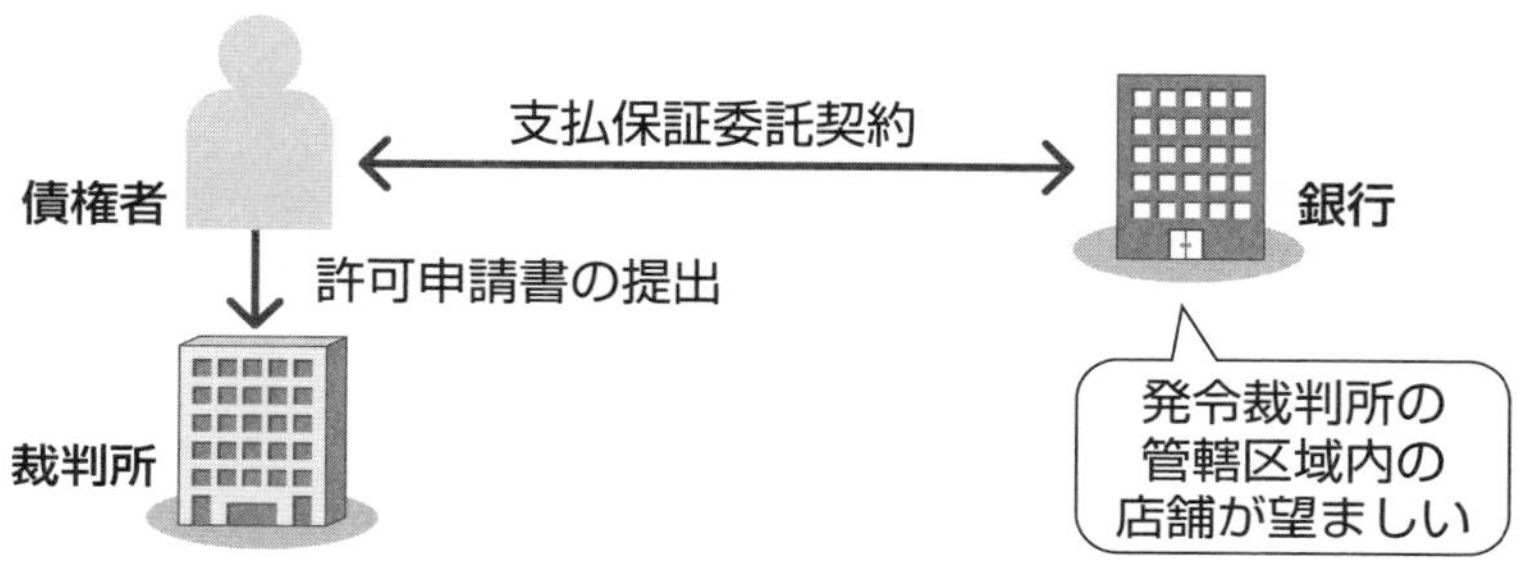

■ 供託書の記載内容に誤記があるとき

供託する場合、供託書に必要事項を記載します。供託後、供託書に誤記があることを発見したときは、軽微な誤記であれば訂正が認められます。ただし、住所、氏名、供託金額などの重要な部分に誤記がある場合は訂正が認められず、裁判所に対して供託の不受理を申請し、裁判所から交付された不受理証明書を供託書に提出して供託金の払渡しを受けた後、あらためて供託をすることになります。急を要する保全手続きが遅れることになりますので、供託書は正確に記載する必要があります。

軽微でない誤記

誤記が軽微でない場合は、供託書を書き直してはじめからやり直すことになる。すでに供託金を提供した場合は、裁判所で不受理証明を受けて、いったん供託金を取り戻すことになる。

■ 支払保証委託契約を結ぶ方法もある

担保の提供は、供託所での提供の他に、銀行等との間で支払保証委託契約を結ぶという方法によることもできます。

この方法によって担保を立てるときは、担保決定をした裁判所に許可申請書を提出して許可を得なければなりません。

契約の相手方は、銀行、信用金庫、農林中央金庫、損害保険会社などです。これらの機関が相手の場合は、発令裁判所の管轄区域外の店舗でもよいとされています。

管轄区域外での契約

支払保証委託契約の相手方は管轄区域外の店舗でもよいが、裁判所によっては、なぜ管轄区域外での契約なのかについて債権者から説明を求めるために、上申書を提出させるところもある。

保全命令

決定書の記載事項について把握しておく

■ 保全命令の決定書にはどんなことが記載されるのか

裁判所が保全命令の決定を下すと、決定書を作成して債権者及び債務者に正本を送達するのが原則です。

ただし、例外的に決定書を作成しないこともあります。その場合は、口頭弁論または審尋の期日に口頭で言渡しをします。その言い渡した内容を裁判所書記官が調書にまとめて、後日当事者に送達することが認められる場合があります。

決定書が作成された場合は、①事件の表示、②当事者の住所氏名などの表示、③担保額および担保提供方法、④主文、⑤決定の年月日、⑥裁判所の表示が記載されます。

なお、各記載事項で注意したいのは、仮差押命令の主文の中で表示される仮差押と仮処分の解放金についてです。

■ 仮差押解放金額

仮差押解放金とは、債務者が仮差押を解いてもらうために供託する金銭です。裁判所は、仮差押命令において、必ず仮差押解放金額を定めなければならないことになっています。

仮差押は金銭債権の保全を目的とするので、被保全債権に相当する金銭を債務者に供託してもらえれば債権者にとっては好都合です。また、債務者にとっては仮差押解放金を供託することによって、所有財産への不必要な執行から逃れることができます。債務者が供託した供託金の取戻請求権は仮差押の目的物に代わります。つまり、債権者は本案訴訟で勝訴が確定した後、供託物取戻請求権について債権執行の申立てをしていくことに

本案訴訟

本案とは、実体法上の権利関係（請求権の根拠となっている法律など）についての主張のこと。本案の成否を争う訴訟を本案訴訟という。

決定書のサンプル

仮差押決定

当事者の表示　　　　別紙当事者目録記載のとおり
請求債権の表示　　　別紙請求債権目録記載のとおり

上記当事者間の令和元年(ヨ)第○○○号不動産仮差押命令申立事件について、当裁判所は、債権者の申立を相当と認め、債権者に
金○○○万円
の担保を立てさせて、次のとおり決定する。

主　　文

債権者の債務者に対する上記債権の執行を保全するため、別紙物件目録記載の債務者所有の不動産は、仮に差し押さえる。
債務者は、金○○○万円を供託するときは、この決定の執行の停止又はその執行処分の取消しを求めることができる。

令和元年10月7日
○○地方裁判所民事第○部
裁判官　○　○　○　○　㊞

なります。

ところで、裁判所はどのような基準で仮差押解放金額を定めるのでしょうか。この点につき、債権者としては、①被保全債権が保全されれば満足であること、②裁判所としては迅速に処理できること、という２点をおもな理由として、被保全債権の額を基準に定められています。

■ 仮処分解放金

仮処分についても、仮差押と同様に債務者が金銭を供託することによって処分を解いてもらうことができるのでしょうか。仮処分は多くの場合、金銭的保証によって債権者が満足できる

性質のものではありません。

そこで、民事保全法は保全すべき権利が金銭の支払いによって目的を達成することができる場合のみ仮処分解放金を定めることができると規定しています。

たとえば、AはBにお金を貸していましたが、Bが唯一のめぼしい財産である自宅の不動産をCに売却したとします。Bに資力がない場合、Aとしては、訴訟を起こして民法上の詐害行為取消権という権利を行使して、Cへの不動産の売却を取り消すことができます。しかし、訴訟進行中に、Cがさらに第三者に不動産を処分してしまうと困るので、不動産について処分禁止の仮処分の申立てをします。この場合、Aとしてはお金を貸しているだけなので、通常、仮処分解放金が供託されれば十分だといえます。

なお、仮処分解放金を定める場合は、債権者が仮処分解放金の供託によって仮処分の申立ての目的を達成できるかどうか、債権者の意見を聴く必要があります。

債権者からの意見聴取

仮処分解放金を定めるに際して債権者から意見を聴取しなければならない。また、手続後に、債権者は裁判所が定めた解放金額について異議がない旨の上申書を提出させられることがある。

■ 債権者と債務者に同時送達されるとは限らない

裁判所が決定を下すと、債権者・債務者には決定の正本が送達されることになっています。当事者に保全命令の内容を知らせる必要があるからです。また、債権者にとっては保全執行の申立てを行う際に必要になります。

ただし、債権者と債務者に同時に送達されるわけではありません。なぜなら、債権者の保全命令の申立てを債務者に事前に知られてしまうと、執行前に財産を隠されてしまうおそれがあるからです。

保全執行の申立て

書面で行う。ただし、保全命令をする裁判所が保全執行の裁判所となる場合（ほとんどがこの場合にあたる）は、保全命令の申立てとは別に、保全執行の申立てを考える必要はない。この場合は、保全命令の申立てを行えば、保全執行の申立ても同時になされたものとする。

■ 送達の時期

債務者への送達時期については、保全命令の種類によって異なります。仮差押については、動産の仮差押の場合、裁判所は

第三債務者

たとえば、債務者BがCに対して債権を持っている場合に、Bの債権者Aから見てCのことを第三債務者という。

仮差押解放金

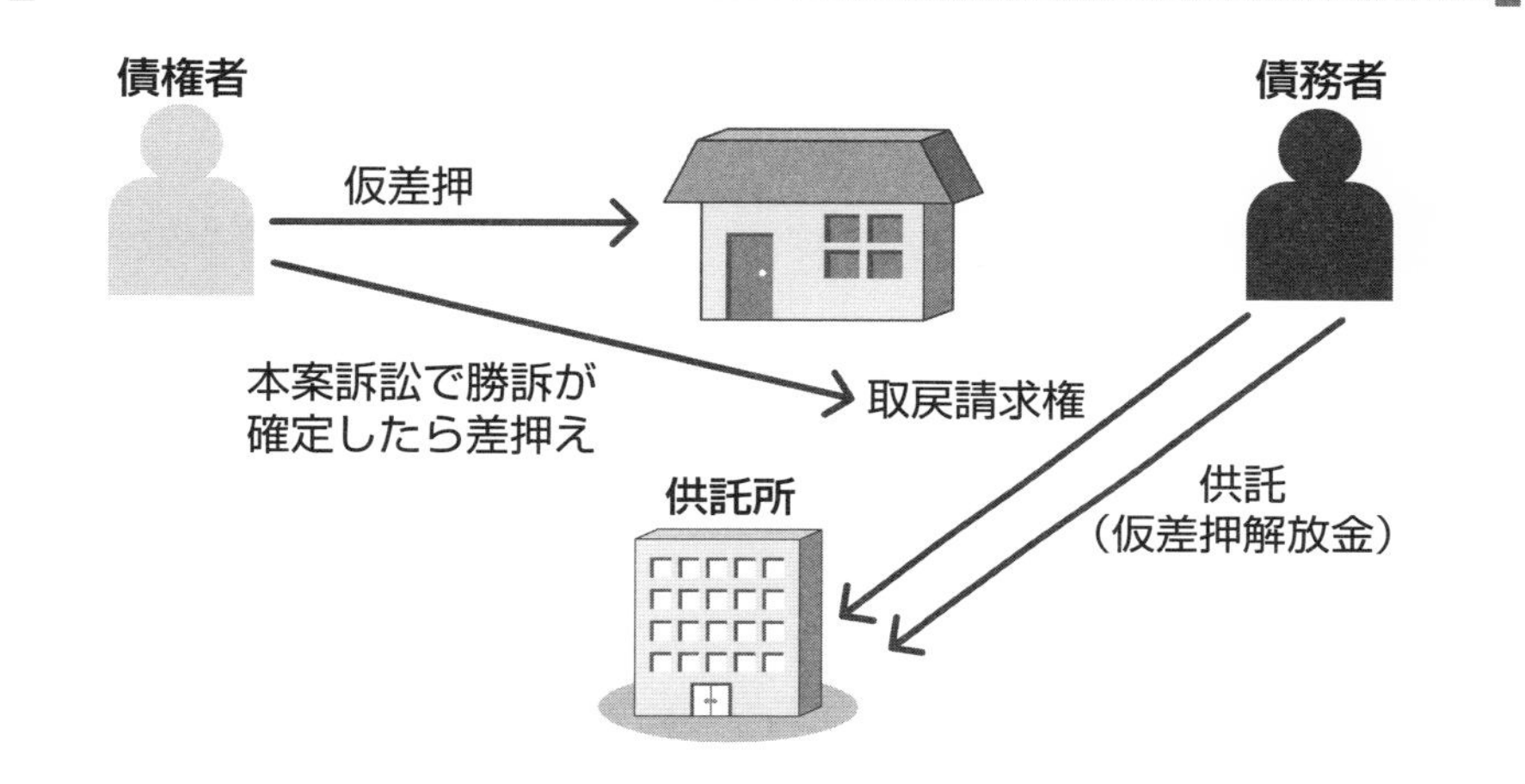

債権者にまず送達して、執行が完了した後に債務者に発送します。また、債権の仮差押の場合には、第三債務者に送達した後に、債務者に送達することになります。第三債務者とは債務者が持つ仮差押の対象となる債権の債務者のことです。不動産の仮差押については、登記が完了した後に債務者に送達されます。

■ 決定内容が間違っていたときは

仮差押命令と係争物に関する仮処分については、債務者審尋が行われずに、債権者からの一方的な調査結果に基づいて決定が下されることがあります。そのためか、決定内容に誤りが出てくることも少なくありません。

たとえば、当事者目録に記載した第三債務者の氏名住所や目的物の表示が間違っていた場合などがこれにあたります。その場合、債権者は決定の更正の申立てを行うことによって決定内容を変更させることができます。

保全執行は誰が行うのか

裁判所または執行官である。保全執行を執行官が行う場合、債権者としては、執行官に対する保全執行の申立てが別途必要になる。

保全執行前の債務者の変更

債権者は、保全命令の申立て後も債務者が代わっていないかについて改めて確認した方がよい。たとえば、債務者が死亡していた場合は、債務者の相続人に執行していくことができるが、その場合は、新たに承継執行文の付与の申立てをしなければならない。なお、保全執行「後」に債務者が死亡した場合には執行文の付与は必要ない。

PART3
12

登記の方法による不動産仮差押

民事保全法のしくみ

登記の嘱託は裁判所書記官が行う

■ 不動産の仮差押をする

不動産に対する仮差押の執行には、①仮差押の登記をする方法、②強制管理の方法、③両者を併用する方法、の３つがありますが、ここでは①の方法について説明していきます。

強制管理の方法による仮差押

強制管理による仮差押とは、管理人を選任して債務者に代わって不動産を管理させ、賃料収入を供託する手続きのこと。

■ 具体的にどのように行うのか

仮差押の登記は、執行裁判所の裁判所書記官による嘱託によってなされます。

「登記を嘱託する」というのは、登記手続きを裁判所から登記所（法務局）にお願いすることをいいます（例外として、債権者が登記嘱託書を登記所に直接持参する場合があります）。仮差押の登記が設定されると、以後、債務者が当該不動産を処分したり、第三者に抵当権を設定されても、仮差押を得た債権者が勝訴判決を得て強制執行をする場合には、その債権者の権利が優先することになります。

■ 登記嘱託後に登記所から却下された場合

保全命令の申立てが認められた後の手続きは、裁判所主導で進められていくのが基本です。ですから、債権者としては特に何もしなくてよいということになりそうです。

ところが、登記嘱託後に登記所から裁判所に対して「この登記嘱託は受け付けることができません」と言われて、登記嘱託が却下される場合があります。これは、登記嘱託をした裁判所書記官に手続上のミスがあったことだけが原因ではありません。

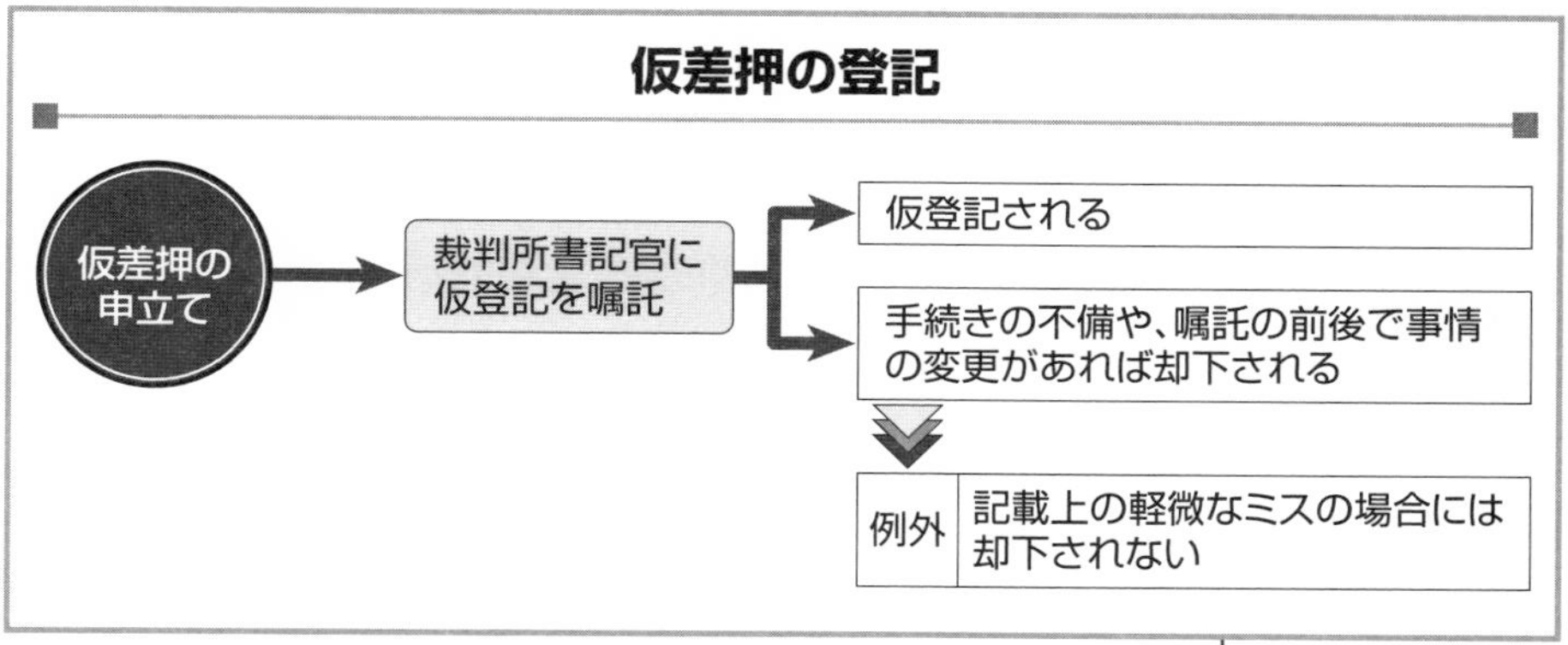

他にも原因として考えられるのは、嘱託の前後で事情の変更があった場合、債権者にミスがあった場合などです。以下、具体例で説明しましょう。

① 記載上の軽微なミスが嘱託書の中から見つかった場合

このケースは軽微なミスなので、登記所で誤字を訂正して、その訂正した書類によって嘱託をやり直すことができる場合もあります。ただし、ケースによっては、裁判所が保全命令の更正決定をして、その正本を登記所に送付するという方法がとられることがあります。それと同時に、嘱託書に押された捨印を利用して嘱託書の記載の補正をすることになります。

② 登記事項の変更があり、嘱託書と符合しない場合

この場合はケース・バイ・ケースで処理されます。たとえば、嘱託書受理前に所有権移転による登記名義人が変更した場合は、事態は重大であることから、単なる記載の訂正ではすまされません。この場合は、再度嘱託書を作成、提出することになります。しかし、たとえば、登記事項証明書記載の登記名義人の氏名や住居表示が後に変更された程度であれば、前述の場合と違って事態はそれほど重大ではありません。この場合は、権利主体に変更があったわけではないからです。そこで、この場合は、上記①で述べた記載の補正で足りると考えられています。

債権者側に手続上のミスがあった場合
たとえば、債権者が嘱託書を登記所に持参する扱いにした場合に、本来の登記所ではなく、違う登記所に提出してしまったような場合である。この場合には、保全命令が債権者に送達されてから2週間以内であれば再度嘱託をすることができる。

補　正
訴訟行為の不備・欠陥を訂正または補充すること。たとえば、民事訴訟において、訴状の名前や住所に誤字・脱字があったり、日付が空欄になっていたりする場合に、裁判所からの指摘により、訂正または記入するのが補正の例。

PART3
13

債権仮差押の執行

第三債務者に対する調査も大切である

■ 執行方法

債権の仮差押の執行は、裁判所が第三債務者に弁済禁止命令を発することになります。第三債務者としては供託が可能です。また、債務者に仮差押命令の正本が送達された後は、債務者が債権譲渡などの処分行為をしても、仮差押債権者との関係では処分の効力を主張できなくなります。

債務者に対する送達時期
第三債務者に対する送達が完了した後になるのが通例である。

■ 第三債務者に対する陳述催告の申立て

債権者にとって仮差押の対象となる目的債権は、債務者と第三債務者という他人間の権利関係なので、債権者がその存在や内容を正確に把握しているとは限りません。そこで、債権者は、仮差押の目的を達成できたかどうかを確認するため、裁判所に対し、第三債務者にその債権の存在や内容を確認することを申し立てることができます。それが「第三債務者に対する陳述催告の申立て」です。

裁判所書記官は、申立てがあったときは、仮差押命令の送達に際し、第三債務者に陳述催告書を送達しなければならないことになっています。

他人間の権利関係
債権者が当該債権の内容を正確に把握すること自体、実は非常に難しい。また、当該債権の内容云々を語る以前に、そもそも債権そのものが存在しない可能性もある。

陳述催告書
債権者が主張しているような目的債権が本当に存在するのか、存在するとしたらその内容はどうなっているのかなどについて、裁判所が第三債務者に確認を求める文書。

■ 第三債務者に供託される場合がある

仮差押がなされたときは、第三債務者は供託をすることができます。仮差押や差押えが競合したときは、第三債務者は供託をしなければなりません。そして、供託をした第三債務者は、執行裁判所などにその旨を届け出なければなりません。

仮差押禁止債権
民事保全法では、給料などについては、債務者の生活保護の観点から、仮差押できる範囲が制限されている。また、生活保護のように、国などから支給されている金銭については一切の差押えが禁止されているものもある。

第三債務者に対する陳述催告の申立て

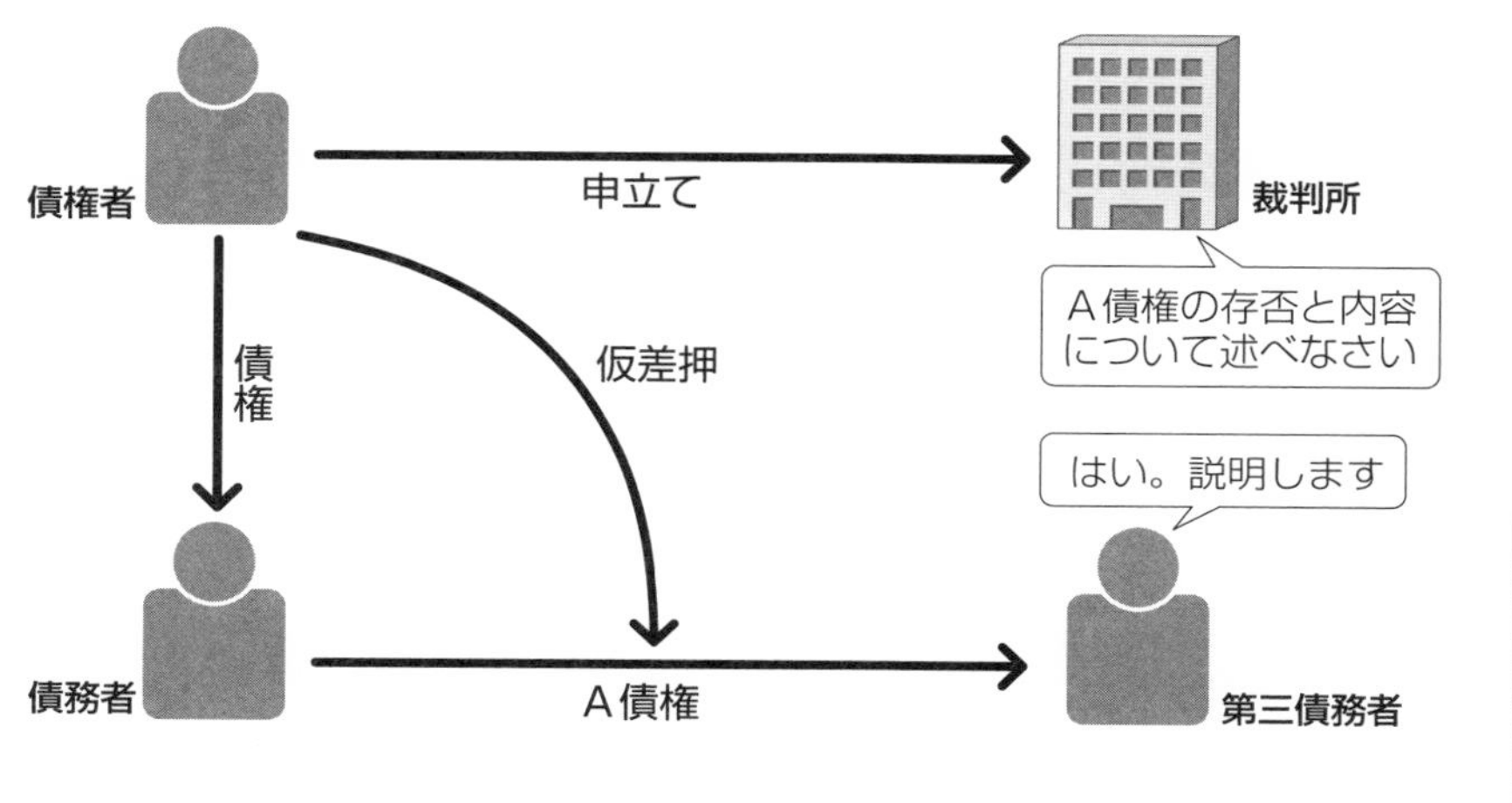

ここで問題となるのは、目的債権に国や地方公共団体などが（以下、「国など」と記します）税金の滞納を理由に差押え（滞納処分）をしてきた場合との優劣関係です。

まず、目的債権に滞納処分による差押えが先になされた場合は国などの差押えと債権者の仮差押が競合しても、その合計額が当該目的債権額に満たなければ両者の調整は問題になりません。問題なのは、両者の合計額が、当該目的債権を超えた場合です。この場合は、仮差押債権者より国が優先することになります。ただし、国などが目的債権の取立てを行使した結果、残余金が生じたときは、仮差押債権者のために、後日配当手続きが行われることになっています。

仮差押が国などの差押えよりも先になされた場合も、両者の合計額が当該目的債権額を上回る場合には、国などの差押えの方が仮差押債権者よりも優先し、残余金が生じたときは、上記と同様の処理になります。

債権者の方から仮差押禁止債権の範囲の拡張を申し立てる

たとえば、養育費の支払いを請求する債権者が病弱であまり働くことができず、給料も毎月わずかしかもらっていないという事情があるとする。他方、債務者は月給100万円を受け取っている上に、退職金額も5,000万円が見込まれているという事情がある。この場合、一般的には、仮差押えが可能な2分の1を超えて仮差押しても債務者にとって大きな痛手にはならないため、債権者は仮差押禁止債権の範囲減縮を求めることができるとされている。

PART3
14

その他の仮差押の執行手続き

執行方法にはさまざまなものがある

■ 動産仮差押の執行

債務名義
強制執行することによって実現される請求権（債権）が、たしかに存在するということを公に証明する文書のこと。

動産仮差押命令の執行は、原則として執行官が目的物を占有する方法によって行われます。申立先は、原則として目的物の所在地を管轄する地方裁判所所属の執行官です。なお、申立書に最低限記載しなければならない事項には、①当事者の表示、②差し押さえるべき動産が所在する場所、③強制執行の目的とする財産の表示及び求める強制執行の方法、④債務名義の表示、などがあります。

■ 自動車の仮差押の執行

船舶の仮差押の執行
①仮差押の登記をする方法、②執行官に船舶国籍証書などを取り上げさせる方法、③これらを併用する方法、の3つがある。
①については、裁判所書記官が船舶の登記を管轄する登記所に仮差押の登記を嘱託する。
②による場合は、債権者が「船舶国籍証書等の取上保管命令申立書」を提出して申し立てることができる。さらに、申立てにより、保管人を選任することもできる。

自動車の仮差押の執行には、①登録嘱託の方法、②執行官に自動車を取り上げて保管してもらう方法（取上保管の方法）③前述の①と②を併用して行う方法、の３つがあります。以下、①から順に説明していきましょう。

①　登録嘱託の方法

裁判所書記官が運輸支局長に対して登録の嘱託を行います。仮差押命令は、自動車登録ファイルに記録されます。

②　取上保管の方法

これは債権者が「自動車の取上保管命令申立書」を提出して、執行官に債務者の自動車を取り上げて保管してもらう方法です。申立先は、原則として自動車の所在地を管轄する地方裁判所（執行裁判所）になります。

③　上記①②を併用する方法

上記①②の書類を併せて提出することも可能です。なお、執

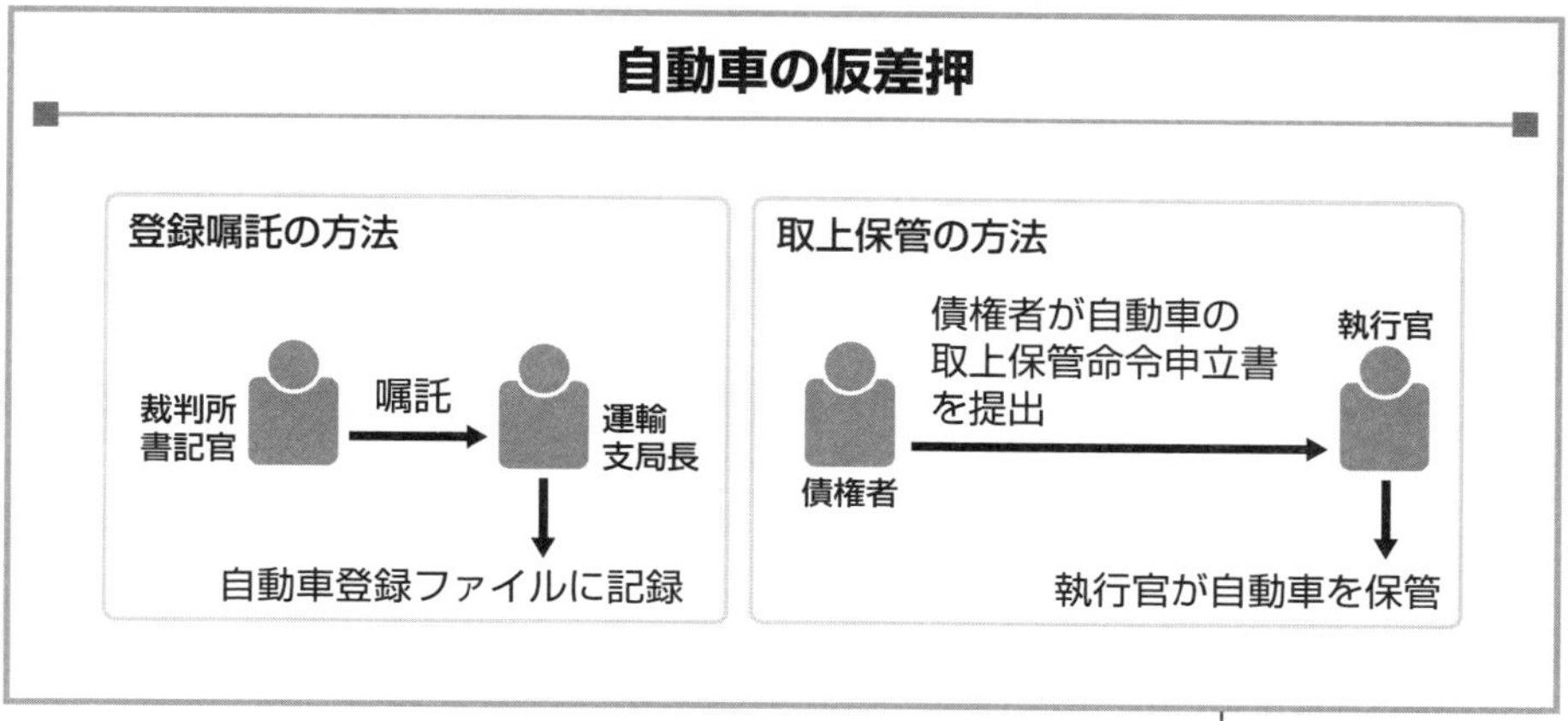

自動車の仮差押

行官による取上保管によって、自動車の価額が下がるおそれや、保管費用が多額に上るおそれがあります。そのようなときには、債権者（または債務者）の申立てにより、裁判所は自動車を迅速に売却してしまうことができる場合があります。

■ 建設機械の仮差押の執行

すでに登記を受けている建設機械に対する仮差押の執行については、登録を受けている自動車とほぼ同じ扱いになります。ただし、建設機械の表示は建設機械登記簿への記入によります。

■ 動産引渡請求権の仮差押の執行

この場合の執行方法は、第三債務者に対して「債務者に物件を引き渡すな」という内容の命令を発して行われます。そこで、債務者が第三債務者に対して有する物件引渡請求権はどのような請求権であるか、その内容を書面の中で明確に特定しておきます。

なお、第三債務者の住所居所が不明で仮差押命令が到達しなかった場合、債権者は改めて再送達の手続きをとらなければなりません。具体的には、執行期間内に再送達の上申書を提出する必要があります

第三債務者

債務者に対して債務を負担する者のこと。具体的には、AがBに対して債権をもち、BがCに債権をもっているときに、Aから見たCが第三債務者となる。

不動産の処分禁止仮処分の執行

処分禁止の登記がなされる

■ 不動産の処分禁止仮処分の執行

不動産の処分禁止仮処分とは、債権者の立場で言うと、債務者に対して「あなたの土地または建物を売るな（所有権や占有を移転するな）」という命令です。

不動産についての処分禁止仮処分の執行は、処分禁止の登記をする方法によります。具体的には、執行裁判所の裁判所書記官が「登記嘱託書兼登記原因証明書」を作成して、登記所（法務局）に登記嘱託を行うことになります。処分禁止の登記がなされると、それ以後、債務者が当該不動産を譲渡（処分）しても仮処分債権者に対抗することができなくなります。

処分禁止の登記

たとえその後に第三者が何らかの権利を取得して登記を設定しても、仮処分債権者は本案訴訟での勝訴確定後はその第三者の登記を単独で抹消することができる。

■ 保全仮登記を併用する場合がある

不動産に関する所有権以外の権利の保存、設定、変更についての登記請求権を保全する場合は、処分禁止の登記をすると共に保全仮登記をする方法により行います。抵当権など、所有権以外の権利については、同じ不動産に複数設定することが可能ですが、それらの優劣は登記の先後によって決まります。仮登記とは、後で登記原因がすべて備わって本登記をした場合、仮登記の時点で登記をしたことになる制度です。つまり、抵当権などの優先順位を確保できるわけです。仮処分債権者としては、後になされた他の抵当権設定登記などを抹消する必要はなく、優先順位さえ確保できていればよいので、所有権以外の権利の登記請求権を保全する場合は、保全仮登記が併用されています。

なお、仮処分の申立ては急いで行われることが多く、申立内

本登記

正式な登記のこと。仮登記とは異なり、本登記には第三者に対する対抗力（物権変動の事実を第三者に主張できる効力）が認められる。終局登記ともいう。

不動産の処分禁止仮処分

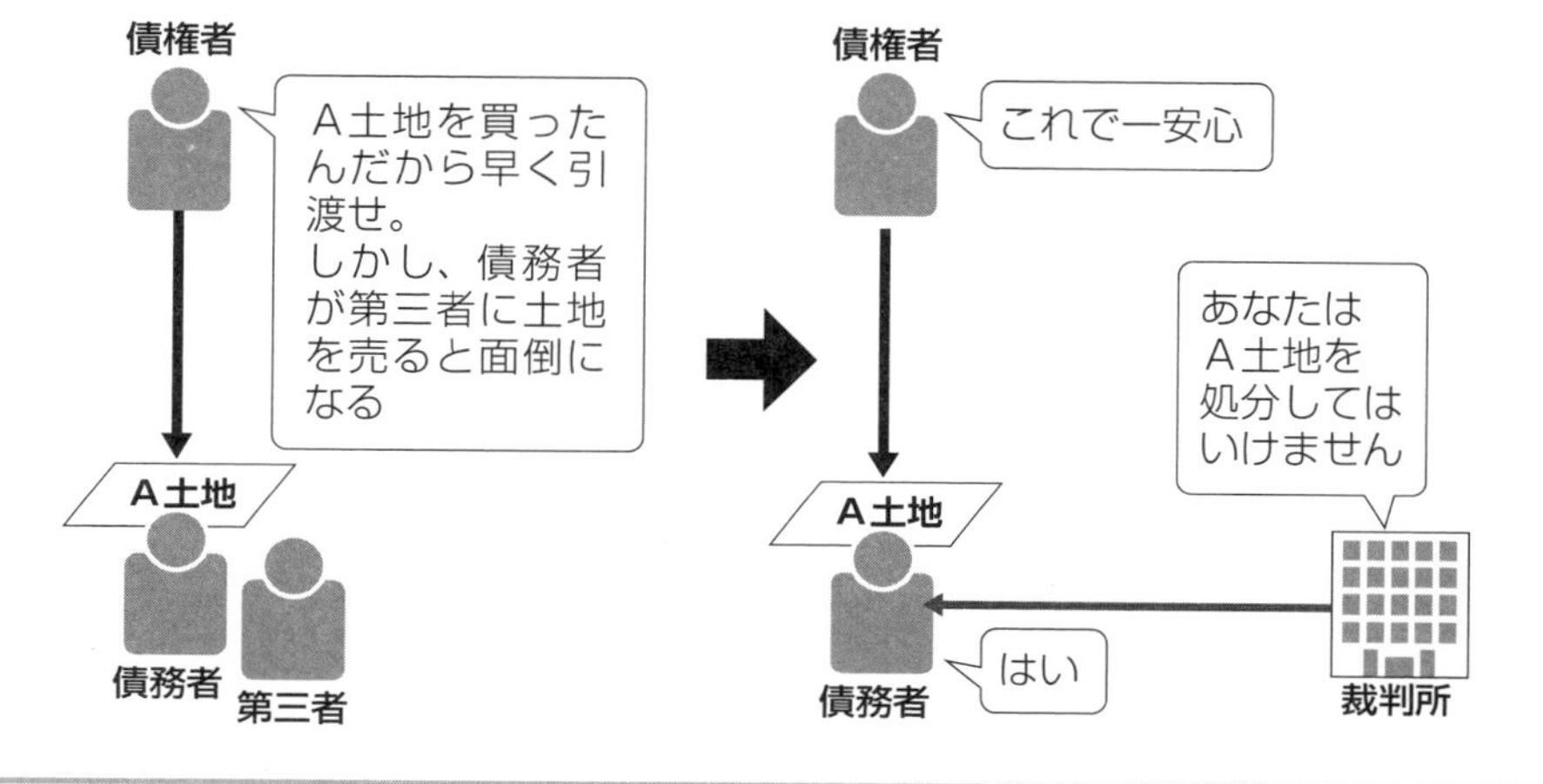

容に誤りが生じることもあります。そこで、仮処分債権者が本案訴訟で勝訴して本登記をする際、仮処分の内容に軽微な誤りがあり、本登記の申請に支障がある場合は、「更正決定申立書」を提出して、仮処分命令の権利の表示を更正することができます。

■ 建物収去土地明渡請求権保全のための処分禁止仮処分

建物収去土地明渡請求権保全のための処分禁止の仮処分とは、債権者の立場で言うと、債権者が債務者に対して、「建物を壊して出て行けという権利を自分は確保（保全）しておきたいから、建物はもう誰かに売るな」という命令の申立てです。

仮処分の執行は、処分禁止の登記をする方法により行います。処分禁止仮処分の登記がなされると、以後、債務者が建物を第三者に売却（処分）しても、債務者に対して勝訴して得た確定判決（債務名義）に承継執行文の付与を受けて、第三者に対する建物収去土地明渡しの強制執行を申し立てることができます。第三者に対して債務名義を取得する必要はありません。

強制執行

民事上、国家が債権者の請求権を強制的に実現する手続きのこと。たとえば判決が確定した場合、判決で支払いを命じられた金銭や、引渡しを命じられた物を、国の機関（執行機関）が強制的に被告から取り上げて、原告に引き渡すことができる。

その他の仮処分の執行

それぞれの執行手続きの特徴を把握しておく

■ 占有移転禁止の仮処分の執行

占有移転禁止の仮処分は、主に不動産の明渡請求訴訟などの際、訴訟終結前に占有が移転した場合でも、後の占有者に対して強制執行ができるようにするために行うものです。債務者の占有を排除して執行官が保管し、占有移転が禁止されていることと執行官が保管していることを公示することにより執行します。ただし、執行官が保管するといっても観念的なものであり、また、多くの場合、債務者に引き続き使用を許します。具体的な執行に関する行為としては、公示書の掲示になります。

占有移転禁止の仮処分は動産についても可能です。また、特に必要があれば、債務者に目的物の使用を許さない場合や、債権者に目的物の使用を許す場合もあります。それらの場合、債務者に対する影響が大きいため、十分な保全の必要性の疎明が必要となります。

債権者は、目的物の所在地を管轄する地方裁判所所属の執行官に対して、書面で執行の申立てをします。

■ 明渡し断行の仮処分の執行

明渡し断行とは、債務者を排除して債権者に目的物の占有を取得させるという、いわば仮の地位を定める仮処分のことをいいます。通常は、占有移転禁止の仮処分により明渡請求権を保全することができますので、訴訟を待たずに早期に明渡しを実現するだけの緊急性がなければ認められません。たとえば、すでに強制執行によりいったん退去させられたのに執行妨害のた

公示書

仮処分命令に基づいて、執行官が、その不動産を保管中であることを示す文書。執行官は占有移転禁止の仮処分などにおいて公示書を掲示する（民事保全規則44条1項）。

作為・不作為を命ずる仮処分の執行

作為を命ずる仮処分とは「〜しろ」と命令する処分のこと。不作為を命ずる仮処分とは「〜するな」と債務者に我慢することを命令する処分のこと。仮処分の執行は、債務者に仮処分命令を送達する方法によって行われる。

間接執行の方法を選択する例

たとえば、「○月○日までに、建物を取り壊さなければ1日金5万円の割合による金員を支払え」というケース。

占有移転禁止の仮処分の執行方法

- ① 債務者に使用を許す場合 → 公示書を掲示する
- ② 債務者や債権者に使用を許さない場合
- ③ 債権者に使用を許す場合

②③ → 公示書を掲示するだけでなく、債務者から占有を取り上げる

めに再び不法に占有を始めた場合などです。

仮処分の執行の際は、執行官だけでなく債権者も執行場所に出向くことになります。このとき、たとえば、ドアなどが施錠されて中に入れず、執行官の再三の呼びかけにも反応がない場合などには、解錠業者に依頼して解錠させるという手段も用いられます。

■ 金員仮払い仮処分の執行

債権者が債務者に対して「金を支払え」などの処分を求める申立てがこれにあたります。本来であれば、訴訟で勝訴判決を得てからお金の支払いを請求すべきですが、賃金の支払いなど緊急性が高い場合に発令されます。債務者が任意に支払いに応じない場合、債権者は仮処分決定正本に基づいて、強制執行手続きをとることができます。

■ 債務者が仮処分決定に従わないときは

作為を命じる仮処分については代替執行（15ページ図参照）が可能です。また、代替執行が可能かどうかにかかわらず、作為や不作為を命じる仮処分については間接強制が可能です。

定期給付の執行

金員仮払い仮処分の目的が定期給付の場合には注意が必要。定期給付とは、たとえば、債権者が○月○日から○月○日までの２年間、毎月10万円債権者に金銭を引き渡すことを約束させるなどの行為。各定期の期限到来から２週間以内に執行手続きをとらないと、その期の請求権を失う可能性がある。

金　員

金銭のこと。金額という意味もある。

不服申立ての方法

不服申立の方法には、保全異議、保全取消し、保全抗告がある

■ 不服申立てにはどんなものがあるか

保全命令に対して当事者に認められている不服申立方法としては、①保全異議、②保全取消しがあり、それらの決定に対する不服申立方法には③保全抗告があります。ここでは「債権者」の立場から、より詳しく説明していきましょう。

■ 保全異議と保全取消し

保全異議及び保全取消しは保全命令の申立てを認容した裁判所に対して、債務者が「この保全命令は納得できないので取り消してくれ」と裁判所に書面で申し立てる手続きです。債務者のための不服申立手続なので、債権者が細かい手続内容を知っておく必要はありません。また、保全異議と保全取消しの区別も、債権者にとっては、手続上大きな違いはありません。

ただし、保全取消しには、本案の訴えの不提起などによる保全取消し、事情の変更による保全取消し、特別の事情による保全取消しの３種類があるという程度のことは知っておいた方がよいでしょう。債務者が何を理由に保全取消しを申し立てているのかを債権者は知っておく必要があるからです。

以下で、３種類の取消事由について説明をしていきましょう。

①　本案の訴えの不提起などによる保全取消し

保全命令の発令があったのにまだ本案訴訟を提起していないときは、債権者は本案訴訟を提起しなければいけません。放置していると、債務者の申立てにより起訴命令が裁判所から発せられます。債権者が所定の期間内に書面を提出しないと、債務

原状回復の裁判

民事保全法は、裁判所は仮処分を取り消した場合に、債権者に対して原状回復を命ずることができると規定している。
原状回復の裁判を行うかどうかは裁判所の自由裁量に委ねられている。たとえば、従業員としての地位保全および賃金仮払い仮処分の申立てが取り消されたような場合に、債権者が受領した賃金について裁判所が返還を命じることはそれほど多くはない。

債権者が知っておく必要がある理由

裁判所は口頭弁論を開くか、または、当事者双方が立ち会うことができる審尋を行わないと、保全異議や保全取消しの申立について決定を下すことができない。そこで、債権者は、否応なく裁判所から呼出しを受けることになるが、その際に、債権者が何を理由に保全取消しを求めているのかを理解しておかないと、うまく釈明ができないことが多くなるからである。

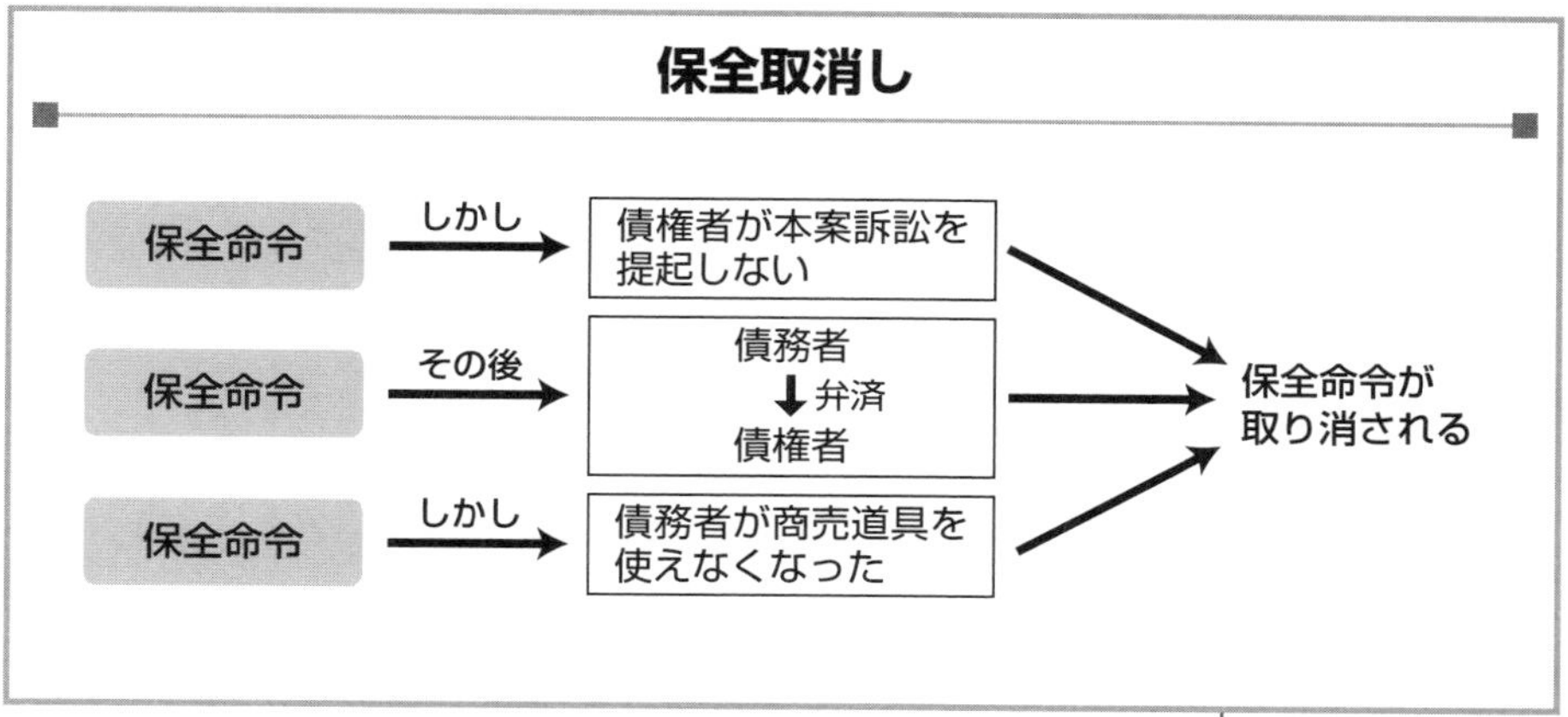

者の申立てにより、保全命令は取り消されることになります。

② **事情の変更による保全取消し**

保全命令の発令後に、債務者が債権者に弁済して借金がなくなった場合などがこれにあたります。この場合は保全異議を申し立てることもできるので、債務者は保全取消しと保全異議のいずれかを選択して申し立てることが認められています。

③ **特別の事情による保全取消し**

仮処分がなされると債務者に回復困難な損害が生じてしまうなどの「特別の事情」がある場合に、債務者が担保を立てることを条件に命令を取り消す場合をいいます。なお、②と③は、発令裁判所の他、本案の裁判所に申し立てることもできます。

■ 保全抗告

保全異議または保全取消しの申立てについての裁判に不服のある債権者または債務者が申し立てる手続きです。保全抗告の申立ては、上記申立てについての裁判を行った裁判所に書面で行う必要があります。保全抗告も、口頭弁論または当事者双方が立ち会うことができる審尋の期日を経なければなりません。保全抗告の審理も決定手続きによって行われます。

起訴命令

裁判所が債権者に対して、一定の期間内（2週間以上）に本案の訴えを提起するように命令して、所定の書面を提出させることを求める手続きのこと。

特別の事情による保全取消し

たとえば、営業用のトラックに対して仮差押が命令され、併せて執行官による取上保管（142ページ）がなされた運送業者の場合を考えてみる。
この場合、商売道具であるトラックを取り上げられてしまうと、運送業者である債務者の事業の継続が将来的に不能または著しく困難になることから、債務者は保全命令の取消しを求めていくことになる。

PART3
18

民事保全法のしくみ

執行取消しの手続き

執行を取り消すには多くの書類をそろえなければならない

■ 保全執行が取り消される場合

裁判所が執行を取り消すのは、①債権者または債務者の申立てがあった場合、②第三者の申立てがあった場合、③債務者の破産管財人の申出があった場合です。順に見ていきましょう。

①　債権者または債務者の申立てがあった場合

・債権者の申立てがあった場合

裁判所の保全執行手続きを止めたい債権者は、保全命令の申立を取り下げることによってその進行を止めることができます。発令裁判所が保全執行機関の場合は、保全命令申立取下書を提出すれば、保全執行申立ての取下げもなされたとみなされます。この場合は別に保全執行申立取下書を提出する必要はありません。なお、保全命令申立取下書と共に債権者が提出しなければならない書類等は数多くあります。

たとえば、不動産の仮差押の場合で抹消登記が必要なときの添付書類としては、保全命令申立取下書、登記権利者義務者目録、物件目録、予納郵券、登録免許税（収入印紙）、不動産登記事項証明書が必要です。それ以外のケースで取り下げる場合は、申立先裁判所に添付書類を確認しましょう。

・債務者の申立てがあった場合

債務者は、解放金を供託して執行の取消しを求めることができます。この場合、債務者は、解放金を発令裁判所または執行裁判所の所在地を管轄する地方裁判所の管轄区域内の供託所に供託します。その後、供託書とその写しを添付し、申立書を執行裁判所に提供します。また、保全異議や保全取消しなどの決

執行が取り消される場合

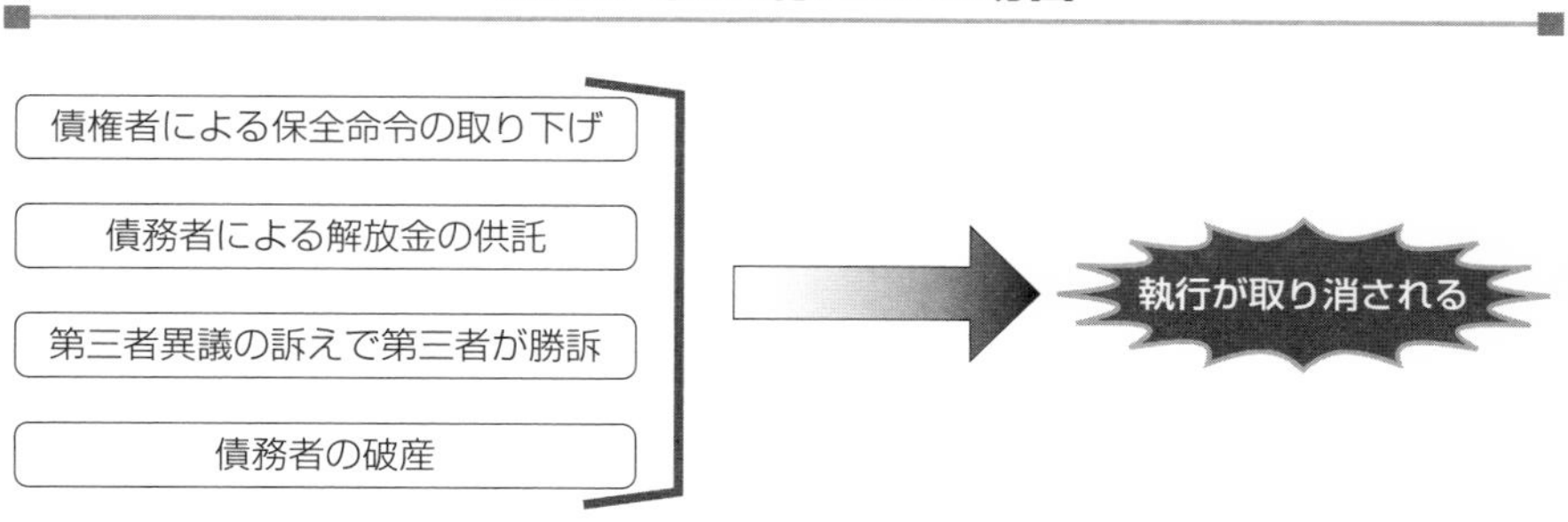

定において、裁判所は、保全執行を続行するための条件として債権者に対して一定の期間内（担保提供期間の末日から１週間）に、追加担保を提供するように命じることができ、追加担保の提供がなければ保全執行を取り消します。

②　第三者の申立てがあった場合

たとえば、債権者Ａが債務者Ｂの動産に処分禁止の仮処分を申し立てたが、その動産の所有者はＢではなく、本件にまったく関係のない第三者Ｃの物だったとします。このときＣは、いわれなき保全執行から自己の財産を守るために、第三者異議の訴えを起こすことができます。

第三者異議の訴え
強制執行がなされる際に、強制執行の目的物についての第三者の権利が侵害される場合に、第三者が債権者に対してその目的物に対する強制執行を止めるように求める訴え（民事保全法46条が準用する民事執行法38条）。

Ｃがこの裁判で勝訴した後に、判決正本（執行取消文書）を提出すると、裁判所は執行取消決定をして、その旨当事者双方に告知することになっています。

③　債務者の破産管財人の申出があった場合

債務者が破産すると、保全執行は当然に効力を失います。しかし、債務者が破産したかどうかは、債権者にはわかりません。そこで、債務者の破産後に債権者が不必要な手続きを進めていくことがないように、裁判所から当事者に破産の事実を告知するように、破産管財人が裁判所に上申書を提出するのが実務上の流れになっています。

担保の取戻し

担保取消決定を得るには３つの方法がある

■ 供託した担保を取り戻す

債権者が保全命令を申し立てるには、担保を提供する必要があります。債権者が担保の返還を受ける方法には、発令裁判所の担保取消決定を得る方法の他、簡易取戻しの方法があります。

■ 担保取消決定を得る方法

① 担保の事由が消滅したことを証明した場合

債権者が担保を提供しなければならない理由は、債務者の損害をてん補するためです。そうだとすれば、債務者の損害の発生が将来にわたってなくなったと考えられる場合には、債権者に取消しを認めてもよいでしょう。

債権者が勝訴して判決が確定した場合は、担保の事由が消滅したといえます。

② 担保権利者（債務者）の同意がある場合

担保権利者が担保提供者の取消しに同意したということは、担保権を放棄したということです。そこで、この場合も担保の取消原因となります。

③ 権利行使の催告による場合

債権者は、裁判所に申し立てて、債務者に対して損害賠償請求権の行使を催告してもらうことができます。そして、催告に対して債務者が所定の期間内に損害賠償請求権を行使するなどの措置をとらなかった場合には、担保の取消しに同意したものとみなされます。債権者が勝訴した場合は①の方法が利用できますので、敗訴した場合や訴えを提起しなかった場合に利用さ

担保取消しの申立てに必要な書類

担保取消の申立ては、担保提供者またはその承継人（相続人など）が、「担保取消申立書」を提出する。担保取消しは、書面審理で行われる。

担保の事由が消滅した場合

具体的には、被担保債権が消滅した場合、つまり、債権者の勝訴判決が確定した場合や、債権者の請求を認める和解が成立した場合などを挙げることができる。

担保取消しのために必要な添付書類

担保の事由が消滅した場合

・本案勝訴の判決の正本の写し
・勝訴に近い和解調書の正本の写し
など

担保権者の同意がある場合

・同意書
・担保権者の印鑑証明書
・担保取消決定正本受書
・即時抗告権の放棄書

権利行使の催告による場合

・本案敗訴判決正本の写し
・和解の正本の写し
・本案訴訟が提起されなかった場合は、その旨を記載した上申書

れます。

■ 簡易取戻しの手続き

保全執行としての登記や第三債務者への保全命令の送達ができなかった場合など、債務者に損害が生じていないことが明らかな場合に、保全執行期間が経過するか、保全命令の申立てが取り下げられたときは、「簡易取戻し」の方法が認められています。担保提供者またはその承継人は、発令裁判所に担保取戻許可申立書と添付書類を提出して、担保取戻しの許可を得て取り戻すことができます。

■ 担保を取り戻すには

担保取消決定が確定し、または簡易の取戻しにおける担保取戻許可が出た後は、債権者は供託所に対して、供託金払渡請求書を提出し、供託物の払渡しを受けます。担保取消決定の場合は決定書とその確定証明書の他、供託原因消滅証明書または支払保証委託契約原因消滅証明書が必要であり、簡易の取戻しの場合は担保取戻許可書が必要です。担保の方法が支払保証委託契約の場合は、銀行などに保証債務消滅届を提出します。

権利行使の催告をする場合の催告書の内容

「保全手続きで損害があった場合は、所定の期間（催告書を送達後14日以内）に損害賠償請求訴訟を起こしてほしい。14日以内に裁判を起こさなければ、担保提供者に担保を返す」といった内容の文面である。

収入印紙

供託原因消滅証明申請書の正本には所定の収入印紙を貼る必要がある。

解放金への権利行使

差押えの競合があると優先権はなくなる

■ 仮差押解放金の場合

仮差押解放金が供託されると、仮差押の執行は取り消され、仮差押の効力は、債務者が有する供託金（仮差押解放金）の取戻請求権に及ぶことになります。債権者は、本案訴訟の勝訴確定後に、債務者が有する仮差押解放金の取戻請求権について債権執行をしていくことができます。この場合、第三債務者は供託所つまり国になります。

執行できる具体的時期ですが、債務者に対して差押命令が送達された日から１週間を経過したときは、第三債務者である国に直接取立権を行使することができます。つまり、債権者が供託金払渡請求をすることができるということです。ただし、当該債権に他の債権者の差押えがなされている場合（競合している場合）には、第三債務者は供託義務を負うので、優先的に債権を回収できるわけではないことに注意が必要です。この場合、執行裁判所によって供託金の配当などが実施されることになります。

■ みなし解放金の場合

債権仮差押の第三債務者が供託した場合には、債務者が仮差押解放金を供託したものとみなされます。この供託された金銭をみなし解放金といい、債務者がこのみなし解放金に対して供託金還付請求権を取得します。債権者がみなし解放金に対して権利を行使するには、債務者が持っている供託金還付請求権に対する債権執行の手続きが必要になります。

本案訴訟
民事訴訟で争っていく事件（本案）についての訴訟のこと。

第三債務者
債務者に対して債務を負う者のこと。債務者が有している債権の債務者で、債権者から見ると第三債務者と表現される。具体的には、ＡがＢに対して債権をもち、ＢがＣに債権をもっているときに、Ａから見たＣが第三債務者となる。

供　託
供託所（法務局）という国家機関に預けた財産の管理をまかせ、預けた財産を受領する権限のある人が受けとることにより、目的を達成させる制度のこと。

仮差押解放金への権利行使

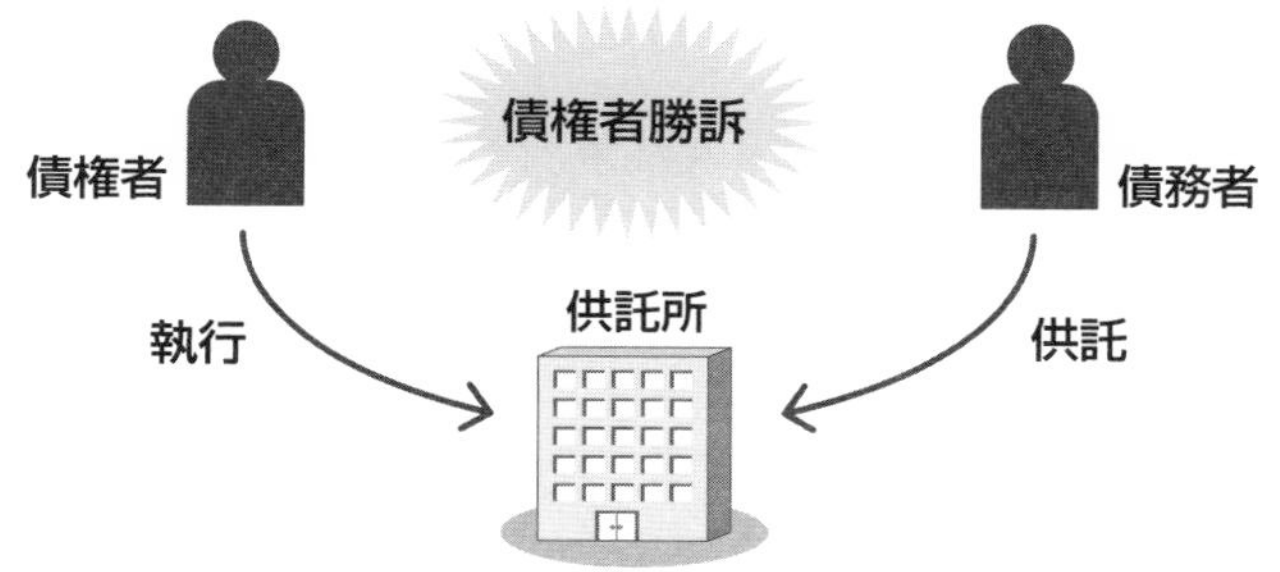

■ 仮処分解放金の場合

仮処分によって確保しようとしている権利が、金銭の支払いによって目的を達成できる権利の場合、裁判所により仮処分の執行停止またはすでにした仮処分の執行の取消しが認められることがあります。その際、債務者は、仮処分解放金を供託しなければなりません。

勝訴判決確定後、債権者は仮処分解放金（供託金）について供託金還付請求権を行使することができます。ただし、詐害行為取消権を保全するための仮処分命令で定められた仮処分解放金が供託されたときは、仮差押解放金の場合と同様に、債務者の供託金（仮処分解放金）の取戻請求権について債権執行が必要になります。

■ 債務者が解放金を取り戻せる場合

債権者が保全命令の申立てを取り下げた場合の他、保全取消し（150 ～ 151ページ）がなされた場合には、債務者は解放金を取り戻すことができます。本案訴訟で被保全権利の存在が認められず、債権者敗訴が確定した場合は、事情変更による保全取消しとなります（149ページ）。

Column

将来の養育費債権の仮差押

離婚の際の合意に反して養育費が支払われない場合、公正証書や調停調書などの債務名義があれば、裁判所に強制執行を申し立てて、相手の財産を差し押さえることができます。養育費の場合は、期限が到来していない将来分の養育費についても、給与などを差し押さえることができます。また、給与を４分の１までではなく２分の１まで差し押さえることができます。ただし、将来にわたって差押えができるのは、給与など相手が継続的に受け取ることのできる債権に限られています。そのため、相手が仕事に就いておらず、給与などを受け取っていない場合には、将来分の養育費について差し押さえることはできません。

この場合は、将来の養育費を支払ってもらえるかわからないという不安定な状態が続くことになります。そこで、民事保全法上の仮差押の制度を利用することはできないものでしょうか。

仮差押は、将来の強制執行に備えるため、相手の財産の処分を一時的に禁止する手続きです。もし仮差押ができれば、将来の養育費が保全されるとともに、相手に対して精神的なプレッシャーを与えることも可能です。しかし、最高裁は、将来の養育費の支払いを保全するための不動産の仮差押の申立てがあった事案について、高裁の決定を支持し、仮差押を認めませんでした。高裁の決定では、養育費について債務名義があるなら強制執行の申立てをすればよいのであって、強制執行ができない特別の事情がない限り、民事保全制度を利用する必要性がない、という理由で仮差押を認めませんでした。このような理由づけから考えると、現在の裁判実務では、養育費について確定判決や執行証書などの債務名義がある場合は、たとえ将来の養育費を保全するためでも、仮差押が認められる場合は極めて限定的であるといえそうです。

PART 4

執行・保全に関連する法律や手続き

PART4
1

執行・保全に関連する法律や手続き

民事訴訟法とは

民事におけるトラブルについての問題を解決する手続きを定めた法律

■ 話し合いで解決できない場合には

私たちは日々の生活の中で、物を買ったり、家を借りるなどの取引を行っています。こうした取引には、物を売ったのに代金を払ってくれないとか、家を貸したのに家賃を払ってくれない、などのいろいろなトラブルがつきものです。

民事訴訟

取引をめぐるトラブルなど民間の当事者間の法律関係について紛争が生じた場合には、裁判所に民事訴訟を提起することになる。

民事について生じたトラブルを調整するために、あるいはトラブルが生じないようにするために、一定のルールがあらかじめ定められています。それが民法をはじめとする法律です。民法などの法律があることによって、民事上のトラブルは解決されるか、事前に防止されることになります。しかしいったいどちらの言い分が正しいのかわからない場合、その解決法は民法などの条文には書かれていません。

このような民事におけるトラブルについて、当事者間での話し合いでは解決できない場合に、訴訟で解決する手続きを定めた法律が民事訴訟法なのです。

実体法と手続法

法律は、一般に実体法と手続法に大別できる。
実体法は、どのような事実があれば権利や義務が発生するのかということを定めた法律である。民法・会社法・刑法などがその代表である。
また、手続法は、実体法に規定された権利・義務を国家が実現するための手続きについて規定した法律である。民事訴訟法や刑事訴訟法、不動産登記法、商業登記法などがその代表となる。そして、民事におけるトラブルが生じ、訴訟が提起された際に、もっとも用いられる手続法が民事訴訟法である。

■ 訴訟法は手続法

法律は、実体法と手続法に大別することができます。

実体法は、こんな場合にはこういう内容の権利や義務が発生する、ということを定めた法律です。他方、手続法は、実体法に規定された権利・義務を国家が実現するための手続きについて規定した法律で、民事訴訟法は手続法のひとつです。

では、民事訴訟法は、どんな手段によって問題を処理するのでしょうか。それは、訴訟という手段によってです。

民事訴訟のイメージ

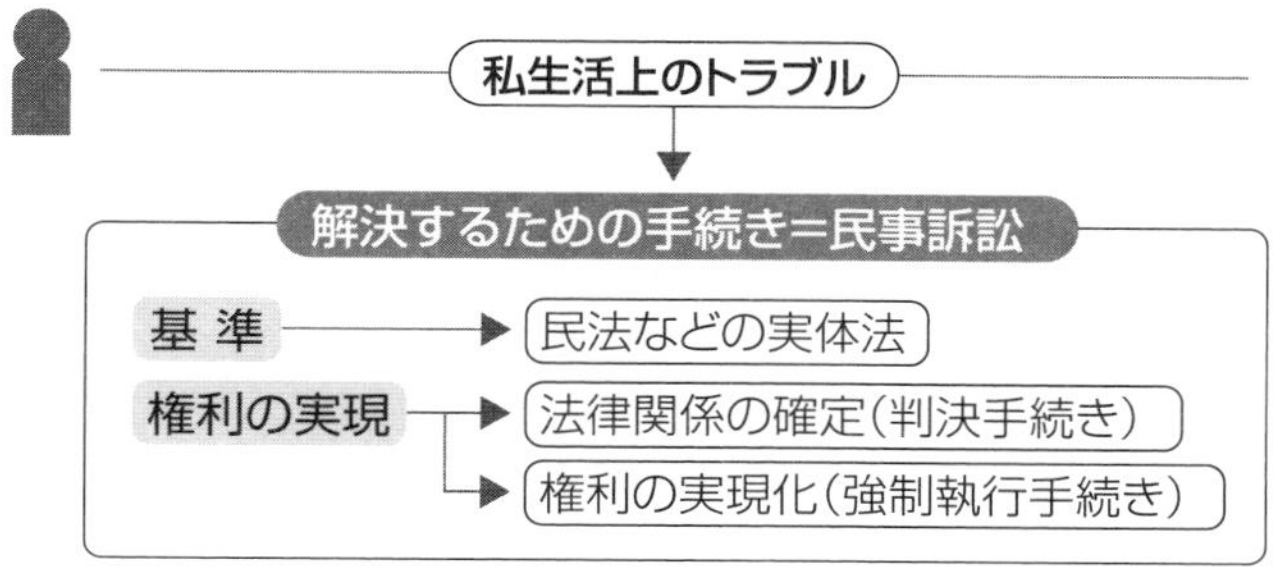

訴訟とは何でしょうか。簡単にいえば、裁判所という中立・公正な機関の手で、個人対個人、個人対組織、もしくは組織対組織の間で生じている法律上の争いに解決を与える手続きのことです。訴訟法とは、そのような訴訟をどのように進めていくかなど、そのルールについて定めたものです。民事上の事柄を訴訟によって解決するためのルールを定めたのが民事訴訟法というわけです。

■ 民事事件・刑事事件・行政事件がある

一口に訴訟といっても、大きく分けて３つに分類されます。１つは、民事事件として訴えること（民事訴訟）、もう１つは、刑事事件として訴えること（刑事訴訟）です。さらに、行政機関が公の立場で行った措置に関連して訴訟が生じる行政事件（行政訴訟）という形態もあります。民事と刑事では、目的も手続きもその内容も根本的に違います。民事事件は、「貸した金を返してほしい」「土地・建物を明け渡してほしい」など、民間の当事者間の紛争に関するものです。他方、刑事事件は、刑罰法令に違反する行為をした者に対して、検察官が起訴して、国家が刑罰を科すものです。

民事訴訟・刑事訴訟・行政訴訟のイメージ

たとえば、交通事故を起こして、被害者を負傷させた例であれば、まず被害者に対する損害賠償が問題になる。話し合いで解決がつかなければ訴訟（民事訴訟）になる。また、運転者に不注意があった場合には自動車運転過失致傷罪で起訴（刑事訴訟）される。さらに運転者に運転免許取消しの行政処分が公安委員会によってなされた場合には、それを不当だと思えば、処分の取消しを求める行政訴訟を起こすことになる。

被告と被告人

民事訴訟では、原告によって訴えられた相手方を被告と呼ぶ。これに対して、刑事訴訟では、犯罪を犯したとして訴追された者を被告人という。被告と被告人は厳密に使い分ける必要がある。

PART4
2

執行・保全に関連する法律や手続き

訴訟手続きの流れ

当事者が訴えを提起することで開始し口頭弁論を経て判決に至る

■ 裁判の提起から判決まで

ここでは、訴訟の一般的な流れを概観しておきましょう。

① 訴えの提起

訴訟を起こすことを決断したら、訴状を裁判所に提出します。訴状は、訴える側（原告）が裁判所に提出する書面です。一定の事項を記載して、何について裁判してもらうかを明らかにします。裁判所で訴状を審査しますが、訴状に不備があれば、裁判長は一定の期間を定めて原告に補正を命じることができます。期間内に補正がないときは訴状は却下されます。

訴え提起前の証拠収集

訴えを提起しようとする者は、相手方（被告となる者）に訴え提起を予告する通知（予告通知）をして、主張・立証に必要な事柄について相手方からの回答を求めたり、裁判所に証拠収集の処分を求めることができる。予告通知に回答した相手方からも同様の請求ができる。

② 訴状の送達と答弁書の提出

訴状が裁判所に受理されたら、裁判所書記官によって訴状が訴えられた側（被告）に送られます。訴状が被告のもとに届いたときに訴訟が成立します。これを訴訟係属といいます。訴状を受け取った被告は、答弁書を裁判所に提出します。答弁書は裁判所から原告に送り届けられます。

主張と立証

訴訟が始まると、原告と被告は共に自分に有利な判決を求めて攻撃と防御を展開する。この表面上の対決姿勢の裏には、しばしば話し合いへの期待やかけ引きも潜んでいる。また、民事訴訟の対象となる紛争はそもそも当事者の話し合いによる解決になじみやすいものが多いので、裁判所は紛争の実情をふまえて和解を勧めてくる。
原告と被告は自己の主張や反論を裏付けるために、証拠を提出することもできる。この証拠を取り調べるために、証拠調べという手続きがとられる。

③ 第１回口頭弁論期日

口頭弁論とは、裁判官の前で口頭で訴えについての主張や反論を行うことをいいます。判決を下すには、必ず口頭弁論を開かなければなりません。裁判所は、原告・被告双方に対して第１回口頭弁論期日を指定します。第１回目の口頭弁論では、通常、原告が訴状に基づいて請求の趣旨を陳述し、被告は答弁書に基づいて訴えの却下や請求棄却を求める陳述を行います。

口頭弁論は必要があれば数回行われますが、終結するまでに行われた口頭弁論の全体が、判決の基礎となります。

訴訟手続きの流れ

訴え → 口頭弁論
＊第一回口頭弁論
＊争点および証拠の整理手続
＊証拠調べ
＊口頭弁論終結
→ 判決の言渡し
＊判決書の送達
→（判決に不服な場合）→ 上訴（控訴・上告）

■ 口頭弁論の終結から判決まで

裁判所は、口頭弁論で行われた主張や反論、提出された証拠などを考慮して、判決をするのに熟したと判断した場合には、口頭弁論を終結する旨の宣言をし、判決言渡期日を指定します。

法廷が１人の裁判官にまかされている場合にはその者の判断によって、合議制であれば複数の裁判官が集まって評議を行い、判決の内容を決めます。判決は言渡しによって効力を生じます。言渡しは、公開の法廷で、裁判長が判決文を朗読して行われます。判決の正本は、原告と被告に送られます。判決の言渡しによって、訴訟は一応のしめくくりを迎えます。訴訟当事者がその判決に異存がなければ、判決正本を受け取ってから２週間でその判決が正式に確定します。

なお、裁判官は神様ではありませんから、誤った判決が絶対にないとはいいきれません。そこで、当事者が上級の裁判所に対して、裁判の取消し・変更を求める不服申立ての制度が設けられています。これを上訴といいます。

合議制と単独制

裁判機関には1人の裁判官で構成される単独制と、複数の裁判官で構成される合議制がある。合議制の裁判所では、これを構成する裁判官のうち１人が裁判長となる。判決その他事件の処理上重要な事項の裁判は、合議制を構成する裁判官が評議し、その過半数で意見を決める。

上訴

第一審の裁判に対する不服申立てが控訴である。控訴審でも口頭弁論が開かれ、基本的には第一審と同じような流れで訴訟が進み、判決を迎える。さらに、控訴審の判決に対しても不服があれば上告ができる。上告審の判決に対しては、原則として不服申立てはできず、判決は最終的に確定する。

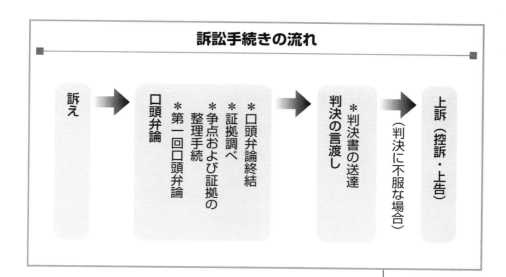

口頭弁論のしくみ

口頭弁論には基本原則がある

口頭弁論の実際

民事訴訟における通常の法廷のやりとりは、わずか数分で終わってしまうこともある。それは、準備書面等で主張や反論をやりとりしているためである。原告・被告の代理人である双方の弁護士によって、それぞれ準備書面が交換され、次回の口頭弁論の期日が決められることになる。

口頭弁論の原則

口頭弁論では、裁判の様子を公開する公開主義の原則、互いに等しく主張の機会を与える双方審尋主義の原則、当事者が口頭で主張を述べるとする口頭主義の原則、裁判所が直接に当事者の主張を聞く直接主義の原則が採用されている。

■ 口頭弁論の基本原則

口頭弁論とは、裁判の場において、口頭で訴えについての主張や反論を行うことです。民事訴訟法は、裁判所が判決を行う不可欠の条件として、口頭弁論によって審理が進められることを求めています。そして、民事訴訟には、以下のような口頭弁論の基本原則があります。

①　公開主義

公正な裁判が行われるようにするためには、不正な裁判が行われないように広く一般の人々に監視の機会を与える、つまり法廷は原則として公開される必要があります。

②　双方審尋主義

裁判では、当事者の一方だけでなく、双方に等しく自己の権利について主張し、あるいは相手に反論する機会を与えなければなりません。これを双方審尋主義といいます。

③　口頭主義

裁判官ができるだけ真実に近づくためには、当事者によって裁判官の目の前で口頭で述べられたものだけを判決にあたっての検討材料とするのが望ましいとされています。これが口頭主義と呼ばれる原則です。

④　直接主義

当事者が口頭で述べた主張は、判決を行う裁判官自身が自らの耳で直接聞くべきだ、というのが直接主義という考えです。

このような４つの原則が裁判で具体化されることによって、初めて判決は公正で真実に近づいたものということができます。

口頭弁論の審理方式

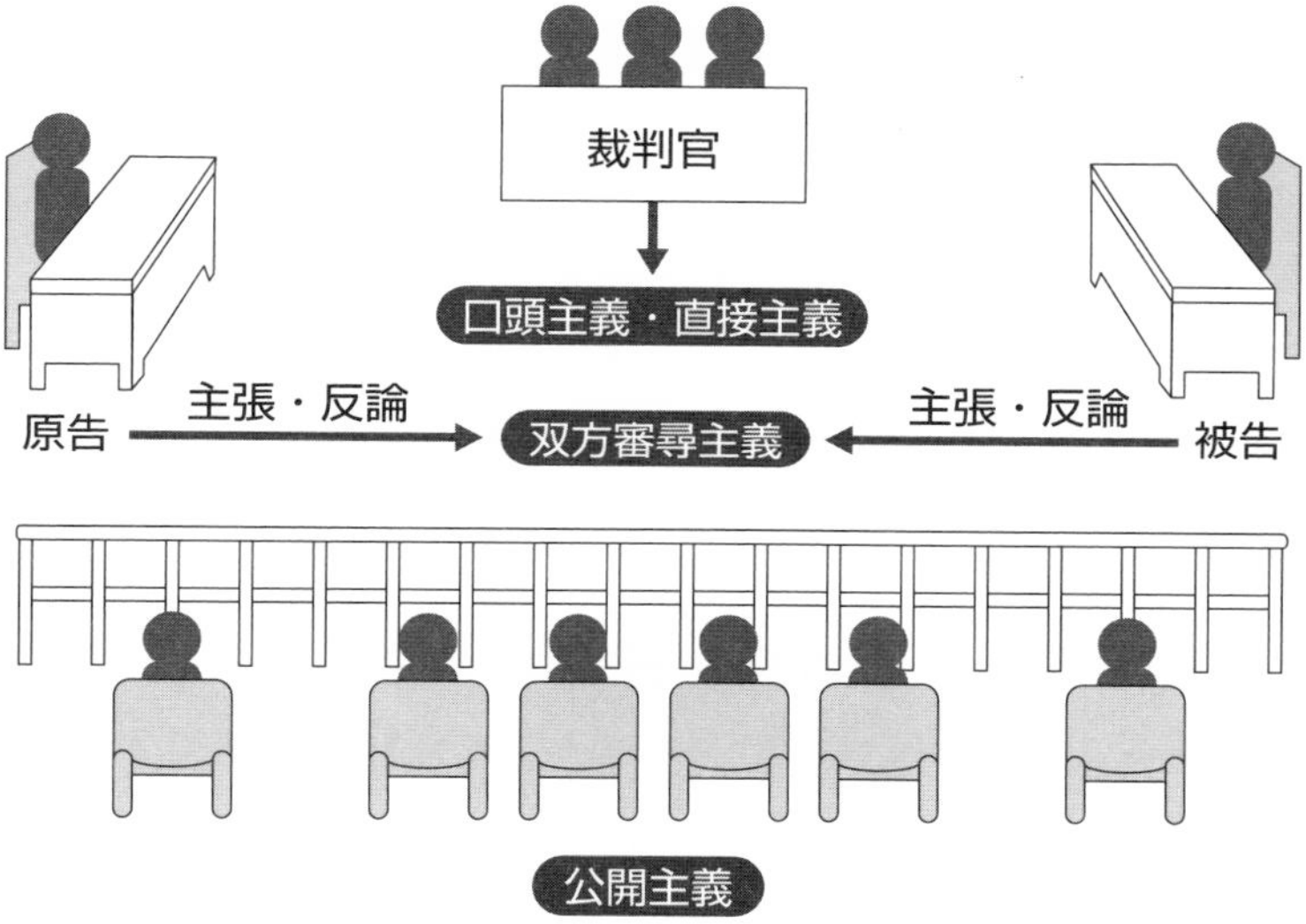

そして、両当事者が裁判官の面前で口頭で主張を行う口頭弁論は、まさに、この4つの原則を実現するために不可欠なものとみなされ、多くの国の民事訴訟制度にとり入れられていったのです。また、日本でも民事訴訟における重要な原則とされています。

■ 適時提出主義

適時提出主義とは、当事者はそれぞれの主張や反論を訴訟の進行状況に応じて適切な時機に提出しなければならないという原則です。法律は、この原則をうけて当事者が「故意または重大な過失」により適切な時機になされなかった主張・反論は、「訴訟の完結を遅延させることとなる」と裁判所が認めたときは、それを却下できる旨を規定しています。

適時提出主義の故意または重大な過失

「故意または重大な過失」とは、「わざと、あるいは重大な不注意で」ということ。

■ 口頭弁論の制限・分離・併合

訴訟の状況に応じて、訴えを最も効率よく処理できるよう、審理の形を改めたり、整理したりする権限が裁判所に認められています。口頭弁論に複数の争点が現れた場合、そのうちの一つに審理を制限し、集中して審理を行うことを弁論の制限といい、請求が複数ある訴訟を審理する場合に、それらを一つひとつ分離して、それぞれ別個の手続で審理することを弁論の分離といいます。また、別々の裁判所で審理されている訴訟を、一つにまとめて１個の裁判所で審理し判決する処置を弁論の併合といいます。これらの権限は、すべて裁判所が裁量で行使できます。訴訟の状況に応じて、訴えを最も効率よく処理できるよう、審理の形を改める権限を裁判官に認めることにより、訴訟の迅速化・合理化が図られているわけです。

■ 裁判所と当事者の役割

民事訴訟では、当事者のイニシアチブで訴訟が開始され、また、裁判の資料となる事実や証拠も当事者の提出したものに限られるなど、一見すると、裁判所よりも当事者の役割がはるかに大きいように見えます。

しかし、いったん開始された訴訟をどのように進行していくかを決定する権限（訴訟指揮権）は裁判所に委ねられています。たとえば、口頭弁論を開く期日を決めたり、弁論を併合したり、分離したりする権限は、裁判所の裁量にまかされているのです。

このように、訴訟を進行する権限が裁判所のものとされているのは、利害の激しく対立する当事者に、訴訟の進行まで委ねてしまうと、訴訟手続き全体が大きく停滞するおそれがあるためです。裁判所が職権で、訴訟の進行をコントロールするこのような考えを職権進行主義といいます。

訴訟指揮権

訴訟指揮権とは、裁判所や裁判長が、訴訟手続において当事者間の調整を図り、審理を適切に進行させる権限である。民事訴訟法では、たとえば、以下のような権限が定められている。
（裁判長の権限）
・口頭弁論の指揮
・釈明権
・期日の指定・変更
（裁判所の権限）
・釈明処分
・弁論の制限・分離・併合
・時機に後れた攻撃防御方法の却下

口頭弁論を効率的に行うための制度

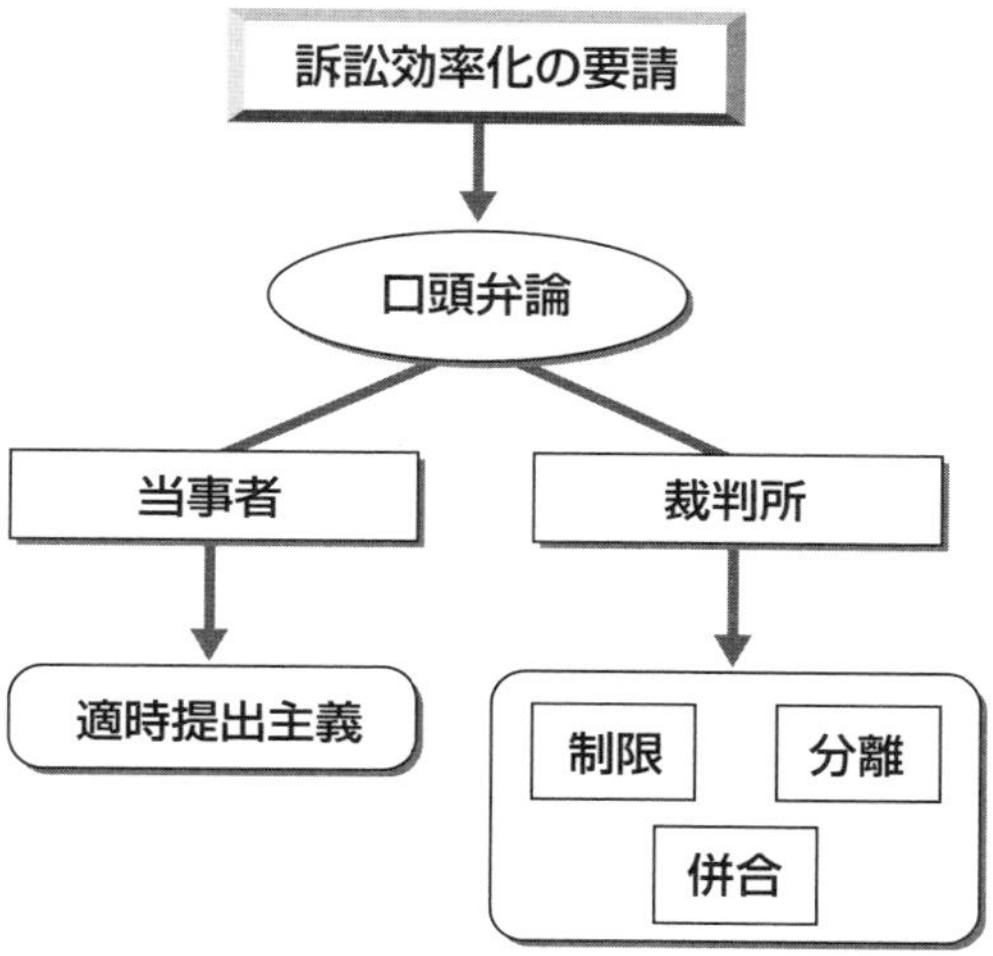

■ 責問権の喪失

裁判所が訴訟を進行していく中では、法に違反した訴訟運営を行うことも起こります。そのような場合に、当事者が裁判所に対して、その誤りを指摘し、是正を求めることが権利として認められています。この当事者の権利を責問権といいます。

ただし、責問権を無制限に認めると不都合なことも生じます。

たとえば、第１回口頭弁論で裁判所が法律違反の訴訟運営を行ったとします。当事者が、それをすぐに指摘できたはずなのに、わざと判決直前になって、その是正を求め第１回口頭弁論をやり直せ、などと言い出したらどうでしょう。そのような不合理な責問権の行使を封じるために、遅滞した責問権は喪失することになっています。これを責問権の喪失といいます。

攻撃防御方法

原告・被告の主張や証拠の申出のこと

■ 攻撃防御方法の内容

原告の訴えに対して、被告が「はい、その通りです」と認めてしまえば、訴訟を続ける必要はなくなります。この場合には、それ以降の口頭弁論は行われません。この被告が原告の請求を認めた状態を請求の認諾といいます。

原告の主張を被告が認めない限り、原告は自分の主張が正しいことを事実によって証明する必要があります。たとえば、請求が「貸した金を返せ」という内容のものであれば、「被告にお金を貸したのは○年○月○日である」「被告は必ず１か月後には返すといっていた」など、被告が原告にお金を借りたことを示す事実を裁判の場で示さなければなりません。

他方、被告は、「お金は借りたものではなくもらったものだ」などと、原告の主張に対して反論していくことになります。

このような、原告・被告の主張や証拠の申出をあわせて、攻撃防御方法といいます。口頭弁論は、原告・被告の攻撃防御方法の提出の積み重ねによって進行していくのです。

裁判上の自白

被告が原告の主張する主要な事実を認めた場合には、裁判上の自白が成立する。この結果について、原告はその事実を証明する必要がなくなる。

擬制自白

被告が、原告の主張を認めなくても、争わないままでいれば擬制自白が成立する。擬制自白は、自白と同様に扱われるため、この場合も原告は、その事実を証明する必要がなくなる。

■ 否認と自白

原告が主張した事実を被告が認めないことを、否認といいます。被告が否認した事実については、原告は証拠によって裏づける必要があります。被告がその事実は知らないと陳述した場合も否認と同様に扱われます。

他方、原告が主張した事実を被告が認めることを裁判上の自白といいます。認めないまでも、特に争わないで裁判が終わる

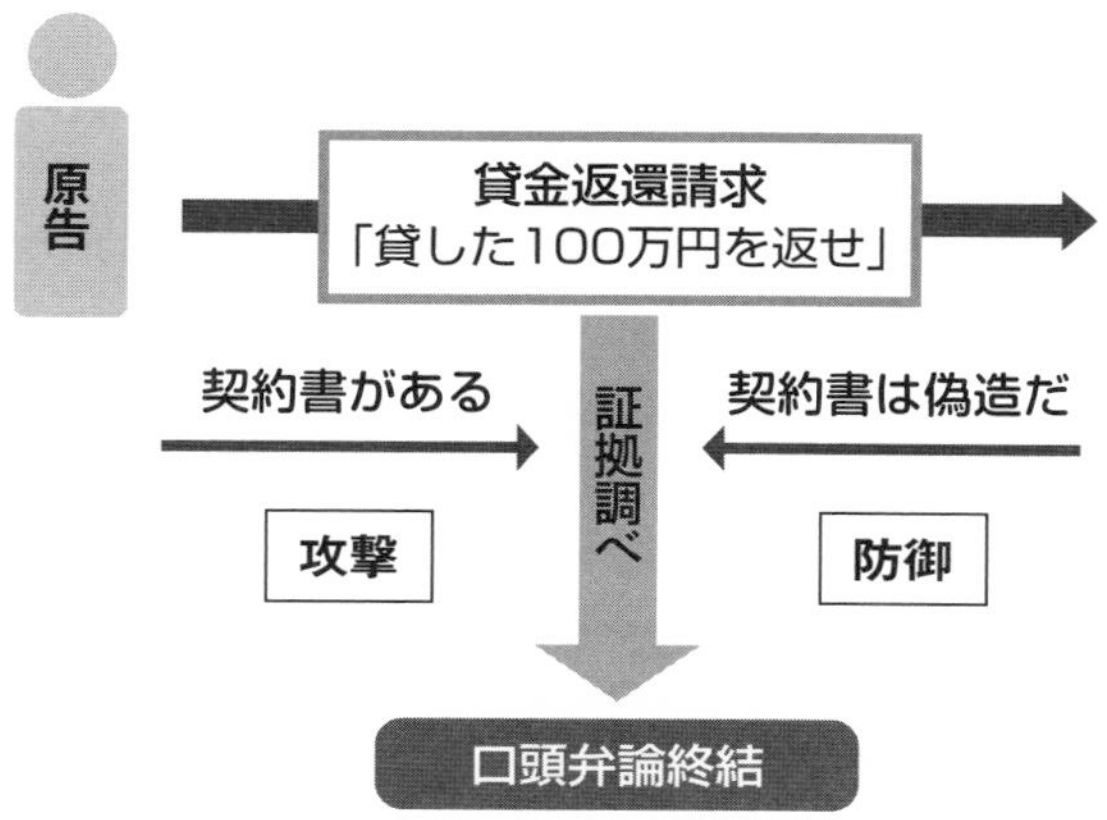

訴訟における原告と被告の攻撃・防御

まで沈黙していれば自白とみなされます。これを擬制自白といいます。

■ 否認と抗弁の違い

否認と同様に、原告の攻撃に対する被告の防御方法として抗弁があります。否認が単に原告の主張を否定すればすむのに対して、抗弁はそこで示した事実を証拠によって裏づけなければなりません。

たとえば、「お金を貸した」という主張に対して、「借りた覚えはない」といえば、それは否認です。この場合は、原告の方が、「お金を貸した」という事実を証拠によって裏づけなければなりません。これに対して、「借りはしたが、時効によって返す必要はなくなった」と反論した場合は抗弁です。この場合は、貸し借りがあったことは、お互いに認めたのですから、今度は被告の方で時効に関する事実を証拠によって裏づけなければなりません。

否認と抗弁

原告の主張を被告が争った場合には、否認か抗弁のいずれかが成立することになる。相手方が証明責任を負う事実を否定した場合が、否認であるのに対し、抗弁は自分が証明責任を負う事実を積極的に主張することによって、法律効果を争うものである。そのため、否認の場合は被告はただ否定しているだけでよいのに対して、抗弁の場合には、自己が主張した事実を証明しなければならなくなる。また、被告の主張のうち、原告の主張と両立しないものが否認、原告の主張と両立するものが抗弁であるというように、否認と抗弁を区別することもできる。

PART4
5
執行・保全に関連する法律や手続き

弁論主義と釈明権

行きすぎた釈明権の行使は弁論主義の原則に反するので認められない

■ 弁論主義の内容

民事訴訟では、事実の主張や証拠の収集は当事者において行われるべきであり、裁判所の判断で勝手に行うことはできません。このような原則を弁論主義といいます。

この弁論主義の内容として、通常、以下の３つのことがいわれます。この３つの内容を総称して弁論主義の３つのテーゼということがあります。

■ テーゼ１：主張責任の原則

裁判所は、当事者が主張した事実だけを判決の基礎資料とすることができるという原則を、主張責任の原則といいます。

事実というものは、証拠調べの場面においても、証人尋問や証拠として提出された文書の中などから、弁論には出てこなかった新しい事実が判明するということがあります。

しかし、その事実を当事者が主張していなければ、裁判所はそれを認定することはできません。

主張責任と証明責任

主張責任と似たような言葉として、証明責任という概念があり、立証責任、挙証責任とも呼ばれる。主張責任が、「事実」を主張する段階で問題になるのに対して、証明責任は、「証拠」を提出する段階で問題になる概念である。

■ テーゼ２：自白の拘束力

自白があった場合、裁判所は、当事者間に争いのない事実は、そのまま判決の基礎として採用しなければならないというものです。

民事訴訟における自白とは、当事者の一方が主張した事実を相手方が認めることをいいます。これも、当事者が判決の基礎となる事実の内容を決定できるという弁論主義の考え方を具体

主張共通の原則

当事者のいずれかが主張した事実であれば、裁判所はその者に有利であるか不利であるかに関わらず、裁判の基礎とすることができるという原則。

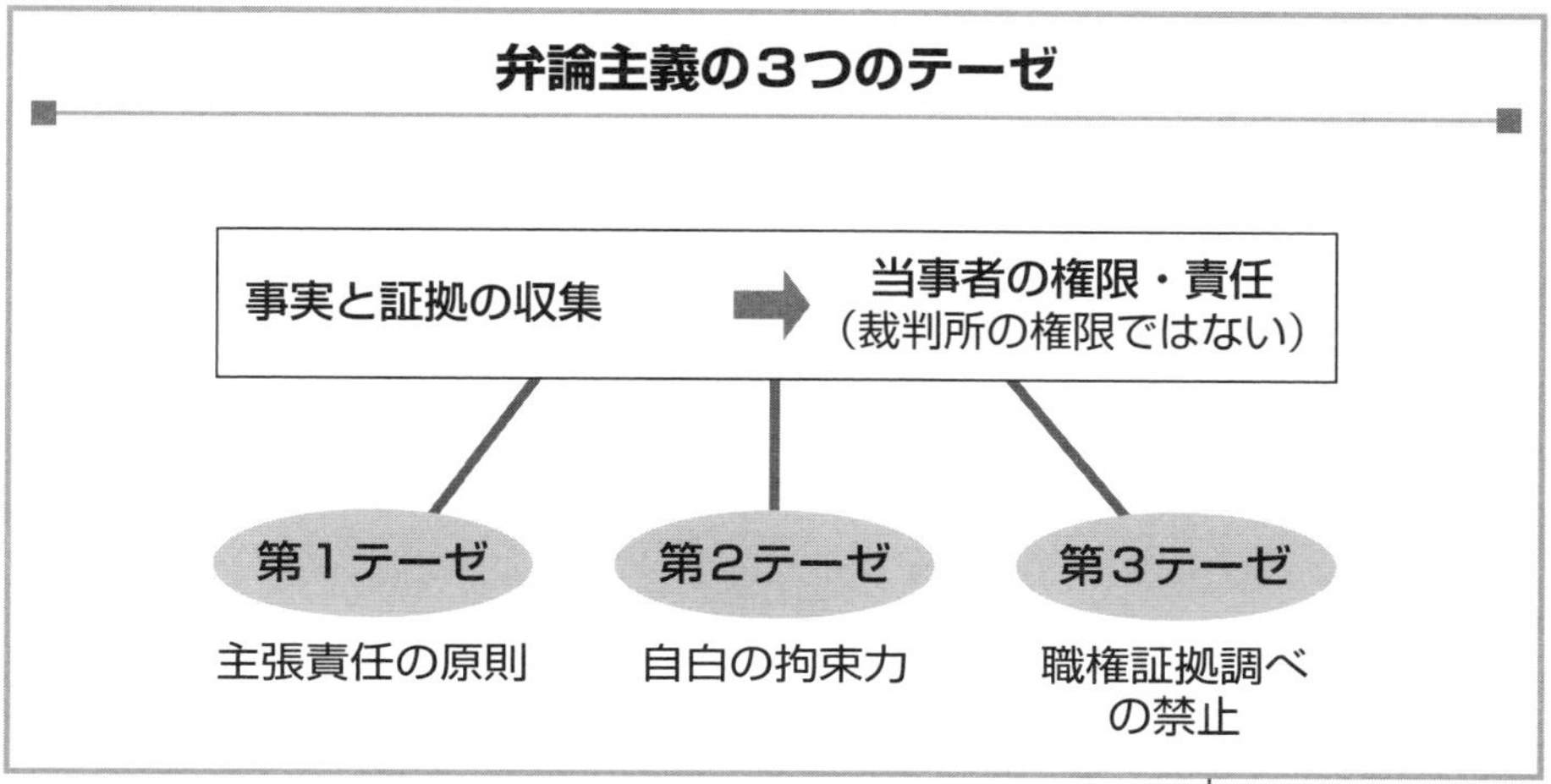

化したものです。

■ テーゼ3：職権証拠調べの禁止

裁判所が当事者間に争いのある事実を証拠によって認定する際には、必ず当事者が申し出た証拠によらなければならないという原則です。これは、当事者は判決の基礎となる証拠の範囲を決定できる、という形で弁論主義を具体化したものといえます。

■ 弁論主義における事実とは何か

訴訟上、当事者によって主張される事実には、一般に①主要事実、②間接事実、③補助事実の３種類があります。ＡがＢに貸した100万円の返済を求める訴訟を例に、考えてみましょう。

①　主要事実

Ａはまず、「Ｂに100万円を貸した」という事実、つまりＡ・Ｂ間で100万円の消費貸借契約（お金の貸し借り）が存在するという事実を証明しなければなりません。金銭消費貸借の成立には、金銭の授受と返還約束があったという２つの事実の証明

訴訟資料と証拠資料の峻別

当事者が弁論で主張した事実は訴訟資料とも呼ばれ、裁判所が証拠調べで得た証拠資料とは厳格に分けて考えなければならない。裁判所は、証拠資料を当事者の主張として判決を下してはならない。

主要事実

法律効果（権利の発生・変更・消滅）を生じさせる要件（原因）に該当する具体的事実、これが主要事実である。それは、おおむね民法や会社法などの実体法の条文にあらわれている。より一般的なのは、「ＡならばＢである」という形であらわされていることの多い法律の「Ａならば」の部分が主要事実にあたる。

が必要です。これらは、権利が発生していたかどうかという法律効果そのものに直接関わる事実です。これを主要事実といいます。

② 間接事実

ＡがＢに金銭を貸与したと主張している日時以降に、Ｂの金遣いが急に荒くなったという事実があったらどうでしょうか。この事実は、ＡがＢに金銭を授受したからではないかということを推測させます。このように、金銭の授受という主要事実を推測させる事実を間接事実といいます。

③ 補助事実

補助事実とは、証拠の証拠能力や証拠力に関する事実です。たとえば、金銭消費貸借契約書に偽造の形跡がある、という事実は、契約書の証拠力に関する事実でしょう。これが補助事実です。

■ 弁論主義と間接事実・補助事実

主要事実について、弁論主義の適用があることは当然です。

では、間接事実・補助事実にも弁論主義が適用されるのでしょうか。判例や多くの学説は、弁論主義の適用があるのは主要事実に対してだけであって、間接事実・補助事実に対しては適用はなく、裁判所が自由に判断できる、としています。そうでなければ、裁判所が主要事実の存否を判断することすら困難になってしまうというわけです。

■ 釈明権の内容

釈明権とは、事件の内容をなす事実関係や法律関係を明らかにするために、当事者に対して、事実上や法律上の事項について質問したり、または証拠を提出するよう促すことができる、裁判所の権限のことです。

つまり、裁判所は、当事者の主張した事実に関して「もっと

弁論主義が適用される事実

弁論主義が適用されるのは主要事実のみ

補助事実

証拠の証拠能力や証拠力を明らかにする事実

ex）
・文書に偽造の形跡がある
・証人の目や耳が悪い

間接事実

主要事実を推認させる事実

ex）
・債務者の金遣いが急に荒くなった
・債務者が事業の資金繰りに困っていた

主要事実

法律効果（権利の発生・変更・消滅）を生じさせる実体法上の構成要件に該当する事実

ex）
・金銭の授受と返還約束
・弁済の事実

わかりやすく説明するように」「その事実を証明するのにこういう証拠はないのか」あるいは「この点についての事実はどうなっているのか」などと当事者自身に質問することができるのです。

この釈明権によって裁判所は、適正妥当な判断をするために、弾力的な審理を行うことができます。

もっとも、行きすぎた釈明権の行使は「当事者にまかせる」という弁論主義の原則をねじ曲げてしまうため、釈明権は慎重に行使されなければならないと考えられています。具体的には、当事者の主張の中で不明瞭な点を明らかにするためになされる釈明権の行使は許されますが、当事者に対して積極的に新たな主張や立証を行うよう促すためになされる釈明権の行使は原則として許されません。

釈明義務違反

本文では、釈明権の行使の限界について説明したが、逆に、釈明権の行使が義務付けられる場合もある。たとえば、売買代金の支払いを求める訴訟において売買契約の成否について当事者の主張反論がされていたのに、裁判所が、請負契約の成立を認めて報酬の支払いを認める判決を言い渡したとする。この場合、裁判所は、訴訟において、請負契約の成立の可能性を指摘して主張反論の機会を与えなければ、釈明義務違反となる可能性が高い。

証拠調べと証拠能力・証拠価値

裁判官が事実認定をする際に必要になる

■ 事実認定と証拠

裁判では、当事者が得たいと思っている判決の基礎となる事実が存在することを、裁判官に納得させる必要があります。このことは、裁判官の立場からいえば、「この事実は存在する」と納得できなければ、その事実をもとにした判決を下すことはできないということを意味します。この「事実が存在するか否か」を判断する裁判官の行為を事実認定といいます。

裁判官が事実認定する際に用いる資料（材料）のことを証拠といいます。

ＡがＢに100万円の貸金の返済を求める給付訴訟（給付の訴え。179ページ参照）を起こした場合、ＢがＡから借金する際に作成した借用書や証人が、証拠にあたります。つまり、裁判官は、この借用書や証人の証言という証拠をもとに「ＢがＡに対して100万円の借金を負っている」という事実を認定するわけです。当事者は、自分の主張する事実を裁判官に認めてもらうために、さまざまな証拠を提出することになります。このような証拠を、裁判所が法定の手続きによって取り調べる行為を証拠調べといいます。

証拠の存在意義

証拠は、裁判官が事実認定をする際の材料となるものである。訴訟の当事者は、証拠を提出することにより、ある事実の存在や不存在について裁判所に示していくことになる。

■ 証拠能力がないと証拠調べができない

証拠能力とは、ある証拠方法が証拠となり得る一般的な資格のことをいいます。たとえば、ある訴訟において、Ａという証人やＢという文書などの証拠方法を、そもそも証拠調べの対象とすることができるのかどうかを判断する際に、「証拠能力が

証拠方法

文書などの物証や証人などの人証など、裁判官がその五官で取り調べることのできる有形物であり、証拠調べの対象となるもののこと。

証拠収集のポイント

民事訴訟ではありとあらゆる物が証拠になり得る

↓だが

以下の点に気をつけると効果的である

- できるだけ質のよい証拠を集める
- 証人よりも文書の形になっている証拠がよい

（契約書、借用書などを探し出す
貸金の返済を求める場合は電話でなく内容証明郵便で催促）

あるのかないのか」が検討されるわけです。証拠能力がない物を、証拠調べの対象とすることはできません。

民事訴訟法では原則としてあらゆる物に証拠能力が認められています。わずかに存在する例外として証拠能力が否定されるものとしては、忌避された鑑定人（原告や被告の申立てにより、鑑定人となることを認めない決定がなされた者のこと）は鑑定能力を欠くことと、手形訴訟・小切手訴訟では書証以外は証拠能力がないとされることなどが挙げられます。

■ 証拠調べ後の証拠価値

証拠価値とは、証拠調べの結果得られた証拠資料（証拠方法を証拠調べした結果、そこから得られた具体的な情報のこと）がもっている価値のことです。証拠力ともいわれます。証拠能力が、証拠調べの前に問題になるのに対し、証拠価値は証拠調べの後に問題になります。まぎらわしいので注意が必要です。証拠がもつ価値（証拠力）をどう評価するか、ということは裁判所の自由な心証にまかされています。

証拠資料／証拠原因

証拠資料とは、証拠方法を証拠調べした結果、そこから得られた具体的な情報のことを指す。文書や記載内容、証人の証言などがこれにあたる。証拠原因とは、証拠資料のうち、裁判所の事実認定に用いられたものを指す。証言AからXという事実が認定されたような場合には、証言Aは証拠原因として使われたことになる。

PART4
7

執行・保全に関連する法律や手続き

訴えの取り下げ、請求の放棄・認諾、和解

判決によらずに当事者の意思で訴訟を終わらせる

■ 当事者対立構造の消滅

原告の訴え提起によって開始された民事訴訟手続きは、原則として裁判所の判決により終了します。しかし、訴訟のすべてが判決によって終わるわけではありません。

たとえば、A会社が、B会社に対して損害賠償請求訴訟を起こしている最中に、両社が合併してしまったような場合には、民事訴訟の前提というべき二当事者の対立する形が消滅してしまうので、訴訟は判決に至ることなく終了してしまいます。

このように、訴訟は判決以外にもさまざまな形で終了します。その中で、最も重要なのが当事者の意思によって訴訟が終了する場合です。当事者の意思によって訴訟が終了する場合としては、①訴えの取り下げ、②請求の放棄・認諾、③和解があります。これらの制度は、当事者のイニシアチブによって訴訟を終わらせることができる点で共通しています。処分権主義の具体的なあらわれといえるでしょう。

① 訴えの取り下げ

訴えの取り下げは、「訴えを取り下げます。これ以上の審理と判決はしてもらわなくてけっこうです」という旨の裁判所に対する原告の意思表示です。訴えの取り下げがあった場合は、はじめから訴えがなかったことになるのですから、判決があった後に訴えを取り下げた場合を除き、原告は同じ問題について再度訴えを提起することもできます。

② 請求の放棄・認諾

請求の放棄とは、原告が、裁判所に対して「自分の請求には

処分権主義

当事者が、訴訟の開始、判断対象の特定、訴訟の終結を決定できることを処分権主義という。処分権主義の考え方が採用されているので、債権の一部についてのみ支払いを請求する訴訟（一部請求訴訟）が許され、裁判所は原告が申立てをした範囲内で判決をすることになる。

処分権主義の排除

当事者の行為で訴訟が終了するのは、処分権主義の具体的な現れである。処分権主義が私的自治の原則に由来するものであるとすれば、民事訴訟の中でも、その対象とする権利が公益に関係し、当事者の自由処分を許さないものであるときには、処分権主義も制限されたり排除される。たとえば、婚姻取消訴訟は検察官が原告として提起することができるが、これは訴訟の開始についての処分権主義が制限されている例である。

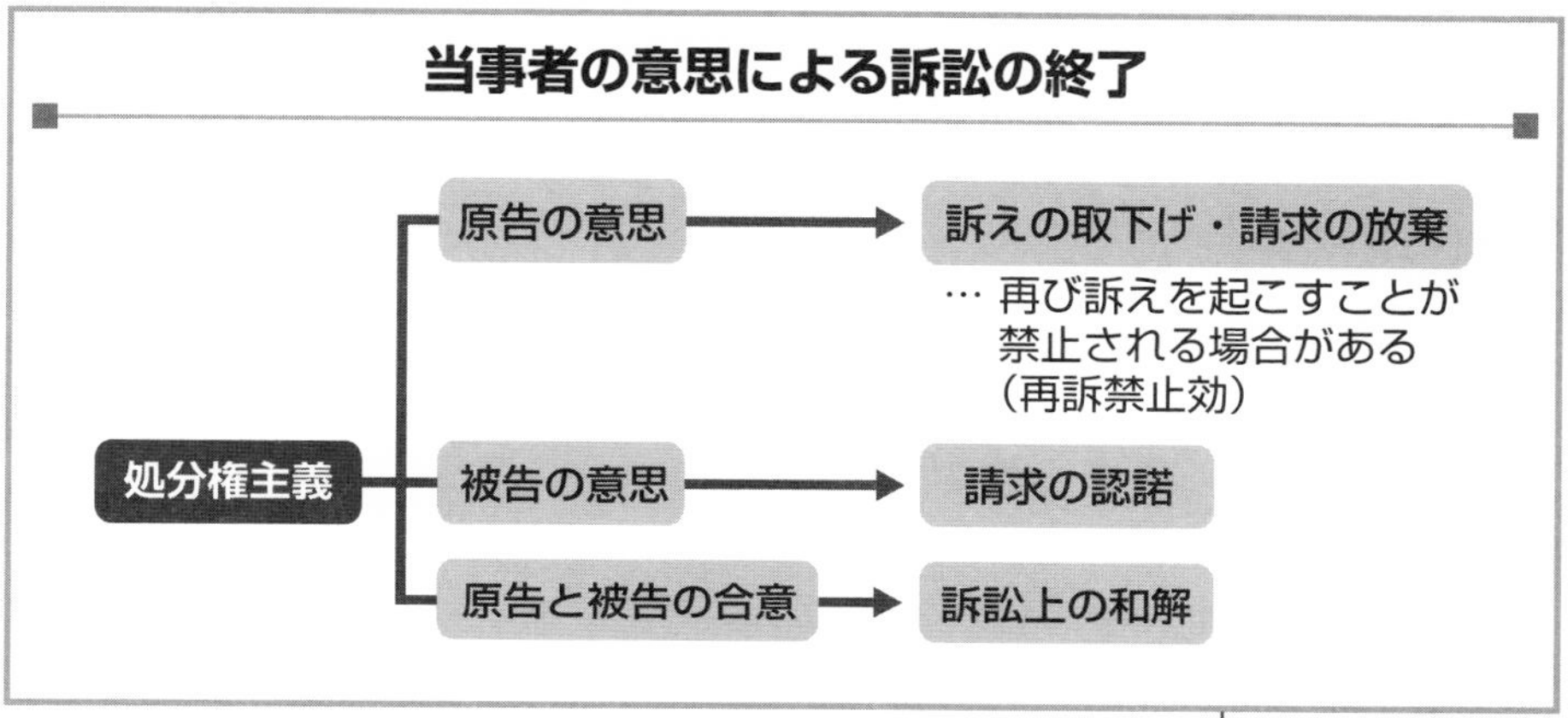

理由がなかった」という意思を表示する行為です。訴訟を原告自らが放棄して終了させる行為です。請求の認諾は、被告が、裁判所に対して「原告の請求には理由がある」と認める旨の意思を表示する行為です。

③　訴訟上の和解

訴訟上の和解は、原告と被告が、訴訟の途中に、裁判所で「訴訟を終わらせよう」と、一定の解決方法を両者で定めて合意し、裁判所にその意思を表示することをいいます。

■ なぜ再訴禁止効が認められるのか

いったん取り下げた訴えを、再び訴えることが許されなくなる場合があります。たとえば、Aが提起した訴えにつき、一審で請求を棄却する旨の判決が下された後、Aは控訴したが、控訴審で被告と裁判外で和解が成立したので、訴えを取り下げたとします。このような場合、Aは、同じ問題について再度訴えを提起することができなくなります。すでに一審で、それについて請求棄却の判決が下されているからです。

このように、同一の問題について訴えを再度行うことができなくなる効果を再訴禁止効といいます。

再訴禁止効の目的

いったん下された判決をムダにさせないようにするためであり、トラブルを蒸し返すのを防止することを目的とする。

PART4
8

証拠方法の種類と文書提出命令

証拠には人証と物証がある

■ ５種類の証拠方法

証拠調べの対象である証拠方法には、５種類あります。人的証拠（人証）である証人・当事者・鑑定人と、物的証拠（物証）である検証物・書証です。

人証には以下のものがあります。

① **証人**

証人尋問において、証人に対して口頭で質問し、証明の対象となる事実について、その者が経験した事実を供述させて、その証言を証拠とするものです。

証人

証人とは、過去に知った事実を訴訟において供述することを命じられた第三者。意見や判断でなく、過去の事実を供述する点で、鑑定人と異なる。証人には、法廷に出頭したり、法廷で宣誓することなど、証人義務が課せられる。

② **当事者**

当事者も証人と同様に、当事者尋問においてその経験した事実について供述させて、その供述を証拠とするものです。

証人と当事者本人への尋問

原則として証人尋問を先に行うが、必要に応じて、当事者の意見を聴いて、当事者尋問を先に行うこともできる。

③ **鑑定人**

鑑定人は、裁判官の判断を補充するために、学識経験のある第三者にその専門知識や意見を報告させるものです。

鑑定

鑑定そのものは当事者の申出によって行われる。
鑑定人は裁判所の指示によって学識経験者の中から選ばれる。

他方、物証には以下のものがあります。

④ **検証物**

検証とは、事物の形状・性質につき裁判官が直接にその五感により事実判断を行う証拠調べのことです。裁判官が、公害訴訟で騒音の状況を耳で確かめたり、工場の廃棄物の臭いを鼻で確かめたりするなどがその例です。

⑤ **書証**

書証は、文書に記載された意味内容を証拠資料とするものです。書証は、あくまでも文書の意味内容を対象としたものでな

文書提出義務を負う場合

①当事者が訴訟において引用した文書を自ら所持する場合
②証明する者が文書の所持者に対し引渡しや閲覧を求めることができる場合
③文書が証明する者のために作られたか、証明する者と所持者との間の法律関係について作られた場合

④上記①〜③以外の場合で、次のいずれにもあたらない場合
ⓐ文書の所持者や文書の所持者の親族などが刑事訴追や有罪判決を受けたり、名誉を害されたりするおそれがあるとき
ⓑ提出すると公共の利益を害したり、職務の遂行に著しい障害が生じたりするような公務員の職務上の秘密に関する文書
ⓒ医師や弁護士などが職務上知り得た事実で黙秘しなければならないものや、技術・職業の秘密に関する事項が記載されている文書
ⓓ外部に公開されることが予定されていない、もっぱら文書の所持者の利用のための文書（自己利用文書）
ⓔ刑事訴訟に関する書類や少年保護事件の記録、またはこれらの事件で押収されている文書

ければならず、文書を記した紙自体の質や形を調べる場合は検証物となります。

■ 文書提出命令

書証では、文書を証拠として提出するわけですが、裁判所に調べてもらいたい文書が自分の手もとになく、相手方や第三者がもっているような場合もよくあります。そのような時に、裁判所から、「文書を提出せよ」との命令を出してもらう制度があります。これを文書提出命令といいます。

文書提出命令は、当事者の申立てに基づき、法に定められた文書提出義務を負う者に対して発せられます。具体的には上図に該当する場合に、文書を提出する義務を負うことになります。

文書提出命令に従わない場合

提出されなかった文書に記載されていることについて、その提出を求めた当事者が主張したことが、裁判所によって事実と認定されるなどの不利益を受けることになる。

インカメラ手続きとは

文書提出義務の有無を判断するために対象となった文書の所持者に文書を提示させ、当事者や傍聴人にも公開しないで審議すること。

終局判決による訴訟の終了・判決の効力

判決にはさまざまな種類がある

■ 判決の意義

訴訟終了の基本型は、やはり何といっても判決ということになります。判決とは、当事者の申立てのうち重要な事項に対する裁判所の最終的な判断のことです。まさに判決こそが、当事者および裁判所の民事訴訟における最終到達目標であるといえます。一口に判決といっても、それが下される局面や、その内容によってさまざまに分類することができます。

① 終局判決と中間判決

ある審級での審理を完結するかどうかによる区別です。終局判決は、事件の全部または一部をその審級につき完結させる判決のことです。中間判決は、法が定める一定の対象について、訴訟の進行過程の途中で判決を行うものです。訴訟が複雑な場合に、それを整理して終局判決につなげるための判決です。

② 全部判決と一部判決

終局判決のうち、同一訴訟手続きによって審判される事件の全部を同時に完結させる判決を全部判決といいます。これに対し、１つの訴訟手続きで審理されている事件の一部に対してだけなされる終局判決が一部判決です。

③ 訴訟判決と本案判決

終局判決は内容面から、請求の当否を判断する本案判決と、訴訟要件があるかないかを判断する訴訟判決に分類されます。本案判決には、原告の請求を裁判所が認める認容判決と、原告の請求を裁判所が認めない棄却判決との２種類があります。

④ 給付判決、確認判決、形成判決

判決が成立するまで

判決を成立させるには、裁判所が、まずどのような内容の判決をするかを確定し、次に、この内容を表示する判決書（判決原本）を作成した上で、これに基づいて言渡しを行う。言渡しによって判決はその効力を生じ、判決の正本が当事者に送達されることになる。

訴訟要件

本案（135ページ欄外注釈参照）に関する判決を出すための要件。具体的には、裁判所が管轄違いでないこと、当事者適格があること、二重起訴の禁止に反しないことなどがある。訴訟要件を欠くと、訴え自体不適法として却下される。本案を審理した結果、理由なしとして退ける棄却判決とは区別される。

既判力・執行力・形成力

既判力	以後「その事件については判断済み」とされる効力。当事者はその事件を蒸し返すような訴訟はできなくなり、また裁判所も、同じ当事者間で同一の事件が再び別の訴訟で争われた場合には、前の判決と矛盾する判決ができなくなる。
執行力	強制執行ができるようになる効力。判決によって、支払うことを命じられた金銭や、引き渡すことを命じられた物を、国の機関が強制的に被告から取り上げて、原告に渡す手続きが強制執行である。執行力は給付判決が確定したときに生じる。
形成力	形成の訴えにおいて形成判決が出た場合に生ずる。形成判決で宣言された法律状態の変動を引き起こす効力のこと。

訴えには、給付の訴え、確認の訴え、形成の訴えがあります。このような訴えの類型との関連で、判決の内容を、給付判決、確認判決、形成判決の３種類に区別できます。

給付判決は、「原告が訴えで請求したものを給付せよ」という命令をおもな内容としています。確認判決は、原告が確認を求めた権利や法律関係の積極的または消極的な確認を内容とするものです。形成判決は、判決の確定と共に法律関係を直接変動させる効力をもっています。

終局判決には、自己拘束力と呼ばれる効力が生じます。自己拘束力とは、「ひとたび言い渡された判決は、言い渡した裁判所によって変更したり撤回することができなくなる」という効力です。いったん成立した判決については、軽々しく変更・撤回すべきでないのです。終局判決といっても、確定したもの（確定判決）とそうでないものがあり、その効力には違いがあります。確定判決には既判力や執行力といった効力があります。また、形成判決には形成力が認められます（上図参照）。

自己拘束力

ひとたび言い渡された判決は、言い渡した裁判所によって変更したり撤回することができなくなる」という効力。いったん成立した判決については、軽々しく変更・撤回すべきでない。

形成力の例

たとえば、離婚を請求する離婚訴訟で、離婚を認める形成判決がなされ確定した場合には、婚姻の解消という法律上の権利義務関係の変動が引き起こされる。

少額訴訟のしくみ

利用回数や不服申立てが制限されている

■ 原則１回の期日で判決まで行く

民事訴訟手続きは、一般に時間と費用のかかる手続きだといえます。そのため、友人・知人への貸し借りなど少額の債権を、裁判所を利用して回収することは事実上、躊躇せざるを得ない状態でした。そこで、導入されたのが、少額訴訟制度です。少額訴訟で扱われるのは、60万円以下の金銭の支払請求に限られています。たとえば、動産の引渡しを請求する訴えなどの場合には、この手続きは利用できません。

また、通常の民事訴訟では、審理手続きは複数回の口頭弁論の積み重ねの下に行われ、判決が下されるまでに多くの日数がかかります。これに対して少額訴訟では、原則として１回の期日で双方の言い分を聞き、証拠を調べ、直ちに判決が言い渡されます。この点は、迅速な解決を望む場合には歓迎すべきことですが、他方で、事前準備を十分に行わなければ敗訴するおそれが高いともいえます。

もっとも、特別な事情がある場合には、１回の審理で終わらず期日が続行となる場合があります。たとえば、重要な証人が病気などで出頭できなくなった場合や、和解の試みなどにより審理の時間が足りなくなったような場合です。

通常の民事訴訟では、提出が認められている証拠について特に制限はありませんが、少額訴訟では、証拠調べはすぐに取り調べることができるものに限られています。これは、少額訴訟が、原則として１回の期日で審理を終わらせることを前提としているからです。証拠としては、出頭している当事者本人、当

少額訴訟の活用

少額訴訟は煩雑な訴訟手続きを簡略化・迅速化させた当事者本人にも利用しやすい訴訟ということができる。裁判官は審理中に釈明権を行使し、当事者に対して質問を行ったり立証を積極的に促すことがある。これによって、法的素養のない当事者（原告・被告双方）の立証や主張が不十分に終わってしまうことを防ぐことができる。話し合いだけでは解決できないトラブルに見舞われた場合には、難しそうだからといって尻込みせずに積極的に少額訴訟を利用するとよい。

一期日審理の例外

少額訴訟は、一期日審理が原則だが、「特別の事情」がある場合には、口頭弁論期日が続行されることもある（民事訴訟法370条）。

少額訴訟の対象

対象となるおもな金銭債権

- 売掛金
- 少額の貸付金
- ホテルなどの宿泊代金
- 飲食料金
- サービスメンテナンス料金
- 軽い物損事故などの賠償金
- 賃金
- 慰謝料
- 敷金・保証金
- 請負代金

少額訴訟のポイント

1. **60万円以下の金銭債権であること**
   申立時に訴額60万円で6000円の収入印紙が必要
2. **利用回数が制限されている**
   同じ簡易裁判所への申立ては年に10回までに制限される
3. **審理は原則として1回**
   証拠調べ、審理は第1回口頭弁論期日で終了
4. **不服申立ても制限される**
   控訴・上告は用意されていない。異議申立てだけ

事者が連れてきた証人、当事者が持参した書証や検証物などを挙げることができます。

最後に、不服申立てについても少額訴訟は大きく異なっています。通常の民事訴訟では、判決に不服がある者は、上級裁判所に上訴（控訴・上告）することができます。しかし、少額訴訟は一審限りで、判決に対して控訴することは認められていません。その代わり、不服がある場合には、判決をした簡易裁判所に異議を申し立てることができるしくみになっています。この異議が認められると、通常の訴訟と同等の手続きにより審理がされることになります。

異議申立制度

裁判官から言い渡された判決などに不服があるときに利用する制度。異議の申立てが受理されると、同じ事件について再度裁判所で審理をしてもらうことができる。少額訴訟では、判決を出した裁判所への異議申立てが認められている（民事訴訟法378条）。少額訴訟の判決についての異議申立て後の審理は、判決を出した簡易裁判所で行われる。

なお、少額訴訟の判決について異議が申し立てられた場合、その後の審理は、判決を出した簡易裁判所で行われることになっています。

異議申立ての手続き

異議の申立ては原告・被告どちらでも行うことができる。申立てには期限があり、判決書または調書の送達を受けた日から2週間以内に行わなければならない。申立てが受理された後で行われる再審理は、少額訴訟に対する異議であっても即日判決ではなく、通常の訴訟と同等の手続きで進められる。ただし、異議による再審理で出された判決に対しては、原則としてそれ以上異議を申し立てたり、控訴をすることはできないので、注意する必要がある。

■ 利用回数の制限について

少額訴訟は、利用回数が制限されています。同一の原告が同一の簡易裁判所に対して行える少額訴訟の申立回数は、年間10回までに限定されています。年間というのは、その年の１月１日から12月31日までのことです。被告が裁判に欠席して、いわゆる欠席判決が得られることが強く予想されるようなケースであれば、通常の民事訴訟を利用しても、さほど不便はないでしょう。こうして、少額訴訟の利用回数を減らさず、それを利用するチャンスを温存しておくのも１つの方法です。

なお、この回数制限を実効的なものとするため、少額訴訟を提起するときに、その簡易裁判所でその年に少額訴訟を何回提起したかを申告することになります。虚偽の申告をした場合には、10万円以下の過料に処せられます。

電話会議システムなどが認められている

訴訟では、事実関係を明らかにするために証拠調べが行われる。証拠には、借用書などの物的証拠の他、目撃者などの証人による証言があるが、証人の証言は、原則として証人が裁判所に出廷して行う。ただ、遠隔地にいるなどの理由で出廷できない証人は、「テレビ会議システム」を利用して、このシステムが設置されている場所から映像と音声を送受信して証言をすることもできる。また、「電話会議システム」を利用することもできる。

■ 通常訴訟へ移行することもある

被告には通常訴訟に移行するように求める申述権もあります。これにより、被告が少額訴訟に同意しない場合は、通常訴訟に移行することになります。さらに、少額訴訟で原告の請求が認められた場合には、判決中で被告に支払猶予が与えられることもあります。これは、裁判所が、被告の資力やその他の事情を考慮して、３年以内の期限に限って金銭の支払を猶予したり、その期間内に分割で支払うことを定めるというものです。

■ 訴える相手の所在が明らかでなければならない

通常の訴訟では、被告の所在が不明のとき、「公示送達」という制度（申出があればいつでも訴状等を送達する旨を裁判所

少額訴訟手続きの流れ

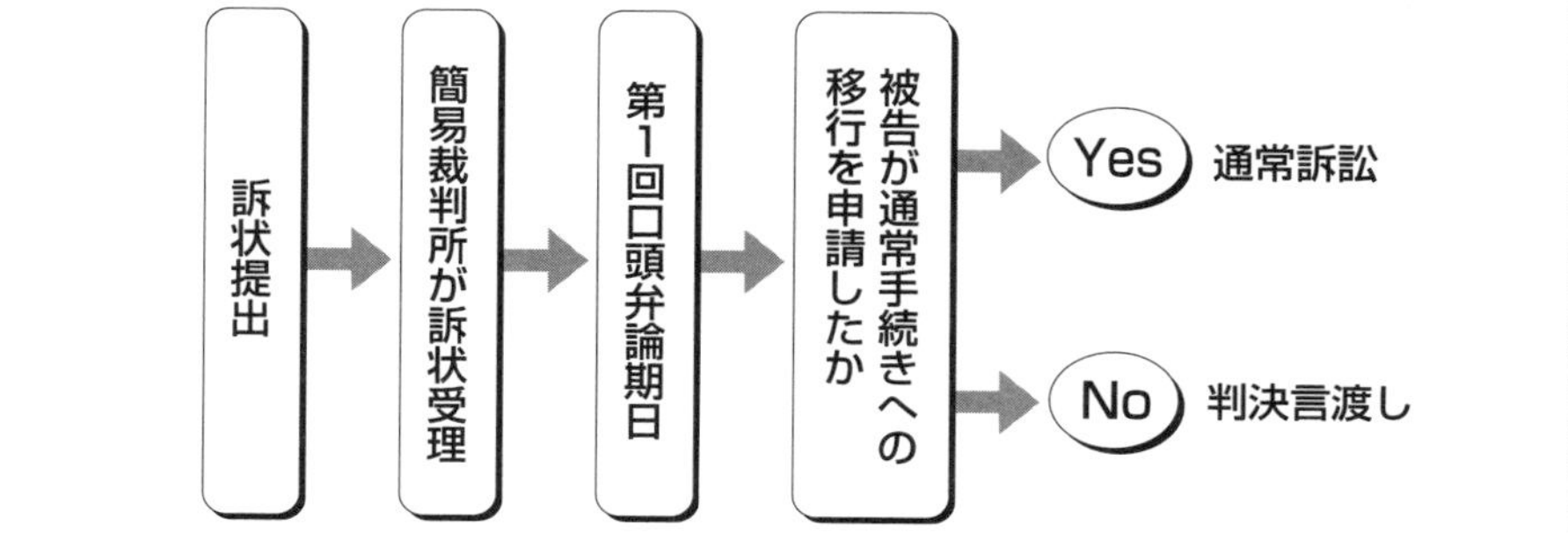

の掲示板に掲示してから一定期間の経過により送達したものとみなす制度）により、被告への訴状の送達があったとみなすことができます。

これに対して、少額訴訟においては公示送達の制度を利用することはできません。簡易で迅速な紛争の解決をめざした少額訴訟では、時間と手間のかかる公示送達の制度は採用されていないのです。つまり、所在がわからなければ、少額訴訟を利用することはできません。そのため、少額訴訟を提起する場合には、被告に直接訴状を送達することができるように相手方の所在を調べておく必要があります。

■ 反訴が禁止されている

通常の訴訟では、「反訴」という制度が認められています。これは、原告が訴えを起こした場合に、被告が、その訴訟手続きを利用して原告の請求に関連する請求について訴えを起こすというものです。しかし、少額訴訟では、この反訴の制度は認められていません。簡易・迅速な紛争解決をめざす少額訴訟において、反訴を認めていたのでは、即日の解決を図ることができなくなってしまうからです。

公示送達

当事者の所在が不明な場合などにおいて、申出があればいつでも訴状等を送達する旨を裁判所の掲示板に掲示してから一定期間の経過により送達したものとみなす制度。

PART4
11

執行・保全に関連する法律や手続き

少額訴訟の審理

通常訴訟への移行を希望することもできる

■ 訴状が受理された後は口頭弁論

訴状を提出すると、口頭弁論期日が決められることになります。口頭弁論期日の決め方にはいろいろな方法がありますが、本書では、裁判所書記官が訴状を受理した後、裁判所で口頭弁論期日を決め、原告に口頭弁論期日呼出状が送られてくる方式を前提に話を進めます。なお、口頭弁論期日が決まると、被告には訴状と共に口頭弁論期日呼出状が送られます。少額訴訟では口頭弁論期日までに、当事者はすべての攻撃防御方法を提出しなければなりません。ですから、迅速に事実を整理し、証拠を収集する必要があります。この準備段階で、個々の事実について、裁判所書記官から説明を求められたり、立証が促されることもあります。さらに、期日直前には、裁判所書記官が当事者に面会して、書証などの確認が行われることもあります。

■ 通常訴訟とは法廷のしくみが異なる

少額訴訟は通常訴訟の煩雑な手続きを簡略化し、誰でも簡単に利用できるようにという考慮の元に作られた制度です。このため、審理も、基本的には心理的圧迫感の少ないラウンドテーブルの法廷で開かれるようになっています。通常の訴訟では裁判官が一段高いところに座り、原告と被告がその左右に向かい合って座る厳粛な法廷で審理が開かれますが、少額訴訟の場合は裁判官も当事者も高低なく座って審理が進められていきます。少額訴訟を起こす人は一般人が多いため、ラウンドテーブル型の法廷で審理を行うことによって心理的に不必要なプレッ

窓口に訴状を出す

訴状は通常の場合、窓口で説明を受けながら作成するので素人でも間違いなく提出することができる。いったん提出した時点でこれを裁判所側が審査し、問題がなければ訴状が受理される。
訴状の審査ポイントは、①事件がその裁判所の管轄であるかどうか、②訴状の必要的記載事項がすべて書かれているかどうか、③事件が少額訴訟を提起できる種類のものであるかどうか、④必要額の収入印紙が貼付されているかどうか、などである。

口頭弁論期日が決まるまで

訴状が被告に送達されるのは訴状の受理後約２週間で、その際に「口頭弁論期日の呼出状」が同封される。呼出状には口頭弁論の日時・場所などが記されている。

少額訴訟が行われる法廷

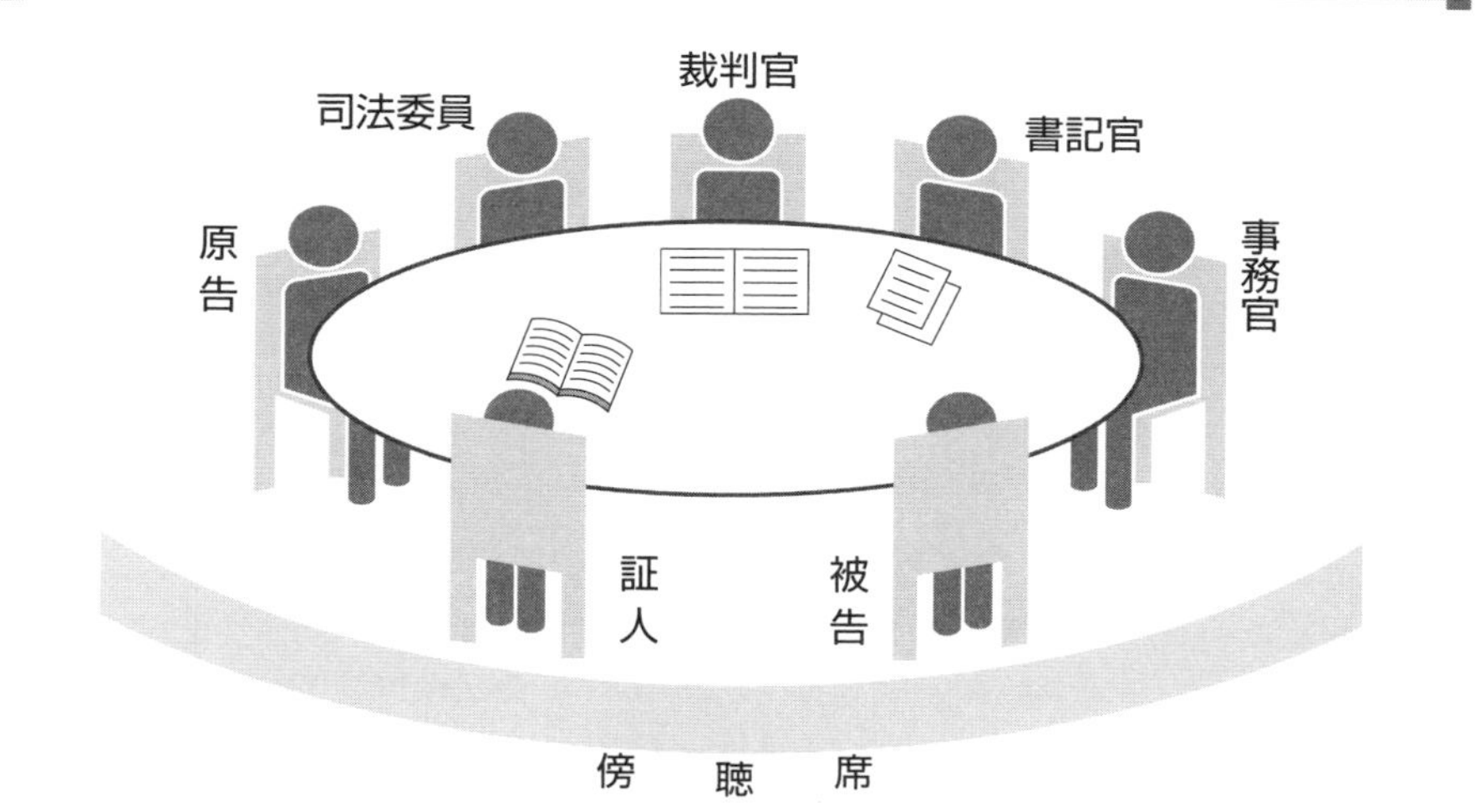

シャーを受けずに陳述などを行うことができます。

■ 被告の選択で通常訴訟へ移行することもある

こうして準備が整えられ、口頭弁論期日が開かれると、裁判官は、次のような事項を当事者に対して説明します。

① **証拠調べは、すぐに取り調べることができる証拠に限り可能であること**

② **被告は、訴訟を通常の手続きに移行させることができるが、被告が最初にすべき口頭弁論期日において弁論をし、またその期日が終了した後は、この限りではないこと**

③ **少額訴訟の終局判決に対しては、判決書または判決書に代わる調書の送達を受けた日から２週間以内に、その判決をした簡易裁判所に異議を申し立てることができること**

②についてですが、少額訴訟手続きは、原告が一方的に選択するものなので、被告の防御の利益が害されるおそれもありま

即日判決の問題点

早く判決が出る分、審理にかけられる時間が短いという特徴もある。このため、勝訴判決を得るためには、口頭弁論期日までにできるだけ自分の主張を裏づける確実な証拠や証人を準備しなければならない。

す。そこで、民事訴訟法は、被告の利益を保護するため、被告には最初の口頭弁論期日に通常の訴訟手続きに移行するように求める権利が与えられています。ただし、被告が最初の口頭弁論期日に弁論をするか、または、しない場合でもその期日が終了してしまった場合には、通常の訴訟手続きに移行させる旨の申出をすることはできません。

これらの説明がなされた後は通常の訴訟と同様の手続きがとられ、当事者双方の主張を裁判官が聞き、争いがある事実について、証拠調べが行われることになります。

■ 少額訴訟の証人尋問の手続き

少額訴訟でも証人尋問を行うことは可能ですが、この場合、裁判所に前もって申出をしておく必要があります。通常の訴訟では、尋問する順番について「交互尋問制」というシステムがとられています。しかし、少額訴訟の場合にはこの順序を裁判官の判断で変更することができます。

他に通常訴訟と少額訴訟で異なる点としては、「尋問事項書」の提出の省略が挙げられます。これらはすべて審理を迅速に終了させるための配慮です。ですから専門家の厳密な鑑定が必要な物的証拠がある場合や直接現場に行って検証を行わなければならないようなケース、証人が多数存在していて審理が長引くことが最初からわかっているような事件では少額訴訟ではなく通常の訴訟を提起するのが妥当といえます。

少額訴訟では実際の契約の場に同席した人などの証言が重要な証拠となってきますが、期日が１日だけのことが多いので、訴訟に勝つためには当日の証人の確保が非常に大切です。証人が仕事や病気、遠隔地に住んでいるなど、やむを得ない事情で期日に証人が出廷できない場合には、テレビ会議システムなどを利用します。

証人尋問は本来、証人の言葉ばかりではなくその態度などか

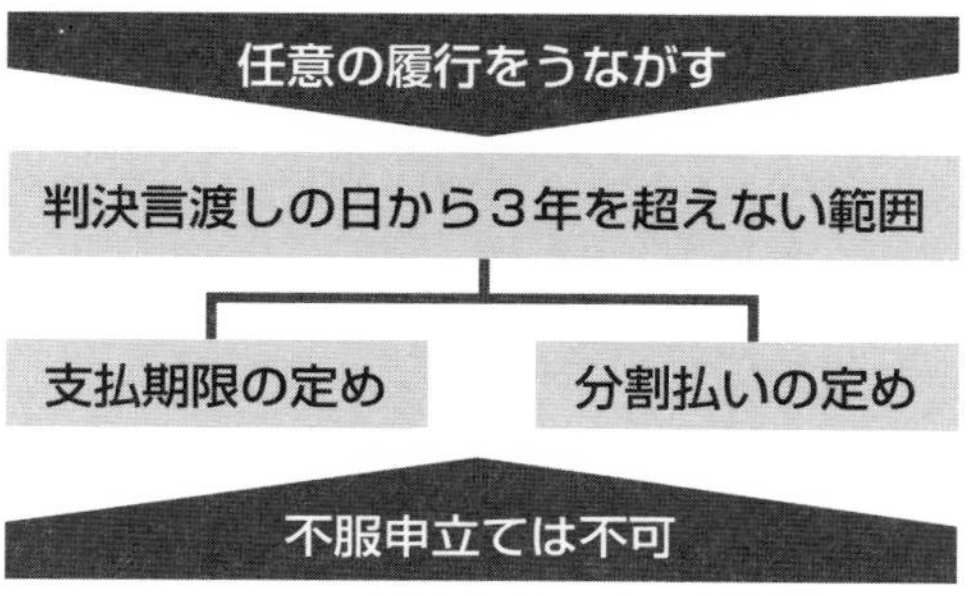

柔軟な認容判決

ら信憑性を判断するものですが、どうしても証人の出廷が期日当日に不可能な場合には期日を延期せずにテレビ会議システムなどを利用することになります。これは少額訴訟の迅速性を保持するための特別な配慮といってよいでしょう。

■ 判決

口頭弁論が終わると、原則として直ちに判決が言い渡されます。少額訴訟において、原告の請求を認める内容の判決が出される場合には、裁判所の職権で仮執行宣言をつけることが義務づけられています。また、原告の請求を認める判決がなされた場合は、被告の資力などを考慮して、３年以内の分割払いや訴え提起後の遅延損害金の支払義務を免除する分割払いが命じられることもあります。分割払いなどの支払猶予については不服申立てはできません。言い渡された判決は、裁判所書記官によって、口頭弁論期日調書に記載されます。判決に対して不服がある場合、当事者は、異議の申立てを行うことができます。

なお、通常訴訟では、原則として、判決の言渡しは判決書の原本に基づいて行われるのですが、少額訴訟では判決書を作成せずに判決（調書判決）が言い渡されることがあります。

判決書の省略

通常の裁判では、判決書には主文、事実、理由など裁判の過程で明らかになったことが書かれているが、その内容は複雑になるため、作成には日数がかかる。この手続きを行うのでは、即日判決の利益が半減してしまうため、判決書を作成しなくても判決の言渡しができるとされている。

手形訴訟・小切手訴訟

証拠調べの対象は原則として手形などに限られる

■ どんな手続きなのか

通常の民事訴訟では、原告が訴えてから判決がでるまでに早くても数か月、遅ければ数年かかります。しかし、それでは手形や小切手のように決済の迅速性が強く要求される場合には不適当です。そこで、簡易かつ迅速に権利の実現ができる特別の手続きが用意されています。これが手形訴訟・小切手訴訟です。

まず、原則として口頭弁論期日が１回で終了します。また、証拠調べの対象が、手形や小切手、契約書・領収書など書面による証拠に限られます。本人尋問は許されますが、証人尋問などは許されません。被告が同時に原告を訴える反訴も認められません。このように証拠調べの範囲が限定されていたり、反訴が許されないという制限があるため、手続きは短期間で終了します。さらに、手形訴訟・小切手訴訟では原告勝訴の判決がでると原則として無担保の仮執行宣言がつきます。仮執行宣言がつくと、判決が確定する前でも直ちに強制執行することができます。

反訴
係属している訴訟中に、被告がその訴訟手続を利用して原告に対して提起する訴えのこと。

被告が判決に付された仮執行宣言による強制執行の停止を求めるためには、その理由を疎明しなければならなくなり、さらに、請求金額とほぼ同額の保証金を裁判所に出さなければなりません。したがって、被告が強制執行の停止を求めることは、実際には非常に困難です。

疎明
裁判官が確信をもって納得しないまでも、一応確からしいと納得させること。判決に大きな影響を与えるような事実以外の事実については疎明で足りる。

このように、手形訴訟・小切手訴訟において原告勝訴の判決が下されると、たとえ被告が異議を申し立ててその確定を阻止したとしても、原告はすぐに強制執行を行うことができるのです。

手形・小切手訴訟の手続きの流れ

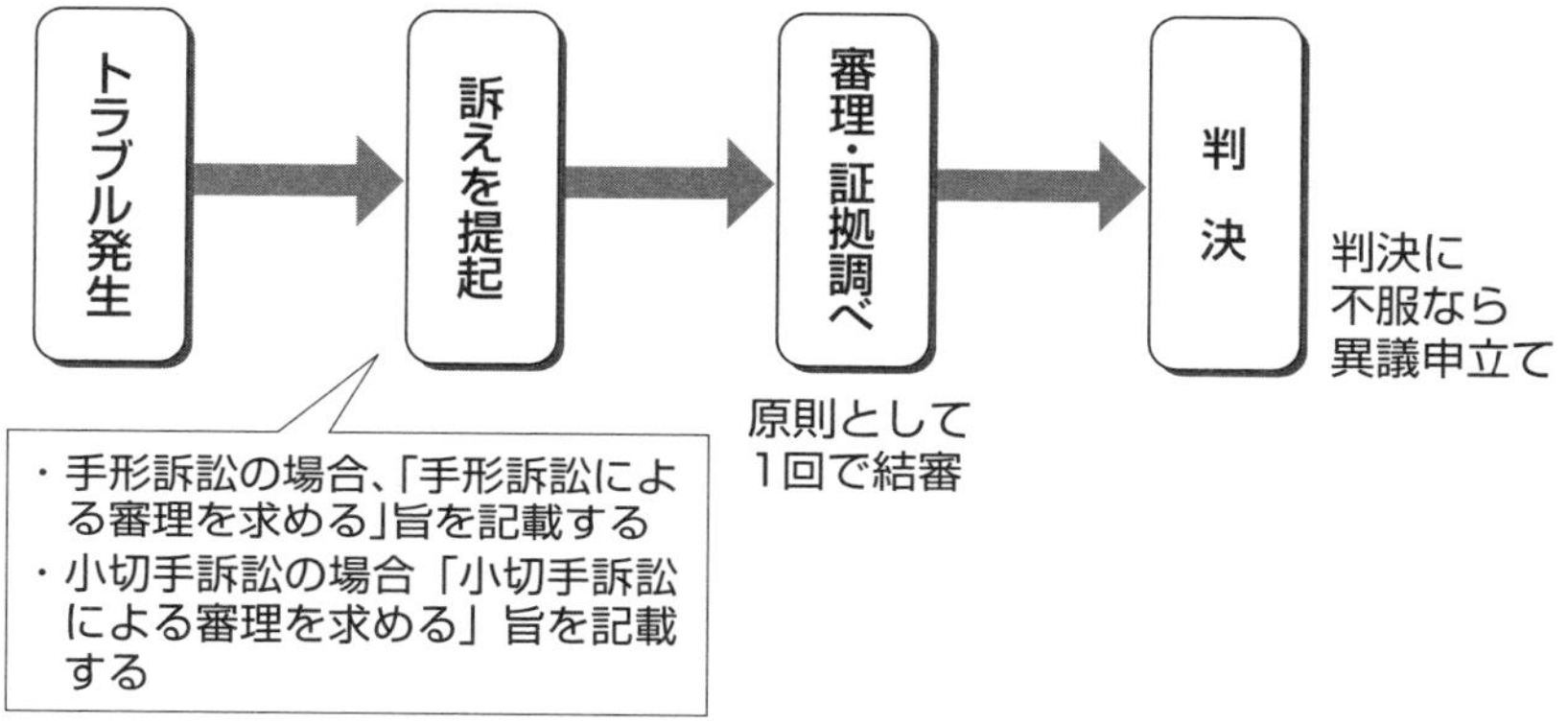
トラブル発生
訴えを提起
審理・証拠調べ
判決
判決に不服なら異議申立て
原則として1回で結審
・手形訴訟の場合、「手形訴訟による審理を求める」旨を記載する
・小切手訴訟の場合「小切手訴訟による審理を求める」旨を記載する

■ 手続きの流れは通常訴訟と同じ

手形訴訟・小切手訴訟でも、まず訴状を裁判所に提出することから開始します。管轄裁判所については、通常の訴訟と同様に考えてかまいません。

訴状には、手形訴訟・小切手訴訟による審理・裁判を求める旨の申述を記載し、手形・小切手の写しを提出しなければなりません。訴状を受理すると、裁判所は口頭弁論期日を定め、当事者を呼び出すことになります。口頭弁論で行われることは、通常の訴訟と同様ですが、前述のように、証拠調べの対象は原則として手形などの文書に限られています。弁論は終結すると判決が下されます。

判決に対しては、２週間以内に異議申立てを行うことができ、異議申立てがあれば、改めて通常訴訟の手続きがとられます。これに対応して、原告側も手形訴訟・小切手訴訟の途中で、通常訴訟への移行を申し立てることが許されています。なお、異議申立後、通常訴訟の手続きがとられた場合は、その判決に対してさらに控訴を行うことも可能になります。

管轄裁判所

訴額が140万円を超える場合であれば地方裁判所、140万円以下であれば原則として、簡易裁判所へ訴えを提起する。また、被告の住所や本店所在地を管轄する裁判所の他、手形や小切手の支払地を管轄する裁判所に訴えることもできる。

支払督促

金額に関係なく利用することができる

■ 簡易裁判所の裁判所書記官に申し立てる

支払督促は、簡易裁判所の裁判所書記官を通じて相手方に対して債務を支払うように督促する手続きです。

相手方との間で債権の存在の有無について食い違いがない場合に効果があります。ただし、相手方が督促内容に異議申立てを行うと支払督促の内容そのものについての争いとなるため、訴訟手続きへと移行します。したがって、相手と意見が食い違った場合に、最終的に訴訟となってもかまわないと思えるような場合に支払督促を利用するのが一般的です。

支払督促の申立てを行う場合、金額の制限はありません。また、140万円を区切りとした簡易裁判所と地方裁判所の管轄の違いもなく、必ず簡易裁判所の裁判所書記官に申し立てることになります。

支払督促の申立てを受けた裁判所の裁判所書記官は、内容についての審査を行いません。

申立内容が正しいかどうかを判断せずに、手続きを進めるわけです。裁判所書記官は、申立てについて、形式的な要件を充足しているかどうかを審査します。たとえば、同じ内容の申立てを二重に行う二重申立ては無意味なことであるため、形式的に判断された上で却下されます。審査は、申立時に提出された書面を形式的に確認する方法で行われます。要件を充足していない場合には、申立ては却下されます。

却下
申立内容を判断することなく申立てを退けること。

支払督促の対象となる債権は、金銭や有価証券などの一定数量の給付請求権です。債権が支払督促の対象となるには、その

支払督促手続きの流れ

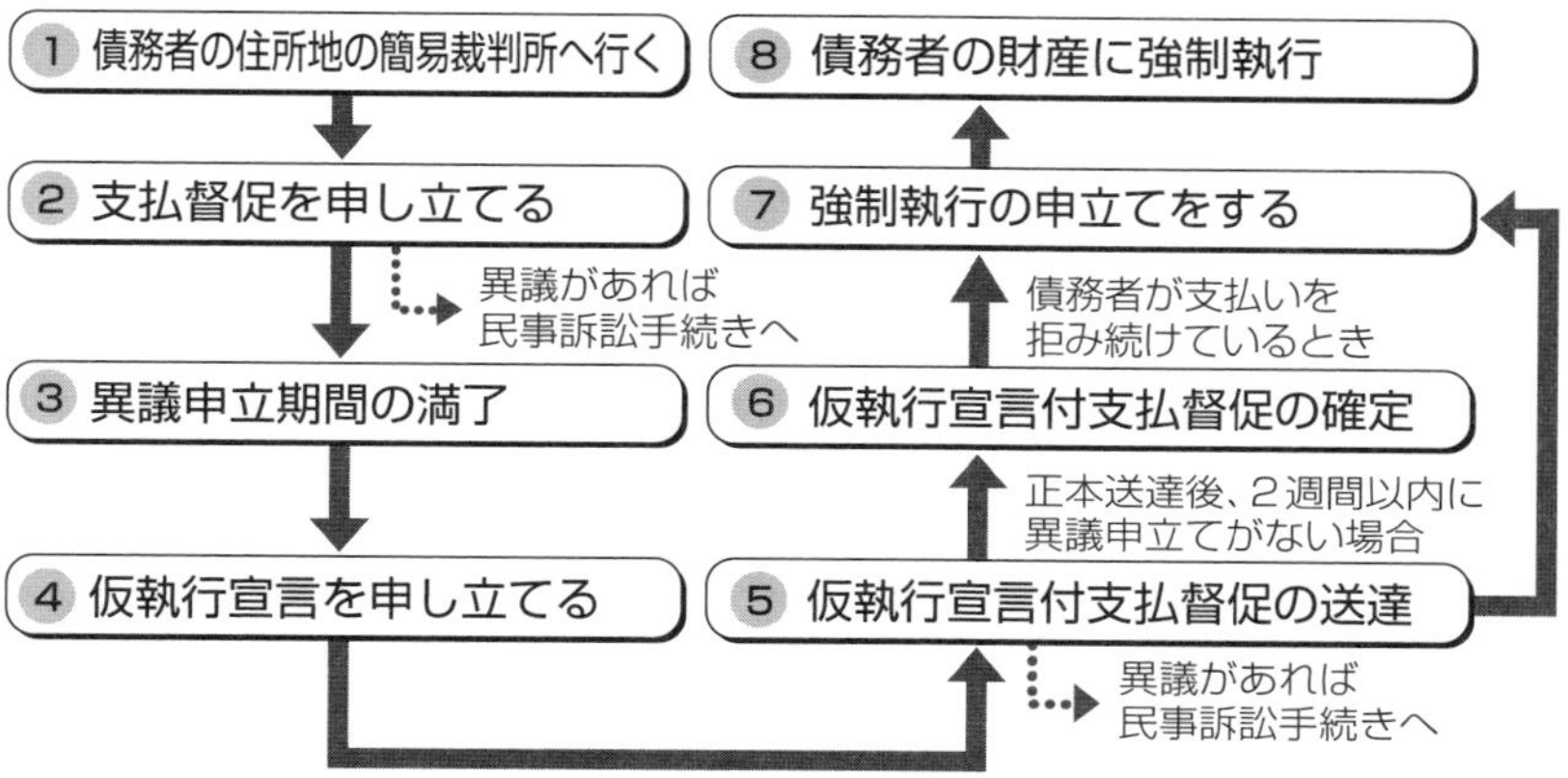

1 債務者の住所地の簡易裁判所へ行く
2 支払督促を申し立てる
異議があれば
民事訴訟手続きへ
3 異議申立期間の満了
4 仮執行宣言を申し立てる
5 仮執行宣言付支払督促の送達
異議があれば
民事訴訟手続きへ
正本送達後、2週間以内に
異議申立てがない場合
6 仮執行宣言付支払督促の確定
債務者が支払いを
拒み続けているとき
7 強制執行の申立てをする
8 債務者の財産に強制執行

支払期限が到来していることが条件になります。まだ支払期限が来ていなければ支払督促はできないのが原則ですが、約束手形の支払督促で、約束手形の振出人が破産した場合、債務者が持っている期限の利益を喪失した場合など、一定の場合には支払期限の到来前の支払督促が認められることがあります。

金額の制限はない

5万円程度の借金から億単位の債権回収まで金額の大小に関係なく利用することができる。

期限の利益

約束の期限が来るまでは、債務者に支払いの猶予が与えられるという利益のこと。

■ 支払督促の申立てを行う簡易裁判所はどこか

支払督促の申立ては、相手が個人の場合には、相手の住所地を管轄する簡易裁判所の裁判所書記官に対して行います。相手が法人の場合には、事務所や営業所の所在地を管轄する簡易裁判所の裁判所書記官に対して行います。

管轄があっているかどうかの判断は、申立書に記載される債務者の住所地や法人の事務所・営業所の所在地から判断されます。記載された住所地や所在地が申立てを受けた裁判所の管轄ではなかった場合、申立ては却下されます。実際の相手方の住所地や所在地が、申立書の記載内容とは異なって、申立てを受けた裁判所の管轄ではなかった場合も却下されます。

また、支払督促の請求に理由がないことが明らかな場合、申立ては却下されます。

■ 申立書の提出や費用

申立書類に不備があると補正処分を受けたり申立てが却下されるので、提出する申立書や添付書類には正確な内容を記載しなければなりません。なお、債権者が支払督促を申し立てると、裁判所書記官がその内容を審査し、形式上問題がないと判断すると債務者に支払督促（正本）が送達されます。送達方法は特別送達という発送方式がとられています。

また、支払督促を申し立てるには、申立手続費用が必要になりますが、かかった費用は、最終的には相手方である債務者に負担させることができます。費用の内訳ですが、①申立手数料、②支払督促正本送達費用、③支払督促発付通知費用、④申立書作成および提出費用、⑤資格証明書手数料、に分けられます。なお、弁護士や司法書士に委任した場合にかかる費用については、申立手続費用に含めることはできません。

■ 仮執行宣言がつけられると効力が異なる

債権者の「金50万円を支払え」という内容の支払督促の申立てに対して、債務者が素直に50万円を支払えば事件は終了します。しかし、債務者が支払おうとせず放置していた場合に、債権者が強制執行をかけるには、支払督促とは別に仮執行宣言の申立てをしなければなりません。

民事訴訟法では、債務者に不服があれば、支払督促を受け取った日から２週間以内に異議を申し立てることができるとしています。債務者が異議を申し立てると、通常の民事訴訟に手続きが移行します。その訴訟で、債権者が勝訴判決を得て確定すれば、執行文の付与を受けて債務者に強制執行することができ

申立書と添付書類

申立書	① **申立書** 「表題部」「当事者目録」「請求の趣旨及び原因」によって構成されている。記載事項は、申立年月日、債権者の氏名･住所、債務者の氏名･住所、請求の趣旨、請求の原因など。
	② **目録などの数** 「当事者目録」「請求の趣旨及び原因」。申立人の分を含めて原則として、それぞれ3通提出する。
おもな添付書類	① **申立手数料（印紙）** 収入印紙を申立書に添付して納める。
	② **支払督促正本送達用の切手を貼った封筒** 裁判所から債務者に支払督促正本を送達（郵送）する際にかかる費用。特別送達といって、通常の郵送方法より高額。債務者１人につき、1000円程度。
	③ **支払督促発付通知用の切手を貼った封筒** 裁判所から債務者に支払督促正本の送達と同時もしくはその後に債権者に対して発付される通知に用いる。通知は普通郵便。
	④ **資格証明書** 法人の登記事項証明書や法定代理人が申し立てる場合の戸籍謄抄本などのこと（通常数百円程度で取得できる）。

ます。強制執行は、通常の訴訟の場合だけでなく、仮執行宣言の付いた支払督促の場合でも行うことができます。この手続きによって、債権者は支払督促を申し立てた後、２か月程度で強制執行手続きによって金銭の回収を図ることが可能になります。

なお、30日以内に仮執行宣言付与の申立てをしないと支払督促は失効してしまうので注意してください。

仮執行宣言の申立ては、支払督促の申立てをした裁判所に書面を提出する必要があります。内容としては、仮執行宣言を求める旨や手数料などを記載します。申立てが認められると、仮執行宣言付支払督促の正本が債権者と債務者の双方に送達されます。送達後２週間以内に債務者の督促異議があったときは、通常訴訟に移行します。

督促異議

債務者には、仮執行宣言前の支払督促に対する督促異議の機会と、仮執行宣言後の支払督促に対する督促異議の機会があることになる。いずれの場合も、督促異議があったときは、通常訴訟に移行し、債務の存否について法廷で決着を図ることになる。

公正証書とは

金銭消費貸借や賃貸借契約でよく活用される

■ 金銭の支払請求には公正証書を作成するとよい

公正証書とは、公証人という特殊の資格者が当事者の申立に基づいて作成する文書で、一般の文書よりも強い法的な効力が認められています。

公証人

裁判官、検察官、法務局長など法律実務に長く携わった者の中から、法務大臣が任命する公務員。

公正証書には、強い証拠力があり、記載された日付には、その日に作られたという公証力（確定日付）が認められます。

たとえば、金銭消費貸借契約を例にとって説明しましょう。返済期限が過ぎても返済してくれない場合には、差押えや競売といった強制執行ができるように強制執行認諾約款付の公正証書を作成します。これによって、金銭などの支払いのために債務者の財産について強制執行することができるわけです。

また、事業用定期借地契約のように公正証書の作成が義務づけられている場合もあり、さまざまな場面で活用されています。

■ 公正証書を利用するのはその執行力のため

公正証書が利用される最大の理由は、公正証書に与えられる執行力です。債権回収をはじめとする法的な紛争では、さまざまな手を尽くしても功を奏さないときには、最終的に訴訟となり、判決を受けて、これに基づいて債務者の財産に対して強制執行を行いますが、強制執行を行うためには、その根拠となるものが必要です。それを債務名義と呼びます。

債務名義には、判決の他に、調停証書や和解調書、仮執行宣言付支払督促などがありますが、公正証書も一定の要件を備えれば、債務名義となります。ですから、裁判を経ずして公正証

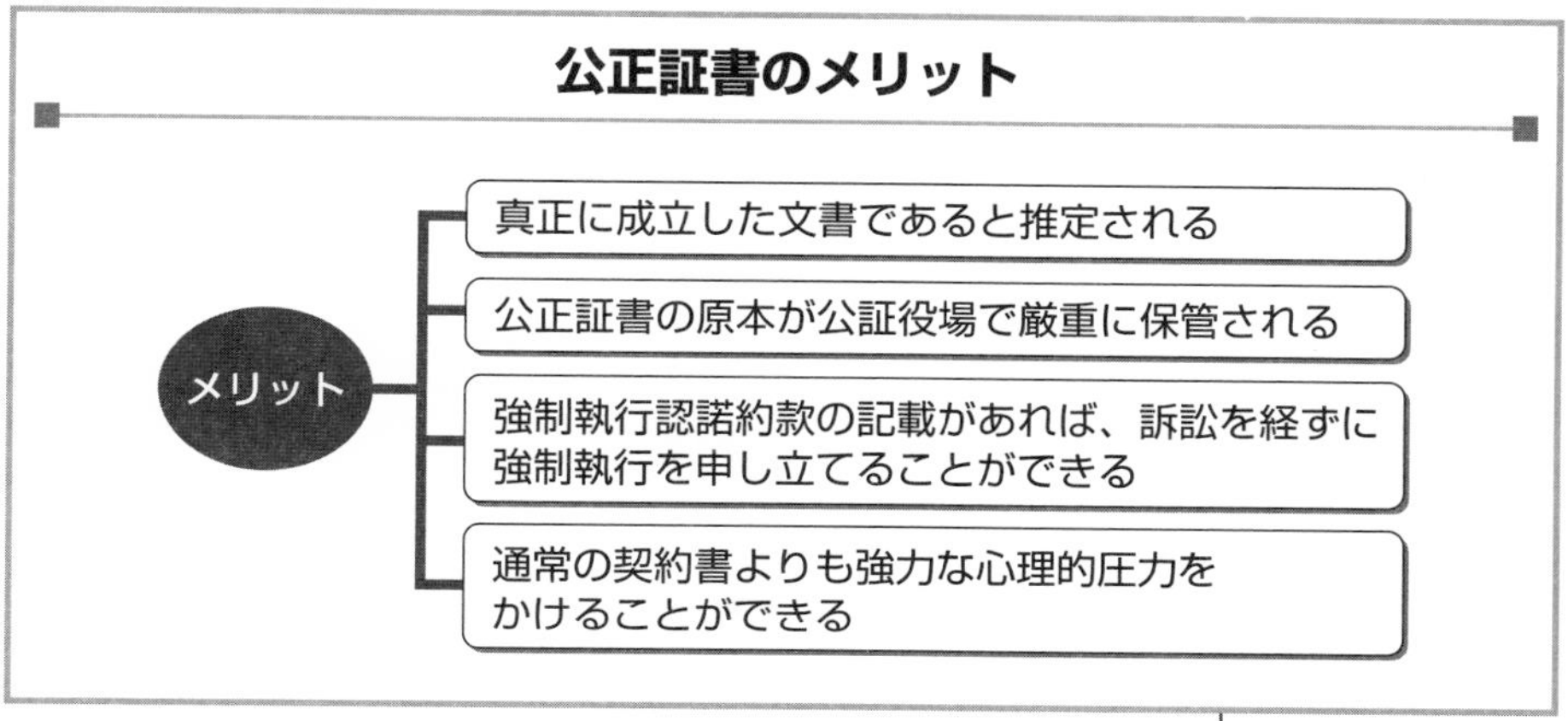
公正証書のメリット
メリット
真正に成立した文書であると推定される
公正証書の原本が公証役場で厳重に保管される
強制執行認諾約款の記載があれば、訴訟を経ずに強制執行を申し立てることができる
通常の契約書よりも強力な心理的圧力をかけることができる

書に基づき強制執行を行うことが可能になります。

ただし、どんな契約書でも公正証書にすれば債務名義となり得るわけではありません。これには以下のような2つの条件が必要です。1つは、請求内容が、一定額の金銭その他の代替物の給付を目的とすることです。もう1つは、債務者が「債務を履行しない場合には強制執行を受けても文句は言わない」旨の記載がなされていることです。この記載を、執行受諾文言とか執行認諾約款といいます。

執行認諾約款は、一般には「債務を履行しないときには直ちに強制執行を受けても異議のないことを認諾します」というように書かれます。この記載があれば、公正証書に記載された一定額の金銭の支払いなどについて、裁判を経なくても強制執行を申し立てることができるわけです。

■ 公正証書の作成手続きはどうなっているか

公正証書を作成するには、当事者本人であることを確認してもらうため、実印と3か月以内に発行された印鑑証明書など本人確認できるものを最寄りの公証人役場に持参します。公正証書を作成するには、公証役場へ行きます。

強制執行ができない場合

すべての契約について強制執行認諾約款による強制執行が認められるわけではない。品物の引渡しなどの、金銭以外の債権については認められていない。強制執行認諾約款による強制執行が認められるためには、一定額の金銭の支払を目的とする債権についての契約でなければならず、その金額についても、公正証書中で判断できるように明記しておく必要がある。

最寄の公証役場がわからない場合

日本公証人連合会（03−3502−8050）に電話をすれば教えてもらえる。

債権者と債務者が一緒に公証役場へ出向き、公証人に公正証書を作成することをお願いします（これを嘱託といいます）。事前の相談や連絡は当事者の一方だけでもできますが、契約書を公正証書にする場合には、当事者双方が出向く必要があります。ただし、本人ではなく代理人に行ってもらうことは可能です。

会社など法人の場合、持参すべき書類は、代表資格を証明する商業登記事項証明書または資格証明書、届出代表者印、印鑑証明書（発行日から３か月以内のもの）などです。

当事者本人がこれらを持参して公証人役場に出頭し、公証人に公正証書の作成を依頼します。契約当事者の間では、公正証書にしてもらう文書の内容をあらかじめ決めておきます。契約書があればそれを持っていけばよいのですが、なければ主要な点だけでもメモしたものを持っていくのがよいでしょう。

契約当事者が個人の場合

公正証書を作成する契約当事者が個人の場合は、印鑑証明書、運転免許証、住民基本台帳カード、旅券のいずれかと印鑑が必要。

代理人に行ってもらう場合

本人が発行した委任状と本人の印鑑証明書、さらに代理人の印鑑と印鑑証明書が必要である。契約当事者が会社などの法人である場合には、法人の代表者の資格証明書または商業登記事項証明書と法人の代表者印が必要。

■ 公正証書の内容について

公正証書の正本には、①全文、②正本であることの記載、③交付請求者の氏名、④作成年月日・場所が記載されます。公正証書の正本に記載されている全文は、さらに２つのパートから成り立っています。

１つ目のパートに具体的な内容（これを本旨といいます）が記載されています。具体的な内容とは、公証人が嘱託人や嘱託人の代理人から聞き取ってそれを録取した契約、事実関係に関する部分のことです。この本旨は、嘱託人が公正証書に記載してもらいたい事項として伝えた内容を、実際に公証人が聞き取って記載したものです。

もう１つのパートには、公正証書に記載された内容そのものについてではなく、公正証書を作成する際の形式についての記載です。この記載を本旨外記載事項といいます。嘱託人の住所、氏名、年齢、公正証書を作成した年月日、公正証書を作成した場所といった事項が本旨外記載事項にあたります。

公正証書の作成方法

申請前に公正証書の作成について当事者の合意が必要

↓

申請書類を再チェック

・公正証書にしたい文面
・法人の場合は代表者の資格証明書・商業登記事項証明書など
・個人の場合は印鑑証明書と印鑑など

↓

公証役場へ行く

↓

公証人が文書を作成

■ 即決和解という方法もある

執行証書は金銭債権などに限られます。そこで、金銭債権など以外の請求権について、当事者間の合意により債務名義を作成する方法として、即決和解があります。請求権の存在や内容について争いがあったものの、その後の当事者同士の話し合いで、一定の結論の出たという場合には、これを確かなものにしておくために、即決和解が利用できます。即決和解は、土地や建物の明渡し、物品の引渡請求などにも利用できます。

即決和解は、訴えを提起する前に裁判所を通して成立する和解です。当事者間で和解条項案を取り決めてから申立てをします。即決和解によって成立した和解の内容は和解調書に記載され、判決と同様の効力をもちます。即決和解は、申立書に和解勧告を求める「請求の趣旨」と「申立の原因および争いの実情」を記載し、和解条項を添付して、相手方の住所地の簡易裁判所に提出して申し立てます。

即決和解

文字どおり和解の一種。訴訟を起こしてから和解するのではなく、訴訟をする前に和解をするものなので起訴前の和解とも呼ばれる。

Column

執行証書は公証役場で作成してもらう

「金の貸し借り」である金銭消費貸借契約をはじめとする「契約」は、法律上では当事者双方の合意のみで成立します。それでも、当事者双方が合意の際にかわした取り決めは、契約書など文書の形で残すのが通常です。契約書があれば、金を返してもらえず訴訟を起こすことになっても、立証が楽になるからです。さらに一歩進んで、公証役場に行き、契約内容を執行証書（公正証書）にしておけば、貸主にとってより便利です。

執行証書とは、金銭の一定の額の支払いなどを目的とする請求について、公証人が作成する公正証書であり、支払いを怠ったときは強制執行に服することを承諾する条項が入っています。執行証書は、裁判所の関与なしに作成される債務名義でもあります。したがって、執行証書を作っておけば、相手方が借りた金を返さない（債務を履行しない）場合は、この執行証書をもって直ちに強制執行手続きに入ることができます。つまり、訴訟を起こして、勝訴判決を得てから強制執行手続きに入るという、時間・労力・費用を節約することができます。公証人は、一定の資格に基づいて法律の専門家が就任する役職で、実際には、裁判官や検察官だった人たちが就任しています。

執行証書により強制執行ができるのは、金銭の支払いなどの請求に限られています。ただ、証明力が強いので、これ以外の目的をもっている契約でも公正証書にしておくことは、一向にかまいません。

なお、執行証書を作成する際には、債務について具体的に特定しておく必要があります。特に、同じ債権者・債務者間でいくつかの債権・債務がある場合には、そのうちのどの債務についてのことなのかを明確にしておかなければなりません。

また、債務の額について、公正証書の記載だけをもとにして具体的な金額がわかるようにしておく必要があります。

PART 5

書式集

書式　不動産強制競売申立書

強制競売申立書

東京地方裁判所民事第２１部御中

令和○年７月３日

債　権　者　　村田商事株式会社

代表者代表取締役　村田一郎　㊞

電　話　　03－XXXX－XXXX

ＦＡＸ　　03－XXXX－XXXX

当　事　者　　別紙当事者目録のとおり

請求債権　　別紙請求債権目録のとおり

目的不動産　　別紙物件目録のとおり

債権者は，債務者に対し，別紙請求債権目録記載の債務名義に表示された上記債権を有するが，債務者がその弁済をしないので，債務者所有の上記不動産に対する強制競売の手続の開始を求める。

添付書類

１	執行力ある判決正本	１通
２	送達証明書	１通
３	不動産登記事項証明書	２通
４	資格証明書	１通
５	住民票	１通
６	売却に関する意見書	１通
７	公課証明書	２通
８	不動産登記法１４条の地図の写し	２通

※申立書と各目録との間に契印し、各ページの上部欄外に捨印を押す。

当　事　者　目　録

〒104－0061　　東京都中央区銀座９丁目３番４号
申立債権者　　村田商事株式会社
代表者代表取締役　村田一郎

〒104－0061　　東京都中央区銀座10丁目２番１号
債　務　者　　北　川　太　郎

請　求　債　権　目　録

債権者債務者間の東京地方裁判所令和○年（ワ）第○○号○○○請求事件の執行力ある判決正本に表示された下記金員

記

(1) 元　金　　金10,000,000円　ただし貸付残元金
(2) 損害金
ただし (1) の金員に対する令和△年３月10日から完済に至るまで，年６パーセントの割合による遅延損害金

物　件　目　録

1　所　　在　　東京都中央区銀座10丁目
　　地　　番　　２番１
　　地　　目　　宅地
　　地　　積　　80.21平方メートル

2　所　　在　　東京都中央区銀座10丁目２番地１
　　家屋番号　　２番１
　　種　　類　　居宅
　　構　　造　　木造瓦葺平家建
　　床 面 積　　53.78平方メートル

書式　担保不動産競売申立書

担保不動産競売申立書

東京地方裁判所民事第２１部　御中

令和○年12月７日

債　権　者　　新宿銀行株式会社

代表者代表取締役　本山春夫　㊞

電　話　03－XXXX－XXXX

ＦＡＸ　03－XXXX－XXXX

当　事　者
担　保　権
被担保債権　　別紙目録のとおり
請求債権
目的不動産

債権者は債務者兼所有者に対し別紙請求債権目録記載の債権を有するが債務者がその弁済をしないので、別紙担保権目録記載の抵当権に基づき、別紙物件目録記載の不動産の担保不動産競売を求める。

添付書類

1	不動産登記事項証明書	２通
2	公課証明書	２通
3	資格証明書	１通
4	住民票	１通
5	売却に関する意見書	１通
6	不動産登記法１４条の地図の写し	１通
7	現地案内図	１通

※申立書と各目録との間に契印し、各ページの上部欄外に捨印を押す。

物　件　目　録

1	所　　　在	東京都新宿区片町２丁目
	地　　　番	１番４
	地　　　目	宅地
	地　　　積	104．27平方メートル
2	所　　　在	東京都新宿区片町２丁目１番地４
	家屋番号	１番４
	種　　　類	居宅
	構　　　造	木造瓦葺平家建
	床　面　積	60．44平方メートル

当　事　者　目　録

〒162－0843　　　　新宿区市谷田町４丁目５番１号
申立債権者　　新宿銀行株式会社
代表者代表取締役　本山春夫

〒160－0001　　　　新宿区片町２丁目１番４号
債務者兼所有者　　緑川昭男

担保権・被担保債権・請求債権目録

1　担保権
(1)　令和△年11月22日設定の抵当権
(2)　登　記　東京法務局新宿出張所
令和△年11月22日受付第９１３２号
2　被担保債権及び請求債権
(1)　元　金　　1000万円
ただし，令和△年11月22日の金銭消費貸借契約に基づく貸付金（弁済期令和□年11月22日）
(2)　利　息　　500,000万円
ただし、上記元金に対する、令和△年11月22日から令和□年11月22日までの、約定の年５％の割合による利息金
(3)　損害金
ただし上記元金に対する令和□年11月23日から支払済みまでの約定の年６％の割合による遅延損害金

書式 動産執行の申立書

強　制 仮差押・仮処分　執行申立書	受付印
東京　地方裁判所 　　　支部　執行官　御中 令和 ○ 年 1 月 9 日	予納金　円 / 担当　区

(〒165)　住　所　東京都中野区新井○丁目△番×号
-0026
債権者　南田商業株式会社　印

(〒　)　住　所

代理人　印

(〒154)　住　所　東京都世田谷区梅岡○丁目△番×号
-0022
債務者　北　村　春　男

住　所
(〒　)
債務者

目的物の所在場所　目的物所在地の略図は別紙調査表のとおり
（執行の場所）

①. 前記債務者の住所

2.

3.

連絡先　電話　局　番
（担当者　）

執行の目的及び執行の方法

(イ). 動産執行 ((家財)・(商品類)・機械・貴金属・その他)
ロ. 建物明渡・土地明渡・建物退去・代替執行（建物収去等）・不動産引渡
動産引渡・船舶国籍証書等取上・自動車引渡
ハ. 動産仮差押（家財・商品類・機械・貴金属・その他）
仮処分（動産・不動産・その他）
特別法に基づく保全処分

請求金額　金　1,000,000　円（内訳は別紙のとおり）

目　的　物　件　別紙のとおり

債務名義の表示

① 東 京 地 方　裁判所　　支部　平成 (令和) △ 年（ ◯ ）第　１１　号
(判決)・仮執行宣言付支払督促　調書
仮差押命令・仮処分命令

２.　法務局所属公証人　作成
平成 令和　年　第　号　執行証書

添　付　書　類

(1.) 上 記 の 正 本	1通
(2.) 送 達 証 明 書	1通
(3.) 確 定 証 明 書	1通
(4.) 資 格 証 明 書	1通
5. 委　任　状	通
(6.) 債務者に関する調査表	1通

執行調書謄本　債権者・債務者へ交付申立

1. 執行の立会い
(有)・無
2. 執行の日時
１ 月 24 日希望
3. 上記の通知
(要)・否
4. 先行事件の
事件番号
年（執　）
第　号

注意　①申立書に使用した債権者，又は代理人の印鑑と，保管金提出書に使用する印鑑が異る場合は受付係に申し出て下さい。　②該当文字を○で囲む

書式　債権差押命令申立書

（（ル）通常）表紙

債　権　差　押　命　令　申　立　書

東京地方裁判所民事第２１部御中

令和 ○ 年 11 月７日

申立債権者　池袋銀行株式会社
代表者代表取締役　望月三郎

電　話　03 - XXXX - XXXX
ＦＡＸ　03 - XXXX - XXXX

当 事 者
請求債権
差押債権
｝別紙目録のとおり

債権者は債務者に対し別紙請求債権目録記載の執行力ある債務名義の正本に記載された請求債権を有しているが債務者がその支払いをしないので債務者が第三債務者に対して有する別紙差押債権目録記載の債権の差押命令を求める。

☑　第三債務者に対し陳述催告の申立て(民事執行法第１４７条１項)をする

添　付　書　類

1　執行力ある債務名義の正本　　1 通
2　同送達証明書　　1 通
3　資格証明書　　1 通

当　事　者　目　録

〒　170 - 0014　豊島区池袋２丁目３番１号

池袋銀行株式会社

債権者　　代表者代表取締役　望月三郎

〒　170 - 0012　豊島区上池袋５丁目１番１号

債務者　五島太郎

〒　170 - 0044　豊島区千早５丁目３番５号

第三債務者　山下次郎

請求債権目録

　　地方裁判所　令和□年　　（○○）第　○○号事件の執行力のある判決正本に表示された下記金員及び執行費用

（1）　元　　金　　　　　　　　　　金　　1,500,000　円

（2）　損 害 金　　　　　　　　　　金　71,918　円

☑　上記に対する令和△年５月10日から令和○年11月７日までの年５％の割合による金員

□　上記（1）の内金　　　　円に対する，令和　年　　月　　日から令和　年　　月　　日までの割合による金員

（3）執行費用	金	9,270　円
（内訳）本申立手数料	金	4,000　円
本申立書作成及び提出費用	金	1,000　円
差押命令正本送達費用	金	2,820　円
資格証明書交付手数料	金	1,000　円
送達証明書申請手数料	金	150　円
執行文付与申立手数料	金	300　円

合　計　　金　1,581,188　　円

（注）該当する事項の□にレを付する。　　　　（判決・その他用）

【賃料債権】

差 押 債 権 目 録

金　1,581,188　円

ただし債務者が第三債務者に対して有する下記建物の賃料債権にして本命令送達日以降支払期が到来する分から頭書金額に満つるまで

記

（物件の表示）

東京都豊島区千早５丁目３番５号所在

書式　請求債権目録・差押債権目録（養育費・婚姻費用の未払分の請求）

請　求　債　権　目　録（1）

（扶養義務等に係る定期金債権等）

東京家庭裁判所（□　　支部）令和２年（○○）第　○○　号事件の

☑ 調停調書
□ 審　　判
□ 執行力ある判決

正本に表示された下記金員及び執行費用

記

1　確定期限が到来している債権及び執行費用　208,670　円

（1）金　200,000　円

ただし，債権者，債務者間の　　長男　○○　　　について

の令和２年４月から令和３年１月まで１か月金20,000円の養育費

の未払分（支払期毎月末日）

（2）金　8,670　円

ただし，執行費用

（内訳）	本申立手数料	金４，０００円
	本申立書作成及び提出費用	金１，０００円
	差押命令正本送達費用	金２，８２０円
	資格証明書交付手数料	金　　７００円
	送達証明書申請手数料	金　　１５０円
	確定証明書申請手数料	金　　　　　円

2　確定期限が到来していない各定期金債権

令和３年２月から令和８年８月（債権者，債務者間の　長男　が

○○　）まで，毎月　末　日限り金20,000円ずつの養育費

（注）該当する事項の□にレを付する。

請 求 債 権 目 録 (2)

(一般債権)

東京家庭裁判所(□　　　支部)令和２年(○○)第　○○　　号事件の

執行力ある ｛☑ 調停調書 / □ 審　　判 / □ 判　　決｝ 正本に表示された下記金員及び執行費用

記

1　元金　　　　　　　　金　　2,000,000　　　　円

☑ ただし，　主文第３項　　記載の金　2,200,000　　円の残金

2　損害金　　　　　　　金　　　　　　　円

□ 上記１に対する，令和　　年　月　日から令和　年　月　日まで　　　　　　の割合による金員

□ 上記１の内金　　　　　　円に対する，令和　年　月　日から令和　年　月　日まで　　　　　　の割合による金員

3　執行費用　　　金　300　　円

(内訳) 執行文付与申立手数料　　　　金　300 円

合計　金　2,000,300　円

☑ 弁済期令和２年9月15日　□ 最終弁済期令和　　年　月　日

□ なお，債務者は，

に支払うべき金員の支払を怠り，令和年月日の経過により期限の利益喪失した。

□ なお，債務者は，

に支払うべき金員の支払を怠り，その額が金　　　円に達したので，令和　　年　月　日の経過により期限の利益喪失した。

□ なお，債務者は，

に支払うべき金員の支払を怠り，その額が　　回分以上に達したので，令和　　年　月　日の経過により期限の利益喪失した。

□

(注)該当する事項の□にレを付する。

請求債権目録

（扶養義務等に係る定期金債権等）

☑ 法務局

所属公証人　○○　作成令和２年第　○○　号

□ 地方法務局

公正証書の執行力ある正本に表示された下記金員及び執行費用

記

1　確定期限が到来している債権及び執行費用　金　310,470　円

(1)　金　300,000　　円

ただし，令和２年11月から令和３年１月まで１か月金 100,000 円の婚姻費用の未払分（支払期毎月末日）

(2)　金　10,470　円　　ただし，執行費用

（内訳）	本申立手数料	金４，０００円
	本申立書作成及び提出費用	金１，０００円
	差押命令正本送達費用	金２，８２０円
	資格証明書交付手数料	金　７００円
	送達証明書申請手数料	金　２５０円
	執行文付与申請手数料	金１，７００円

2　確定期限が到来していない定期金債権

令和３年２月から離婚又は別居解消に至るまでの間，毎月末日限り，金　100,000　円ずつの婚姻費用

（注）該当する事項の□にレを付する。

【民間社員給料】

差　押　債　権　目　録（1）

（請求債権目録(1)の債権について）

1　金　200,000　円（請求債権目録記載の１）

2　(1)　令和３年１月から令和８年３月まで，毎月末日限り金25,000円ずつ（請求債権目録記載の２）

(2)　令和３年１月から令和10年６月まで，毎月末日限り金25,000円ずつ（請求債権目録記載の２）

(3)　令和　　年　月から令和　　年　月まで，毎月　　日限り金　　円ずつ（請求債権目録記載の２）

債務者（　○○　勤務）が第三債務者から支給される，本命令送達日以降支払期の到来する下記債権にして，頭書１及び２の金額に満つるまで。

ただし，頭書(1)及び(2)の金額については，その確定期限の到来後に支払期が到来する下記債権に限る。

記

(1)　給料（基本給と諸手当，ただし通勤手当を除く。）から所得税，住民税，社会保険料を控除した残額の２分の１（ただし，前記残額が月額66万円を超えるときは，その残額から33万円を控除した金額）

(2)　賞与から(1)と同じ税金等を控除した残額の２分の１（ただし，前記残額が66万円を超えるときは，その残額から33万円を控除した金額）

なお，(1)，(2)により弁済しないうちに退職したときは，退職金から所得税，住民税を控除した残額の２分の１にして，(1)，(2)と合計して頭書１及び２の金額に満つるまで

差 押 債 権 目 録 (2)

（請求債権目録(2)の債権について）

金　　800,000　　円

債務者（　　　○○　　　勤務）が第三債務者から支給される，本命令送達日以降支払期の到来する下記債権にして，頭書金額に満つるまで。

記

(1)　給料（基本給と諸手当，ただし通勤手当を除く。）から所得税，住民税，社会保険料を控除した残額の４分の１（ただし，前記残額が月額44万円を超えるときは，その残額から33万円を控除した金額）

(2)　賞与から(1)と同じ税金等を控除した残額の４分の１（ただし，前記残額が44万円を超えるときは，その残額から33万円を控除した金額）

なお，(1)，(2)により弁済しないうちに退職したときは，退職金から所得税，住民税を控除した残額の４分の１にして，(1)，(2)と合計して頭書金額に満つるまで。

書式　転付命令申立書

債権差押及び転付命令申立書

令和○年11月７日

東京地方裁判所　御中

申立債権者　○○○○　　　　㊞
ＴＥＬ　03 - XXXX - XXXX

当事者　　別紙目録の通り
請求債権　別紙目録の通り
差押債権　別紙目録の通り

債権者は、債務者に対し、別紙請求債権目録記載の別紙請求債権目録記載の執行力ある債務名義の正本に記載された請求債権を有している。しかし、債務者はその支払いを行わない。

よって、債務者が第三債務者に対して有する別紙差押債権目録記載の債権の差押命令を求める。また、あわせて、請求債権の支払に代えて券面額で差し押さえられた債権の債権者へ転付するとの命令を求める。

添付書類

1　債務名義の正本　１通
2　送達証明書　１通

当事者目録

〒○○○－○○○○　　東京都○○市○○町○丁目○番○号
債権者　○○○○

〒○○○－○○○○　　埼玉県○○市○○町○丁目○番○号
債務者　○○○○

〒○○○－○○○○　　神奈川県○○市○○町○丁目○番○号
第三債務者　○○○○

請求債権目録

○○地方裁判所令和○年（○）第○○○号事件の執行力のある判決正本に表示された下記債権

金○○○○円

差押債権目録

金35万2711円

債務者が、第三債務者に対して有する下記債権と、そこから生じる利息債権につき、下記に記載する順序に従い、頭書金額に満つるまで。

1　令和○年○月○日に債務者と第三債務者の間で締結した消費貸借契約に基づき、債務者が第三債務者に対して有する貸金債権

2　令和×年×月×日に債務者と第三債務者の間で締結した消費貸借契約に基づき、債務者が第三債務者に対して有する貸金債権

3　令和△年△月△日に債務者と第三債務者との間で締結した売買契約に基づき、債務者が第三債務者に対して有する売買代金債権

書式 債権差押命令申立書（物上代位）

債　権　差　押　命　令　申　立　書

東京地方裁判所民事第２１ 部御中
令和○年11月７日

債権者渋谷銀行株式会社
代表者代表取締役　岸　谷　和　男　㊞
電　話　03 - XXXX - XXXX
ＦＡＸ　03 - XXXX - XXXX

当事者
担保権，被担保債権，請求債権
差押債権
（以上）別紙目録のとおり

債権者は債務者に対し別紙担保権、被担保債権、請求債権目録記載の請求債権を有しているが債務者がその支払をしないので別紙担保権、被担保債権、請求債権目録記載の抵当権（物上代位）に基づき、債務者兼所有者が第三債務者に対して有する別紙差押債権目録記載の債権の差押命令を求める。

添付書類

１　不動産登記事項証明書　　１通
２　商業登記事項証明書　　　１通

※１　申立書と各目録との間に契印し、各ページの上部欄外に捨印を押す。
２　債務者と所有者が同一人である場合は「債務者」「所有者」とあるところを「債務者兼所有者」と記載する。

当　事　者　目　録

〒　150-0041　渋谷区神南３丁目２番３号
債　権　者　　渋谷銀行株式会社
代表者代表取締役　岸　谷　和　男

〒　151-0073　渋谷区笹塚４丁目２番４号
債務者兼所有者　　脇　田　二　郎

〒　150-0031　渋谷区桜丘町３丁目３番１号
第三債務者　　南　山　健　治

※　債権者債務者及び所有者は原則として不動産登記事項証明書に記載されているとおりに記載する。
住所の移転等があるときは不動産登記事項証明書上の住所等と現在の住所等を併記し住民票等の公文書でその同一性を証明する。

担保権・被担保債権・請求債権目録

1　担保権
　別紙差押債権目録記載の建物について
　令和△年９月10日設定の抵当権
　東京法務局渋谷出張所
　令和△年９月13日受付第4235号

2　被担保債権及び請求債権
(1)　元金　　金 7,000,000 円
(2)　利息金　金 350,000 円
　上記（1）に対する令和△年９月10日から令和□年９月10日まで年５％の割合による利息金
(3)　損害金　金 217,671 円
　上記（1）に対する令和□年９月11日から令和○年11月７日まで年５％の割合による損害金

　合　　計　　　金 7,567,671 円

※1　担保権を、目的不動産、担保権の種類及び登記で特定する。担保権が根抵当権の場合は、被担保債権の範囲及び極度額も記載する。
　2　元金を，日時，種類，金額で特定する。また，請求債権が残金又は内金であるときは，その旨を記載する。
　3　利息，損害金は，申立日までの期間を計算して，確定させる。
　4　登記簿上，弁済期が到来していることが分からない場合は，弁済期の到来の主張を記載する。
　（例）　なお、債務者は、令和○年○月○日の分割金の支払を怠ったので、約定により、同日の経過により，期限の利益を失った。

差　押　債　権　目　録

金 7,567,671 円

ただし，債務者兼所有者が第三債務者に対して有する下記建物の賃料債権（管理費及び共益費相当分を除く。）にして，本命令送達日以降支払期が到来するものから頭書金額に満つるまで。

記

所　　在	渋谷区桜丘町３丁目３番地１
家屋番号	３番１
種　　類	居宅
構　　造	木造瓦葺平家建
床 面 積	70.14平方メートル

※1　第三債務者が複数の場合は第三債務者○○分と記載し，請求債権を各第三債務者に割り付け，差押債権額の合計が請求債権額を超えないようにする。
2　債務者と所有者が同一の場合は，「債務者兼所有者」と記載する。
3　不動産登記事項証明書のとおりに不動産の表示を記載する。
4　不動産登記事項証明書の一棟の建物の表示の欄に「建物の番号」の記載がある場合は，一棟の建物の構造及び床面積の記載はしなくてもよい。
5　敷地権の表示は，記載しない。

書式　少額訴訟債権執行申立書

少額訴訟債権執行申立書

○○簡易裁判所　裁判所書記官　　殿

令和 ○ 年 11月　7日

申立人　甲山　太郎　㊞

電　話（ ○○○ ）○○○ － ○○○
ＦＡＸ（ ○○○ ）○○○ － ○○○

当　事　者
請　求　債　権　｝別紙目録のとおり
差　押　債　権

債権者は，債務者に対し，別紙請求債権目録記載の少額訴訟に係る債務名義の正本に表示された請求債権を有しているが，債務者がその支払いをしないので，債務者が第三債務者に対して有する別紙差押債権目録記載の債権の差押処分を求める。

☑　陳述催告の申立て（民事執行法第１６７条の１４，同法第１４７条１項）

【添付書類】

少額訴訟に係る債務名義の正本　1 通
同　送達証明書　1 通
（□は該当するものにレ印を付けてください。）
□　資格証明書　通
☑　住民票，戸籍附票　1 通
□　代理人許可申立書　通
□　委任状　通
□　＿＿＿＿＿＿＿＿　通

受　付　印			
（少ル）第　　　　号			
貼用印紙	円	取扱者	
添付郵券	円	認　印	

当　事　者　目　録	
債権者	〔住所〕〒〇〇〇−〇〇〇〇 〇〇県〇〇市〇〇町1丁目1番1号 〔氏名等〕 甲山　太郎 （債務名義上の住所，氏名等） 〔代理人〕 住所： 氏名： 〔送達場所〕〒　　−
債務者	〔住所〕〒〇〇〇−〇〇〇〇 〇〇県〇〇市〇〇町2丁目2番2号 〔氏名等〕 乙川　次郎 （債務名義上の住所，氏名等）
第三債務者	〔住所〕〒〇〇〇−〇〇〇〇 〇〇県〇〇市〇〇町3丁目3番3号 〔氏名等〕 西村　三郎 〔送達場所〕〒　　−

（債務者１名用）

請　求　債　権　目　録

○○簡易裁判所令和　○　年（少　）第　○○○○号事件の
☑　少額訴訟における確定判決
□　仮執行宣言付少額訴訟判決
□　執行力のある少額訴訟における和解調書
□　執行力のある少額訴訟における和解に代わる決定
□　執行力のある少額訴訟における（□訴訟費用□和解費用）
確定処分
□
} 正本に表示された
下記金員及び執行費用
1　元　　金　　金　500,000円
　☑　主文第１項の金員　（□内金　□残金）
　□　和解条項第　項の金員（□内金　□残金）
　□

2　利　　息　　金　　円
　□　主文第　項の未払利息金　　円（□内金　□残金）
　□　和解条項第　項の未払利息金　　円（□内金　□残金）
　□

3　遅延損害金　　金　　円
　□　主文第　項の確定遅延損害金　　円（□内金　□残金）
　□　和解条項第　項の確定遅延損害金　　円（□内金　□残金）
　□　上記１に対する，平成　年　月　日から平成　年　月　日まで　　の割合による遅延損害金　　円
　□　上記１の内金　　円に対する，平成　年　月　日から平成　年　月　日まで　　の割合による遅延損害金　　円
　□

4　執行費用　　金　○,○○○　円

（内訳）		
	本申立手数料	金 4,000円
	本申立書作成及び提出費用	金 1,000円
	差押処分正本送達費用等	金 ○○○○円
	資格証明書交付手数料	金 円
	送達証明書申請手数料	金 150円
		金 円
		金 円
		金 円

以上合計　　金　○,○○○　円

☑　弁済期　令和　○　年　10月　31日
□　最終弁済期　令和　年　月　日
□　なお，債務者は，　　に支払うべき金員の支払を怠り，平成　年　月　日の経過により期限の利益を喪失した。
□　なお，債務者は，　　に支払うべき金員の支払を怠り，その額が金　　円に達したので，平成　年　月　日の経過により期限の利益を喪失した。
□

（差押債権目録　賃料）

差　押　債　権　目　録

金　500,000　円

債務者が第三債務者に対して有する下記物件の賃料債権（ただし，管理費，共益費相当分を除く。）にして，本処分送達日以降支払期の到来する分から，頭書金額に満つるまで。

記

（物件の表示）

（所在）　○○県○○市○○町3丁目3番3号

（建物の名称）　○○アパート

（賃貸部分）　2階　201号室

書式　不動産仮差押命令申立書

不動産仮差押命令申立書

令和○年11月8日

東京地方裁判所民事第９部　御中

債　権　者　　A　株式会社　㊞
上記代表者代表取締役　Z　㊞

当事者の表示　　別紙当事者目録記載のとおり
請求債権の表示　別紙請求債権目録記載のとおり

申立ての趣旨

債権者の債務者に対する上記請求債権の執行を保全するため、債務者所有の別紙物件目録記載の不動産は、仮に差し押さえる。
との裁判を求める。

申立ての理由

第１　被保全権利

(1)　債権者は申立外株式会社丙商事(申立外会社)に対し、令和△年９月30日、金1000万円を利息７パーセント、遅延損害金15パーセント、弁済期令和□年２月25日の約定で貸し付けた(本件契約)。

(2)　債務者は、上記同日、債権者に対し、上記金銭消費貸借契約に基づき申立外会社が債権者に対して現に負担し、又は、将来負担することあるべき一切の債務について、下記の限度額及び保証期間を定めて、これを保証し、申立外会社と連帯して支払う旨約した(甲１ないし５)。

記

【1】　保証限度額　　金2000万円
【2】　保証期間　　１年

したがって、債権者は、第１項の根保証契約に基づき、連帯保証人である債務者に対し、保証限度額である金2000万円について連帯保証債務履行請求権を有する。

(3) 申立外会社は、上記弁済期を経過するも、弁済をしない。

第２　保全の必要性

１　債務者は、本件契約以外にも相当の債務を負担しているが、見るべき資産といえば肩書所有地に所有ないし共有している自宅の建物と土地のみである。その上記不動産については、令和△年９月30日付けにて、申立外会社を債務者とする極度額2000万円の根抵当権が設定されているほか、代物弁済予約を原因とする所有権移転請求権仮登記が経由されており、その他にも多額の担保が設定されている（甲６ないし９）。

２　債務者は、申立外会社のため本件債務のほかにも多額の保証をしており、このまま推移すれば、上記各不動産を何時処分するかわからない状況にある（甲５）。

３　したがって、今のうちに本件不動産に対し仮差押をしておかなければ、後日に本案訴訟で勝訴判決を得てもその執行が不能又は著しく困難になるおそれがあるので本申立てに及ぶ次第である。

疎　明　方　法

甲１	根保証契約書
甲２	印鑑証明書
甲３	印鑑証明書
甲４	会社登記事項証明書
甲５	報告書
甲６	土地登記事項証明書
甲７	建物登記事項証明書
甲８	土地登記事項証明書
甲９	土地登記事項証明書

添　付　書　類

甲号証	各１通
固定資産評価証明書	２通
資格証明書	１通

当　事　者　目　録

〒○○○－○○○○　東京都○○区○○町○丁目○番○号

債　　権　　者　　A　株式会社
上記代表者代表取締役　　　　Z

〒○○○－○○○○　東京都○○区○○町○丁目○番○号

債　　務　　者　　　　B

請　求　債　権　目　録

金○○○○万円
　ただし、債権者が申立外株式会社丙商事（申立外会社）に対して有する下記債権について、債権者と債務者間の令和△年９月30日付け連帯根保証契約に基づき、債権者が債務者に対して有する金2000万円の連帯保証債務履行請求権の内金

記

　債権者と申立外会社間の令和△年９月30日付け金銭消費貸借契約に基づき、債権者が申立外会社に対して有する貸金元金1000万円と年７パーセントの割合による約定利息金及びこれに対する令和□年２月26日から令和○年11月８日まで年15パーセントの割合による遅延損害金○○円の合計額

物　件　目　録

１所　　　　在　　東京都○○区○○町○丁目
　地　　　　番　　○○番
　地　　　　目　　宅　地
　地　　　　積　　○○○.○○平方メートル
　この共有持分２分の１

２所　　　　在　　東京都○○区○○町○丁目○番地○
　家　屋　番　号　　○○○番○
　種　　　　類　　居宅
　構　　　　造　　鉄筋コンクリート造　２階建
　床　　面　　積　　１階　○○.○○平方メートル
　　　　　　　　　　２階　○○.○○平方メートル
　この共有持分２分の１

書 式　債権仮差押命令申立書（預金債権の仮差押）

債権仮差押命令申立書

令和○年11月８日

東京地方裁判所民事第９部　御中

債　権　者　　Ａ ㊞
上記代表者代表取締役　Ｚ ㊞

当事者の表示　　別紙当事者目録記載のとおり
請求債権の表示　別紙請求債権目録記載のとおり

申立ての趣旨

債権者の債務者に対する上記請求債権の執行を保全するため、債務者の第三債務者に対する別紙仮差押債権目録記載の債権は、仮に差し押さえる。

第三債務者は、債務者に対し、仮差押に係る債務の支払をしてはならない。

との裁判を求める。

申立ての理由

第１　被保全権利

１　債権者は、債務者に対し、令和△年９月30日、弁済期を翌年２月25日と定めて、パソコン用プリンターを売り渡した（本件契約）（甲１）。

２　債務者は、弁済期日の翌年２月25日が到来しても上記債務を履行しない。

３　よって、債権者は、債務者に対し、本件売買契約に基づき金500万円並びにこれに対する約定の利息及び損害金の売掛金請求権を有する。

第２　保全の必要性

１　債権者は上記１、３項の権利を実現するため、売掛金請求訴訟を御庁に提起すべく準備中である。

２　債務者は、債権者以外にも取引先に多額の債務があり、著しい債務超過状態に陥っている（甲５）。

３　債権者は、令和□年３月１日に支払いの催告書を通知し（甲４の１）、さらに、同年３月25日に内容証明郵便により上記売掛金の返済を請求したが、債務者からの連絡はなかった（甲４の２、３）。

４　債権者が調査したところ、債務者所有の不動産はない（甲２、甲３の各１、２）。また、本件契約には支払い債務の履行を連帯して保証する者はいない。

５　債務者には、第三債務者に対する預金債権しか見るべき資産はない（甲５）。しかし、これも現在の債務者の経営状況からすればいつ引き出されるかも分からない状況にあり、債権者が後日本案訴訟において勝訴判決を得ても、その執行が不能あるいは著しく困難となるおそれがあるので、執行保全のため、本申立てに及ぶ次第である。

疎　明　方　法

甲１の１	売買契約書
甲２の１	不動産登記事項証明書（丙川虎男所有土地）
２	同（丙川虎男所有建物）
甲３の１	固定資産税評価証明書（丙川虎男所有土地）
２	同（丙川虎男所有建物）
甲４の１	支払催告書
２	内容証明郵便
３	配達証明
甲５	報告書

添　付　書　類

甲号証	各１通
資格証明書	２通
陳述催告の申立書	１通

当　事　者　目　録

〒○○○－○○○○　東京都○○区○○町○丁目○番○号（送達場所）

債　　権　　者　A
上記代表者代表取締役　Z

電話○○－○○○○－○○○○
FAX ○○－○○○○－○○○○

〒○○○－○○○○　東京都○○区○○町○丁目○番○号

債　　務　　者　B

〒○○○－○○○○　東京都○○区○○町○丁目○番○号

第三債務者　株式会社C銀行
上記代表者代表取締役　K

（送達先）
〒○○○－○○○○　東京都○○区○○町○丁目○番○号
株式会社C銀行○○支店

請　求　債　権　目　録

金500万円
　ただし、債権者が債務者に対し、令和△年９月30日付け売買契約に基づき、債権者が債務者に対して有する売掛金請求権と、令和△年９月30日から令和□年２月25日までの年○.○パーセントの割合による約定利息および令和□年２月26日から令和○年11月８日までの遅延損害金のうち元金部分の履行請求権

仮 差 押 債 権 目 録

金500万円

ただし、債務者が第三債務者（○○支店扱い）に対して有する下記預金債権のうち、下記に記載する順序に従い、頭書金額に満つるまで

記

1　差押えや仮差押のない預金とある預金とがあるときは、次の順序による。

（1）先行の差押えや仮差押のないもの

（2）先行の差押えや仮差押のあるもの

2　円貨建預金と外貨建預金があるときは、次の順序による。

（1）円貨建預金

（2）外貨建預金

ただし、仮差押命令が第三債務者に送達された時点における第三債務者の電信買相場（先物為替予約がある場合には、その予約相場）により換算した金額。

3　同一の通貨で数種の預金があるときは、次の順序による。

（1）定期預金

（2）定期積金

（3）通知預金

（4）貯蓄預金

（5）納税準備預金

（6）普通預金

（7）別段預金

（8）当座預金

4　同種の預金が数口あるときは、口座番号の若い順序による。

なお、口座番号が同一の預金が数口あるときは、預金に付せられた番号の若い順序による。

書式 債権仮差押命令申立書（売掛金債権の仮差押）

動産仮差押命令申立書

令和○年11月８日

東京地方裁判所民事第９部　御中

債　権　者　　A ㊞

当事者の表示　　別紙当事者目録記載のとおり
請求債権の表示　別紙請求債権目録記載のとおり

申立ての趣旨

債権者の債務者に対する上記請求債権の執行を保全するため、別紙請求債権目録記載の債権額に満つるまで債務者所有の動産は、仮に差し押さえる。

との裁判を求める。

申立ての理由

第１　被保全権利

１　債権者は債務者に対し、令和△年９月30日、金800万円を、利息年７パーセント、弁済期令和□年２月25日の約定で貸し付けた（甲１）。

２　債務者は、上記弁済期を経過するも、その弁済をしない。

第２　保全の必要性

１　債務者は、申立外C商事株式会社に対する多額の手形債務に関し、D銀行から取引停止処分を受け、令和□年３月15日倒産した（甲２）。債務者は、動産以外見るべき財産を有していない上に、他にも相当の債務を負担しており、はなはだ窮乏の状態にある。しかも、債務者は申立日現在営業を完全に閉鎖してしまっており、動産の仮差押を受けたとしても、それによって重大な損害を被るおそれはない（甲３）。

2　債権者は債務者に対し、貸金請求の訴えを提起すべく準備中であるが、今のうちに仮差押をしておかなければ、後日勝訴判決を得てもその執行が不能に帰するおそれがある。
よって、上記債権の執行保全のため、本申立てに及ぶ次第である。

疎　明　方　法

甲１	金銭消費貸借契約書
甲２	銀行取引停止処分を受けた旨の証明書
甲３	報告書

添　付　書　類

甲号証	各１通
資格証明書	１通

当　事　者　目　録

〒○○○－○○○○　東京都○○区○○町○丁目○番○号

債　　　権　　　者　A

電話　○○－○○○○－○○○○
FAX　○○－○○○○－○○○○

〒○○○－○○○○　東京都○○区○○町○丁目○番○号

債　　　務　　　者　B株式会社
上記代表者代表取締役　E

請　求　債　権　目　録

金800万円
ただし、債権者が債務者に対し、令和△年９月30日金800万円を、利息年７パーセント、弁済期令和□年２月25日として貸し付けた貸金債権のうち元金部分の履行請求権

書 式　仮処分命令申立書（仮の地位を定める場合）

仮処分命令申立書

令和○年11月８日

○○地方裁判所民事第○部　御中

債　権　者　　Ｂ ㊞

当事者の表示　　別紙当事者目録記載のとおり

地位保全等仮処分命令申立事件

申立ての趣旨

１　債権者が債務者に対し雇用契約上の権利を有する地位にあることを仮に定める。

２　債務者は債権者に対し、令和○年９月から本案の第１審判決言渡しに至るまで毎月25日限り、月額○○万円の割合による金員を仮に支払え。

との裁判を求める。

申立ての理由

第１　被保全権利

１　債務者

債務者はソフトウェアの開発、販売及びOA機器の販売などを事業内容とし、令和×年に設立以来、東京に本店（以下、本店）を置くほか、大阪、福岡に営業を置いている。本件申立て時点で債務者に在職する従業員数は185名である（甲１の１、２、３）。

２　債権者

債権者は令和△年４月に債務者に就職し、当初は福岡営業所に配置されたが、同年半年後の10月本店に転属し、令和○年９月の懲戒解雇が言い渡されるまで本店の営業部に勤めていた。営業マンとしての債権者の勤務実績は、甲３、甲４のとおり申し分がなく、その能力に疑いの余地はない。

3　債権者の組合活動

債権者は債務者への就職と同時期に、債務者の従業員で構成されている組合に加入するが、持ち前の巧みな弁舌から次第に頭角を現し、加入３年後の令和□年４月には副代表理事にまで上り詰めるに至った。組合発足以来これほどの短期間に能力を買われて役員まで昇進したのは債権者だけである。債権者は、在職期間中債務者に対して、組合役員の立場から賃金のアップや労働条件改善の要望などを積極的に申し入れるなど精力的な組合活動を行ってきた（甲３の１、２、３）。

4　令和○年９月２日、債務者は債権者の勤務態度不良などの理由を記した書面を債権者に提示して突然懲戒解雇を言い渡した（甲２）。ところが、懲戒解雇の理由として書面中に記された内容のすべては、債務者の誇張と捏造によるものである（甲５）。

5　債務者の懲戒解雇の言い渡しは、組合活動の中心的存在だった債権者を排除する目的でなされた暴挙である。甲３の１、２、３、甲４の１、２、３のとおり、債権者は営業マンとして過去債務者から３度表彰を受けるなど、優秀な成績を収めてきた。また、債権者にとって債務者の従業員としての地位が確保されることは、同人の生活基盤や名誉を守るために必要なことである。さらに、債務者にとっても、債権者のような優秀な人材を失うことは、経営戦略上大きな損失であろう。

以上から、申立ての趣旨記載の命令を得たく、本申立てに及んだ次第である。

疎明方法

甲１の１、２	債務者の会社案内パンフレット（令和○年版）
甲２	辞令
甲３の１、２、３	組合新聞
甲４の１、２、３	社内報
甲５	債権者陳述書

添付書類

1　甲号証写し	各１通
2　資格証明書	１通

【監修者紹介】
松岡　慶子（まつおか　けいこ）

認定司法書士。大阪府出身。神戸大学発達科学部卒業。専攻は臨床心理学。音楽ライターとして産経新聞やミュージック・マガジン、クロスビート、CDジャーナルなどの音楽専門誌等に執筆経験がある。2013 年 4 月司法書士登録。大阪司法書士会会員、簡裁訴訟代理関係業務認定。大阪市内の司法書士法人で、債務整理、訴訟業務、相続業務に従事した後、2016 年に「はる司法書士事務所」を開設。日々依頼者の方にとって最も利益となる方法を模索し、問題解決に向けて全力でサポートしている。
監修書に『図解で早わかり　商業登記のしくみ』『図解で早わかり　不動産登記のしくみと手続き』『福祉起業家のための NPO、一般社団法人、社会福祉法人のしくみと設立登記・運営マニュアル』『入門図解　任意売却と債務整理のしくみと手続き』『最新　不動産業界の法務対策』『最新　金銭貸借・クレジット・ローン・保証の法律とトラブル解決法 128』『図解　土地・建物の法律と手続き』『入門図解 内容証明郵便・公正証書・支払督促の手続きと書式サンプル 50』『入門図解 相続・遺言・遺産分割の法律と手続き 実践文例 82』『財産管理【信託・成年後見・遺言】の法律知識と活用法』（いずれも小社刊）がある。

はる司法書士事務所
大阪府大阪市中央区平野町 3-1-7　日宝平野町セントラルビル 605 号
電話：06-6226-7906
mail harulegal@gmail.com　　http://harusouzoku.com

図解で早わかり
改正対応！ 民事執行法・民事保全法のしくみと手続き

2020年 6 月30日　第 1 刷発行

監修者　松《まつ》岡《おか》慶《けい》子《こ》
発行者　前田俊秀
発行所　株式会社三修社
〒150-0001　東京都渋谷区神宮前2-2-22
TEL　03-3405-4511　FAX　03-3405-4522
振替　00190-9-72758
http://www.sanshusha.co.jp
編集担当　北村英治
印刷所　萩原印刷株式会社
製本所　牧製本印刷株式会社

ISBN978-4-384-04842-1 C2032